SERMÕES

VII

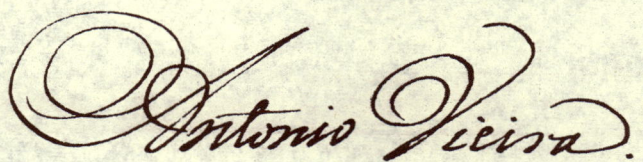

SERMÕES

VII

de acordo com as regras do novo *acordo ortográfico*
da língua portuguesa

Edições Loyola

Direção: † Pe. Gabriel C. Galache, SJ
Ryad Adib Bonduki
Editor: Joaquim Pereira
Assistente: Eliane da Costa Nunes Brito
Revisão: Iranildo B. Lopes
Capa e Projeto gráfico: Maurélio Barbosa

Edições Loyola Jesuítas
Rua 1822, 341 – Ipiranga
04216-000 São Paulo, SP
T 55 11 3385 8500
F 55 11 2063 4275
editorial@loyola.com.br
vendas@loyola.com.br
www.loyola.com.br

Todos os direitos reservados. Nenhuma parte desta obra pode ser reproduzida ou transmitida por qualquer forma e/ou quaisquer meios (eletrônico ou mecânico, incluindo fotocópia e gravação) ou arquivada em qualquer sistema ou banco de dados sem permissão escrita da Editora.

ISBN 978-85-15-04023-0
© EDIÇÕES LOYOLA, São Paulo, Brasil, 2013

SUMÁRIO

Apresentação 7
Sermão da Primeira Dominga do Advento 9
Sermão da Segunda Dominga do Advento 37
Sermão da Terceira Dominga do Advento 53
Sermão da Quarta Dominga do Advento 71
Sermão da Conceição Imaculada da Virgem Maria S. N. 89
Sermão da Dominga Décima Sexta Post Pentecosten 105
Sermão do Santíssimo Sacramento 125
Sermão de S. Gonçalo 151
Sermão da Dominga Vigésima Segunda Post Pentecosten 175
Sermão de Nossa Senhora da Graça 193
Sermão de S. João Evangelista 213
Sermão da Segunda Dominga da Quaresma 227
Sermão de Santa Bárbara 247
Sermão do Sábado antes da Dominga de Ramos 267
Sermão de S. João Batista 281
Notas 300
Censuras 307
Licenças 310

APRESENTAÇÃO

De 28 de abril de 1641, quando chega a Lisboa na comitiva de D. Fernando de Mascarenhas para jurar obediência ao novo rei, D. João IV, até 1653, quando é nomeado Superior dos Jesuítas no Maranhão e no Pará, Vieira desenvolve múltiplas atividades: é pregador régio, em 1645; diplomata nas chancelarias de França, Holanda, Londres e Roma; e, antes de tudo, religioso jesuíta, tendo feito sua profissão solene e definitiva em 1646. Suas missões diplomáticas, junto à Companhia Ocidental Holandesa e às chancelarias de Paris e de Roma, sobre a proposta de casamento de D. Teodósio, príncipe herdeiro, entretanto, não tiveram o sucesso desejado. Perdida, pouco a pouco, a proteção régia, é obrigado a voltar para o Brasil. O Sermão de Nossa Senhora da Graça, pregado em 1651, em Lisboa, na Igreja de Nossa Senhora dos Mártires, revelava ironicamente a desolação em que se encontrava diante da fragilidade da graça dos príncipes (nesta edição, vol. II, p. 171).

Os 15 sermões deste volume situam-se:

1) **no Brasil**: 1634 (Sermão do Sábado antes da Dominga de Ramos), na Bahia; 1638/1640 (Sermão de Santa Bárbara), na Bahia; 1653 (Sermão da Dominga Vigésima Segunda *Post Pentecosten*), em São Luís do Maranhão; 1658 (Sermão de Nossa Senhora da Graça), na Igreja Matriz do Pará; 1689 (Sermão de S. Gonçalo);

2) **em Portugal**: 1644 (Sermão de S. João Batista), no mosteiro da Quietação, Alcântara; 1644 (Sermão de S. João Evangelista), na Capela Real — Festa do Príncipe D. Teodósio; 1649 (Sermão da primeira, da segunda, da terceira e da quarta Dominga do Advento); 1655 (Sermão da Segunda Dominga da Quaresma), na Capela Real, em Lisboa;

3) **sermões sem data**: Sermão da Conceição Imaculada da Virgem Maria; Sermão da Dominga Décima Sexta *Post Pentecosten*; Sermão do Santíssimo Sacramento, em *Lisboa* — Dia do Corpo de Deus, na Igreja e Convento da Encarnação.

Os quatro sermões do Advento de 1650 constituem um espelho do estado de espírito de Vieira; no primeiro, tudo passa e nada passa, o juízo de Deus para com os homens; no segundo, o Batista em prisão, o juízo dos homens uns para com os outros; no terceiro, o juízo de cada um para consigo, matéria em Portugal ainda mais grave; no quarto, o juízo destes três juízos debaixo do juízo da penitência.

EDIÇÕES LOYOLA

QUINTA PARTE *

SERMÃO DA
Primeira Dominga do Advento

*"Passará o céu e a terra,
mas as minhas palavras não passarão."*
(Lc 21,33)

Vieira inicia este volume com os quatro sermões das domingas do Advento, não datados na edição original, mas provavelmente em dezembro de 1649, antes de partir para a Itália em missão diplomática e quando começam as denúncias na Inquisição. São sermões fortes e que se completam um ao outro. Os dois pontos deste sermão são os dois verbos do texto: "passará" e "não passarão". No primeiro, veremos que tudo passa para a vida; no segundo, que nada passa para a conta.

Passou o Paraíso, a Torre de Babel, passaram os gigantes, os impérios. E Vieira percorre os acontecimentos, os personagens desse enorme teatro do mundo: todos passam, porque tudo passa. Só as fábulas não passam. As duas razões de tudo isso: o tempo, contrário a toda estabilidade, e o nada, repugnante ao mesmo ser. Desse tudo que está sempre passando é o homem a parte principal. Só nós vivemos como se não passáramos. Só conheceremos o que é esta vida quando entendermos que estamos nela em perpétua passagem. Depois da vida, segue-se a conta.

E o que faz e há de fazer dificultosa a conta são os pecados da vida. Por um lado, conhece Deus muito mais de nós do que nós de nós. Por outro lado, sabemos muito pouco de Deus. As parábolas do juízo: a dos ofícios, a dos talentos e a das dívidas, confirmam as reflexões de Vieira.

§ I

Passará o céu e a terra, mas o que dizem as minhas palavras não passará. Com esta notável e não usada sentença conclui Cristo, Redentor nosso, a narração do Evangelho que acabamos de ouvir. Diz que há de vir julgar e pedir conta ao mundo no último dia dele; e porque antes de o mundo ser julgado há de ser abrasado primeiro e convertido em cinzas, sobre o incêndio, que o há de consumir, cai a primeira parte da conclusão: "Passará o céu e a terra" — e sobre a conta que depois promete há de tomar a todo o gênero humano, cai a segunda: "Mas as minhas palavras não passarão". Estes são os dois maiores portentos, que no teatro universal do juízo verão naquele dia homens e anjos. Ali se verá o princípio do mundo junto com o fim, e o fim junto com o princípio: o princípio com o fim, em tudo o que passou, e o fim com o princípio, em tudo o que não há de passar. Parece dificultosa esta união em tanta distância de séculos, mas este é e será um dos maiores milagres daquele dia, porque tudo o que passou, e deixou de ser, e desapareceu com o tempo, como se não tivera passado ou tornara a ser de novo, há de aparecer com a conta. Se olharmos para todas as coisas quantas houve, há e há de haver no mundo, então se verá que todas passaram: "passarão". Mas, se olharmos para estas mesmas coisas, as quais, como ressuscitadas com o gênero humano hão de ser citadas com ele para aparecer em juízo, então se verá também, e com maior assombro, que nenhuma delas passou: "não passarão". Estas duas verdades, pois, cuja fé o mesmo supremo Juiz com tanta expressão nos ratifica, estes dois desenganos a que tão mal nos persuadimos os mortais enquanto vivemos, e estas duas considerações do que passou e do que não há de passar: "passarão e não passarão" — serão hoje os dois polos ou pontos do meu discurso. No primeiro veremos que tudo passa; no segundo, que nada passa. No primeiro, que tudo passa para a vida; no segundo, que nada passa para a conta. Em dia tão grande não pode o sermão ser breve. Aos ouvintes não peço atenção, mas paciência. Deus, a quem tomo por testemunha de que procurei não lhes dar conta do que hoje disser, se sirva de nos assistir a todos com sua graça em matéria que tanto toca a todos.

§ II

Tudo passa e nada passa. Tudo passa para a vida, e nada passa para a conta. A verdade e desengano de que tudo passa — que é o nosso primeiro ponto — posto que seja por uma parte tão evidente, que parece não há mister prova, é por outra tão dificultoso que nenhuma evidência basta para o persuadir. Lede os filósofos, lede os profetas, lede os apóstolos, lede os santos Padres, e vereis como todos empregaram a pena, e não uma, senão muitas vezes, e com todas as forças da eloquência, na declaração deste desengano, posto que por si mesmo tão claro.

Sabiamente falou quem disse que a perfeição não consiste nos verbos, senão nos advérbios; não em que as nossas obras sejam honestas e boas, senão em que sejam bem-feitas. E para que esta condicional tão importante se estendesse também às coisas naturais e indiferentes, inventou o apóstolo S. Paulo um notável advérbio. E qual foi? "Como se não". "Os que têm mulher vivam como se não tivessem; os que choram, como se não chorassem; os que se alegram, como se não se alegrassem; os que compram, como se não possuíssem; os que usam deste mundo, como se não usassem" (1Cor 7,29). Sois casados? — diz o Apóstolo. — Pois, empregai todo o vosso cuidado em Deus como se o não fôreis. Tendes ocasiões de tristezas? Pois, chorai como se não choráreis. Não são de tristezas, senão de gosto? Pois, alegrai-vos como se não vos alegráreis. Comprastes o que havíeis mister ou desejáveis? Pois, possuí-o, como se não possuíreis. Finalmente, usais de alguma outra coisa deste mundo? Pois, usai dela como se não usáreis. — De sorte que quanto há ou pode haver neste mundo, por mais que nos toque no amor, na utilidade, no gosto, a tudo quer S. Paulo que acrescentemos um "como se não". Como se não houvera tal coisa, como se não fora nossa, como se não nos pertencera. E por quê? Vede a razão: "Porque nenhuma coisa deste mundo para ou permanece" (1Cor 7,31): todas passam. — E como todas passam, e não como se não foram, assim é bem que "nós usemos delas como se não usáramos". Por isso a essas mesmas coisas não lhes chamou o Oráculo do terceiro céu coisas, senão aparências, e ao mundo não lhe chamou mundo, senão figura do mundo: "Porque a figura deste mundo passa".

Considerai-me o mundo desde seus princípios, e vê-los-eis sempre, como nova figura no teatro, aparecendo e desaparecendo juntamente, porque sempre está passando. A primeira cena deste teatro foi o Paraíso Terreal, no qual apareceu o mundo vestido de imortalidade e cercado de delícias. Mas, quanto durou esta aparência? Estendeu Eva o braço à fruta vedada, e no brevíssimo espaço em que o bocado fatal passou pela garganta do homem, passou também com ele o mundo do estado da inocência ao da culpa, da imortalidade à morte, da pátria ao desterro, das flores às espinhas, do descanso aos trabalhos e da felicidade su-ma ao sumo da infelicidade e miséria. Oh! miserável mundo, que se pararas assim, e te contentaras com comer o teu pão com o suor do teu rosto, foras menos miserável! Mas não serias mundo se de uma miséria grande não passasses sempre, e por tua natural inclinação, a outra maior. Os homens naquela primeira infância do mundo todos vestiam de peles, todos eram de uma cor, todos falavam a mesma língua, todos guardavam a mesma lei. Mas não foi muito o tempo em que se conservaram na harmonia desta natural irmandade. Logo variaram e mudaram as peles, com tanta diferença de trajos, que cada dia, dos pés à cabeça, aparecem com nova figura. Logo variaram e mudaram as línguas, com tanta dissonância e confusão como a da torre de Babel. Logo variaram e mudaram as cores, com a diversidade das terras e climas e com a mistura do sangue, posto que todo vermelho. Logo variaram e mudaram as leis, não com as de Platão, Solon, ou Licurgo, mas com a do mais imperioso e violento legislador, que é o próprio alvedrio. Tudo mudaram, ou tudo se mudou, porque tudo passa.

As vidas naquele princípio costumavam ser de sete, de oito, de novecentos e quase de mil anos; e que brevemente se acabou este bom costume? Então o viver muitos séculos era natureza; hoje chegar, não a um século, mas perto dele, é milagre. Tardaram em passar até Noé, e também passaram. Com aquelas vidas não só cresciam os anos, senão também os corpos, e dos filhos de Deus, que eram os descendentes de Set, e das filhas dos homens, que eram as descendentes de Caim, nasceram os gigantes, de quem diz a Escritura: "Havia gigantes sobre a terra" (Gn 6,4). Alguns ossos que ainda duram destes, que o mesmo texto sagrado chama varões famosos, demonstram pela simetria humana que não podiam ser menos que de vinte e mais côvados; e ainda na história das batalhas de Davi temos memória de outros quatro, posto que de muito menor estatura. Mas, enfim acabou a era dos gigantes, porque tudo nesta vida, e mais depressa o que é grande, acaba e passa.

Diminuídos os homens nos corpos e nas idades, quando tinham a morte mais perto da vista — quem tal crera! — então cresceram mais na ambição e soberba. E sendo todos iguais e livres por natureza, houve alguns que entraram em pensamento de se fazer senhores dos outros por violência, e o conseguiram. O primeiro que se atreveu a pôr coroa na cabeça foi Membrot[1], que também com o nome de Nino, ou Belo, deu princípio aos quatro impérios ou monarquias do mundo. O primeiro foi o dos assírios e caldeus; e onde está o império caldaico? O segundo foi o dos persas; e onde está o império persiano? O terceiro foi o dos gregos; e onde está o império grego? O quarto, e maior de todos, foi o dos romanos; e onde está o império romano? Se alguma coisa permanece deste, é só o nome: todos passaram, porque tudo passa. Em três famosas visões representou Deus estes mesmos impérios a um rei e a dois profetas. A primeira visão foi a Nabucodonosor na estátua de quatro metais; a segunda a Zacarias, em quatro carroças de cavalos de diferentes cores; a terceira a Daniel, em um conflito dos quatro ventos principais, que no meio do mar se davam batalha. Pois, se todas estas visões eram de Deus, e todas representavam os mesmos impérios, por que variou tanto a sabedoria divina as figuras, e sobre a primeira, da estátua, tão clara e manifesta, acrescentou outras duas tão diversas em tudo? Porque a estátua, na dureza dos metais de que era composta, e no mesmo nome de estátua, parece que representava estabilidade e firmeza; e porque nenhum daqueles impérios havia de perseverar firme e estável, mas todos se haviam de mudar sucessivamente e ir passando de umas nações a outras, por isso os tornou a representar na variedade das carroças, na inconstância das rodas e na carreira e velocidade dos cavalos. Mas não parou aqui a energia da representação, como não encarecida ainda bastantemente. A estátua estava em pé, e as carroças podiam estar paradas. E porque aqueles impérios, correndo mais precipitadamente que à rédea solta, não haviam de parar no mesmo passo nem por um só momento, e sempre se haviam de ir mudando e passando, por isso, finalmente, os representou Deus na coisa mais inquieta, mudável e instável, quais são os ventos, e muito mais quando embravecidos e furiosos: "E eis que os quatro ventos do céu pelejavam uns contra os outros num grande mar" (Dn 7,2).

§ III

Enquanto passaram estes quatro impérios, que foi a terceira, quarta, quinta e sexta idade do mundo, entrando também pela sétima, quem haverá que possa compreender quanto passou no mesmo mundo? Quando começou o primeiro império, então começou também a idolatria, digno castigo do céu: que, pois, os homens se fizeram adorar, chegassem os mesmos a adorar paus e pedras. Os reis, porém, que eram ou tinham sido os idólatras, canonizados depois pela adulação e lisonja, ou na vida ou depois da morte, vinham também eles a ser ídolos. Assim Saturno, assim Júpiter, assim Mercúrio, assim Apolo, assim Marte, assim Vênus, assim Diana; e, posto que todos estes deixaram os seus nomes gravados nas Estrelas, elas permanecem, mas eles passaram. Passaram os ídolos, e também passaram os oráculos com que neles respondia o pai da mentira, porque ao som da verdade do Evangelho todos emudeceram.

Então começaram as guerras. E que direi dos exércitos inumeráveis, das batalhas campais e marítimas, das vitórias e triunfos de umas nações, e da ruína, abatimento e servidão de outras, tão vária e alternada sempre? Só digo que assim a glória e alegria dos vencedores como a dor e afronta dos vencidos, tudo passou, porque tudo passa. O exército de Xerxes, que foi o maior que viu o mundo, constava de cinco mil naus e cinco milhões de combatentes, e porque de uma e outra parte fez continente o Helesponto, e cavou e fez navegável o Monte Atos, disse dele Marco Túlio que caminhava os mares a pé e navegava os montes: "Com tantas naus e combatentes, Xerxes chegou à Grécia de modo que, reunido o Helesponto e perfurado o Monte Atos, caminhou pelos mares e navegou pela terra, atravessando os mares a pé e os montes com as naus"[2]. Mas todo aquele imenso e formidável aparato que, visto, fez tremer o mar e a terra, tão brevemente passou e desapareceu, sendo desbaratado e vencido, que só ficou dele este dito. O mesmo Temístocles[3], que com muito desigual poder o desfez e pôs em fugida, também passou, como na Grécia e fora dela passaram todos os famosos capitães e suas vitórias. Passou Pirro, passou Mitrídates, passou Filipe de Macedônia; passaram Heitor e Aquiles, passaram Aníbal e Cipião, passaram Pompeu e Júlio César; passou o grande Alexandre, nome singular e sem parelha, e até Hércules, ou fosse um, ou muitos, todos passaram, porque tudo passa.

Costumam as letras seguir as armas, porque tudo leva após si o maior poder; e assim floresceram variamente, e em diversas partes no tempo destes impérios, todas as ciências e artes. Floresceu a filosofia, floresceu a matemática, floresceu a teologia, floresceu a astrologia, floresceu a medicina, floresceu a música, floresceu a oratória, floresceu a poética, floresceu a história, floresceu a arquitetura, floresceu a pintura, floresceu a estatuária; mas, assim como as flores se murcham e se secam, assim passaram todos os autores mais celebrados das mesmas ciências e artes. Na estatuária passou Fídias e Lisipo; na pintura passou Timantes e Apeles; na arquitetura passou Meliagenes e Demócrates; na música passou Orfeu e Anfião; na História, Tucídides e Lívio; na eloquência, Demóstenes e Túlio; na poética, Homero e Virgílio; na astrologia, Anaxágoras e Ptolomeu; na medicina, Esculápio e Hipócrates; na matemática, Euclides e Arquimedes; na filosofia, Platão e Aristóteles; na teologia, Mercúrio Trismegisto e Apolônio Tianeu; e por junto, em todas as ciências, passaram no mesmo tempo os sete sábios de Grécia, porque, ou junto ou dividido, tudo passa. Só a ética e a moral, como tão necessárias à vida e à virtude, parece que não haviam de passar; mas os platônicos, os peripatéticos, os epicureus, os cínicos, os pitagóricos, os estoicos, os acadêmicos, eles, e suas escolas e seitas, todos passaram.

Nenhuma coisa é mais própria desta consideração em que vimos, que os jogos e espetáculos públicos, que os homens inventaram a título de passatempo, como se o mesmo tempo não passara mais velozmente que tudo quanto passa. Uns jogos foram os circenses, outros os dionísios, outros os juvenais, outros os nemeus, outros os maratôneos, todos cheios de diferentes divertimentos em que, ou se perdia a honestidade, como nos de Vênus, ou o juízo, como nos de Baco; mas nenhuns mais indignos dos olhos humanos e piedade natural que os gladiotórios. Saía toda Roma ao anfiteatro, a quê? A ver e festejar como se matavam homens a homens; caíam uns, e sobrevinham outros e outros, sem estar o posto vago um só momento, aclamando a cabeça do mundo, com aplausos mais carniceiros que cruéis, assim no dar como no receber das feridas, tanto a intrepideza dos mortos como a fúria dos matadores. Os jogos seculares se chamavam assim porque se celebravam uma só vez de século a século; e dizia o pregão público que convidava para eles: "Vinde ver os jogos que ninguém viu nem há de tornar a ver". — E com este desengano da vida passada e desesperação da futura, os iam todos ver e se chamavam jogos. Os olímpicos foram os mais célebres e famosos de todos, em que, de cinco em cinco anos, concorria todo o mundo a uma cidade do mesmo nome, ou levar, ou ver quem levava uma coroa de louro. Por estes jogos, mais que pelo curso do sol, se contavam e distinguiam os anos. Mas como toda a competência era a correr, e o que mais corria era o que triunfava, não podiam deixar de passar as olimpíadas, como passaram todos os outros jogos daqueles tempos, ou todos os passatempos daqueles jogos.

Só uma coisa há que não pode passar, por que o que nunca foi não pode deixar de ser, e tais parece que foram as fábulas[4] que neste mesmo tempo se inventaram e fingiram. Mas se elas não passaram em si mesmas, passaram naqueles casos e coisas que deram ocasiões a se fingirem. Na seca universal que abrasou todo o mundo, passou a fábula de Faetonte; no dilúvio particular que inundou grande parte dele, passou a fábula de Deucalião; no estudo com que el-rei Atlante contemplava o curso e movimento das estrelas, passou a fábula de trazer o céu aos ombros; na especulação contínua de todas as noites, com que Endimião observava os efeitos do planeta mais vizinho à terra, passou a fábula dos seus amores com a lua. E porque também os nossos vícios, a nossa fraca virtude e a nossa mesma vida passam como fábula, o amor e complacência de nós mesmos passou na fábula de Narciso; a riqueza sem juízo, na fábula de Midas; a cobiça insaciável, na fábula de Tântalo; a inveja do bem alheio, na fábula e abutre de Tício; a inconstância da fortuna mais alta, na fábula e roda de Euxião; o perigo de acertar com o meio da virtude e não declinar aos vícios dos extremos, na fábula de Cila e Caribdes; e finalmente a certeza da morte e incerteza da vida pendente sempre de um fio, passou e está continuamente passando na fábula das Parcas. Assim envolveram e misturaram os sábios daquele tempo o que há com o que não há, e o certo com o fabuloso, para que nem o louvor nos desvaneça, nem a calúnia nos desanime, pois o verdadeiro e o falso, a verdade e a mentira, tudo passa.

Mas não é justo que nesta passagem de tudo o que passou no tempo dos quatro impérios profanos do mundo, passemos nós em silêncio aquela república sagrada, que alcançou a todos quatro e, por ser fundada por Deus, parece que tinha direito a não passar. Nasceu a república hebreia no cativeiro do Egito, e quem então lhe levantasse figura, facilmente lhe podia prognosticar os três cativeiros e transmigrações com que foi arrancada da pátria. Uma vez cativa por Salmanasar, em que passou desterrada aos assírios outra vez cativa por Nabucodonosor, em que passou desterrada aos babilônios; e a terceira e última vez cativa por Tito e Vespasiano, em que passou desterrada a todas as terras e nações do mundo. Começou no famoso triunvirato de Abraão, Isac, e Jacó, tantas vezes nomeado e honrado por boca do mesmo Deus; mas nem por isso deixaram de passar todos três. Sucedeu-lhe José, o que sonhou as suas felicidades e as adorações de seu pai e irmãos; e posto que todas se cumpriram, todas passaram como se foram sonho. Teve o mesmo povo três estados de governo: o dos juízes, o dos reis e o dos capitães; e se bem subindo e descendo, as varas se trocaram com os cetros, e os cetros com os bastões, nenhum daqueles estados foi estável: todos passaram. Nos juízes passou a espada de Gedeão, o arado de Sangar e a queixada de Sansão. Nos reis passou a valentia de Davi, a sabedoria de Salomão, e a piedade e religião de Josias. Nos capitães passou o braço invencível de Judas Macabeu, vencedor de tantas batalhas; passou a façanha imortal de Eleazaro, que, metendo-se debaixo do elefante, matou a sua própria sepultura, e passou mais glorioso que todos o honrado e zeloso testamento do velho Matatias, digno de ser escrito em bronzes. E por que não fiquem totalmente em silêncio as heroínas da mesma nação, quatro houve nela insignes na formosura: Sara, Raquel, Ester e Judite, todas, porém, fatais a quem as amou. Sara, a um peregrino com perigos; Raquel, a um pastor com trabalhos; Ester, a um rei com desgostos; e Judite, a um general com a morte. Este acabou miseravelmente a vida; mas as formosuras, antes de se acabarem as vidas, já tinham passado. Floresceram no mesmo povo, além de outros igualmente verdadeiros, dezesseis profetas canônicos, quatro maiores e doze menores; mas em espaço de três séculos os maiores e menores, desde Oseias a Malaquias, todos passaram. Passaram os milagres da vara, passaram os da serpente de metal, passaram os de Elias e Eliseu, e porque só faltava passar a lei de Moisés e o sacerdócio de Arão, a lei e o sacerdócio também passaram, porque tudo passa.

Agora quisera eu perguntar ao mundo, se como me enche a memória de tantas coisas, que todas passaram, me mostrará alguma aos olhos que não passasse? As sete fábricas a que a fama deu o nome de maravilhas, acrescentaram alguns como oitava o anfiteatro romano. Mas a maravilha oitava, ou nona, é que todas essas maravilhas, que pareciam eternas, passaram. A primeira maravilha foram as pirâmides do Egito, a segunda os muros de Babilônia, a terceira a torre de Faraó, a quarta o colosso de Rodes, a quinta o mausoléu de Cária, a sexta o templo de Diana Efesina, a sétima o simulacro de Júpiter Olímpico. E, deixando o anfiteatro de que só se veem as ruínas, as pirâmides caíram, os muros arrasaram-se, o colosso desfez-se, o mausoléu sepultou-se, a torre sumiu-se, o farol apagou-se, o templo ardeu, e o simulacro, como simulacro, desvaneceu-se em si mesmo. Tem mais que dizer ou que opor o mundo? Só pode apelar para as mais fortes e bem fundadas cidades, cortes e metrópoles dos mais poderosos impérios, argumento verdadeiramente de grande boato, antes de se lhe tomar o peso. Nínive, corte de Nino, foi a maior cidade do mundo; andava-se de porta a porta não menos que em três dias de caminho, edificada de propósito com arrogância de que nenhuma outra a igualasse, como não igualou. Mas onde está essa Nínive? Ecbátanis, corte de Arfaxada e cidade que o texto sagrado chama potentíssima, era cercada de sete ordens de muros, todos de pedras quadradas, cada uma com vinte e sete palmos por todas as faces, e as portas com a prodigiosa altura de cem côvados. Mas onde está essa Ecbátanis? Susa, corte de Assuero e metrópole de cento e vinte e sete províncias, cujo palácio representava um céu estrelado fundado sobre colunas de oito pedras preciosas, e cujos muros eram de mármores brancos e jaspes de diferentes cores, bem se deixa ver quão forte e inexpugnável seria, pois defendia tão grande monarca, dominava tantos reinos e guardava tantos tesouros. Mas onde está essa Susa? Se houvéssemos de fazer a mesma pergunta às ruínas de Tebas, de Mênfis, de Bactra, de Cartago, de Corinto, de Sebaste e da mais conhecida de todas, Jerusalém, necessário seria dar volta a toda a redondeza da terra. De Troia disse Ovídio: "Eis que cresce a seara onde foi Troia"[5]. E o mesmo podemos dizer das planícies, vales e montes, donde se levantavam às nuvens aqueles vastíssimos corpos de casas, muralhas e torres. De umas se não sabem os lugares onde estiveram; doutras se lavram, semeiam e plantam os mesmos lugares, sem mais vestígios de haverem sido que os que encontram os arados quando rompem a terra. Para que os homens, compostos de carne e sangue, se não queixem da brevidade da vida, pois também as pedras morrem, e para que ninguém se atreva a negar que tudo quanto houve passou, e tudo quanto é, passa.

§ IV

A razão deste curso ou precipício geral com que tudo passa não é uma só, senão duas: uma contrária a toda a estabilidade, e outra repugnante ao mesmo ser. E quais são? O tempo, e antes do tempo, o nada. Que coisa mais veloz, mais fugitiva e mais instável que o tempo? Tão instável que nenhum poder, nem ainda o divino o pode parar. Por isso os quatro animais que tiravam pela carroça da glória de Deus neste mundo não tinham rédeas. Descreveu o tempo no palácio do sol o mais engenhoso de todos os poetas e, dividindo-o em suas partes, disse assim elegantemente:

> "À direita e à esquerda estavam os dias, os meses, os anos,
> os séculos e as horas, separadas por intervalos iguais.
> Estava a primavera, coroada de flores novas;
> Estava o estio desnudo, com guirlandas de espigas,
> Estava o outono tinto pelas uvas que havia pisado;
> e o glacial inverno, de cabeleira branca eriçada"[6].

Elegantemente, torno a dizer, mas falsa e impropriamente. Aquele "estava", tantas vezes repetido, é o que tirou toda a semelhança de verdade à engenhosa pintura. Porque nem a primavera com as suas flores, nem o estio com as suas espigas, nem o outono com os seus frutos, nem o inverno com os seus frios e neves, por mais tolhido e entorpecido que pareça, podem estar parados um momento. Passam as horas, passam os dias, passam os anos, passam os séculos, e, se houvesse hieroglífico com que se pudessem pintar, haviam de ser todos com asas, não só correndo e fugindo, mas voando e desaparecendo. Nem escusa esta impropriedade estar o sol assentado: "Estava sentado Febo em sua sede" — porque o sol pode parar, como no tempo de Josué, ou tornar atrás, como no tempo de Ezequias, mas o tempo em nenhum tempo nem parar nem deixar de ir por diante sempre, e com a mesma velocidade. Bem emendou esta sua impropriedade o mesmo poeta, quando depois disse:

"O próprio tempo corre com movimento ininterrupto
Igual a um rio, porque o rio não pode parar
E nem a hora apressada"[7].

E como o tempo não tem nem pode ter consistência alguma, e todas as coisas desde seu princípio nasceram juntamente com o tempo, por isso nem ele nem elas podem parar um momento, mas com perpétuo moto, e revolução insuperável passar, e ir passando sempre.

A segunda razão ainda é mais natural e mais forte: o nada. Todas as coisas se resolvem naturalmente, e vão buscar com todo o peso e ímpeto da natureza o princípio donde nasceram. O homem, porque foi formado da terra, ainda que seja com dispêndio da própria vida e suma repugnância da vontade, sempre vai buscar a terra, e só descansa na sepultura. Os rios, esquecidos da doçura de suas águas, posto que as do mar sejam amargosas, como todos nasceram do mar, todos vão buscar o mesmo mar, e só nele se desafogam e param como em seu centro. Assim todas as coisas deste mundo, por grandes e estáveis que pareçam, tirou-as Deus com o mesmo mundo do não ser ao ser; e como Deus as criou do nada, todas correm precipitadamente e, sem que ninguém as possa ter mão, ao mesmo nada de que foram criadas. Vistes a torrente formada da tempestade súbita, como se despenha impetuosa e com ruído e, tanto que cessou a chuva, também ela se secou e sumiu subitamente, e tornou a ser o nada que dantes era? Pois, assim é tudo e somos todos, diz Davi: "Reduzir-se-ão a nada como água que corre" (Sl 57,8). Sonhastes no último quarto da noite, quando as representações da fantasia são menos confusas, que possuíeis grandes riquezas, que gozáveis grandes delícias e que estáveis levantado a grandes dignidades; e quando depois acordastes, vistes com os olhos abertos que tudo era nada? Pois, assim passam a ser nada, em um abrir de olhos, todas as aparências deste mundo, diz o mesmo profeta: "Como o sonho dos que despertam, tornarás, Senhor, em nada a imagem deles" (Sl 72,20). De sorte que estas são as duas razões por que todas as coisas passam. Passam, porque voam com o tempo, e passam, porque vão caminhando para o nada donde saíram. Por isso, como disse o Espírito Santo, quando umas passaram ou têm passado, é necessário que venham outras, para também passar: "Uma geração passa, e outra geração lhe sucede, mas a terra permanece sempre firme" (Ecl 1,4).

Mas se bem se repara nesta mesma sentença, sendo tão poucas as suas palavras, assim como umas confirmam, assim outras parece que impugnam e destroem quanto imos dizendo. Porque, se a terra está sempre firme e estável — "mas a terra permanece sempre firme" — segue-se que ao menos a mesma terra não passa e que há no mundo alguma coisa que não passe. Concederemos, pois, esta exceção ao nosso assunto, e diremos que passam as figuras, como diz S. Paulo, mas que a terra, que é o teatro, não passa? Não digo nem concedo tal. A terra toda não passa, mas passam e sempre estão passando todas as partes dela. A terra compõe-se de reinos, os reinos compõem-se de cidades, as cidades compõem se de casas e campos, e principalmente de homens, e tudo isto, que tudo é terra — e toda a terra — perpetuamente está passando. Daniel, revelando a Nabucodonosor a inteligência da sua estátua, disse que Deus muda os tempos e as idades, e conforme elas, passa os reinos de uma parte para outra: "E ele mesmo é o que muda os tempos e os séculos, o que transfere e estabelece os reinos" (Dn 2,21). Assim passou o reino do mesmo Nabuco para a Pérsia, o dos persas para a Grécia, o dos gregos para Roma, e o dos romanos para tantos outros quantos hoje coroam outras cabeças, as quais se devem lembrar daquela infalível sentença: "Um reino é transferido de uma nação para outra, por causa das injustiças" (Eclo 10,8). O nosso reino, não sendo no sítio original dos maiores, quantas vezes passou a outras gentes? Passou aos suevos, passou aos alanos, passou aos cartagineses, passou aos romanos, passou aos árabes e sarracenos e, dentro da mesma Espanha, também passou e tornou a passar. Os terremotos, que se geram do ar violentado nas entranhas da terra, são muito raros, mas os que se fazem na superfície dela, sempre a trazem em perpétuo movimento.

E se os grandes reinos e impérios não são estáveis e passam, que serão as cidades particulares, para que não é necessário que a roda da fortuna dê toda a volta? Não falo daquelas que acabaram como de morte súbita, abrasadas até à última cinza no incêndio de uma noite, como Troia e Lugduno. Desta disse judiciosamente Sêneca: "Quando o espaço de uma noite separou a magnífica cidade de suas ruínas. Nada há, tanto público como particular, que seja estável: tanto os homens como as cidades têm seu destino"[8]. Deixadas, pois, estas que subitamente passaram do ser ao não ser, só falo das que por seus passos contados vieram de um domínio a outro domínio. E quantas vezes as pombas de Babilônia, quantas os leões de Jerusalém, quantas as águias de Roma e de Constantinopla viram sobre suas muralhas outras bandeiras? O maior teatro de Marte no nosso século, e porventura que em nenhum outro, foram as guerras bélgicas; e na grande província de Holanda, exceta Dort, por isso chamada a Virgem, nenhuma cidade houve que não fosse conquistada e alternasse o domínio. Que direi dos confins, sempre incertos e tão frequentemente mudados de Espanha com França, de França com Germânia, de Germânia com a Turquia, e da Turquia com Itália? Anos há que a antiga Creta, hoje Cândia, sem ser das ilhas errantes do arquipélago, tem posto em dúvida o mundo para onde há de ir, e se há de reconhecer as cruzes ou as meias-luas.

E quanto às casas, membros menores de que se compõem inumeravelmente as cidades, quem poderá compreender o inextricável labirinto, com que, à maneira de peixes do mar, se andam sempre movendo e passando de um dono para outro dono? Ouçamos a familiar evidência com que o grande juízo de S. Agostinho demonstrou a um deles esta perpétua instabilidade. Introduz um rico que, jactancioso de ser senhor da sua casa, dizia: "Possuo a minha casa". — E pergunta-lhe o santo assim: "Esta casa de que vos jactais de ser senhor, por que é vossa? Porque a herdei de meu pai. — E vosso pai, de quem a houve? — De meu avô. — E de quem a houve vosso avô? — De meu bisavô. E vosso bisavô, de quem? — De meu trisavô. — Já não tendes palavras com que prosseguir de quem mais foi e a quem mais passou essa casa que chamais vossa. O vosso pai a deixou, passou por ela, assim também vós passareis"[9]. Pois, assim como ela passou, e vossos antepassados passaram por ela, assim ela e vós também haveis de passar. Por este modo sem firmeza nem estabilidade alguma, estão sempre passando neste mundo as casas, as quintas, as herdades, os morgados: uns porque os faz passar a morte, outros porque os manda passar a justiça, outros porque os convida a passar a riqueza dos que os compram, outros porque os obriga a necessidade dos que os vendem, outros porque a força e poder os rouba e senhoreia por violência; em suma, que não há pedra, nem telha, nem planta, nem raiz, nem palmo de terra na terra que não esteja sempre passando, porque tudo passa.

§ V

Deste tudo que está sempre passando é o homem não só a parte principal, mas verdadeiramente o tudo do mesmo tudo. E vendo o homem com os olhos abertos e, ainda os cegos, como tudo passa, só nós vivemos como se não passáramos. Somos como os que, navegando com vento e maré, e correndo velocissimamente pelo Tejo acima, se olham fixamente para a terra, parece-lhes que os montes, as torres e a cidade é a que passa: e os que passam, são eles. É o que disse o poeta: "Recuam os montes e as cidades"[10]. Mas demos volta a esta mesma comparação, e veremos na terra outro gênero de engano ainda maior. A maior ostentação de grandeza e majestade que se viu neste mundo, e uma das três que S. Agostinho desejara ver, foi a pompa e magnificência dos triunfos romanos. Entravam por uma das portas da cidade, naquele tempo vastíssima, encaminhados longamente ao Capitólio; precediam os soldados vencedores com aclamações; seguiam-se, representadas ao natural, as cidades vencidas, as montanhas inacessíveis escaladas, os rios caudalosos vadeados com pontes, as fortalezas e armas dos inimigos e as máquinas com que foram expugnadas; em grande número de carros, os despojos e riquezas; e tudo o raro e admirável das regiões novamente sujeitas. Depois de tudo isto a multidão dos cativos, e talvez os mesmos reis manietados, e por fim, em carroça de ouro e pedraria, tirada por elefantes, tigres ou leões domados, o famoso triunfador, ouvindo a espaços aquele glorioso e temeroso pregão: "Lembra-te de que és mortal". Enquanto esta grande procissão — que assim lhe chama Sêneca — caminhava, estavam as ruas, as praças, as janelas e os palanques, que para este fim se faziam cobertos de infinita gente, todos a ver. E se Diógenes então perguntasse quais eram os que passavam, se os do triunfo, se os que o estavam vendo, não há dúvida que pareceria a pergunta digna de riso. Mas o certo é que tanto os da procissão e do triunfo como os que das janelas e palanques os estavam vendo, uns e outros igualmente passavam, porque a vida e o tempo nunca para, e ou indo, ou estando, ou caminhando, ou parados, todos sempre, com igual velocidade, passamos.

Declarou esta verdade tão mal advertida, com uma semelhança muito própria, S. Ambrósio elegantemente: "Mesmo se não parecemos ir corporalmente, caminhamos. Assim como dormindo nas naus chega-se ao porto pelos ventos, assim passado o tempo da nossa vida somos levados ao próprio fim pelo curso do tempo. Dormes, mas o teu tempo anda"[11]. Todos imos embarcados na mesma nau, que é a vida, e todos navegamos com o mesmo vento, que é o tempo, e assim como na nau uns governam o leme, outros mareiam as velas, uns vigiam, outros dormem, uns passeiam, outros estão assentados, uns cantam, outros jogam, outros comem, outros nenhuma coisa fazem, e todos igualmente caminham ao mesmo porto, assim nós, ainda que o não pareça, insensivelmente imos passando sempre e avizinhando-se cada um ao seu fim, porque tu — conclui Ambrósio: "dormes, e o teu tempo anda". Disse pouco em dizer que o tempo anda, porque corre e voa; mas advertiu bem em notar que nós dormimos porque, tendo os olhos abertos para ver que tudo passa, só para considerar que nós também passamos parece que os temos fechados.

Dito foi do grande filósofo Heráclito, alegado e celebrado por Sócrates: "que nenhum homem podia entrar duas vezes em um rio"[12]. — E por quê? Porque quando entrasse a segunda vez, já o rio, que sempre corre e passa, é outro. E daqui infiro eu que o mesmo sucederia se não fosse rio, senão lago ou tanque aquele em que o homem entrasse, porque, ainda que a água do lago e do tanque não corre nem se muda, corre porém e sempre se está mudando o homem, que nunca permanece no mesmo estado: "E jamais permanece em um mesmo estado" (Jó 14,2). Assim o disse Jó, e quem o não disser assim de todo o homem e de si mesmo não se conhece. Admira-se Filo Hebreu de que, perguntando Deus a Adão "onde estás?" (Gn 3,9), ele não respondesse. Mas logo escusa ao mesmo Adão, e a qualquer outro homem a quem Deus fizesse a mesma pergunta porque, como pode responder onde está quem não está? Se dissera: estou aqui — como sutilmente argui S. Agostinho — entre a primeira sílaba e a segunda já o estou não seria estou, nem o aqui seria o mesmo lugar, porque, como tudo está passando, tudo se teria mudado. Por isso, conclui o mesmo Filo[13], que se Adão houvesse de responder própria e verdadeiramente onde estava, haveria de dizer: "Em nenhuma parte" — porque em nenhuma parte está aquilo que nunca está, mas sempre passa: "À pergunta poderia responder propriamente: em nenhuma parte, porque as coisas humanas nunca permanecem no mesmo estado".

Considerando este contínuo passar do homem — não fora de si, senão onde verdadeiramente parece que está e permanece, que é dentro em si mesmo — diziam os sábios da Grécia, como refere Eusébio Cesariense, que todo o homem que chegar a ser velho morre seis vezes. E como? Passando da infância à puerícia, morre a infância; passando da puerícia à adolescência, morre a puerícia; passando da adolescência à juventude, morre a adolescência; passando da juventude à idade de varão, morre a juventude; passando da idade de varão à velhice, morre a idade de varão; e finalmente acabando de viver por tanta continuação e sucessão de mortes, com a última, que só chamamos morte, morre a velhice. Assim o consideravam aqueles sábios, mais larga e menos sabiamente do que deveram, aos quais por isso emendou S. Paulo, dizendo: "morro todos os dias" (1Cor 15,31). E já pode ser que da comunicação que Sêneca teve com S. Paulo, ensinou ele esta mesma lição ao seu discípulo, quando lhe diz: "Pensa que cada dia é uma vida". Se o sol, que sempre é o mesmo, todos os dias tem um novo nascimento e um novo ocaso, quanto mais o homem, por sua natural inconstância tão mudável, que nenhum é hoje o que foi ontem, nem há de ser amanhã o que é hoje! Desenganemo-nos pois todos, e diga ou diga-se cada um com el-rei Ezequias: "Desde a manhã até a tarde tu me acabarás" (Is 38,12). E seja a última conclusão deste largo discurso, que então definiremos bem e conheceremos o que é esta vida e este mundo, quando entendermos que não só estamos nele em perpétua passagem, mas em perpétuo passamento.

§ VI

Assim passamos todos, e assim passa tudo para a vida, desengano verdadeiramente não só triste, mas tristíssimo, se este superlativo, e outros de maior horror, não foram mais devidos ao que, e depois de tudo passar, se segue. Depois da vida segue-se a conta, e, sendo a conta que se há de dar de tudo o que se passou na vida, tristíssima e terribilíssima consideração é que, passando tudo para a vida, nada passe para a conta. O que faz e há de fazer dificultosa a conta são os pecados da vida, e de toda a vida. E que confusão será naquele dia, tão cheio de horror e assombro, olhar para a vida, e para os pecados de toda ela, e ver que a vida passou e os pecados não passaram.

Deste passar e não passar, não só temos os documentos da Escritura, mas grandes e manifestos exemplos da mesma natureza. Cristo, Redentor e Juiz universal nosso, comparou o dia do juízo "a uma rede lançada no mar" (Mt 13,47). O mar é este mundo; a rede é a compreensão da ciência e justiça divina; os que nela andam nadando já presos, ou com maior ou menor largueza, são todos os homens. E assim como na rede, quando a malha é muito estreita, só a água pode passar e nenhuma outra coisa, assim passa somente por ela a vida, e tudo o mais — que são os pecados — fica dentro e nada passa. Oh! quão apertada e estreita é esta malha da rede de Deus, e quão fácil de passar ainda por ela a vida que, como água, sempre está passando: "Todos morremos, e corremos como as águas" (2Rs 14,14). O mesmo Cristo comparou este passar e não passar ao crivo, quando disse a seus discípulos: "Satanás vos pediu com instância para vos joeirar como trigo" (Lc 22,31). Assim como no crivo — diz S. João Crisóstomo, comentando estas palavras —, assim como no crivo dando uma e muitas voltas passa o grão, e só fica a palha, assim neste mundo — que é todo furado — com a volta que dão os dias e os anos, passa a vida e os gostos dela: "E no fim, e para o fim, só fica o pecado". — De outro crivo fala Davi, que é o das nuvens, por onde se coa a água da chuva, o qual mais altamente nos inculca este mesmo documento: "Joeirando as águas das nuvens do céu" (2Rs 22,12). Desce a nuvem como esponja a beber no mar e, sendo a água do mar salgada e amargosa, passada porém pela nuvem, o que lá fica é o amargoso, e o que cá desce, o doce. Por isso, com grande propriedade, este passar e não passar se compara na nuvem ao crivo, e na vida e na conta à nuvem. O que passa por ela, e cá logramos, é o doce da vida: o que fica lá em cima, e não vemos, é o amargoso da conta.

Não podia Jó faltar a enobrecer este mesmo assunto, como tão próprio das suas experiências, com alguma semelhança que mais ainda no-lo declare. Diz que observou Deus todos os seus caminhos e considerou as pegadas dos seus pés: "Observaste todas as minhas veredas, e consideraste os vestígios de meus pés" (Jó 13,27). E por que considera Deus não os passos, senão as pegadas? Porque os passos passam, as pegadas ficam: os passos pertencem à vida que passou, as pegadas à conta que não passa. Mas que diferentemente não passa Deus pelo que nós tão facilmente passamos! Nós deixamos as pegadas detrás das costas, e Deus tem-nas sempre diante dos olhos, com que as nota e observa; as pegadas para nós apagam-se, como formadas em pó; para Deus não se apagam, como gravadas em diamante. Tal é a consideração dos pecados, que na nossa memória logo se perde e na ciência divina sempre está presente. Os Setenta, em lugar de pegadas, trasladaram raízes: "E consideraste as raízes de meus pés". — Assim como os pés se chamam plantas, assim às pegadas lhes quadra bem o nome de raízes. E por que deu este nome Jó às pegadas dos seus passos? Não só porque os passos passam, e as pegadas ficam, mas porque ficam como raízes fundas e firmes, e que sempre permanecem. As pegadas estão manifestas e veem-se; as raízes estão escondidas; e não se veem; e assim tem Deus guardados invisivelmente todos os nossos pecados, os quais no dia da conta rebentarão como raízes e brotarão nos castigos que pertencem à natureza de cada um. Isto é o que tanto cuidado dava a Jó.

Finalmente, o apóstolo S. Paulo, pregando contra os que abusam da paciência e benignidade de Deus, e em vez de se aproveitarem do espaço que lhes dá para a penitência, gastam a vida em acumular pecados sobre pecados. — "Não vês" — diz — "ó homem, que desprezas as riquezas do sofrimento e longanimidade divina, e que, pelo contrário, segundo a dureza do teu coração, entesouras para ti a ira e vingança que te espera no dia do Juízo?" (Rm 2,4s). De maneira que ao pecar sobre pecar chama S. Paulo "entesourar" — porque, ainda que a vida e os dias em que pecamos passam, os pecados que neles cometemos não passam, mas ficam depositados nos tesouros da ira divina. Fala o apóstolo por boca do mesmo Deus, o qual diz no Deuteronômio: "Porventura não tenho eu guardadas estas coisas comigo, e seladas nos meus tesouros? Minha é a vingança, e eu lhes darei o pago a seu tempo" (Dt 32,34s). Estes tesouros, pois, que agora estão cerrados, se abrirão a seu tempo, e se descobrirão para a conta no dia do Juízo, que isso quer dizer: "No dia da ira e da revelação do justo juízo de Deus". — Considerai-me um homem rico, e que tem mais rendas cada ano do que há mister para se sustentar: que faz este homem? Uma parte do que tem gasta, e outra parte entesoura. Pois, isto é o que fazemos todos. Todos gastamos e todos entesouramos o que não passa; o que gastamos é o da vida, o que entesouramos o da conta.

Infinita matéria seria se agora houvéramos de reduzir à prática uma e outra parte desta demonstrarão e pô-las ambas em teatro. Mas por isso nos detivemos tanto no primeiro ponto do nosso discurso. Não vimos nele, desde o princípio do mundo, como tudo passou? Não vimos como todos os que em tantos séculos viveram, passaram? Pois esse tudo, que então passou para a vida, é o nada que não passou para a conta, e esses todos, que então morreram e agora estão sepultados, são os que, ressuscitados neste mesmo dia, hão de aparecer vivos diante do tribunal divino, para dar essa conta estreitíssima de quanto fizeram. Neste tribunal viu S. João assentado sobre um trono de admirável majestade o supremo juiz, e com aspecto tão terrível que afirma fugiu dele o céu e a terra: "E vi um grande trono branco, e um que estava assentado sobre ele, de cuja vista fugiu a terra e o céu" (Ap 20,11). Diz mais, que viu a todos os mortos, grandes e pequenos, em pé, como réus, diante do mesmo trono: "E vi os mortos, grandes e pequenos, que estavam em pé diante do trono" (Ibid. 12). E, finalmente, conclui que então apareceram e se abriram um livro e muitos livros, e que, pelo que estava escrito nestes livros, foram julgados todos, cada um conforme suas obras: "E foram abertos os livros, e foi aberto outro livro, que é o da vida; e foram julgados os mortos pelas coisas que estavam escritas nos livros, segundo as suas obras" (Ibid.). Desta distinção que o evangelista faz de livro a livros, se vê claramente que "o livro era da vida" — e que os livros eram da conta, porque pelos livros foram julgados os mortos: "E foram julgados os mortos pelas coisas que estavam escritas nos livros". — Assim entendem literalmente estes textos como soam Beda e outros padres. Mas, por que razão o livro da vida era livro e os livros da conta livros? Porque o livro, da vida contém os dias da mesma vida, que são poucos, e os livros da conta contêm os pecados cometidos nos mesmos dias, que são muitos. Assim que, postos à vista no tremendo tribunal, de uma parte o livro e da outra os livros, então se verão juntas e concordes as duas combinações do nosso assunto: no livro, como tudo passa para a vida; nos livros, como nada passa para a conta.

§ VII

Este nada, do qual dizemos que nada passa para a conta, é o que agora havemos de examinar. Pergunto: se nada passa para a conta, parece que também o nada pode ser chamado a juízo? E se acaso for chamado, escapará da conta o nada por ser nada? Creio que todos estão dizendo que sim. Mas é certo, e de fé, que também o nada, por mais qualificado que seja, há de ser chamado a juízo, e porque nada passa para a conta, nem o mesmo nada há de passar sem ela, e mui rigorosa. Ninguém foi mais qualificado na lei da natureza que Jó, e ninguém mais qualificado na lei da graça que S. Paulo: e que dizia de si um e outro? Jó dizia que nada tinha feito contra Deus: "Não cometi impiedade alguma" (Jó 10,7). S. Paulo dizia que nada havia na sua consciência de que ela o acusasse: "De nada me argui a minha consciência" (1Cor 4,4). E este nada de Jó, e este nada de S. Paulo escaparam porventura da conta e do juízo? Eles mesmos confessam que de nenhum modo. Jó dizia que Deus o tinha posto a questão de tormento, como réu, para averiguar se o que ele tinha por nada verdadeiramente era nada: "Para te informares da minha iniquidade e averiguares o meu pecado, ainda que tu sabes que eu não cometi impiedade alguma" (Jó 10,6s). E S. Paulo dizia que ele se não dava por justificado do que na sua consciência reputava por nada, porque desse nada não havia ele de ser o juiz, senão Deus: "De nada me argui a minha consciência, mas nem por isso me dou por justificado, pois o Senhor é quem me julga" (1Cor 4,4). Eis aqui quão manifesta e provada verdade é que nada passa para a conta, pois, até do mesmo nada a há de tomar Deus, e tão estreita.

Mas qual é ou pode ser a razão por que onde dois homens tão grandes, tão qualificados e tão santos, como Jó e S. Paulo, não reconhecem nada de culpa, lha haja, de arguir Deus e pedir-lhes conta? A primeira razão, é da parte de Deus — a qual só pode ignorar quem o não conhece — é porque, ainda nas coisas mais interiores nossas, conhece Deus muito mais de nós do que nós de nós. Quando Cristo na mesa da última Ceia revelou aos apóstolos que um deles o havia de entregar: "Em verdade vos afirmo que um de vós me há de entregar" (Mt 26,21) — diz o evangelista que, muito tristes todos com tal notícia, começou cada um a perguntar: "Porventura, Senhor, sou eu esse?" (Mt 26,22). Pedro, André, João e os demais, exceto Judas, bem sabia cada um de si que não era o traidor, nem tal coisa lhes passara pelo pensamento; pois, por que se não deixam estar muito seguros na boa-fé da sua lealdade, mas pondo em dúvida o de que não duvidavam, pergunta cada um a Cristo se é ele o traidor: "Porventura, Senhor, sou eu esse?" — porque, ainda que a própria consciência os não acusava, sabiam todos que sabia Cristo mais de cada um deles do que eles de si. Eles conheciam-se como homens, Cristo conhecia-os como Deus. Esse foi o erro e engano de S. Pedro, que estava à mesma mesa! Pedro disse que, se fosse necessário, daria a vida por Cristo. Cristo pelo contrário disse que três vezes o havia de negar naquela noite. E por que foi esta a verdade? "Porque Pedro falou pelo que ignorava de si, e Cristo pelo que conhecia dele" — diz S. Agostinho[14]. — E como o juiz daquele dia conhece mais de nós do que nós de nós, não é muito que ele nos condene pelo que nós ignoramos e que no seu juízo seja culpa o que no nosso parece inocência.

A segunda razão, e da parte nossa, é porque assim como Deus sabe tanto de nós, assim nós sabemos muito pouco de Deus, e por isso as nossas razões não podem alcançar as suas. Um dia, depois de Cristo entrar triunfante em Jerusalém, vindo de Betânia para a mesma cidade, "teve fome" (Mc 11,12), e como visse ao longe uma figueira verde e copada, encaminhou os passos até ela "para ver se acaso tivesse algum fruto" (Mc 11,13). Mas porque não achou mais que folhas, "lançou-lhe o Senhor maldição de que eternamente não desse fruto" (Mt 21,19) — e no mesmo momento se secou a árvore, desde as folhas até as raízes. É, porém, muito de notar neste caso, como nota S. Marcos, "que não era tempo de figos" (Mc 11,13). Pois, se não era tempo de aquela árvore ter fruto, por que a amaldiçoa Cristo e a seca, não só para aquele ano, senão para sempre? Podia haver causa ou desculpa mais natural de não ter fruto, que não ser tempo dele? Da árvore a que é comparado o justo, diz Davi "que dará o seu fruto no seu tempo" (Sl 1,3). Pois, se é louvor nas melhores árvores darem a seu tempo o seu fruto, como foi culpa nesta não se achar nela fruto, quando não era tempo? O mesmo evangelista S. Marcos diz que esta sentença de Cristo foi resposta que o Senhor deu à árvore: "E, respondendo-lhe, disse: Nunca jamais coma alguém fruto de ti para sempre" (Mc 11,14). Se a sentença de Cristo foi resposta que deu à árvore, sinal é que a ouviu primeiro, e ela alegou de sua justiça. Reparem aqui os juízes, ou condenadores, que nem a um tronco irracional e insensível condena Deus sem o ouvir. Mas que é o que alegou a árvore? Alegou o mesmo texto do evangelista, e estava como dizendo mudamente ao Senhor: — Eu bem tomara estar carregada de frutos maduros e sazonados, para os oferecer a meu Criador, porém, a causa e impedimento natural de me achar sem eles é por não ser ainda chegado o tempo: "Não era tempo de figos". E que sem embargo desta réplica, ao parecer tão justificada, a condenasse Cristo, e com condenação eterna: "para sempre"! Assim foi. Mas com que fundamento ou justiça? Entre todos os expositores da Escritura mais letrados e de maior engenho, nenhum houve até agora que desse satisfação cabal a esta dúvida. E a razão de se lhe não achar razão é porque as razões dos homens não alcançam as de Deus, e onde não sabe descobrir culpa o juízo humano, a pode achar o divino. Por que não compreende o homem a Deus? Porque Deus é incompreensível. Pois, também por isso os juízos humanos não compreendem os divinos, porque os divinos são incompreensíveis: "Quão incompreensíveis são os seus juízos" (Rm 11,33)!

Sobre estes dois princípios tão manifestos, um da ciência de Deus para conosco, outro da nossa ignorância para com Deus, fica satisfeita e emudecida toda a admiração de que Deus haja de julgar até o que reputamos por nada, e nesse mesmo nada haja de arguir e achar culpas de que pedir e tomar conta no dia do juízo. Só resta um escrúpulo, que ainda não acaba de se aquietar, e não menos que acerca da justiça com que Deus nos haja de castigar pelo que não conhecemos. É verdade que Deus sabe de nós o que nós ignoramos de nós, mas essa mesma ignorância nossa não só parece que nos desculpa, mas nos livra de ser pecado o que não conhecemos como tal. Sem vontade não há culpa, sem conhecimento não há vontade: como, logo, pode ser pecado, e castigado como pecado, o que eu não conheço? Bem tinha decifrado esta teologia o autor do nosso provérbio: Quem ignorantemente peca, ignorantemente vai ao inferno. Uma só ignorância escusa do pecado, que é a invencível. Mas esta poucas vezes se acha. Os demais não só pecam no pecado, mas na ignorância com que o não conhecem. Não pecaram gravissimamente os judeus na morte de Cristo? E contudo diz S. Pedro que eles e os seus príncipes o fizeram ignorantemente: "Sei que o fizestes por ignorância, como também os vossos magistrados" (At 3,17). E o mesmo Cristo quando disse: "Pai, perdoa-lhes, porque não sabem o que fazem" (Lc 23,34) — juntamente alegou por eles a ignorância e pediu para eles o perdão. Se a ignorância os livrara do pecado, não tinham necessidade de perdão; mas pediu-lhes o Senhor o perdão quando lhes confessou a ignorância, porque tão fora estiveram de ficar isentos do pecado pela ignorância com que o cometeram, que antes a mesma ignorância lhes acrescentou um pecado sobre outro pecado. Um pecado, porque tiraram a vida ao Messias não conhecido; e outro pecado, porque o não conheceram, tendo tanta obrigação, como evidência, para o conhecer.

Isto mesmo é o que se vê hoje entre os que conhecem e adoram a Cristo, e não por acontecimento raro, senão comumente, nem só nas vidas, senão também nas mortes. Quantos pecados vemos, e quão grandes, nem emendados na vida, nem confessados na morte, os quais, não só Deus, mas todo o mundo está conhecendo, e só os mesmos que os cometem os não conhecem! Não os conhecem, porque a largueza e relaxação da vida escurece a consciência e cega a alma; não os conhecem, porque o amor-próprio sempre escusa e aligeira o que nos condena; não os conhecem, porque os interesses e conveniências deste mundo trazem consigo o esquecimento do outro; não os conhecem, porque os não querem examinar nem consultar com quem deviam; não os conhecem finalmente porque com ignorância afetada os não querem conhecer para os não emendar: "Não quis instruir-se para fazer o bem" (Sl 35,24). Vede agora se castigará Deus justamente no dia do Juízo os pecados não conhecidos, se por cometidos merecem um castigo, e por não conhecidos outro maior? Porém, se até aquele dia estarão desconhecidos e sepultados nas trevas desta maliciosa e ignorante ignorância, então ressuscitarão, sairão à luz, porque o mesmo Juiz universal, como diz S. Paulo, com os resplendores de sua presença alumiará as consciências de todos os homens, e descobrirá manifestamente a cada um tudo o que nelas estava escondido, e às escuras: "Até que venha o Senhor, o qual porá às claras o que se acha escondido nas mais profundas trevas" (1Cor 4,5). Por meio desta luz, desenganadas então e assombradas as mesmas consciências do muito que verão sair debaixo do nada que não viam ou não quiseram ver, nenhuma terá que estranhar nem replicar à sentença, ainda que seja de eterna condenação, e todas dirão convencidas: "Tu és justo, Senhor, e é reto o teu juízo" (Sl 118,137).

§ VIII

Oh! que grande mercê de Deus fora se hoje, que estamos na representação do mesmo dia do Juízo, o mesmo soberano Juiz nos comunicara um raio daquela luz, para que víramos agora o que então havemos de ver, e com os pecados conhecidos nos presentáramos antes ao tribunal de sua misericórdia que depois ao de sua justiça! Mas bendita seja a bondade do mesmo Senhor, que não só nos deixou comunicado na sua doutrina um raio daquela luz, senão três, se nós lhe não cerramos os olhos. Sendo a matéria de tudo o que passou para a vida e não há de passar para a conta tão imensa à capacidade humana, só a sabedoria divina a poderá compreender, e assim o fez Cristo, Senhor nosso, reduzindo-a, repartindo-a em três parábolas, nas quais nos ensinou em suma toda a conta que nos há de pedir, e de quê. A primeira parábola é dos ofícios, a segunda dos talentos, a terceira das dívidas. E este mesmo número e ordem seguiremos para maior distinção e clareza.

Quanto aos ofícios, diz a primeira parábola, — que é a do vilico — que houve um homem rico, o qual deu a superintendência das suas herdades a um criado com nome de administrador delas. E porque não teve boa informação de seus procedimentos, o chamou à sua presença e lhe pediu conta, dizendo: "Dai conta da vossa administração, porque desde esta hora estais excluído dela" (Lc 16,2). — Esta circunstância de ser a conta a última, e não se poder emendar, é uma das mais rigorosas do dia do Juízo. Vindo, pois, ao sentido da parábola: o homem rico é Deus; as suas herdades são as igrejas e as províncias; o administrador no espiritual é o papa, no temporal é o rei e, abaixo destes dois supremos, todos os outros ministros eclesiásticos e seculares, que repartidamente têm inferior jurisdição sobre os mesmos súditos. A todos estes, pois, há de pedir Deus estreita conta, não só quanto às pessoas, senão também, e muito mais, quanto aos ofícios. Quanto à pessoa, há de dar cada um conta de si, e quanto aos ofícios, há de dar a mesma conta de todos aqueles que governou e lhe foram sujeitos. De sorte que o papa há de dar conta de toda a cristandade, o rei de toda a monarquia, o bispo de toda a diocese, o governador de toda a província, o pároco de toda a freguesia, o magistrado de toda a cidade, e o cabeça da casa de toda a família. Oh! se os homens souberam o peso que tomam sobre si, quando com tanta ânsia e negociação pretendem e procuram os ofícios, ou seculares ou eclesiásticos, como é certo que haviam de fugir e benzer-se deles! Mas não os procuram pelo peso, senão pela dignidade, pelo poder, pela honra, pela estimação e, mais que tudo hoje, pelo interesse. Porém, quando no dia de Juízo se lhes tomar a conta pelo peso, então verão onde os leva a balança.

Se é tão dificultoso dar boa conta da alma própria, que é uma, quão difícil e quão impossível será dá-la boa de tantas mil? Como é certo que não temos fé nem sabemos a que nos obriga! Vedes quantas almas há nesta cidade, quantas almas há nesta província, quantas almas há em todo o reino? Pois sabei, se o ignorais ou não advertis, que de todas essas almas hão de dar conta a Deus os que governam a cidade, a província e o reino. Porque, assim como sobre todos e cada um têm poder e mando, assim em todos e cada um são obrigados a lhes fazer guardar as leis, não só humanas, senão também as divinas. Não é isto encarecimento meu, senão doutrina sólida e de fé, pronunciada por boca de S. Paulo: "Obedecei a vossos superiores, e sede-lhes muito sujeitos, porque a sua obrigação é zelar e vigiar sobre as vossas vidas, como aqueles que hão de dar conta a Deus de vossas almas" (Hb 13,17) — Vede quanto maior é a sujeição dos superiores que a dos súditos. Quantos são os súditos que estão sujeitos ao superior, tanta são as almas de que está sujeito o superior a dar conta a Deus. E, posto que este oráculo bastava para nenhum homem que tem fé querer tomar sobre si uma tal sujeição, ouvi agora o que nunca ouviste. Nem todas as sentenças de Cristo estão escritas no Evangelho, algumas ficaram somente impressas na tradição de seus discípulos, entre as quais é tão notável como terrível esta: "Todo pecado que o irmão remisso e indisciplinado admitir reverte logo ao superior negligente"[15]. Quer dizer: todos os pecados que cometem os súditos se escrevem e carregam logo no livro das culpas do superior, porque há de dar conta deles. De modo que, segundo esta sentença e revelação do mesmo Cristo, todos os homicídios, todos os adultérios, todos os furtos, todos os sacrilégios e mais pecados que os vassalos cometem na vida e reinado de um rei, e as ovelhas e súditos na vida e governo de um prelado, todos estes pecados se lançam logo e escrevem nos livros de Deus debaixo do título do tal rei e debaixo do título do tal prelado, para se lhes pedir conta deles no dia do Juízo.

Ponhamos agora este rei, e depois poremos também este prelado diante do tribunal divino, e vejamos que respondem a estes cargos. O rei é a cabeça dos vassalos, e quem há de dar conta dos membros, senão a cabeça? O rei é a alma do reino, e quem há de dar conta do corpo, senão a alma? Pedirá, pois, conta Deus a qualquer rei, não digo dos pecados seus e da pessoa, senão dos alheios e do ofício. E que responderá já não rei, mas réu? Parece que poderá dizer: — Eu, Senhor, bem conhecia que era obrigado a evitar os pecados dos meus vassalos quanto me fosse possível, mas a minha corte era grande, o meu reino dilatado, a minha monarquia estendida pela África, pela Ásia e pela América; e como eu não podia estar em tantas partes, e tão distantes, na corte tinha provido os tribunais de presidentes e conselheiros, no reino, de ministros de justiça e letras, nas conquistas, de vice-reis e governadores, instruídos de regimentos muito justos e aprovados. E isto é tudo o que fiz e pude fazer. — Também poderá meter nesta conta o seu próprio palácio, e aqueles de que se servia mais familiar e interiormente. Mas sobre todos cai a réplica. — E esses que elegestes — dirá Deus — por que os elegestes? Não foram alguns por afeição, e outros por intercessão, e outros por adulação, e outros por ruim e apaixonada informação? E os que ficaram de fora, com mais conhecido merecimento, por que os excluístes? Mas, dado que todos fossem eleitos com os olhos em mim, e justamente, depois que na administração de seus ofícios conhecestes que não procediam como eram obrigados, por que os não removestes logo, por que os dissimulastes e conservastes e, o que pior é, por que os despachastes de novo, e com mais autorizados postos? Se o que assolou uma província o deixastes continuar na mesma assolação, e depois o promovestes a outro governo maior, como não fostes cúmplice das suas injustiças e das culpas que ele, em vez de remediar, acrescentou com as suas e com o exemplo delas? Se as suas tiranias vos foram manifestas, como as deixastes sem castigo, e os danos dos ofendidos sem restituição? Quantas lágrimas de órfãos, quantos gemidos de viúvas, quantos clamores de pobres chegavam ao céu no vosso reinado, porque, para suprir superfluidades vãs e doações inoficiosas, vossos ministros — por isso premiados e louvados — com impiedade mais que desumana não os despojavam, mas despiam? — Isto é o que poderá replicar Deus emudecendo e não tendo que responder o triste rei. E qual será a sua sentença? No dia do Juízo se ouvirá. O certo é que Davi, rei santo, antes de pecador e depois de pecador exemplo de penitência, o de que pedia perdão a Deus era dos pecados ocultos e dos alheios: "Purifica-me dos pecados que me são ocultos, e perdoa ao teu servo os alheios" (Sl 18,13s). Mas os pecados ocultos naquele dia serão manifestos, e dos alheios, por ter sido rei, se lhe pedirá tão estreita conta como dos próprios.

Entre agora o prelado a dar conta, e a ouvir em estátua o processo que depois da ressurreição lhe será notificado em carne. Oh! que espetáculo será aparecer descoroado da mitra e despido dos paramentos pontificais diante da majestade de Cristo Jesus, aquele a quem o mesmo Senhor autorizou com o nome e poderes de seu vigário, e cuja humana e divina pessoa representou nesta vida! "Ó pastor, ó ídolo!" (Zc 11,17) — lhe dirá Cristo: Tu que foste pastor no nome, e como ídolo te contentaste com a adoração exterior que não merecias, dá conta. Não ta peço das misérias ocultas, senão das públicas e escandalosas de tuas mal guardadas e desprezadas ovelhas. Eram miseráveis no temporal, e não trataste de remediar suas pobrezas, e eram muito mais miseráveis no espiritual, e não cuidaste de curar nem de preservar seus pecados. Se as rendas, que com tanta cobiça recolhias e com tanta avareza guardavas, eram o meu patrimônio, que eu adquiri não menos que com o meu sangue, por que o não distribuíste aos meus verdadeiros acredores, que são os pobres? Por que o despendeste em carroças, criados, e cavalos regalados, estando eles morrendo de fome, e em vestir as tuas paredes de ouro e seda, andando eles despidos e tremendo de frio? Se o zelo de teus ministros visitava as vidas dos pequeninos, tratando mais de se aproveitar das condenações que de lhes emendar as consciências, os pecados monstruosos dos grandes, que tão soberba e escandalosamente viviam na face do mundo, como os deixaste triunfar com perpétua imunidade, como se foram superiores às leis da minha Igreja?

Confesso, Senhor, responderá o prelado, que em uma e outra coisa faltei, mas não sem causa. O que despendi com minha casa e pessoa foi para satisfazer aos olhos do vulgo, que só se leva destes exteriores, e para conservar a autoridade do ofício e veneração da dignidade. E se contra o pecado dos grandes me não atrevi foi porque os seus poderes são inexpugnáveis, e julguei por menos inconveniente não entrar com eles em batalha, que, com afronta e desprezo das mesmas leis da Igreja, ficar no fim da peleja vencido; e finalmente, Senhor, em uma e outra omissão segui o exemplo universal, e o que usam neste ofício os que, com mais poderosas armas e com maiores jurisdições que a minha, costumam em toda a parte fazer o mesmo. — Ó ignorante! Ó covarde! — replicará Cristo. — Tão ignorante e covarde como se não tiveras lido as Escrituras, nem os cânones e exemplos da mesma Igreja. Porventura Pedro e Paulo, e os outros apóstolos que me imitaram a mim, e os seus verdadeiros sucessores, que os imitaram a eles, conciliavam a autoridade das pessoas e do ofício, ainda entre gentios, com os aparatos exteriores? Não sabes que esse mesmo povo, com cujos olhos te escusas, se por dares tudo aos pobres, te vissem desacompanhado, só e a pé pelas ruas, e ainda com os pés descalços, então se ajoelhariam todos diante de ti e te adorariam? E quanto à covardia de te não atreveres com os grandes, tendo a teu lado a espada de Pedro, contra quem se atreveria Davi, que foi o exemplar dos meus pastores? Entre as feras tomava-se com os leões, e entre os homens com os gigantes. Que fera mais fera que a imperatriz Eudóxia, e vê como a não temeu Crisóstomo, e que leão mais coroado que o imperador Teodósio, e vê como o humilhou e pôs a seus pés Ambrósio[16]. Finalmente, se não seguiste o valor destes, senão o que chamas costume dos outros, agora verás em ti e neles que, se eles o costumam fazer assim, eu também costumo mandar ao inferno os que assim o fazem. Isto baste quanto à conta dos ofícios, e tomem exemplo os ministros seculares na conta do rei, e os eclesiásticos na do prelado.

§ IX

Quanto à conta dos talentos, esta temos na parábola dos criados a quem o rei encomendou diferentes cabedais, para que negociassem com eles enquanto fazia certa jornada: "Negociai até eu vir" (Lc 19,13). O rei é Cristo, a jornada foi a de sua subida ao céu, e a tornada há de ser no dia do Juízo, em que há de pedir conta a cada um do que negociou com os talentos que lhe deu, e do que lucrou e ganhou com eles: "E passando muito tempo veio o senhor daqueles servos, e chamou-os a contas" (Mt 25,19). Os talentos são os meios, assim universais como particulares, com que a Providência divina assiste a todos os homens e a cada um para sua salvação e perfeição; e os avanços ou ganâncias são o aumento das virtudes, merecimentos e graça que, no exercício, agência e indústria com que se aplicam os mesmos meios, alcançam os que não são negligentes. Quão exata, pois, haja de ser esta conta, e quão rigorosa para os que usarem mal do talento, na mesma história o temos. Os criados a quem o rei fiou os talentos eram três: ao primeiro entregou cinco, o qual granjeou outros cinco; ao segundo entregou dois, o qual granjeou outros dois, e ambos foram louvados; ao terceiro deu um só talento, o qual ele enterrou. E posto que na conta o ofereceu outra vez e restituiu inteiro, porque não tinha negociado com ele nem adquirido coisa alguma, o Senhor não só o lançou fora de sua casa e o mandou privar do talento, mas o pronunciou "por mau criado" (Lc 19,22) — que foi a sentença de sua condenação. E se quem na conta torna a entregar o talento que Deus lhe deu inteiro e sem defraudo se condena, que será dos que o desbaratam e perdem, e talvez o convertem contra si e contra o mesmo Deus?

Para inteligência desta gravíssima e perigosa matéria, havemos de supor o que se não cuida, e é que não só são talentos os dotes da natureza, os bens da fortuna e os dons particulares da graça, senão também os contrários ou privações de tudo isto. Não só é dote da natureza a formosura, senão também a fealdade; não só as grandes forças, senão a fraqueza; não só o agudo entendimento, senão o rude; não só a perfeita vista, senão a cegueira; não só a saúde, senão a enfermidade; não só a larga vida, senão a breve. Do mesmo modo nos bens que chamam da fortuna, não só é bem o ilustre nascimento, senão o humilde; não só as dignidades altas, senão o lugar e ofício abatido; não só as riquezas, senão a pobreza; não só o descanso, senão os trabalhos; não só os sucessos prósperos, senão os adversos; não só os mandos, senão o ser mandado; nem só as vitórias e triunfos, senão o ser vencido. Finalmente, nas graças, ou dons da graça, não só é graça o dom das línguas, mas o não saber falar ou ser mudo; não só o das letras e ciências, senão o da ignorância; não só o do conselho e discrição, senão o de não ter nem poder dar voto; não só o da ostentação e boato dos milagres, senão o de não ser em coisa alguma maravilhoso, senão totalmente desconhecido e desprezado.

A razão desta verdade interior e providência verdadeiramente divina é porque todas estas coisas, posto que entre si contrárias, podem ser meios que igualmente nos levem à salvação e promovam à virtude, principalmente sendo distribuídos e dispensados por Deus, e aplicados conforme o gênio de cada um, que por isso diz o texto que foram dados os talentos "A cada um segundo a sua capacidade" (Mt 25,15). Assim que tanto se podia aproveitar Raquel da sua formosura, como Lia da sua deformidade; tanto Aquitofel do seu entendimento, como Nabal da sua rudeza; tanto Matusalém dos seus novecentos anos, como o moço de Naim dos seus vinte; tanto Creso dos seus tesouros, como Iros da sua pobreza; tanto Júlio César da sua fortuna, como Pompeu da sua desgraça; tanto Alexandre Magno das suas vitórias, como Dario e Poro de ele os ter vencido; tanto Arão da soltura e eloquência da sua língua, como Moisés do impedimento da sua; tanto o sutilíssimo Escoto da sua ciência, como frei Junipero da sua simplicidade; tanto S. Pedro dos seus milagres, como o Batista de nunca fazer milagre. Daqui se segue que tanta conta há de pedir Deus ao rico da sua riqueza como ao pobre da sua pobreza; tanta ao são da sua saúde, como ao doente da sua enfermidade; tanta ao honrado da sua estimação, como ao afrontado da sua injúria; e tanta a todos do que deu a uns, como do que negou a outros porque, se o rico pode granjear com o seu talento, por meio da esmola, o pobre também pode com o seu, por meio da paciência. E assim dos demais. Antes é certo que entre as coisas que se chamam prósperas ou adversas, mais eficazes são para o merecimento as que mortificam a natureza, que as que lisonjeiam o apetite, e mais seguras para a salvação as que pesam e carregam para a humildade, que as que elevam e desvanecem para a soberba. Só souberam manejar uns e outros meios, e aproveitar-se com igualdade de ambos os talentos um S. Paulo, que dizia: "Sei viver na abundância assim como sei ter fome" (Fl 4,12). E um Jó, que na mesma volta da sua primeira para a segunda fortuna, disse: "Se nós temos recebido os bens da mão de Deus, por que não receberemos também os males?" (Jó 2,10). Mas estes homens quadrados nascem poucas vezes no mundo. Os dados tão firmes se assentam com poucos pontos como com muitos, e tão direitos estão com as sortes como com os azares.

Desta maneira — e seja a única e importantíssima advertência — desta maneira devemos aceitar como da mão de Deus, e contentar-nos com o talento ou talentos que ele foi servido dar-nos, ou sejam como os cinco, ou como os dois, ou como um somente, e, se pudera ser nenhum, ainda fora mais seguro. Quando o rei distribuiu os talentos aos criados, não lemos que algum deles se descontentasse da repartição. Se os que Deus deu a outros são maiores que os vossos, eles terão mais e vós menos de que dar conta ao mesmo Deus. Mas somos como os que lançam nas rendas dos reis, que só olham para o que recebem de presente e não para a conta que hão de dar de futuro. Admirável foi neste gênero a variedade e repartição de fortunas com que Jacó — digamo-lo assim — fadou a seus filhos, quando na hora da morte lhes lançou a bênção. Usou dos nomes de diferentes animais, e a Judas "chamou leão" (Gn 49,9); "a Dã, serpente" (Ibid. 17); "a Benjamin, lobo" (Ibid. 27); "a Neftali, cervo" (Ibid. 21); "a Issacar, jumento" (Ibid. 14). Os animais todos têm suas inclinações, instintos e propriedades, e todos suas como virtudes ou vícios naturais: o leão generoso, a serpente astuta, o lobo voraz, o cervo ligeiro, o jumento sofredor do trabalho. E debaixo destas metáforas significava Jacó aos filhos os talentos de cada um e o uso deles, e quais haviam de ser as ações e sucessos de suas vidas e descendências. E sendo assim que estes mesmos irmãos sofreram tão mal ao mesmo pai fazer uma túnica a um deles de melhor estofa, que por isso a quiseram tingir em seu próprio sangue, como agora nenhum deles se queixa de o pai os vestir de tão diferentes peles e pelos, e de lhes dar ou chamar tão diferentes nomes e de tão diferente nobreza, quanto vai do lobo a cervo, da serpente a leão, e do leão a jumento? Porque na diferença da túnica obrava Jacó, como pai, em seu nome; na diferença e repartição dos talentos falava, como profeta, em nome de Deus; e como a distribuição era feita por Deus, e os talentos dados por ele, posto que fossem tão diversos na estimação e crédito quanto vai do império à servidão, e do leão ao jumento, todos, abaixando a cabeça, se contentaram e conformaram com a sua sorte, e nenhum houve que abrisse a boca para se queixar ou metesse os olhos debaixo das sobrancelhas para mostrar descontentamento. E que dirão a isto os que tantas vezes deixaram a religião e a mesma fé, por não terem humildade nem paciência para sofrer que se lhes antepusessem os que não podiam igualar no talento?

Todo o talento é arriscado a o perder ou não dar boa conta dele a presunção humana. Os maiores, pela soberba, os menores, pela inveja, e os mínimos, pela desesperação e pusilanimidade. Da casta destes últimos foi o que enterrou o talento, podendo ser melhor e mais celebrado que todos se o não enterrara. Puseram alguns teólogos em questão qual dos criados se mostrara mais industrioso, se o que com dois talentos granjeara dois, ou o que com cinco granjeara cinco; e como entre eles se não decidisse a questão, devolveu-se a uma academia de mercadores, os quais todos resolveram que mais industrioso fora o que com dois negociara dois que o que com cinco granjeara cinco, porque mais dificultoso é ganhar pouco com pouco que muito com muito. E sobre esta, que é primeira máxima nos negociantes, provada com a experiência, acrescentaram que, se o que teve um só talento granjeara outro, excederia sem comparação na indústria ao dos dois e ao dos cinco. Grande consolação, e verdadeira, se a quisessem aceitar os talentos medianos. Mas quem poderá curar a cegueira e contentar a inveja dos que se veem excedidos? Saul, porque ouviu — vede a quem? — porque ouviu que as chacotas lhe preferiam a Davi, tantas vezes e por tantos modos o quis matar, e por isso perdeu a coroa. E Dédalo, aquele famoso artífice que, preso em uma torre, inventou e formou as asas com que fugiu dela voando, vendo que Perdiz, seu discípulo, inventara o compasso e, da imitação de uma espinha, a serra, temendo que o havia de exceder no talento, o despenhou primeiro da mesma torre.

Mas, ainda são mais arriscados os talentos que na eminência se estremam sobre todos. Que havia de ser de Saulo se o mesmo Cristo não descera do céu e o derrubara do cavalo para lhe enfrear o orgulho? Que havia de ser de Agostinho — de quem se rezava nas escolas católicas: "Livra-nos, Senhor, da lógica de Agostinho" — se, amolecido com as lágrimas de sua mãe, ela — como um lírio que se gera das lágrimas de outro — o não tornara a gerar? Suceder-lhe-ia o que ao profundíssimo engenho de Tertuliano e ao imenso de Orígenes, os quais, venerados como oráculos da sua idade e primeiros mestres da Igreja, a perderam e se perderam. Mas que muito é que o barro caia e se quebre, se o entendimento de Lúcifer, sendo o maior que Deus criou, excedendo-o só o do mesmo Deus, antes quis cair do céu que ver-se nele excedido! Tanta conta têm como isto os talentos menores, e só por isso poderão dar boa conta.

§ X

A das dívidas é a que só nos resta, última, maior e mais dificultosa de todas. Esta se contém na parábola do outro rei, o qual fez o que muitos não fazem, que é tomar conta aos criados de sua casa: "Que quis tomar contas aos seus servos" (Mt 18,23). Do que logo se segue, no princípio das contas se mostra bem que este chamado rei seria o mais poderoso e rico monarca de quantos houve ou não houve no mundo, porque o primeiro criado foi convencido de que era devedor à fazenda ou erário real de cento e vinte milhões de ouro. Tanto vêm a montar os que o texto chama "Dez mil talentos" (Ibid. 24), porque falando Cristo com os hebreus, e na língua hebraica, também o cômputo e valor da dívida se há de entender de talentos, não gregos, senão hebraicos. Mas como era possível que um criado devesse a seu rei cento e vinte milhões? Respondo que quando a parábola dissera dez mil vezes outros tantos, ainda diria muito menos do que queria significar, porque este rei é Deus e esta dívida é a dos benefícios que Deus tem feito ao homem; e como o menor benefício divino, por si mesmo ou por seu autor, é de valor infinito, não há número em toda a aritmética, nem preço em todas as criaturas, com que se possa comparar, quanto mais igualar.

S. Agostinho, para representar mais claro e mais patentemente esta conta, introduz ao mesmo Cristo fazendo-nos por sua própria pessoa os cargos do que lhe devemos, como fará no dia do Juízo: "Que coisa há que eu devesse ainda fazer à minha vinha, que lhe não tenha feito" (Is 5,4)? Que coisa há, que eu devesse fazer-te, ó homem, ou devesse fazer por ti, que não tenha feito? De nada te era devedor, e como se o fora, de quanto tenho, de quanto posso e de quanto sou, tudo empreguei e despendi contigo. Criei-te quando não eras, tirando-te dos abismos do não ser ao ser; dei-te um corpo formado com minhas mãos, o mais perfeito; dei-te uma alma tirada de minhas entranhas, e feita à minha imagem e semelhança; ornei e habilitei um e outro com as mais excelentes potências e os mais nobres sentidos, para que fossem os instrumentos com que me servisses e amasses; e tu, ingrato, que fizeste? Dá conta dos cuidados, pensamentos e máquinas do teu entendimento; das lembranças e esquecimentos da tua memória; dos desejos e afeições da tua vontade. Dá conta de todos os passos de teus pés, de todas as obras de tuas mãos, de todas as vistas dos teus olhos, de todas as atenções dos teus ouvidos, de todas as palavras de tua língua, e de tudo mais que tu sabes e não cabe em palavras. Depois de criado, que seria de ti, se eu com o mesmo poder e providência te não conservara? De repente perderias o ser, e tornarias ao nada donde saíste. Para tua conservação, te dei não só o necessário, senão o superabundante, e tanta imensidade de criaturas no céu e na terra, todas sujeitas a ti e ocupadas em teu serviço. Deite um anjo, que de dia e de noite, velando e dormindo, te assistisse e guardasse, como sempre assistiu e guardou. Agora te revelo os perigos secretos e ocultos de que foste livre por seu meio, e tu lembra-te dos públicos e manifestos, que experimentaste e viste. Quantos pereceram em outros muito menores? Quantos, mais moços que tu, acabaram de mortes desastradas e repentinas, sem tempo nem lugar de arrependimento e emenda, que eu sempre te concedi? Dá, pois, conta da vida, dá conta da saúde, dá conta dos anos, dá conta dos dias, dá conta das horas, sendo mui poucas e contadas as que não empregaste em me ofender.

Até agora te referi as dívidas exteriores do poder; agora me responderás às interiores e pessoais do amor, e do muito que fiz e padeci por ti. Por ti, depois de te fazer à minha imagem e semelhança, me fiz a tua, fazendo-me homem; por ti nasci nos desamparos de um presépio; por ti fui desterrado ao Egito; por ti vivi trinta anos sujeito à obediência de um oficial, ajudando o trabalho de suas mãos com as minhas e acompanhando o suor do seu rosto com o meu; por ti, e para ti, saí ao mundo a pregar o reino do céu; por ti, nas peregrinações de toda a Judeia e Galileia, sempre a pé e muitas vezes descalço, padeci fomes, sedes, pobrezas, sem ter lugar de descanso nem onde reclinar a cabeça; por ti recebi ingratidões por benefícios, ódios por amor, perseguições por boas obras; por ti suei sangue, por ti fui preso, por ti afrontado, por ti esbofeteado, por ti cuspido, por ti açoitado, por ti escarnecido, por ti coroado de espinhos, por ti, enfim, crucificado entre ladrões, aberto em quatro fontes de sangue, atormentado e afligido de angústias e agonias mortais e, ainda depois de morto, atravessado o coração com uma lança. De tudo isto pedi por ti perdão a Deus, e o pago que tu me deste foi não me perdoar, tornando-me a crucificar tantas vezes quantas gravemente pecaste, como te mandei declarar pelo meu Apóstolo: "Crucificando de novo ao Filho de Deus" (Hb 6,6). Se as gotas de Sangue que derramei por ti tiveram conta, nem de uma só me puderas dar boa conta, ainda que padeceras por mim mil mortes; mas os milhares e os milhões foram das vezes que pisastes o mesmo sangue, sacrificando o infinito valor e merecimento dele aos ídolos do teu apetite.

Ainda em certo modo a maior dívida, a de que agora te pedirei conta, é a da vocação. Reservei o saíres à luz deste mundo para o tempo da lei da graça; chamei-te à fé antes de me poderes ouvir; antecipou-se o meu amor ao teu uso da razão, e fiz-te meu amigo pelo batismo. Com o leite e doutrina da Igreja te dei o verdadeiro conhecimento de mim, benefício que por meus justos juízos em quatro e cinco mil anos não concedi a tantos, e de que ainda nos teus dias careceram muitos. Não tiveste juízo nem consideração para ponderar e pasmar de que, tendo a minha justiça razões para condenar um gentio que me não conheceu, as tivesse minha misericórdia para perdoar a um cristão que, conhecendo-me, tanto me ofendia. Perdida a graça da primeira vocação, caíste, e tornei-te a chamar e dar a mão, para que te levantasses; levantado, tornaste a reincidir uma e tantas vezes, eu, posto que tão repetidamente ofendido, e com tão continuadas experiências da pouca firmeza de teus propósitos e falsidade de tuas promessas, não cessei de te oferecer de novo meus braços, e te receber sempre com eles abertos, até que, infiel, rebelde e obstinado, cerrando totalmente os ouvidos a minhas vozes, te deixaste jazer no profundo letargo da impenitência final. Dá agora conta de tantas inspirações interiores minhas, de tantos conselhos dos confessores e amigos, de tantas vozes e ameaças dos pregadores que, ou não querias ouvir, ou ouvias por curiosidade e cerimônia, e também ta pudera pedir de eu mesmo te não chamar eficazmente na hora da morte, porque o desmereceste na vida.

Sete fontes de graça deixei na minha Igreja — que é o benefício da justificação — para que nelas se lavassem as almas de seus pecados, e com elas se regassem e crescessem nas virtudes. Em uma te facilitei em tal forma o remédio para todas as culpas, que só com as confessar te prometi o perdão que tu não quiseste aceitar, fugindo da benignidade daquele sacramento, como rigoroso, e amando mais as mesmas culpas que estimando o perdão. Em outra te dei a comer minha carne e a beber meu sangue, e juntamente os tesouros infinitos de toda a minha divindade, em penhor da glória e bem-aventurança eterna, que foi o altíssimo fim para que te criei. Desprezaste o fim, não quiseste usar dos meios, e porque escolheste antes estar para sempre sem mim no inferno que comigo no céu, tua é, e não minha, a sentença que logo ouvirás com os outros mal-aventurados: "Ide, malditos, para o fogo eterno" (Mt 25,41).

§ XI

Aqui parou a conta das dívidas, que era a última e maior partida que só restava para as contas. E aqui virão a parar todos os que tão descuidados vivem de as dar boas naquele dia. Ó dia de ira! ó dia de furor! ó dia de vingança! ó dia de amargura! ó dia de calamidade! ó dia de miséria! ó dia estupendo! ó dia tremendo! ó dia sobre toda a compreensão terrível! Assim lhe chamam, com horror, os clamores dos profetas, pela estreitíssima conta que nele se nos há de pedir a todos. E se tudo passa para a vida e nada passa para a conta, que cegueira e que insânia é a dos que todos seus cuidados empregam no que passa, sem memória nem cuidado do que não há de passar? Pode caber em entendimento com juízo maior loucura, que trabalhar de dia e de noite um homem, e cansar-se, e desvelar-se e matar-se pelo que passa com a vida e há de deixar com a morte, e não ser o seu único cuidado e desvelo tratar só do que há de levar consigo e do que só se lhe há de pedir conta? Ouçam estes loucos a S. Agostinho: "Pecas, homem, por amor de dinheiro? E cá há de ficar o dinheiro. Pecas por amor da herdade? E cá há de ficar a herdade. Pecas por amor da mulher, ou tua, ou não tua? E cá há de ficar a mulher. Mas, havendo de ficar cá tudo aquilo por que pecaste, o que só hás de levar contigo é o pecado"[17]. Toda a matéria dos pecados cá há de ficar, porque passou com a vida, e só o pecado há de ir conosco, porque não passou para a conta.

Parece-me que, para desenganar a quem tem fé, basta a evidência destes pontos. O que só quisera alcançar de Deus, e pedir aos que me ouviram, é que tomem este desengano enquanto vivem neste mundo, e não o guardem para o inferno. Descreve o Espírito Santo no livro da Sabedoria uma prática que tiveram entre si no inferno os que lá foram, depois de ter gastado a vida em tudo o que passa com a mesma vida, e o que falavam era desta maneira: "Portanto erramos do caminho da verdade e o sol da inteligência não amanheceu para nós" (Sb 5,6). O certo é — diziam — que erramos o caminho, e que andamos às escuras, e que em tantos dias quantos vivemos nunca nos amanheceu a luz do sol. "Que nos aproveitaram a soberba" e glória vã das honras do mundo? "De que nos serviu a jactância das riquezas?" — E os gostos, delícias e passatempos em que elas se consomem, de que nos aproveitaram? — "Todas essas coisas passaram como a sombra" (Ibid. 9). "Todas passaram como o correio", que sempre caminha e não para. "Todas passaram como a nau que vai cortando as ondas, e depois que passou se lhe não acha rasto" (Ibid. 10). "Todos passaram como a ave que, voando e batendo o leve vento que corta, nem sinal deixa do seu caminho" (Ibid. 11). "Todas passaram como a seta despedida do arco ao lugar destinado que, dividindo o ar, o qual logo se cerra e une, não se pode conhecer por onde passou" (Ibid. 12). Agora, agora conhecem bem no inferno, e não acham comparação com que bastantemente declarar a suma velocidade com que todas as coisas passam, e com a mesma pressa — dizem — "passamos nós, porque, apenas nascidos, logo deixamos de ser, e sem deixar sinal algum de virtude, em nossos próprios vícios nos consumimos" (Ibid. 13).

Isto conferiam entre si naquela triste e tarde desenganada conversação os miseráveis condenados, os quais, para maior dor, levantando os olhos ao céu, e vendo lá gloriosos e triunfantes os que trataram mais da estreiteza da conta que da larguza da vida. "Com vozes que lhes saíam do interior angustiado, e com arrependimento e gemidos que já não aproveitavam" (Ibid. 3) — diziam entre si e consigo. Que é o que diziam? "Aqueles são os de que nós zombávamos, rindo-nos dos seus escrúpulos de consciência" (Ibid. 3), e das penitências e rigores com que mortificavam seus corpos, quando nós só tratávamos de regalar os nossos e satisfazer nossos apetites; e agora vemos que eles foram os prudentes e sisudos, e nós os loucos e insensatos, pois eles, pondo os olhos no fim e no prêmio, de que nós não fizemos caso, estão gozando da glória entre os santos, como nós padecendo as penas entre os condenados: "Nós insensatos! Julgamos sua vida como loucura e infame o seu fim. Eis que foram contados entre os filhos de Deus e partilham a sorte dos santos" (Ibid. 4). Tais são as coisas que disseram, conclui o Espírito Santo, "e tais os discursos que fizeram no inferno os maus quando lá se viram" (Ibid. 14). Vejamos agora, e consideremos bem, os que por misericórdia de Deus ainda temos tempo e vida, se é melhor aproveitar deste desengano neste mundo, ou guardá-lo para o inferno, e se folgaremos no dia da conta de ter imitado os prudentes, que eternamente hão de gozar a vista de Deus no céu, ou acompanhar os loucos insensatos, que hão de padecer as penas do inferno por toda a eternidade?

SERMÃO DA
Segunda Dominga do Advento

~

"João no cárcere."
(Mt 11,2)

Que há de haver outro juízo e outro mundo nos ensinava a fé no sermão anterior. Hoje, será a razão a nos ensinar o mesmo, alertando-nos que o juízo dos homens é mais temeroso que o juízo de Deus. No juízo de Deus, um ladrão se salva; no juízo dos homens, João Batista se condena. Os textos de Davi e S. Mateus o confirmam. Cinco são as razões para entender que o juízo dos homens é mais temeroso que o juízo de Deus: 1) Deus julga com o entendimento; os homens com a vontade. 2) No juízo de Deus, vale o testemunho da própria consciência, e no dos homens não vale. 3) No juízo de Deus, as nossas boas obras defendem-nos; no dos homens, elas são nossas inimigas. 4) Deus julga o que conhece; os homens o que não conhecem. 5) Deus não julga senão o fim; os homens não esperam o fim para julgar. — Uma objeção: como entender: "Não temais aqueles que matam o corpo (a condenação à morte pode ser injusta), e não podem matar a alma (só Deus o pode fazer, e não lhe cabe a injustiça)"? Para não alongar, mas elucidando, Vieira resume o tema do sermão em afirmações curtas para que os ouvintes discorram sobre elas. — E quais os remédios, os meios para se curar? "Se não quereis que vos julguem, não julgueis, porque com o mesmo juízo com que julgardes sereis julgados."

§ I

Que há de haver outro juízo e outro mundo nos ensinou a Igreja Católica o domingo passado com a fé; o mesmo artigo — se me não engano — nos prova hoje com a razão. Diz o evangelista S. Mateus que o Batista, aquele grande santo, aquele grande precursor de Cristo, por mandado de Herodes, aquele mau homem e aquele mau rei, está hoje em prisões: "João no cárcere. João no cárcere"! O Batista em prisões! Logo há de haver outro juízo e outro mundo. Provo a consequência. Porque, se há Deus, é justo; se é justo, há de dar prêmio a bons e castigo a maus; no juízo deste mundo vemos os maus, como Herodes, levantados, os bons, como o Batista, oprimidos; segue-se logo que há de haver outro juízo e outro mundo: outro juízo, em que se emendem estas desigualdades e injustiças; outro mundo, em que os bons tenham o prêmio de seus merecimentos, e os maus castigo de suas culpas. Oh! que altos são os segredos da providência divina! Os nossos próprios vícios faz que sejam testemunhas de nossa fé. Um dos principais fundamentos de nossa fé é a imortalidade das almas, e a nossa injustiça é a mais evidente prova da nossa imortalidade. Se os homens não foram injustos, pudera-se duvidar se eram imortais; mas permite Deus que haja injustiças no mundo para que a inocência tenha coroa e a imortalidade prova. Quem pode duvidar da imortalidade da outra vida, se vê nesta a maldade de Herodes levantada ao trono e a inocência do Batista posta em prisões: "João no cárcere"?

Mas, assim como as prisões do Batista confirmam esta parte da doutrina que preguei no sermão passado, assim também me obrigam as mesmas prisões a retratar outra parte da mesma doutrina. Preguei que havia de haver um juízo final, em que Deus nos há de julgar a todos. Ainda o digo assim. Disse mais que este juízo de Deus havia de ser o mais rigoroso, o mais estreito e o mais terrível. Ainda o torno a dizer, porque verdadeiramente assim é. Porém, hoje, por muitas razões vos parecerá que ainda há outro juízo mais terrível, ainda há outro juízo mais rigoroso, ainda há outro juízo mais estreito que o juízo de Deus. E que juízo é este? É o juízo que pôs o Batista em prisões, o juízo dos homens: "João no cárcere"! O Batista em prisões! Logo, o juízo dos homens é muito mais temeroso que o juízo de Deus. Ainda esta consequência é mais clara que a primeira. No juízo de Deus até um ladrão se salva; no juízo dos homens até S. João Batista se condena: "João no cárcere". E juízo em que até a inocência do Batista sai condenada, este é o tremendo juízo. E esta será a matéria do sermão. Que o juízo dos homens é mais temeroso que o juízo de Deus.

§ II

Quem melhor que todos entendeu esta grande verdade ou novidade que tenho proposto foi o real profeta Davi. No Salmo cento e quarenta e dois diz Davi a Deus: "Senhor, não entreis em juízo com vosso servo" (Sl 142,2). — No Salmo quarenta e dois diz o mesmo Davi: "Senhor, julgai-me vos, e decidi a minha causa" (Sl 42,1). — Notável encontro de afetos: se Davi no primeiro salmo diz a Deus: — Senhor, não me julgueis — como o mesmo Davi no segundo salmo diz a Deus: Senhor, julgai-me? Uma vez julgai-me, outra vez não me julgueis? Que variedade é esta? Do que acrescenta Davi se verá a razão da diferença: "Julgai-me, ó Deus, e separa a minha causa de uma gente não santa; livrai-me do homem iníquo"

(Sl 42,1). Julgai-me vós, Senhor, livrai-me de me julgarem os homens. — Aqui está a diferença. No primeiro caso considerava Davi o juízo de Deus absolutamente, e por isso pedia a Deus que o não julgasse, porque o juízo de Deus verdadeiramente é muito para temer. No segundo caso considerava Davi o juízo de Deus por comparação ao juízo dos homens, e por isso queria que Deus o julgasse, porque, comparado o rigor do juízo de Deus com os rigores do juízo dos homens, muito mais rigoroso e muito mais tremendo é o juízo dos homens que o juízo de Deus. No primeiro caso tinha Davi diante de si o temor do juízo de Deus. No segundo caso tinha, de uma parte, o temor do juízo de Deus e, da outra parte, o temor do juízo dos homens, e posto entre temor e temor, achou que tinha mais que temer no juízo dos homens que no juízo de Deus. Agora entendereis o mistério daquelas palavras que deixamos de ponderar no Evangelho passado: "Então verão o Filho do homem, que virá nas nuvens do céu" (Mt 24,30). — Cristo é homem e é Deus: pois, por que não diz virá o Filho de Deus, senão virá o Filho do homem? Porque o intento de Cristo era fazer-nos o seu juízo temeroso e horrível, e muito mais temeroso e muito mais horrível ficava representado como juízo de homem que como juízo de Deus. É tanto mais temeroso o juízo dos homens que o juízo de Deus, que quando este se quer fazer respeitar e temer, quando se quer vestir de horror e assombro, quando se quer mostrar medonho e horrendo, chama-se juízo de homem; não achou outro nome mais fero, não achou outro nome mais atroz, não achou outro nome mais tremendo: "Então verão o Filho do homem".

Temos provado o assunto em comum; desçamos agora às razões particulares dele, que são muito várias, muito sólidas e de muita doutrina, e pode ser que vos pareçam tão grandes e tão novas como o mesmo assunto.

§ III

Primeiramente, o juízo dos homens é mais temeroso que o juízo de Deus, porque Deus julga com o entendimento, os homens julgam com a vontade. Quando entre o entendimento de Deus e a vontade dos homens não houvera aquela infinita distância, bastava só a diferença que há entre vontade e entendimento para ser grande a desigualdade destes juízos. Quem julga com o entendimento pode julgar bem e pode julgar mal; quem julga com a vontade nunca pode julgar bem. A razão é muito clara. Porque quem julga com o entendimento, se entende mal, julga mal, se entende bem, julga bem. Porém, quem julga com a vontade, ou queira mal ou queira bem, sempre julga mal: se quer mal, julga como apaixonado; se quer bem, julga como cego. Ou cegueira, ou paixão, vede como julgará a vontade com tais adjuntos. No juízo divino não é assim: julga só o entendimento e tal entendimento. Declarando o mesmo Cristo, Senhor nosso, os seus poderes supremos de juiz universal do mundo, diz "que o Pai deu todo o juízo ao Filho" (Jo 5,22). Pergunto: e por que o não deu o Pai ao Espírito Santo? Para um juízo perfeito requerem se três coisas: ciência para examinar, justiça para julgar, poder para executar. Pois, se a pessoa do Filho e a do Espírito Santo têm a mesma sabedoria, a mesma justiça, a mesma onipotência, por que razão dá o Pai Eterno o ofício de julgar ao Filho, e não ao Espírito Santo? A razão moral e altíssima é esta. Porque o Espírito Santo procede por ato de vontade, e o Filho é gerado por ato de entendimento, e o julgar — ainda que seja Deus o que julga — pertence ao entendimento, e não à vontade. Ao Espírito Santo, que procede por vontade, deu-lhe o Pai "o despacho das mercês"; ao Filho, que se produz por entendimento, "deu-lhe o juízo das culpas" — porque o dar, para que se agradeça, há de proceder da vontade, e o condenar, para que se não erre, há-o de regular o entendimento. Ainda não está dito: ouvi uma coisa grande. Quando o Pai "desde toda a eternidade" gera o Filho, gera-o por puro ato de entendimento, sem intervenção ainda da vontade; quando o Pai e o Filho produzem o Espírito Santo, produzem-no por ato da vontade, mas já com suposição do entendimento. Pois, por isso o dar se atribui à terceira pessoa, e o julgar à segunda, porque o dar há de ser da vontade, mas com suposição de entendimento, o julgar há de ser só do entendimento, sem intervenção nenhuma da vontade. Eis aqui um perfeito ditame da justiça punitiva e distributiva. O condenar, só por entendimento, sem vontade; o dar, mui por vontade, mas com entendimento. E seria bem que o dar fosse por entendimento e que no condenar entrasse também a vontade? Não, porque daí nasceria o que acontece algumas vezes, que nem as mercês obrigam, nem os castigos emendam. Condenar com vontade é passar além de justo; dar sem vontade é ficar aquém de liberal; no primeiro, vai escrupulosa a justiça; no segundo, fica desairosa a liberalidade.

De maneira que em Deus a vontade e o entendimento têm repartidos os ofícios: o entendimento julga, a vontade dá. Nos homens não passa assim. O entendimento está deposto de seu ofício, a vontade serve a ambos: a vontade é a que dá, e a vontade é a que julga. A queixa de ser a vontade a que dá deixemo-la aos cobiçosos e aos pretendentes; a sem-razão de ser a vontade a que julga é a que faz o juízo humano mais formidável que o divino. Veio uma vez a luz a ser julgada no juízo dos homens, e vinha ela muito confiada, porque já antigamente tinha aparecido diante do Juízo de Deus, e saiu dele com grandes aprovações: "Faça-se a luz. E foi feita a luz. E viu Deus que a luz era boa" (Gn 1,3s). Com estas abonações do juízo de Deus entrou a luz no juízo dos homens. E como vos parece que sairia dele? Disse-o Cristo no capítulo terceiro de S. João; e foi necessário que o mesmo Cristo o dissesse, para que nós o crêssemos: "Veio a luz ao mundo, e os homens antepuseram as trevas à luz" (Jo 3,19). — Há tal sem-razão! Há tal cegueira! Há tal maldade! Quem houvera de crer de juízos racionais uma sentença tão bárbara como esta, se o não afirmara o mesmo Cristo? Há coisa mais formosa, há coisa mais útil, há coisa mais necessária no mundo que a luz? Pelo contrário, há coisa, mais feia, há coisa mais horrenda, há coisa mais inútil, há coisa mais cheia de inconvenientes que as trevas? Não são as trevas a capa dos latrocínios, terceiras dos adultérios, as cúmplices e as consentidoras dos maiores insultos, das maiores enormidades que se cometem no mundo? Pois como é possível que homens com olhos e com entendimento "antepusessem as trevas à luz"? As mesmas palavras de Cristo deram a razão — "Antepuseram": julgaram com a vontade e não com o entendimento, e onde a vontade é juiz, tais como estas são as sentenças. Que havia de fazer uma cega, senão condenar a luz? "Amaram mais." Eis aqui todo o juízo dos homens: amaram mais ou amaram menos. Se amaram, ainda que seja as trevas, as trevas hão de ser melhores que a luz; se não amaram, ainda que seja a luz, a luz há de ser pior que as trevas. Oh! quantas vezes renova o mundo esta sentença! Quantas vezes vêm a juízo a luz e as trevas, e sai condenada a luz! Vede que segurança pode ter o merecimento, ou que imunidade a inocência em tal juízo! O sumo merecimento e a suma inocência o diga.

Presentado Cristo ante Pilatos, tirou ele as testemunhas, examinou as acusações e declarou a Cristo por inocente: "Eu nenhuma causa acho neste homem" (Lc 23,14). — Daí a pouco levaram a Cristo ao Calvário, pregaram-no em uma cruz: "E puseram nela" — diz o texto — "a sua causa escrita" (Mt 27,37). — Pois, se Pilatos não achou causa em Cristo: "Eu nenhuma causa acho neste homem", como lhe puseram a causa escrita na cruz: "E puseram nela a sua causa escrita"? Aqui vereis quanto vai de ser julgado com o entendimento ou com a vontade. Depois que Pilatos declarou a inocência de Cristo, devolveu as acusações ao juízo da vontade dos príncipes dos sacerdotes: "E abandonou Jesus à vontade deles" (Lc 23,25) — e como Cristo foi julgado no juízo da vontade, logo lhe acharam causa para o crucificar. No juízo do entendimento, ainda que era entendimento de Pilatos, não se achou causa a Cristo; no juízo da vontade, ainda que era o julgado Cristo, achou-se-lhe causa. E por que acha mais a vontade, sendo cega, que o entendimento, sendo lince? Porque o entendimento acha o que há; a vontade acha o que quer. Conforme a vontade quer, assim acha. Se a vontade quer favorecer, achará merecimento em Judas; se a vontade quer condenar, achará culpas em Cristo. Que culpas tinha o Batista contra Herodes para o meter em prisões? Mas tinha contra si a sua vontade, que era a maior culpa de todas. Bem entendia Herodes, que era inocente o Batista, mas não quero ir por aqui: ou Herodes entendia a que era inocente o Batista, ou não o entendia: se o não entendia, vede a cegueira da vontade, que o fazia entender contra a razão; se o entendia, vede a tirania da vontade, que o fazia obrar contra o que entendia. De uma maneira ou doutra, sempre o Batista tinha certas as prisões: "João no cárcere".

§ IV

A segunda razão de o juízo dos homens ser mais terrível que o juízo de Deus é porque no juízo de Deus geralmente basta só o testemunho da própria consciência; no juízo dos homens a própria consciência não vale testemunha. Vede que grande é a fidalguia do juízo de Deus. Apareceis diante do tribunal divino: acusam-vos os homens, acusam-vos os anjos, acusam-vos os demônios, acusam-vos vossas próprias obras, acusam-vos o céu, a terra, o mundo todo: se a vossa consciência vos não acusa, estai-vos rindo de todos. No juízo dos homens não é assim. Tereis a consciência mais inocente que a de Abel, mais pura que a de José, mais justificada que a de S. João Batista; mas se tiverdes contra vós um Caim invejoso, um Putifar mal informado ou um Herodes injusto, há de prevalecer a inveja contra a inocência, a calúnia contra a verdade, a tirania contra a justiça, e por mais que vos esteja saltando e bradando dentro no peito a consciência, não vos hão de valer seus clamores. Vede que comparação tem este rigor com o do juízo de Deus. Acho eu muita graça aos pregadores, que para nos representarem a terribilidade do juízo divino trazem aquela autoridade ou oráculo de Deus a Samuel: "Os homens veem só os exteriores, porém Deus penetra os corações" (1Rs 16,7). — Antes por isso mesmo é muito mais para temer o juízo dos homens: se os homens conheceram os corações, se aos homens se lhes pudera dar com o coração na cara, então não havia que temer seus juízos. Que maior descanso e que maior segurança que trazer um homem sempre consigo no seu coração a sua defesa? — Acusais-me, condenais-me, infamais-me, quereis mil testemunhas, pois ei-las aqui — e mostra-lhes o coração: "A boa consciência são mil testemunhas"[1]. Sabeis vós para quem não era boa invenção a de os homens verem os corações? Para os traidores, para os hipócritas, para os lisonjeiros, para os mentirosos, e para outra gente desta ralé; mas para os zelosos, para os verdadeiros, para os honrados, para os homens de bem, ó que grande costume, ó que grande felicidade fora! Mas como a consciência no juízo humano não vale testemunha, quem leva a calúnia nas obras que importa que tenha as defesas no coração?

A maior defesa e justificação que Cristo teve da sua inocência, foi o depoimento de Pilatos quando, "pedindo água, lavou as mãos e pronunciou que ele era inocente no sangue daquele justo" (Mt 27,24). Reparou nesta água e neste sangue S. Cirilo Jerosolimitano, e disse, com opinião singular, que aquela água e aquele sangue que saiu do lado de Cristo na cruz faziam alusão a esta água e a este sangue: "Eram estes dois do lado, a água que julgava e o sangue que clamava"[2]. A água significava a água com que Pilatos lavou as mãos: "Pedindo água, lavou as mãos"; o sangue significava o sangue que o mesmo Pilatos declarou por justo "e os acusadores tomaram sobre si" (Mt 27,25). De maneira que, assim como cá o réu ou o homiziado traz no seio os papéis de sua defesa, assim Cristo meteu no coração aquela água e aquele sangue, em que consistiam os testemunhos autênticos de sua inocência. Ora, vede agora sair a Cristo do pretório de Pilatos, acompanhado de grande tropel de justiças, e vereis na representação daquela tragédia o que cada dia acontece no mundo. O inocente caminhava para o suplício, o pregão dizia as culpas, o coração levava as defesas. As culpas do pregão eram falsas, as defesas do coração eram verdadeiras; mas como o coração no mundo não vale testemunha, morreu crucificada a inocência. Quantos treslados deste processo se formam cada dia no juízo humano! Por isso os inocentes padecem, e os culpados triunfam. Quem mais inocente que José, quem mais culpado que a egípcia? Mas a culpada mostrava os indícios na capa, e o inocente tinha as defesas no coração; por isso ela triunfa e ele padece. Morre enfim Cristo na cruz, abre-lhe uma lança o peito, fica o coração patente, e então saíram em público as suas defesas: "Saiu sangue e água" (Jo 19,34). Pois agora, depois de Cristo morto? Sim agora, que essa é a diferença que há de um juízo a outro juízo. No juízo depois da morte, que é o juízo de Deus, então valem as defesas do coração; no juízo desta vida, que é o juízo dos homens, nenhuma valia têm. Oh! desgraçada sorte a do coração humano! Poder ser julgado dos homens para a culpa e não poder ser visto dos homens para a defesa! Se assim é, que muito que se não defenda a maior inocência: "João no cárcere"?

§ V

O terceiro motivo de maior temor que há no juízo dos homens, comparado com o de Deus, é que no juízo de Deus as nossas boas obras defendem-nos; no juízo dos homens o maior inimigo que temos são as nossas boas obras. Demos revista a alguns exemplares do juízo humano, e constar-nos-á desta verdade. O primeiro condenado que houve no juízo dos homens foi Abel. E por que culpas? Por que o seu sacrifício agradou mais a Deus do que o de Caim. Há tal crime como este? Se Abel fora como Caim, ele tivera os seus dias mais bem logrados. Não há maior delito no mundo que o ser melhor. Ao menos eu, a quem amara das telhas abaixo, antes lhe desejara um grande delito que um grande merecimento. Um grande delito muitas vezes achou piedade; um grande merecimento nunca lhe faltou a inveja. Bem se vê hoje no mundo: os delitos com carta de seguro, os merecimentos homiziados. Vamos a outro exemplar. Saul condenou tantas vezes a morte a Davi, e chegou a lhe tirar ele mesmo às lançadas. E por que crimes? Porque se cantava pelas ruas de Jerusalém que Davi era mais valente que Saul: "Saul matou mil, e Davi dez mil" (1Rs 18,7). Este prêmio tirou Davi de matar um grande gigante com uma funda. Mais venturosos haviam de ser os tiros se não deram tamanho estalo. Ao gigante derrubou-o a pedra, e a Davi o sonido. Eis aqui por que Davi queria que o julgasse Deus, e não os homens: no juízo de Deus perdoam-se os pecados como fraquezas; no juízo dos homens castigam-se as valentias como pecados. Graças a Deus que já nos vamos emendando deste. Vamos ao terceiro exemplar. Mas para que é ir mais longe, se temos o maior exemplo de todos no Evangelho?

Mandou o Batista do cárcere dois discípulos seus que fossem perguntar a Cristo se era ele o Messias: "Tu és o que hás de vir, ou é outro o que esperamos?" (Mt 11,3). Suspendeu o Senhor a resposta, porque havia ao redor grande multidão de enfermos que esperavam e, depois de os sarar a todos milagrosamente, voltou-se para os embaixadores do Batista e disse-lhes assim: "Ide, dizei a João o que ouvistes e vistes" (Mt 11,4): "Os cegos veem, os mancos andam, os mortos ressuscitam". "E bem-aventurado o que se não escandalizar em mim" (Ibid. 5). — Aqui reparo: "E bem-aventurado o que não se escandalizar"? — E que tinha feito Cristo para se escandalizarem os homens? Se Cristo arrancara olhos, e fizera cegos, se cortara pés, e fizera mancos, se tirara vidas, matara homens, então tinham razão de se escandalizar de Cristo; mas por sarar, por remediar, por ressuscitar? Sim. Porque não há coisa de que mais se escandalizem os homens, que de haver quem faça milagres. Antigamente escandalizavam os pecados e edificavam as virtudes; hoje as virtudes escandalizam, e queira Deus que os pecados não edifiquem. Deus vos livre de vossas boas obras, e muito mais das grandes: os pecados sofremo-los facilmente; os milagres não os podemos sofrer. E por quê? Porque os pecados são ofensas de Deus, e os milagres são ofensa nossa. Bem seguro eu que havia mais de quatro enfermos em Jerusalém que não quiseram ser sarados, só por que Cristo não fosse o milagroso. Não atirara Saul a lança contra Davi, que lhe tirara a enfermidade, se lhe não doera mais o milagre do que lhe agradava a saúde.

Oh! quanto mais seguro é ir com pecados ao juízo de Deus que com milagres ao juízo dos homens! Em Deus há misericórdia, na inveja há perdão. Que levou a Madalena ao juízo de Cristo? Pecados. E como saiu? Perdoada: "Perdoados lhe são seus muitos pecados" (Lc 7,47). Que levou Cristo ao juízo dos homens? Milagres. E como saiu? Condenado: "Que este homem faz muitos milagres" (Jo 11,47). Com que escaparão os homens do juízo dos homens, se Deus com milagres não escapa? Ainda dizia mais o processo de Cristo: "Que era tal, que ia todo o mundo após ele" (Jo 12,19). Se disseram que ele ia após o mundo, condenassem-no muito embora; mas porque o mundo ia após ele! Eis aí quais são os crimes do juízo dos homens. Se fordes após o mundo, ninguém vos há de condenar; se o mundo for após vós, não vos há de valer sagrado. Que disse hoje Cristo do Batista? Que se despovoam as cidades para o buscar, para o ver: "Que saístes vós a ver no deserto?" (Mt 11,7). Que não era cana verde que se movesse com o vento: "Uma cana agitada do vento?" (Ibid. 7). Que não era homem da corte, que vestisse sedas, senão cilícios: "Um homem vestido de roupas delicadas?" (Ibid. 8). "Que era mais que profeta". Finalmente, que era anjo: "Eis aí envio eu o meu anjo" (Ibid. 10). — Ah! sim, meu santo precursor, e vós tendes cinco culpas tão grandes como estas, e tão provadas! Mau pleito levais ao juízo dos homens: a vós vos tirarão dos olhos e dos ouvidos do mundo; a vós vos fecharão em um cárcere: "João no cárcere".

§ VI

A quarta consideração de ser mais temeroso o juízo dos homens que o juízo de Deus é porque Deus julga o que conhece; os homens julgam o que não conhecem. Um dos maiores rigores do dia do Juízo é que os mesmos demônios hão de ser ali nossos acusadores; mas eu antes me quisera ver acusado de demônios que ver-me julgado de homens. O demônio no dia do Juízo há-nos de acusar de todas as nossas obras, há-nos de acusar de todas as nossas palavras; mas, em chegando aos pensamentos, há de tapar a boca o demônio, porque os pecados de pensamento são reservados só a Deus. Eis aqui até onde chega o demônio quando acusa, e o homem quando julga. Julga-vos as obras, julga-vos as palavras, e até o mais íntimo pensamento vos julga e vos condena. Há tal temeridade de juízo? Que julgue o homem as obras que vê, que julgue as palavras que ouve, que seja embora; mas que queira julgar os pensamentos, onde não chega com algum sentido do corpo, nem com alguma potência da alma! Esta é uma das mais graves razões por que o juízo dos homens é mais para temer que o juízo de Deus: Deus julga os pensamentos, mas conhece-os; o homem não pode conhecer pensamentos, e julga-os.

Dir-me-eis que os homens julgam os pensamentos pelas obras, e que pelas obras, que se veem, bem se podem julgar os pensamentos, que se não veem. Se assim fora não eram tanto para temer os juízos dos homens; mas vede quanto ao contrário das obras julgam ainda os melhores homens os pensamentos. Estava Ana, mãe de Samuel, orando no Templo com os afetos e efeitos que costumam os aflitos: e que juízo vos parece que faria o sumo sacerdote Heli desta oração? Julgou que era intemperança, e que os movimentos que fazia Ana com a boca tinham a causa na mesma boca, e não no coração lastimado donde saíam: "Julgou que ela estava bêbada. E disse-lhe: Até quando estarás tu bêbada?" (1Rs 1,13). Veio Naamão Siro à terra de Judeia, para que o profeta Eliseu o curasse da lepra; e que juízo faria el-rei Ezequias desta jornada de Naamão? Julgou que era mandado cautelosamente por seu rei para que, tornando-se sem a saúde que viera buscar, tomasse daqui ocasião de queixa, e da queixa passasse a rompimento de guerra, e lhe viesse conquistar o reino: "Adverti, e vede que anda buscando ocasião de romper comigo" (4Rs 5,7). Lançou-se Amã aos pés da rainha Ester, pedindo que lhe valesse contra a indignação de el-rei, de cuja graça se via tão inopinadamente caído; e que juízo faria Assuero desta ação de Amã? Julgou-a tanto contra toda a razão e contra o decoro que a si mesmo se devia, que em nenhum pensamento pode caber o pensamento que lhe veio, nem há palavras com que se possa explicar sem dissonância: "Até, estando eu presente, quer na minha casa fazer violência à rainha" (Est 7,8). Eis aqui como interpretam os homens as ações e como julgam por elas os pensamentos. Ana orava a Deus, e a sua oração foi julgada por intemperança; Naamão buscava a saúde, e a sua confiança foi julgada por hostilidade; Amã pedia perdão, e o seu arrependimento foi julgado por sacrilégio. Nem chorar o arrependido, nem curar-se o enfermo, nem orar o necessitado está isento de ser mal julgado dos homens. Ana pedia o remédio de sua esterilidade a Deus, Naamão pedia o remédio de sua enfermidade a Eliseu, Amã pedia o remédio de sua infelicidade a Ester, e nem em Ester o ser rainha, nem em Eliseu o ser santo, nem o mesmo Deus o ser Deus lhes valeu aos miseráveis para que escapassem. Nem com os reis, nem com os santos, nem com Deus se pode tratar sem ser mal julgado dos homens. Tão injusto é o juízo humano em interpretar intenções, tão atrevido e tão temerário é em julgar pelas obras os pensamentos!

Julgar mal uma obra boa, grande maldade é; mas julgar, ou bem ou mal, um pensamento que não pode ser conhecido, ainda é maior tirania. Se não conheces nem podes conhecer o pensamento, como te atreves, homem, a julgá-lo? É tão reservado a só Deus o juízo dos pensamentos, que nem de toda a Igreja Católica fiou Deus o julgar um pensamento: "A igreja não julga um pensamento". E o que Deus não fia dos pontífices, o que não fia dos Concílios, o que não fia de toda a Igreja, que é julgar meus pensamentos, isso faz o juízo de qualquer homem. Parece-vos muito isto? Parece-vos muito que os homens julguem pensamentos, e condenem só por pensamentos? Ora, aguardai, que ainda não disse nada. E quantas vezes vos julgaram e condenaram os homens pelo que nunca vos passou pelo pensamento? Eis aqui outra maior diferença dos dois juízos: Deus julga e condena por pensamentos, os homens julgam e condenam pelo que nunca passou pelo pensamento. Passou-lhe alguma hora pelo pensamento a José atrever-se à honra de seu senhor? Passou-lhe alguma hora pelo pensamento a Daniel querer maquinar contra o império dos assírios? Passou-lhe alguma hora pelo pensamento a Cristo — que também nisto quis dar-nos exemplo — querer-se fazer rei temporal, de que tantas vezes fugira? E contudo José, por se atrever à honra de seu senhor, está em um cárcere, Daniel, por maquinar contra o império, está no lago dos leões; Cristo, por se querer fazer rei, está posto em uma cruz. Com este rigor nem uma comparação tem o juízo de Deus. Para Deus condenar por pensamento é necessário que haja pensamento que seja mau e que se consinta; para o homem condenar do mesmo modo não é necessário que se consinta, nem que seja mau, nem que haja pensamento. Pode-se imaginar maior rigor, maior injustiça, maior crueldade que esta? Eu cuidava que não, mas ainda passa adiante a sutileza e a crueldade do juízo dos homens. Não só vos condenam os homens pelo que não vos passou pelo pensamento a vós, mas condenam-vos pelo que nem lhes passou pelo pensamento a eles. Mais claro: não só vos condenam os homens pelo que vós nunca imaginastes, mas condenam-vos pelo que nem eles imaginam de vós.

    Chegaram os irmãos de José ao Egito, apareceram diante dele, e depois que disseram quem eram e a que vinham, José, mui ao de ministro, e com aspecto severo, disse: — Vão presos esses homens. — Presos nós, senhor Vice-Rei — replicaram eles tremendo. — E por quê? — "Sois espias" (Gn 42,9): vindes a explorar os reinos de Faraó, meu Senhor. As palavras não eram ditas, e já os dez irmãos estavam com os pés e mãos em outros tantos grilhões e algemas. Pergunto agora: estes homens imaginaram alguma hora de vir ser espias ao Egito e explorar os reinos de Faraó? Claro está que nunca tal imaginaram. Eram uns pobres lavradores que vinham, fugindo à fome, comprar quatro grãos de trigo para manter a vida e deitar à terra. Pergunto mais: e José imaginava deles que fossem espias e exploradores? Ainda isto é mais claro e mais certo. Nunca tal imaginou José, porque conhecia mui bem que eram os filhos de Jacó, seu pai. Pois, se estes homens nunca imaginaram em ser espias, e se a José nunca lhe passou pela imaginação que o fossem, como os manda prender? É possível que hão de estar uns inocentes arrastando cadeias em uma masmorra pelo que nem eles imaginaram, nem imaginou deles quem ali os meteu? Assim passa. Na história de José era aquele rigor fingido; mas ainda mal, porque tantas tragédias se representam no mundo em que as mesmas injustiças são verdadeiras. Diga-o a de Nabot em Samaria e a de Susana em Babilônia. Porventura imaginava Jezabel que Nabot blasfemara o nome de Deus e de el-rei? Não imaginava tal coisa. E contudo Jezabel fez condenar a Nabot pelo que nem ele imaginou nunca, nem ela imaginava dele. Porventura os juízes de Babilônia imaginaram de Susana que violara a fé que devia a Joaquim, no crime de que a acusavam? Não lhes passou tal pela imaginação. E contudo foi condenada e levada ao suplício Susana pelo que nem ela imaginou, nem imaginaram dela os mesmos que a condenaram. Quantas vezes julgais, condenais, infamais e destruís um inocente pelo que nem imaginou, nem vós imaginais dele? Sabeis de certo que não fez o crime, e infamais-lo, e acusais-lo, e condenais-lo como se o fizera. Se condenar por culpas duvidosas é injustiça, condenar por inocência conhecida, que tirania será? A que usa o juízo dos homens com o Batista: "João no cárcere".

§ VII

A quinta razão e diferença que acho entre o juízo de Deus e o juízo dos homens é aquela que, parece, fez o juízo de Deus mais temeroso que é o ser juízo final. Juízo final! Oh! que temerosa palavra! Mas daí mesmo tiro eu quanto mais temeroso é o juízo dos homens que o juízo de Deus. Deus não julga senão no fim; os homens não esperam pelo fim para julgar. Grão rigor! Semeou cizânia o inimigo na seara do pai de famílias, e que aconteceu? Vede a diferença do senhor aos criados. Os criados muito fervorosos: "Senhor, quereis que vamos e arranquemos logo a cizânia?" (Mt 13,28). O pai de famílias, muito repousado: "Deixai nascer, deixai crescer, deixai amadurecer" (Ibid. 30). Lá virá o tempo da messe; então se conhecerá qual é o trigo e qual a cizânia. — Eis aqui qual é Deus no julgar, e quais são os homens. Deus não condena senão no fim; os homens não esperam pelo fim para condenar. Deus, para colher, espera pelo agosto; os homens segam em janeiro.

Os que mais timoratamente procedem em julgar antes do fim são aqueles que regulam os fins pelos princípios; mas como os sucessos do mundo e da vida, e muito mais os que dependem do alvedrio, não guardam proporção alguma, todo este juízo é incerto e todo injusto.

No dia da paixão de Cristo morreram quatro pessoas notáveis, de que faz menção o Evangelho. Morreu Cristo, morreram os dois ladrões e morreu Judas. Ora, notai a diferença dos princípios e fins de todos. Cristo começou bem, acabou bem; o mau ladrão começou mal e acabou mal; o bom ladrão começou mal e acabou bem; Judas começou bem e acabou mal. Tais são as contingências das coisas do mundo e a pouca proporção que guardam os fins com os princípios. Muitas vezes a bons princípios seguem-se bons fins, como em Cristo, e a maus princípios maus fins, como no mau ladrão; e outras vezes, pelo contrário, a maus princípios seguem-se bons fins, como no bom ladrão, e a bons princípios seguem-se maus fins, como em Judas. Por isso quem quiser julgar bem há de aguardar pelos fins. Nos reinos passa o mesmo que nos homens. Quem julgasse o fim do reino de Saul pelos princípios, diria que havia de ser felicíssimo, e foi desastrado; quem julgasse o fim do reino de Davi pelos princípios, diria que havia de ser trabalhoso, e foi felicíssimo. Antes de ver o fim não se pode fazer juízo. Pedro seguiu a Cristo "para ver o fim" (Mt 26,58): se esperara até ver o fim, ele não negara. Esperai pelo fim, então negareis; mas eu vos fio que, se chegardes a ver os fins, que haveis de querer seguir e não negar. Se alguém pudera julgar antes do fim era Deus, porque conhece os futuros; e contudo nunca Deus jamais julgou nem condenou a ninguém, senão depois das obras. O juízo dos homens não é assim: conhece pouco do presente, menos do passado e nada do futuro, e antes de as coisas terem ser, já estão julgadas. No mesmo dia em que se fez a eleição já está adivinhando o sucesso, já está condenada a obra, já está desacreditada a pessoa. Valha-me Deus! Ainda não fiz bem nem mal, e já me condenam! Não teremos uma pouca de paciência para esperar pelo fim? "Não queirais julgar antes do tempo" (1Cor 4,5) — diz o Apóstolo. Já que quereis ter predestinados e precitos, como Deus, julgai também como Deus no fim das obras. Mas que ao predestinado se lhe haja de adivinhar o merecimento para se lhe dar logo o prêmio, e ao precito se lhe haja de profetizar a culpa para o condenar de antemão? Terrível juízo.

Ainda passa adiante a razão por que Deus julga no fim, e os homens não. É porque no juízo de Deus não basta a certeza do futuro para o castigo, e basta a emenda do passado para o perdão. No juízo dos homens, nem para o futuro vale a incerteza, nem para o passado a emenda. Diz o evangelista S. Marcos que veio Cristo, Senhor nosso, comer à casa de Simão Leproso. Chamava-se assim este homem porque fora leproso antigamente, e o mesmo Senhor o sarara. Não sei se reparais na dúvida. Se este homem ainda tivera lepra, que lhe chamassem leproso, muito justo; mas se ele estava são, por que lhe hão de chamar leproso? Porque esse é o juízo dos homens. Fostes vós leproso algum dia? Pois ainda que Deus faça milagres em vós, leproso haveis de ser todos os dias de vossa vida. Deus poder-vos-á dar a saúde; mas o nome da enfermidade não vo-lo hão de perdoar os homens. No juízo de Deus, com a mudança dos procedimentos, mudam-se os nomes: antigamente éreis Saulo, hoje sois Paulo; no juízo dos homens, por mais que os procedimentos se mudem, os nomes não se mudam jamais. Se fostes leproso uma vez, leproso vos hão de chamar enquanto viverdes: "de Simão leproso" (Mc 14,3). Poderá haver milagre para sarar Simão, mas milagre para tirar o leproso não é possível. Oh! grande sem-razão do juízo humano, que da enfermidade vos hajam de fazer apelido! E vem a ser pior o apelido que a mesma enfermidade, porque a enfermidade, quando muito chega até a morte; o apelido passa à descendência. O juízo de Deus terrível é, mas posso me livrar dele emendando-me. Porém, o juízo dos homens, em que não vale emenda, quem poderá negar que é mais terrível? E se contra o juízo dos homens não vale a emenda onde a há, que remédio teria aquele inocente, em que a não podia haver, porque não havia que emendar: "João no cárcere"?

§ VIII

Antes que passe adiante — que não sei se mo permitirá o tempo — me ocorre que pode ocorrer a alguém aquela famosa sentença de Cristo: "Não temais aqueles que matam o corpo, e não podem matar a alma; mas temei antes a quem, lançando o corpo, e alma no inferno, tanto pode matar a alma como o corpo" (Mt 10,28). E quem são aqueles e quem é este? Aqueles são os homens, este é Deus. Logo, parece que daqui se infere, contra a doutrina que até agora provamos por tantos meios, que mais temeroso e mais para temer é o juízo de Deus que o dos homens, como mais se deve temer o inferno e morte da alma que a do corpo. Mas tão erradas como isto costumam ser as consequências de quem segue as suas apreensões ou afetos, e não olha para o caso de que falam os textos e para o intento com que foram ditados ou escritos. O intento do divino Mestre nesta ocasião foi animar a fé dos primitivos cristãos, para que padecessem constantemente os tormentos e martírios dos tiranos, e para que, postos entre dois temores, um ou outro inevitável, com o maior vencessem o menor, isto é, com o temor do inferno o temor da morte. Assim o entenderam sempre padres, pontífices e intérpretes, dos quais, como tão diligente, sólido e literal abreviador de todos, só porei aqui as palavras do doutíssimo A Lápide: "Como se dissesse: Não queirais, pelo medo da morte que os perseguidores tentarão vos dar, negar a minha fé, ou cessar da pregação que eu vos impereis ou cometer alguma coisa indigna dela. Porque, se fizerdes isto, incorrereis na morte tanto do corpo como da alma muito mais atroz e prolongada, isto é, eternal na geena, onde os condenados morrem de uma morte imortal e vivem uma vida moribunda, e assim perduram"[3]. — De sorte que a comparação não se fez aqui entre juízo e juízo, senão entre perigo e perigo, e entre pena e pena, porque, comparada a pena do inferno com a pena da morte, claro está que muito mais para temer é a do inferno. Pelo contrário, se a comparação se fizera entre juízo e juízo, isto é, entre o juízo de Deus e o dos homens, posto que os homens só possam condenar à morte e Deus ao inferno, com a mesma evidência se segue, ainda neste caso, que mais para temer é o juízo dos homens que o de Deus, porque o juízo dos homens, condenando-me à morte, pode ser injusto, e o de Deus, condenando-me ao inferno, não pode deixar de ser reto: "Vós sois justo, Senhor, e é reto o vosso juízo" (Sl 118,137). — E se ao juízo de Deus só está sujeita a culpa, e do juízo dos homens não está segura a inocência, vede qual mais se deve temer. De Deus são mais para temer os castigos, dos homens mais para temer os juízes. E destes é que nós falamos.

Também falou dos mesmos juízes o mesmo Cristo, e não em outro senão no mesmo texto, imediatamente antes, em admirável comprovação do que digo. Afrontavam os escribas e fariseus aos discípulos do Senhor com nomes tão injuriosos e blasfemos como a seu mestre, e chegavam a dizer e pregar, e apregoar ao mundo que as maravilhas que ele e eles obravam eram feitas em virtude e com poderes de Belzebu, príncipe dos demônios. E para que a inocência e constância, ainda noviça, dos apóstolos, vendo-se tão indignamente caluniada e condenada pelo juízo dos homens — e não de quaisquer, senão dos mais autorizados, e dos que entre os demais professavam religião e letras — não desmaiasse, com que razões os animaria e consolaria o divino Mestre, para que não fizessem caso da temeridade daqueles juízes? A razão foi uma só, e digna de seu autor: "Se eles chamaram Belzebu ao pai de família, quanto mais aos seus domésticos? Portanto não os temais, porque nada há encoberto que se não venha a descobrir, nem oculto que se não venha a saber" (Mt 10,25s). Não vos deveis admirar que, sendo vós os discípulos e eu o Mestre, e sendo vós os servos e eu o Senhor, vos tratem e vos julguem a vós os homens como me tratam e me julgam a mim. Mas para que não temais nem façais caso dos seus juízos e das afrontas que vos dizem, sabei que Deus manifestará a vossa verdade e as suas calúnias, ou no dia do Juízo, ou ainda antes: "Não queirais, contudo, temer os escárnios deles, porque finalmente Deus manifestará a vossa fé e a vossa religião no dia do juízo e também nesta vida" — comenta o mesmo autor, com S. Crisóstomo, Teofilato e Eutímio[4]. Oh! argumento verdadeiramente divino, e outra vez digno da soberania do seu autor! De maneira que a consolação e apelação que tem o juízo dos homens é para o juízo de Deus, e debaixo desta esperança certa, ensina Cristo a seus discípulos "que os não temam"? Sim. Logo, se o juízo de Deus é o seguro que nos dá o mesmo Deus para não temer os juízos dos homens, bem se conclui que o juízo dos homens é o formidável, e o que se deve temer, e não o de Deus, nestas circunstâncias. O dos homens temer-se porque, quando menos, pode ser falso e injusto; e o de Deus esperar-se sem temor, porque sempre é justo e reto.

§ IX

Tudo isto ficou já convencido com as razões que ponderamos antes de responder a esta réplica, restando muitas outras com que se podia provar e amplificar a mesma verdade; mas porque nem o tempo dá lugar, nem eu vo-las quisera totalmente dever, partamos o trabalho. Eu as aponto, discorrei-as vós.

É mais temeroso o juízo dos homens que o juízo de Deus porque o juízo de Deus é juízo de um só dia; o juízo dos homens é juízo de toda a vida. Todos os dias, para os que vivem entre os homens, são dias do juízo.

O juízo de Deus há de ser em um só lugar; o juízo dos homens é em todos os lugares. Julgam-vos na casa e julgam-vos na rua; julgam-vos na praça e julgam-vos na Igreja; julgam-vos na corte e julgam-vos no monte; julgam-vos no mundo e julgam-vos na religião; julgam-vos em todos os lugares onde estais, e nos lugares onde não estais também vos julgam. Enfim, para o juízo de Deus há de ir ao vale de Josafá todo o mundo: para o juízo dos homens todo o mundo é vale de Josafá.

O juízo de Deus começa a julgar desde os anos do uso da razão por diante: o juízo dos homens muito antes do uso da razão julga e condena. Digam-no as lágrimas de Raquel e o sangue dos Inocentes de Belém. Faltavam-lhes cinco anos para o alvedrio e bastaram-lhes dois para o cutelo: "Os que tivessem dois anos, e daí para baixo" (Mt 2,16).

Ainda depois do uso da razão não nos julga Deus mais que as duas partes da vida, porque a terceira parte que nos leva aquela morte cotidiana a que chamamos sono, como não é capaz de pecar nem de merecer, não a julga Deus. No juízo dos homens não é assim: nem dormindo nos isentamos de sua jurisdição. Dormindo estava José quando sonhou, e porque sonhou o condenaram à morte seus irmãos: "Eis aí vem o sonhador. Vinde, matemo-lo" (Gn 37,19s).

Deus no seu juízo há de vir a julgar os vivos e os mortos: os homens no seu juízo julgam os vivos, julgam os mortos e julgam os por nascer. Não vos lembra a história do cego de seu nascimento, a quem Cristo deu vista? Ainda não era nascido, e já o faziam pecador: "Senhor, quem pecou, este, ou seus pais para que nascesse cego?" (Jo 9,2). Deus julga somente do fato; os homens até do impossível.

Antes do dia do juízo ver-se-ão muitos sinais: "E haverá sinais no sol e na lua" (Lc 21,25) — mas notai a diferença. No juízo de Deus, os sinais dizem com o juízo; no juízo dos homens, o juízo não diz com os sinais. No juízo de Deus, dizem os sinais com o juízo, porque os sinais são de rigor e o juízo é rigoroso; no juízo dos homens, o juízo não diz com os sinais, porque os sinais são de amizade e o juízo é de ódio. Vede-o em Judas: os sinais eram abraços e o juízo traições: "O traidor tinha-lhes dado uma senha: Aquele a quem eu beijar, esse é, prendei-o" (Mc 14,44).

Deus, no seu juízo, é verdade que há de lançar os homens ao inferno, mas há de ser dizendo-lhes muito clara e descobertamente: "Ide, malditos, para o fogo eterno" (Mt 25,41). Os homens não fazem assim no seu juízo; estão-vos dizendo: "Vinde, benditos" (Ibid. 34): Bendito e benvindo sejais, e no mesmo tempo estão vos metendo e desejando debaixo do inferno.

Deus julga como juiz; os homens julgam como judiciários. Entre o juiz e o judiciário há esta diferença: que o juiz supõe o caso, o judiciário adivinha-o. Quantos vemos hoje julgados e condenados por adivinhação, não pelo que fizeram, senão pelo que se adivinha que haverão de fazer!

O juízo de Deus, sendo Deus por natureza imutável, se nós nos convertemos e nos mudamos, muda-se; o juízo dos homens, sendo os homens a mesma mudança, por mais que nós nos mudemos, não se muda. Mudou-se a Madalena, e no juízo de Cristo ficou santa; mas no juízo do fariseu, tão pecadora como dantes era: "Porque é pecadora" (Lc 7,39).

No juízo de Deus havemos de ser julgados pelos mandamentos: quem guardou os mandamentos pode estar seguro. No juízo dos homens não aproveita guardar os mandamentos. Fizestes o que vos mandaram, e muito melhor do que vo-lo mandaram, e sobre isso sois julgado e condenado. Como a sem-razão é tão moderna, não há exemplo dela nas Escrituras; tê-lo-ão os vindouros, se o crerem.

Deus julga a cada um pelo que é; os homens julgam a cada um pelo que são. Mais claro: Deus julga-nos a nós por nós; os homens julgam-nos a nós por si. Donde se segue que, para serdes bem julgado no juízo de Deus, basta que vós sejais bom; mas para serdes bem julgado no juízo dos homens, é necessário que ninguém seja mau. Terrível juízo em que, para eu não sair condenado, é necessário que todo o mundo seja inocente!

No juízo de Deus basta ser bom no último instante da vida para ser eternamente bom; no juízo dos homens basta ser mau em qualquer tempo da vida para ser eternamente mau. Se fostes bom, e sois mau, julgam-vos mal pelo que sois; se fostes mau, e sois bom, julgam-vos mal pelo que fostes; e se sois e fostes sempre bom, julgam-vos mal pelo que podeis vir a ser. Há juízo tão cruel como este? As culpas em profecia, e o profeta em prisões: "João no cárcere".

§ X

Tenho acabado o sermão, e parece que me tem acontecido nele o que sucede aos maus médicos e aos maus conselheiros. O mau médico encarece a enfermidade, e não lhe dá remédio; o mau conselheiro exagera os inconvenientes, e não dá meio com que os melhorar. O ofício de pregador é de curar e de aconselhar. Tenho encarecido a enfermidade, tenho ponderado os inconvenientes, tenho mostrado a cegueira, a sem-razão, a injustiça e a tirania do juízo dos homens; mas que é do remédio, para nos livrarmos deste juízo? Se não há remédio, ainda é mais temerosa esta última circunstância que todas as que até agora temos considerado. Verdadeiramente dificultosa e impossível coisa, parece, achar remédio para escapar do juízo dos homens, sendo tantos, tão livres e tão temerários.

Mas ouçamos o que resolve nesta matéria o Todo-Poderoso, com sabedoria infinita: "Se não quereis que vos julguem, não julgueis, porque com o mesmo juízo com que julgardes sereis julgados" (Mt 7,1s). — Esta sentença de Cristo, Senhor nosso, ou se pode entender do juízo dos homens para com os homens, ou do juízo de Deus para com eles. Se se entender do juízo de Deus para com os homens, é absoluta e universalmente verdadeira; mas se se entender do juízo dos homens para com os homens, não. Donde se torna a confirmar, outra e mil vezes, que mais rigoroso e mais para temer é o juízo dos homens que o de Deus. No juízo de Deus para com os homens é sempre verdadeira, porque, como altamente disse S. João Crisóstomo, o juízo com que nós julgamos uns aos outros é lei que pusemos a Deus para que ele por ela nos julgue também a nós: "Estabeleceste primeiro a lei, julgando mais severamente aquilo que o próximo tivesse pecado"[5] — porque, se nós julgarmos com benignidade aos nossos próximos, também Deus nos julgará benignamente; mas se nós os julgarmos severamente, também ele nos julgará com severidade. De sorte que no juízo de Deus para com os homens esta regra é geral, sem exceção; porém, no juízo dos homens para com os homens tem tão pouca certeza, nem ainda probabilidade, que até o mesmo Cristo, sendo tão benigno em julgar e perdoar a todos, não escapou de ser tão injustamente julgado e condenado por eles. Se Cristo, suma inocência, teve um Anás, um Caifás, um Pilatos e um Herodes, que o julgaram e condenaram, que homem haverá tão inocente e justo, que por estes quatro juízes não tenha quatrocentos que o julguem e condenem?

Contudo, esta mesma sentença, ainda que universalmente não é certa no juízo dos homens para com os homens, por ditame natural da razão, e por providência particular de Deus, muitas vezes se verifica neles: "Não julgueis, e não sereis julgados: não condeneis, e não sereis condenados" (Lc 6,37). — Sabeis por que muitas vezes somos julgados, e tão injustamente julgados? Porque tantas vezes somos juízes, e injustíssimos juízes: porque julgais as obras alheias, por isso vos julgam as vossas obras; porque julgais as palavras alheias, por isso vos julgam as vossas palavras; por que julgais até os pensamentos alheios, por isso vos julgam e vos condenam até o que não vos passou pelo pensamento. Diz S. Tiago, na sua Canônica, que S. Miguel se não atreveu a julgar Lúcifer. Se um serafim se não atreve a julgar um demônio, como se há de atrever um homem a julgar outro homem?

Se queremos julgar, viremos os olhos, para que a parte de dentro, que ainda mal, porque tanto acharemos que julgar, que examinar e que condenar. Se nos julgarmos sem paixão a nós, eu vos prometo que teremos tanto que fazer e tanto que pasmar que não nos fique nem tempo, nem ânimo para julgar a outrem. Ora, cristãos, por reverência de Deus, pelo que devemos a Cristo, pela obrigação que temos a nossas almas, que seja o fruto deste sermão temer muito um juízo temerário, não o juízo em que somos julgados, que isso não é culpa nossa, mas o juízo em que nós julgamos, que é a nossa condenação, diz S. Paulo: "Quando julgamos os outros, condenamo-nos a nós". E quantos condenados estão hoje no inferno só por um juízo temerário! Deus, por sua misericórdia, nos livre de um escândalo como este, tão fácil e tão ordinário, em que tantas vezes tropeça a caridade, em que tão gravemente se embaraçam as consciências, em que tão perigosamente se perde a graça e, com ela, a glória.

FIM

SERMÃO DA
Terceira Dominga do Advento

~

"Quem és? Que dizes de ti mesmo?"
(Jo 1,22)

No primeiro sermão, o juízo de Deus para com os homens; no segundo, o juízo dos homens uns para com os outros; hoje, continua ampliando o mesmo tema: o juízo de cada um para consigo. Considera a matéria como muito importante em Portugal. Uma é a pergunta, porém duas são as questões: ninguém é tão reto juiz de si mesmo que ou diga o que é ou seja o que diz. A resposta do Batista. Volta-se para a realidade de Portugal e aí vê ironicamente os sinais dos tempos dos Messias. Falta, entretanto, aos Messias do momento a condição principal: "nele todos serão abençoados": ter bênção para todos. O exemplo de Jacó. A segunda pergunta: "És tu Elias"? E a resposta do Batista. Mas quantos Elias em Portugal? Por fora não há mais zelo: Elias por fora, idolatrias por dentro. A terceira pergunta: "És tu profeta"? A resposta do Batista. E em Portugal: profetas e mais que profetas. Os profetas não se avaliam pelo número e sim pelo peso. Miqueias e o rei Acab. Por três coisas se conhecem os profetas: pelos olhos [ver é o fundamento do profetizar]; pelo coração [conforme cada um tem o coração, assim profetiza]; pelos sucessos [se o que ele disser não suceder, tende-o por profeta falso. Última pergunta: "Quem sois?" A resposta do Batista. Em Portugal, responde-se com a matrícula das ações e não com o nobiliário dos avós. Concluindo: nas ações, e não nas gerações, se hão de fundar politicamente as eleições e espiritualmente as predestinações. Trabalhemos por assegurar a predestinação.

§ I

Também hoje temos juízo, e é já este o terceiro. No primeiro sermão vimos o juízo de Deus para com os homens; no segundo, o juízo dos homens uns para com os outros; neste hoje, que é o terceiro, veremos o juízo de cada um para consigo: "Quem és? Que dizes de ti mesmo?". Contêm estas palavras uma proposta ou embaixada que fizeram ao Batista os sacerdotes e levitas, mandados pelo Supremo Conselho Eclesiástico de Jerusalém. Querem dizer: "Vós quem sois?". "Que dizeis de vós mesmo?". Esta questão determino tratar porque, sendo matéria gravíssima, e de grande importância em qualquer parte do mundo, em Portugal é ainda ao presente mais grave e mais importante.

§ II

"Quem és? Que dizes de ti mesmo?" A primeira coisa em que reparo é que estes embaixadores de uma pergunta fizeram duas questões: iam perguntar ao Batista quem era, e para isto parece que bastava dizer: Vós quem sois? E eles disseram: "Vós quem sois, e vós quem dizeis que sois?". Ora, os embaixadores não eram homens de capa e espada, senão cá do foro da Igreja: "Sacerdotes e levitas" — mas eles falaram muito discretamente, e entenderam o negócio como quem tinha grandes notícias do mundo. Quando iam saber do Batista quem era, perguntam-lhe: vós quem sois, e Vós quem dizeis que sois, porque os homens, quando testemunham de si mesmos, uma coisa é o que são, a outra coisa é o que dizem. Ninguém há neste mundo que se descreva com a sua definição: todos se enganam no gênero, e também nas diferenças. Que diferentes coisas são ordinariamente o que dizeis de vós e o que sois! E o pior é que muitas vezes não são coisas diferentes, porque o que sois é nenhuma coisa, e o que dizeis são infinitas coisas. Nesta matéria de vós quem sois, todo o homem mente duas vezes: uma vez mente-se a si, e outra vez mente-nos a nós: mente-se a si, porque sempre cuida mais do que é; e mente-nos a nós, porque sempre diz mais do que cuida. Bem distinguiram logo os embaixadores o "quem és" do "que dizes de ti mesmo"; e quando iam perguntar ao Batista o que era, perguntaram o que era, e o que dizia, porque ninguém há tão reto juiz de si mesmo que, ou diga o que é, ou seja o que diz.

Entrou o anjo Rafael a falar com o velho Tobias em trajo de caminhante ou ainda de caminheiro; e antes de Tobias entregar o filho ao anjo, para aquela peregrinação tão sabida, fez-lhe esta pergunta: "Por vida vossa, que me digais de que família e de que tribo sois?" (Tb 5,16). — A pergunta verdadeiramente era para embaraçar um anjo, mas a resposta foi notável: "Eu sou Azarias, filho de Ananias, o Magno" (Ibid. 18). — Como se disséssemos de Carlos Magno, de Pompeu Magno, de Alexandre Magno[1]. Há tal resposta de um anjo! Em Deus há pai e filho; nos homens e nos animais há pais e filhos; nas mesmas plantas há seu modo de geração; só nos anjos, de todos os viventes do mundo — entrando o criado e o incriado — só nos anjos não há geração, nem pai, nem filho. Pois, se nos anjos não há geração, se nos anjos não há nem pode haver pai e filhos, como diz o anjo Rafael que é filho do grande Ananias? Aposto eu que estava agora cuidando alguém que, para encarecimento do meu assunto, havia eu de dizer que em matéria de vós quem sois, até os anjos mentem. Não digo eu esses arrojamentos: este lugar é de verdades sólidas. Os anjos não podem mentir nem errar — falo dos bons — Mas agora fica a dificuldade mais apertada. Pois, se os anjos não podem entender nem dizer contra a verdade, como diz o anjo Rafael que é filho do grande Ananias? Variamente respondem os doutores à dúvida; eu o farei com uma comparação. Entra um comediante no teatro, representando a Lúcifer e, batendo com o tridente, começa a fulminar blasfêmias contra Deus; entra outro representando a Nero, e tirando a espada, manda que cortem cabeças e que corram rios de sangue cristão por Roma; sai outro representando um gentio e, encontrando uma estátua de Júpiter, prostra-se por terra, bate nos peitos e oferece incenso. Pergunto agora: aquele primeiro homem é blasfemo? Aquele segundo homem é tirano? Aquele terceiro homem é idólatra? Claro está que não: o primeiro não é blasfemo, ainda que diz blasfêmias; porque ele não é Lúcifer, faz figura de Lúcifer; o segundo não é tirano, ainda que manda matar cristãos; porque ele não é Nero, faz figura de Nero; o terceiro não é idólatra, ainda que se ajoelha diante da estátua de Júpiter; porque ele não é gentio, faz figura de gentio. O mesmo digo do nosso caso. O anjo não mentiu nem pode mentir; ainda que disse uma coisa que pareça alheia da verdade, porque ele não era homem, fazia figura de homem, e falou como se o fora.

Seja outro anjo fiador desta minha resposta. Apareceram a Abraão no vale de Mambré três anjos: um de maior autoridade, a quem ele adorou, e outros dois menores que o acompanhavam. E como Sara, mulher de Abraão, fosse estéril, prometeu-lhe o anjo principal que dali a um ano, por aquele mesmo tempo tornaria, se Deus lhe desse vida e que já então teria Sara um filho: "Voltarei a ti dentro de um ano, se eu for vi-vo; e então a tua mulher Sara terá um filho" (Gn 18,10)[2]. — Quem haverá que não repare naquele "se eu for vivo" — dito por um anjo? E não só falou o anjo por estes termos uma vez, senão duas, porque, pondo Sara dúvida à promessa, tornou ele a ratificar a sua palavra, dizendo: "Conforme o prometido, voltarei a ti neste mesmo tempo, se eu for vivo" (Ibid. 14). Pois, se os anjos por natureza são imortais, e a sua vida por nenhum acontecimento pode faltar, por que promete este anjo, não absoluta, senão condicionalmente, que tornará dali a um ano "se for vivo"? A razão, não só humana mas angélica, foi porque este anjo, e os outros dois, como declara o texto, "apareceram a Abraão em figura de homens" (Gn 18,2) — e ele os tratou e eles se deixaram tratar em tudo como homens, aceitando a sua mesa e os outros agasalhos da hospedagem. E porque os homens prudentes na consideração da incerteza e contingência da morte, quando prometem alguma coisa de futuro, acrescentam: se Deus me der vida, por isso o anjo acrescentou a mesma condição: "se eu for vivo" — porque não falava como anjo que era, senão como homem, cuja figura representava. Do mesmo modo, e com a mesma e ainda maior propriedade, falou o anjo Rafael na resposta que deu a Tobias. Fazia figura de homem, e para fazer bem a figura, uma vez que lhe perguntaram: Vós quem sois? — não havia de dizer o que era, havia de dizer o que não era; e assim o fez, porque não há propriedade mais própria dos homens que, perguntados o que são, dizerem uma coisa e serem outra. E notai que, vindo o anjo vestido em um pelote e representando um caminheiro, parece que era mais natural dizer que era filho de um lavrador, ou de um pastor daqueles campos, e contudo não disse senão que era filho de Ananias, o grande, porque não há homem de pé tão de pé, nem caminheiro tão caminheiro que, se lhe perguntarem donde vem, não diga que vem lá do grande Ananias: "Eu sou filho de Ananias Magno".

Assim como Tobias ao anjo, assim perguntaram hoje os sacerdotes e levitas ao Batista: "Quem és?". Que responderia aquele grande varão? "E confessou, e não negou, e confessou que não era ele o Messias" (Jo 1,20). — Em toda a Sagrada Escritura não há tal modo de falar como este. Repetiu o evangelista três vezes a mesma afirmação — dizem os doutores — porque lhe pareceu que fora tão grande coisa confessar o Batista que não era o Messias, que, se o dissera menos vezes, nem ele se acabara de explicar, nem nós acabáramos de o crer. Ora, a mim nunca me pareceu esta ação do Batista tão grande como a fazem. Que havia de fazer o Batista: havia de dizer que era o Messias? O Batista nem o podia cuidar com razão, nem o podia dizer em consciência: não o podia cuidar com razão, porque ele sabia mui bem que era da tribo de Levi, e que o Messias havia de ser da tribo real de Judá; não o podia dizer em consciência, porque seria pecar na mais grave matéria que houve nunca no mundo. Pois, por que repetem tanto os evangelistas, e por que exageram tanto todos os santos e doutores da Igreja esta ação do Batista? Porque é tão natural aos homens cuidarem mais de si do que são, e dizerem mais de si do que cuidam, que não negar o Batista a razão, e não atropelar a consciência neste caso se tem pela maior de todas as façanhas humanas. Que lhe perguntassem a um homem: "Quem és?". E que estivesse em sua mão dizer que era o Messias e que o não fizesse! Diga-o três vezes o evangelista, para que acabe de o crer a fé: "E confessou, e não negou, e confessou que não era ele o Messias".

§ III

Enfim, os embaixadores se tornaram do deserto sem acharem quem lhes dissesse que era o Messias. Mas povoado sei eu donde eles não haviam de levar a embaixada debalde. Se os sacerdotes e levitas desembarcaram em outras praias, e vieram pelas casas mais altas perguntando: "Quem és?" — como é certo que a poucos passos haviam de achar o Messias! E aonde? A uma légua de Belém, sem ser em Palestina. Um havia de dizer que ele é o Messias, porque a ele se deve a nossa redenção: "Ele virá, e nos salvará" (Is 35,4). Outro havia de dizer que ele é o Messias, porque sobre seus ombros carrega todo o peso da monarquia: "E foi posto o principado sobre o seu ombro" (Is 9,6). Outro havia de dizer que ele é o Messias, porque o seu conselho é o nosso anjo da guarda: "E será chamado o Anjo do grande conselho". Outro havia de dizer que ele é o Messias, porque na sua pena consiste a nossa saúde: "E estará a salvação nas suas penas" (Ml 4,2). Outro havia de dizer que ele é o Messias, porque a paz que estes anos se gozou foi fruto da vara de sua justiça: "Nos dias dele aparecerá justiça e abundância de paz" (Sl 71,7). Outro havia de dizer que é o Messias, porque ele é o Deus das armas, que com seu valor nos sustenta: "E o nome com que se apelide será Deus forte" (Is 9,6). Só não havia de haver quem dissesse que era o Messias por se apressar aceleradamente a vencer e tirar despojos: "Põe-lhe por nome: Apressa-te a tirar os despojos" (Is 8,3) — porque, ainda que às guerras nos inclinamos com grande valor, às vitórias caminhamos com grande madureza.

Por todas estas razões me parece que havia de haver maior demanda na nossa corte sobre o messiado do que a houve entre os apóstolos sobre a maioria. E verdadeiramente que se veem hoje muitas coisas daquelas que os profetas antigamente deram por sinais dos tempos do Messias. O Messias, dizem os profetas que havia de dar olhos a cegos, pés a mancos, limpeza a leprosos e vida a mortos: "Então saltará o coxo como o cervo, e desatar-se-á a língua dos mudos" (Is 35,6). E todos estes milagres vemos em nossos dias. Quantos cegos vemos hoje com olhos, quantos mancos e paralíticos postos em pés, quantos aleijados com mãos, e com muita mão, quantos leprosos limpos, e quantos mortos, ou que deveram estar mortos e sepultados, ressuscitados e com vida? Pois, o poder, em cuja virtude se fazem estes milagres, como se há de negar de Messias? Dizem mais os profetas que, no tempo do Messias, as lanças e as espadas se converterão em foices: "E das suas espadas forjarão relhas de arados, e das suas lanças foices" (Is 2,4). E em tempo que, ou por benefício da paz presente, ou por esquecimento da guerra futura, as armas que se fizeram para ferir se ocupam em segar; em tempo que as caixas tocam a marchar, e as tropas marcham a recolher, e em que os despojos que haviam de ornar os templos e armar os armazéns comuns, enchem os celeiros particulares; como não há de haver quem se jacte de Messias? Dizem mais os profetas, que no tempo do Messias os montes se humilhariam e se encheriam os vales: "Todo o vale será alteado, e todo o monte e outeiro será rebaixado" (Is 40,4). Oh! quantos montes que em tempos passados tocavam com o cume as estrelas, se veem hoje ou já se não veem de humilhados, e quantos vales, pelo contrário, pouco há tão humildes, hoje tão levantados e tão cheios! E a fortuna que fez estes altibaixos, ou seja desigualdade, ou se chame justiça, como se não há de ter por fortuna de Messias? Dizem mais os profetas que no tempo do Messias viveriam os lobos juntos com os cordeiros, e que o leão e o boi se sustentariam do mesmo mantimento: "O lobo habitará com o cordeiro, e o leão comerá palha como o boi" (Is 11,6s). Se os lobos não fossem tão sagazes em despintar a pele, com os olhos se pudera provar hoje o cumprimento desta profecia. Ainda mais que dos lobos, me temera eu dos leões com palhas na boca. Mas quando há quem domestique leões a que sejam animais de presépio, os autores destas indústrias, ou destes milagres, por que não presumiriam de Messias?

§ IV

Não há dúvida que tem grande analogia a nossa era com a do Messias, e que parece podem competir os milagres — não digo os vícios — dos nossos tempos com as felicidades dos seus. Mas pelo mesmo caso que se parecem tanto, não quisera eu que a muita semelhança mal entendida acertara de se nos converter em tentação. E porque não fio tanto de nossa modéstia como da de S. João Batista, saiba cada um e desengane-se, por mais que se pinte maravilhoso no seu conceito, que lhe falta para Messias a condição principal. E qual é a principal condição de Messias? É aquela com que o definiu e sinalou Deus, quando o prometeu a Abraão: "Em tua descendência todos serão abençoados" (Gn 22,18). No Messias, que nascer de vós, serão abençoados todos. — Se tendes bênção para todos, dou-vos licença que entreis em presunção de Messias; mas se tendes bênção para uns, e para outros não, despedi-vos desse pensamento.

Quando o anjo anunciou à Senhora que havia de ser mãe do Messias, acrescentou estas palavras: "Dar-lhe-á o Senhor Deus o trono de Davi seu pai, e reinará na casa de Jacó para sempre" (Lc 1,32). — Nesta última cláusula reparam com razão todos os intérpretes: por que diz o anjo que reinará o Messias na casa de Jacó, e não na casa de Abraão, ou na casa de Isac? Se Abraão e Isac não foram reis, também Jacó não teve cetro nem coroa; antes, Abraão foi vencedor famoso de cinco reis, que em certo modo é mais que ser rei. Isac e Abraão eram mais antigos que Jacó, e a promessa do Messias foi feita a Abraão, quando acabava de embainhar a espada daquela grande façanha do sacrifício de Isac: pois, por que não diz o anjo que reinará o Messias na casa de Abraão, ou na casa de Isac, senão na casa de Jacó? Vede a razão, que é altíssima. Na casa de Abraão houve dois filhos, Isac e Ismael; mas para Isac houve bênção, para Ismael não houve bênção. Na casa de Isac houve outros dois filhos, Esaú e Jacó; mas houve bênção para Jacó, e não houve bênção para Esaú. Na casa de Jacó, pelo contrário, houve doze filhos, e foi tão abençoada aquela casa que para todos os doze filhos houve bênção. Por isso, pois, diz o anjo que reinará o Messias na casa de Jacó, e não na casa de Isac, nem na casa de Abraão, porque o Messias não é como Abraão, nem como Isac, que tem bênção para uns e para outros não; é como Jacó, filho de um e neto do outro, no qual se cumpriu a profecia e teve bênção para todos: "Em tua descendência todos serão abençoados". Só quem teve bênção para todos os do mundo foi verdadeiro Messias do mundo, e só quem tiver bênção para todos os de um reino será verdadeiro Messias dele.

Se lançarmos os olhos pelo nosso na mudança ou fortuna presente, não me atreverei eu a provar que todos têm bênção, mas que têm bênção muitos mais daqueles que o cuidam, as mesmas bênçãos de Jacó no-lo farão evidente. Chamou Jacó a seus filhos para lhes deitar a bênção a todos antes de morrer, e é notável a diferença de palavras e comparações com que fez esta última cerimônia. Chegou Judas, e deu-lhe bênção de leão: "Ele se estira, deitado como o leão" (Gn 49,9). Chegou Neftali, e deu-lhe bênção de cervo: "Neftali será qual cervo em liberdade" (Ibid. 21). Chegou Dã, e deu-lhe bênção de serpente: "Venha a ser Dã como uma serpente no caminho" (Ibid. 17). Chegou Issacar, e deu lhe bênção de jumento: "Issacar, asno forte" (Ibid. 14). Chegou Benjamim, e deu-lhe bênção de lobo: "Benjamin será como um lobo devorador" (Ibid. 27). Valha-me Deus, que desigualdade de bênçãos, umas a uns tão altas, e outras a outros tão baixas! A um bênção de serpente, e a outro de cervo? A um bênção de leão, a outro de lobo, a outro de jumento? Sim, e era pai quem as dava, e eram filhos os que as recebiam, para que se entenda que a diversidade das bênçãos não argui desigualdade de amor em quem as dá, senão diferença de merecimentos em quem as recebe. A Judas, que tinha valor e generosidade, dá-se-lhe bênção de leão; a Neftali, que tinha presteza, mas não tinha valor, dá-se-lhe bênção de cervo; a Dã, que tinha prudência, mas tinha peçonha, dá-se-lhe bênção de serpente; a Issacar, que tinha forças e não tinha juízo, dá-se lhe bênção de jumento; a Benjamim, que tinha ousadia, mas junta com voracidade, dá-se-lhe bênção de lobo. Não estão mui bem repartidas as bênçãos? Quem haverá que o negue? Mas sabeis por que ninguém está contente com a sua bênção? Porque a todos falta o conhecimento do "quem és". Conheça-se cada um e estarão contentes todos. Conheça o leão, que é leão; conheça o cervo, que é cervo; conheça a serpente, que é serpente; conheça o lobo, que é lobo; conheça o jumento que é jumento, e logo estarão contentes. Mas, como todos se cegam no juízo de si mesmos, todos querem bênção fora da sua espécie.

No princípio do mundo deitou o criador a sua bênção aos animais e às plantas: "Abençoou-os" (Gn 1,22). Disse-lhes a todos que crescessem: "Crescei e multiplicai-vos" (Gn 1,22); mas nota a Escritura que tudo isto foi "Segundo as suas espécies" (Gn 1,24): cada criatura conforme a sua espécie. — Contente-se cada um de crescer dentro de sua espécie, contente-se cada um de crescer dentro da esfera do talento que Deus lhe deu, e logo conhecerão todos que tem bênção cada um no seu elemento. No ar, contente-se a andorinha com ser andorinha: e que maior bênção que poder morar nos palácios dos reis? No mar, contente-se a rêmora com ser rêmora: e que maior fortuna que, sendo tamanina, poder ter mão em uma nau da Índia? Na terra, contente-se a formiga com ser formiga: e que maior felicidade que ter o celeiro provido para o verão e para o inverno? Mas por todos os elementos se adoece de melancolia, porque nenhum se contenta com crescer dentro da sua espécie: a andorinha quer subir a águia, a rêmora quer crescer a baleia, a formiga quer inchar a elefante. Porque as formigas se fazem elefantes, não basta toda a terra para um formigueiro. Nas plantas temos iguais exemplos deste engano e desta verdade. A árvore mais anã é maior que a erva gigante; e, contudo de quantas coisas aquenta o sol, nenhuma lhe é mais agradecida que esta erva. Desde que o sol nasce até que se põe, vai sempre a erva gigante acompanhando-o desde a terra, seguindo-o com tanta inclinação e adorando-o com tanta reverência, como vemos. — Pois, ervazinha do campo, que agradecimentos ao sol são estes? Não vedes tantas árvores e tantas plantas que recebem do sol tanto mais que vós? Pois, por que lhe haveis vós de ser a mais agradecida de todas? — Porque me meço dentro da minha esfera. Conheço que sou erva, e acho que ninguém deve mais ao sol que eu, porque me fez gigante das ervas. — Se cada um se medira com os compassos da sua esfera, oh! quantos se haviam de achar gigantes! Por que vos haveis de descontentar da vossa bênção, por que haveis de ser ingrato ao sol, se vos fez gigante das ervas? Não digo bem: se das ervas vos fez gigante? Oh! quantos gigantes há desagradecidos! Muito é de notar a tristeza de um cipreste em tanta altura! Se o cipreste lá de cima olhara para o vulgo das plantas, e ainda para a nobreza das árvores que lhe ficam abaixo, ele vivera não só contente, senão ainda soberbo. Mas o cipreste lá do alto descobre os cedros do monte Líbano, e como vê que a natureza os fez torres, vive ele descontente de ser pirâmide. Como cada um se não mete e se não mede dentro da sua esfera, ainda que seja cipreste, que tantas vezes vê seus troncos sobre os altares, não pode viver contente. Não digo que não trate cada um de crescer, mas conheça cada um o que é: "Quem és?". E depois cresça conforme a sua espécie: "Segundo a sua espécie".

Desenganemo-nos, que o crescer fora da própria espécie não é aumento, é monstruosidade; ao menos bênção não é. Uma das coisas dignas de reparo que tiveram as bênçãos de Jacó a seus filhos foi a bênção de Rúben e de José. A José deu-lhe Jacó por bênção que crescesse: "José, filho que cresce, filho que cresce" (Gn 49,22). A Rúben deu-lhe Jacó por bênção que não crescesse: "Rúben, meu primogênito, não cresças" (Ibid. 3s). É possível que também um *non crescas* se dá por bênção! É possível que também pode ser bênção o não crescer! Diga-o a lua: nenhuma bênção se podia dar à lua mais venturosa que o não crescer. Por que, se não crescera, não minguara. A quantos tem servido o demasiado crescer, não de bênção, senão de maldição! Mas por que razão em José é bênção o crescer e em Rúben é bênção o não crescer? Os procedimentos e as ações do mesmo Rúben e do mesmo José o digam. O crescer nos que o merecem é crescimento; o crescer nos que o não merecem é crescença; e o crescimento é grandeza, a crescença é fealdade. Se podeis crescer por crescimento, crescei com a bênção de Deus: "Filho que cresce"; mas se não podeis crescer senão por crescença, tende por bênção o não crescer: "Não cresças". Conheça cada um a sua esfera: "Quem és" — e acharão todos, ou quase todos, que têm bênção: "Em tua descendência todos serão abençoados". Com este conhecimento acabarão de entender que têm entre si o verdadeiro Messias, como disse o Batista: "No meio de vós esteve quem vós não conheceis" (Jo 1,26) — e deixarão de o ir buscar aos desertos, onde o não há: "E confessou e não negou, porque não sou o Messias".

§ V

Desenganados os embaixadores de que o Batista não era o Messias, foram por diante com a questão do "Quem és", e perguntaram se era ao menos Elias: "Sois vós porventura Elias?" (Jo 1, 21). — Às vezes as menores tentações, principalmente em gente escrupulosa, são mais dificultosas de vencer que as maiores; mas a constância do Batista de todos os modos era invencível. Assim como à primeira pergunta respondeu que não era Messias: "Eu não sou o Messias" — assim respondeu à segunda que não era Elias: "Não sou". Que tem irem-se buscar as coisas onde as não há! Diz o texto que "isto aconteceu da banda dalém do Jordão" (Jo 1,18). — Se vieram os embaixadores da banda daquém do Tejo, eu vos prometo que eles acharam a Elias; "Vós quem sois?". — "Sois porventura Elias?" Porventura? E disso se duvida? Pois, quem é o Elias, senão eu? O meu zelo do bem comum; o meu zelo da fé e da cristandade o meu zelo do serviço do rei, o meu zelo da conservação e aumento da pátria. Se ser Elias é isto, ninguém é Elias como eu. Ao menos na presunção eu vo-lo concedo. Só isso me parece que tendes de Elias: cuidar que não há outro Elias senão vós. Dizia Elias antigamente: "Eu me consumo de zelo pelo Senhor Deus dos exércitos, e eu fiquei só" (3Rs 19,14). Eu só sou o que zelo a honra de Deus; todos os outros são idólatras e não têm Deus no mundo mais que a mim. — No mesmo dia em que Elias disse isto, lhe mostrou Deus que tinha na mesma terra sete mil que não dobravam o joelho diante de Baal: "Eu me reservarei para mim em Israel sete mil homens que não dobraram os joelhos diante de Baal" (3Rs 19,18). Quando Elias cuida que não há outro Elias no mundo como ele, há quando menos sete mil. Cuidais que sois um homem único, e não só sois homem de dúzias, senão de milhares ou de milheiros: há sete mil como vós, e pode ser que melhores.

Não se queixará Elias de lhe medirmos o seu espírito pela sua capa, pois ele assim o fez. Ora, cotejemos a capa de Elias com outra doutro profeta quase do mesmo nome — Aías — e verá Elias, o que se reputa por único, quanto vai de capa a capa, de espírito a espírito, e de zelo a zelo. Encontrou-se uma vez Aías com Jeroboão — então era criado de Salomão, e não Rei —, e trazia o profeta naqueles dias "uma capa nova" (3Rs 11,30), diz o texto, para que não cuideis que é malícia reparar na novidade das capas: o mesmo Espírito Santo, autor das Escrituras, repara nestas novidades. Enfim, Aías tirou a sua capa nova dos ombros, puxou logo de umas tesouras, cortou uma vez, cortou outra, até onze vezes, com que ficou a capa dividida em doze partes, e disse que do mesmo modo se dividiria o reino de Salomão em doze tribos, das quais as dez seriam de Jeroboão: "Eis aqui eu rasgarei o reino das mãos de Salomão, e dar-te-ei dez tribos" (3Rs 11,31). Assim o disse o profeta e assim foi, porque o reino das doze tribos se dividiu em reino de Israel e reino de Judá. Mas vamos à capa. De maneira que Aías, antes da divisão dos reinos, tinha a sua capa muito nova e muito sã; depois que os reinos se dividiram, anda com a capa feita em retalhos. Oh! quantos vemos vestidos hoje com o avesso da capa de Aías! Antes da divisão dos reinos, traziam a capa em retalhos; depois que os reinos se dividiram, trazem uma capa muito nova e muito sã. Pois, por certo que esta era a ocasião em que as capas se haviam de fazer em retalhos: um retalho para cobrir o soldado que anda despido; outro retalho para vestir o órfão, cujo pai morreu pelejando na campanha; outro retalho para fazer uma mantilha à viúva, que por zelo da pátria chegou a tirar o manto por não faltar à décima. Que diz agora Elias? "Que dizes de ti mesmo?" Cortastes algum dia algum retalho da vossa capa? Tirastes algum fio dela? Calar. Eis aí os vossos zelos. Mas vamos aos nossos.

Já eu me contentara com que os nossos zelosos, ou zeladores, fossem como Elias. Todos dizem: daremos as capas, mas o menos avarento é o que guarda só a sua. Quando Elias se partiu para o outro mundo, não teve de que testar mais que da sua capa, que deixou a Eliseu. Se Deus hoje quisesse levar para o paraíso terreal alguns dos valentes Elias do nosso Carmelo, para depois pelejarem com o anticristo, eu vos prometo que, se quisessem fazer bem e verdadeiramente seu testamento, que haviam de testar de ametade das capas do lugar. E então, muito comidos e muito carcomidos do zelo: "O zelo da tua casa me devorou" (Sl 68,10)! Vós estareis comidos do zelo, mas estais muito bem comidos. Há uns a quem o zelo come, e há outros que comem do zelo. E por onde se hão de conhecer uns e outros? Tomando-lhes as medidas pela cintura. Se o zelo vos come a vós, a vossa substância converte-se em zelo; se vós comeis o zelo, o vosso zelo converte-se-vos em substância. Oh! quantos zelosos há que todo o seu zelo se lhes converte em substância! Tomem-se as medidas, como dizia Roboão, e achar-se-á que sois mais grosso hoje pelo dedo meminho do que éreis antigamente pela cintura. Bom proveito vos faça o zelo que tão bem se vos logra; sinal é que o comeis vós a ele, e não ele a vós. Mas ou o vosso zelo coma ou jejue — que me não quero meter nisso — ao menos venhamos a um partido. Se o zelo não há de comer, jejue em todos; e se há de comer, coma de todos; seja o vosso zelo convosco e com os vossos como com os demais, e não haverá quem se queixe dele.

Zeloso Elias contra os pecados do povo, chegou a tal extremo que disse estas palavras: "Vive Deus, em cuja presença estou, se haverá orvalho ou chuva" (3Rs 17,1), não há de chover do céu, nem cair uma gota de orvalho sobre esta má terra. Assim o jurou Elias e assim o cumpriu, porque três anos inteiros estiveram os céus como se fossem de bronze, sem os abrandarem nem os clamores dos homens, nem os balidos e mugidos

dos animais inocentes, que pastavam pelos campos e pereciam de sede. Secaram-se as fontes, secaram-se os rios, e até as lágrimas se secaram, sendo circunstância cruel de calamidade não poderem chorar o mal os mesmos que o padeciam. Tudo isto via Elias podendo-o remediar facilmente, porque Deus lhe entregara na mão as chaves das nuvens; mas ia o rigor por diante. Tudo estava seco, mas as entranhas de Elias mais que tudo. Que se portasse com este rigor um profeta, não me espanto, que a quem conhece bem a graveza dos pecados, todo o castigo, que não é o eterno, lhe parece muito pouco. O que me espanta é que sofressem os homens a Elias. É possível que se há de estar abrasando o mundo, e que tenha Elias em sua mão o remédio, e que o não queira dar? É possível que esteja abrasando o mundo e que, não querendo Elias dar o remédio que tem em sua mão, que sofram os homens a Elias? Sim. Sabeis por que o sofriam? Porque ainda que Elias tinha as chaves, tanto fechava as fontes para si como para os demais. Os outros estavam necessitados, e Elias andava mendigando; os outros estavam a ponto de morrer, e Elias vivia de milagre; os outros secavam-se à sede, e Elias abrasava-se e mirrava-se. Isto sim que é ser zeloso. Mas que na vossa casa corram as fontes e que nas outras se sequem! Que sobre as vossas searas chovam as nuvens a rios, e que sobre as outras fira o sol a raios! Isto não é zelo. Se o tempo pede que haja sol, sequem-se todos: "O qual faz nascer o seu sol sobre bons e maus" (Mt 5,45). E se é razão que haja chuva, molhem-se todos: "E manda a chuva sobre justos e injustos" (Mt 5,45). E se o mesmo zelo ditar que entre os maus e bons, entre os justos e os injustos haja diferença, haja diferença, mas seja qual convém: o mal carregue para os maus, mas seja para todos os maus; e o bem incline para os bons, mas seja para todos os bons. Esta é a condição do verdadeiro zelo, diz o Espírito Santo que "o zelo é como o inferno" (Ct 8,6). — Notável comparação! O zelo, uma virtude tanto do céu, há de comparar-se ao inferno? Sim: não conheceis as virtudes do inferno. Sabeis por que se compara o zelo ao inferno? Porque o inferno é um fogo que a nenhum bom ofende e a nenhum mau perdoa. Mas o fogo do vosso zelo não é assim: entre os maus tem seus predestinados, a quem não toca, e entre os bons tem seus precitos, a quem abrasa. Oh! rigor mais que infernal! Não vos digo já que sejais como os santos do paraíso; ao menos não sereis como o fogo do inferno? E então — muito prezados de Elias! — quando muito tereis a sua capa. Elias foi-se para o céu e deixou a Eliseu a sua capa. O zelo foi-se, e ficou a capa do zelo. E quantas maldades se cometem debaixo desta honrada capa!

Levou Deus um dia em espírito ao profeta Ezequiel a Jerusalém, e o que viu o profeta foi uma parede ou fachada em que estava um ídolo do zelo: "E eis que vi o ídolo do zelo posto bem à entrada" (Ez 8,5). — Cuidas tu, Ezequiel, diz Deus, que não há aqui mais que o que aparece? Ora, rompe essa parede, e verás. — Rompeu a parede Ezequiel, entrou e viu uma casa em que estavam pintadas pelas paredes cobras, lagartos, basiliscos, serpentes e outros monstros horríveis, e no meio setenta homens de cãs, que com turíbulos na mão os incensavam: "E setenta homens dos anciãos da casa de Israel estavam em pé diante destas pinturas, e cada um tinha na mão um turíbulo" (Ibid. 11). — Adiante — diz Deus a Ezequiel. — Passa Ezequiel a outra parede: "E viu muitas mulheres assentadas, que estavam chorando por Adônis" (Ez 8,14). — Sabida é a fábula ou a história de Adônis, e as gentilidades que nasceram de sua gentileza; e por este estavam chorando vestidas de luto e desgrenhadas. — Por diante, Ezequiel — diz Deus terceira vez. — Passa Ezequiel a terceira parede: "E viu vinte e cinco homens que estavam com as costas viradas para o templo do Senhor" (Ibid. 16). — "E todos estavam com os olhos postos no oriente, e com os joelhos em terra, adorando ao sol que nascia". — Eis aqui o que Deus mostrou a Ezequiel e o que passa no mundo, ainda que se não veja. Se olhardes aos homens, e para as primeiras paredes, não vereis mais que um ídolo do zelo. Tão zelosos e tão zeladores que parecem uns idólatras do zelo; mas detrás dessa parede do zelo, que é o que se faz? Uns estão chorando por Adônis; outros estão adorando o sol que nasce; outros estão incensando altares proibidos; e muitos, ainda mal, com as costas viradas para o templo de Deus. Por fora não há mais que zelo, mas dentro há cobras e lagartos; há basiliscos e serpentes, há monstros e monstruosidades; há coisas que estão fechadas a três paredes. Elias por fora, idolatrias por dentro. Se houvesse quem rompesse paredes, oh! quantas coisas havia de ver o mundo! Este é o zelo, estes são os zelosos, estes são os Elias: "És tu Elias?".

§ VI

Ouvida a resposta do Batista, que não era Elias, instaram terceira vez os embaixadores e perguntaram: "És tu Profeta?" (Jo 1,21). Já que não sois Elias, ao menos sois profeta? — A esta pergunta respondeu o Batista ainda mais seca e mais abreviadamente: *Non* [Não]. — Já sabeis que havemos de fazer a mesma pergunta na nossa terra. "Vós, que tantas coisas dizeis de vós, sois também profeta?" "Profeta, e ainda mais que profeta" (Mt 11,9). Os vossos discursos são vaticínios; as vossas proposições são revelações; os vossos ditames são profecias; os vossos futuros não têm contingência: o que sucede depois é tudo o que dissestes antes; tendes inteligências na secretaria do Espírito Santo: não se decreta lá coisa que se não registre primeiro convosco. Basta isto? Ainda tendes mais. Se se tratam matérias de estado, sois um profeta Daniel; se se tratam matérias de guerra, sois um profeta Isaías; se se tratam matérias de mar, sois um profeta Jonas; se se tratam matérias eclesiásticas, sois um profeta Ezequiel; se fazeis advertências aos reis, sois um profeta Natã; se chorais as calamidades do povo, sois um profeta Jeremias; se pedis socorros ao céu, sois um profeta Baruc; e se tendes algum interesse, como tendes muitos, sois um profeta Balaão. Muitas graças sejam dadas a Deus que nos deu tantos profetas na nossa idade. Não debalde estão prognosticadas tantas felicidades ao nosso reino. Não poderá ele deixar de ser muito glorioso, tendo dentro em si tantos e tais profetas. Cristo, Senhor nosso, nasceu entre dois animais, morreu entre dois ladrões e transfigurou-se entre dois profetas; entre dois animais esteve pobre, entre dois ladrões esteve crucificado, entre dois profetas esteve glorioso. Tenham os reis profetas ao lado, e eles terão seguras as suas glórias. Mas que profetas? Moisés e Elias: um morto, outro vivo, mas ambos do outro mundo. Ora, já que importa tanto ao reino o ter profetas, examinemos o "És tu profeta?", e vejamos por onde se hão de conhecer os verdadeiros profetas.

Primeiramente advirto que os profetas não se hão de conhecer nem avaliar pelo número. Ainda que sejam mais os que dizem uma coisa, nem por isso se hão de ter por profetas. Ouvi uma grande história do terceiro livro dos reis. Havendo três anos que el-rei Acab estava em paz com todas as nações vizinhas, entrou-lhe em pensamento se iria fazer guerra a el-rei da Síria, o qual lhe tinha tomado a cidade e terras de Ramot Galaad. Para isto chamou o conselho dos profetas, e diz o texto sagrado que se ajuntaram quatrocentos profetas: "O rei de Israel reuniu os profetas, que eram em número de quatrocentos" (3Rs 22,6). A proposta foi esta: "Devo ir fazer guerra a Ramot Galaad, ou aquietar-me?". E a razão da proposta era: "Que as terras de Ramot eram daquela coroa, e que parecia negligência não as recuperarem da mão dos sírios" (3Rs 22,3). — Ouvida a proposta e a razão dela, responderam todos os profetas a uma voz que se fizesse a guerra, que Deus daria a Sua Majestade vitória: "Vai, e o Senhor a entregará nas tuas mãos" (3Rs 22,6). Com este bom anúncio dos profetas, resolveu Acab de fazer a guerra, mas para entrar nela com vantagem, pediu a el-rei Josafá, seu confederado, que o quisesse ajudar na empresa. Disse Josafá que sim, mas que se houvesse algum profeta do Senhor, folgaria que o consultassem também. Respondeu Acab que ali havia um, Miqueias, homem a quem ele aborrecia muito, porque sempre lhe falava contra o gosto, e nunca lhe profetizara bem: "Ficou um homem, mas eu o aborreço, porque ele me não profetiza o bem, mas sempre o mal" (Ibid. 8). Levou-se logo recado a Miqueias que viesse, e diz o texto que o que deu o recado disse a Miqueias que, suposto que el-rei tinha quatrocentos profetas que lhe aconselhavam a guerra, que fosse ele também da mesma opinião e que falasse ao gosto: "Sejam as tuas palavras semelhantes às deles, e anuncia novas favoráveis" (Ibid. 13). Que responderia Miqueias? O que deve fazer em semelhantes casos todo o homem de bem: "Vive Deus, que não hei de dizer outra coisa senão o que o mesmo Deus me inspirar" (3Rs 22,14) e o que entender em minha consciência.

Finalmente, chegou Miqueias à presença dos reis: propôs-se-lhe o caso, respondeu que se não fizesse a guerra, porque se havia de perder o rei e o exército. Notável encontro de profetas! Que vos parece que devia fazer Acab neste caso: por uma parte, quatrocentos profetas que lhe aconselhavam que fizesse a guerra, e por outra um profeta dizendo que a não fizesse? Resolveu el-rei Acab o que eu lhe aconselhara nas circunstâncias presentes, ainda que fora da opinião de Miqueias. Mandou que se fizesse a guerra, e isto por três razões. Primeira, porque havia muitos anos que estava em paz com todos os príncipes vizinhos: e, quando as armas estão desembaraçadas e ociosas, é bem que se empreguem nas gloriosas empresas. Segunda, porque as terras de Ramot Gallaad pertenciam à sua coroa, e as terras da coroa hão de fazer os reis o possível e o impossível por que não estejam em mãos de inimigos; cada torrão das terras conquistadas, se se espremer, há de deitar muito sangue de vassalos, e o que custou este preço, não se há de dar por nenhum preço. Terceira, e principal razão, porque ainda que as razões de Miqueias fossem boas, estavam pela outra parte quatrocentos profetas, a quem parecia o contrário; e nas matérias públicas é bem que se conformem os reis, quanto puder ser, com o sentimento comum. Só por esta última razão — quando não houvera outras — aconselhara eu a Acab que, nas circunstâncias presentes, fizesse a guerra, e isto ainda depois de ouvir a Miqueias, em cujo parecer não havia risco, porque os ditames práticos devem se mudar todas as vezes que se mudam as circunstâncias. O médico, conforme os preceitos da arte, manda que se corte o braço encancerado, para que se salve o corpo; mas se o enfermo repugna, e não se acomoda, tem a medicina outro ditame prático, com que manda aplicar remédios menos violentos, ainda que sejam menos seguros. Conforme a este ditame, seguiu el-rei Acab o parecer dos quatrocentos profetas, e resolveu que se fizesse a guerra: tocam-se as trombetas, marcha o exército, dá-se a batalha sobre Ramot, mas a poucas horas de peleja ficou o exército desbaratado, e Acab perdido. Notável caso! Vede como são diversos os sucessos e os juízos humanos, e a diferença que vai de profetas a profetas. De uma parte estavam quatrocentos profetas, da outra parte estava um só profeta: o rei inclinou para a parte onde estavam quatrocentos, e o sucesso caiu para a parte onde estava um. Por isso digo que as profecias não se hão de julgar pelo número. As profecias chamam-se na Escritura peso: "Peso de Nínive", "Peso de Assíria", "Peso do Egito". Peso de Nínive, quer dizer profecia de Nínive; peso de Assíria, quer dizer profecia de Assíria; peso do Egito, quer dizer profecia do Egito. Os profetas hão-se de pesar, não se hão de contar. Os quatrocentos profetas, contados, eram mais que Miqueias; Miqueias, pesado, era mais que os quatrocentos.

§ VII

Suposto, pois, que os profetas se não hão de conhecer pelo número, por onde se hão de conhecer? Por três coisas: pelos olhos, pelo coração e pelos sucessos. Conhecem-se os verdadeiros profetas pelos olhos, porque o ver é o fundamento de profetizar. Os profetas na Escritura chamam-se "videntes": os que veem. Só os que veem são profetas. Assim como a mais nobre profecia sobrenatural consiste na visão, assim a mais certa profecia natural consiste na vista. Só quem viu pode profetizar naturalmente com certeza. E a razão é muito clara. A profecia humana consiste no verdadeiro discurso; o discurso verdadeiro não se pode fazer sem todas as notícias; e todas as notícias só as pode ter quem viu com os olhos. Nenhuma coisa houve mais assentada na antiguidade que ser inabitável a zona tórrida; e as razões com que os filósofos o provavam, eram ao parecer tão evidentes que ninguém havia que o negasse. Descobriram finalmente os pilotos e marinheiros portugueses as costas da África e da América, e souberam mais e filosofaram melhor sobre um só dia de vista que todos os sábios e filósofos do mundo em cinco mil anos de especulação. Os discursos de quem não viu são discursos; os ditames de quem viu são profecias.

O outro sinal da profecia é o coração, porque, conforme cada um tem o coração, assim profetiza. Os antigos, quando queriam prognosticar o futuro, sacrificavam os animais, consultavam-lhes as entranhas e, conforme o que viam nelas, assim prognosticavam. Não consultavam a cabeça, que é o assento do entendimento, senão as entranhas, que é o lugar do amor, porque não prognostica melhor quem melhor entende, senão quem mais ama. E este costume era geral em toda a Europa antes da vinda de Cristo, e os portugueses tinham uma grande singularidade nele entre os outros gentios. Os outros consultavam as entranhas dos animais; os portugueses consultavam as entranhas dos homens. Assim o diz Estrabo no livro terceiro: "Era costume dos antigos Portugueses" — diz Estrabão — "consultar as entranhas dos homens que sacrificavam, e delas conjecturar e adivinhar os futuros"³. — A superstição era falsa, mas a alegoria era muito verdadeira. Não há lume de profecia mais certo no mundo que consultar as entranhas dos homens. E de que homens? De todos? Não. Dos sacrificados. As entranhas dos sacrificados eram as que consultavam os antigos; primeiro faziam o sacrifício, então consultavam as entranhas. Se quereis profetizar os futuros, consultai as entranhas dos homens sacrificados; consultem-se as entranhas dos que se sacrificaram e dos que se sacrificam, e o que elas disserem isso se tenha por profecia. Porém, consultar entranhas de quem não se sacrificou, nem se sacrifica, nem se há de sacrificar, é não querer profecias verdadeiras: é querer cegar o presente e não acertar o futuro.

O último sinal de conhecer os profetas são os sucessos. No Deuteronômio prometeu Deus a seu povo que lhe daria profetas, e o sinal que lhe deu para os conhecer foi só este: "Este é o sinal para vós: Se o que o profeta predisser não acontecer, não foi o Senhor que isso falou" (Dt 18,22). Quando duvidardes de algum se é profeta ou não, observareis esta regra: se o que ele disser antes suceder depois, tende-o por verdadeiro profeta; mas se o que ele disser não suceder, tende-o por profeta falso. — Não pode haver sinal nem mais fácil nem mais certo. Sabeis a quais haveis de ter por profetas? Sabeis de quais haveis de cuidar que acertarão com os futuros? Aqueles de quem tiverdes experiência que tudo ou quase tudo o que disseram antes veio a suceder depois. Este ditame seguiu Faraó com José, Nabucodonosor com Daniel e todos os príncipes prudentes com seus conselheiros. Mas assim como há profetas de antes, assim há profetas de depois. Há muitos mui prezados de profetas que, depois de acontecerem os maus sucessos, então profetizam pelo arrependimento o que fora melhor ter profetizado antes pelo discurso. Este foi um dos tormentos da Paixão de Cristo. Ataram a Cristo um pano pelos olhos, davam-lhe com as mãos sacrílegas na sagrada cabeça, e diziam por escárnio que profetizasse quem lhe dera: "Adivinha-nos, Cristo, quem é o que te deu" (Mt 26,68). Profetizar depois de levar na cabeça é profecia de quem tem os olhos tapados: é escárnio da Paixão de Cristo. Não haveis de profetizar quem vos deu, senão quem vos pode dar, porque é melhor reparar os golpes que curá-los, e se o sucesso mostrar que a profecia foi certa, a quem a disser tende-o por profeta: "És tu Profeta?".

§ VIII

Cansados, finalmente, os embaixadores de lhes responder o Batista que não era Messias, nem Elias, nem profeta, pediram-lhe, finalmente, que pois eles não acertavam a perguntar, lhes dissesse ele quem era. A esta instância não pôde deixar de deferir o Batista. E que vos parece que responderia? "Eu sou uma voz que clama no deserto" (Jo 1,23). — Verdadeiramente não entendo esta resposta. Se os embaixadores perguntaram ao Batista o que fazia, então estava bem respondido com a voz que clamava no deserto, porque o que o Batista fazia no deserto era dar vozes e clamar; mas se os embaixadores perguntavam ao Batista quem era, como lhes responde ele o que fazia? Respondeu discretissimamente. Quando lhe perguntavam quem era, respondeu o que fazia, porque cada um é o que faz, e não outra coisa. As coisas definem-se pela essência; o Batista definiu-se pelas ações, porque as ações de cada um são a sua essência. Definiu-se pelo que fazia, para declarar o que era.

Daqui se entenderá uma grande dúvida, que deixamos atrás de ponderar. O Batista, perguntado se era Elias, respondeu que não era Elias: "Não sou". E Cristo, no Capítulo onze de S. Mateus, disse que "o Batista era Elias" (Mt 11,14). Pois, se Cristo diz que o Batista era Elias, como diz o mesmo Batista que não era Elias? Nem o Batista podia enganar, nem Cristo podia enganar-se; como se hão de concordar logo estes textos? Muito facilmente. O Batista era Elias e não era Elias: não era Elias, porque as pessoas de Elias e do Batista eram diversas; era Elias, porque as ações de Elias e do Batista eram as mesmas. A modéstia do Batista disse que não era Elias, pela diversidade das pessoas; a verdade de Cristo afirmou que era Elias, pela uniformidade das ações. Era Elias, porque fazia ações de Elias. Quem faz ações de Elias, é Elias; quem fizer ações de Batista, será Batista, e quem as fizer de Judas, será Judas. Cada um é as suas ações, e não é outra coisa: Oh! que grande doutrina esta para o lugar em que estamos! Quando vos perguntarem quem sois, não vades revolver o nobiliário de vossos avós: ide ver a matrícula de vossas ações. O que fazeis, isso sois, nada mais. Quando ao Batista lhe perguntaram quem era, não disse que se chamava João, nem era filho de Zacarias; não se definiu pelos pais nem pelo apelido. Só de suas ações formou a sua definição: "Eu sou a voz que clama".

Muito tempo há que tenho dois escândalos contra a nossa Gramática Portuguesa nos vocábulos do nobiliário. A fidalguia chamam-lhe qualidade e chamam-lhe sangue. A qualidade é um dos dez predicamentos a que reduziram todas as coisas os filósofos. O sangue é um dos quatro humores de que se compõe o temperamento do corpo humano. Digo, pois, que a chamada fidalguia não é somente qualidade, nem somente sangue, mas é de todos os dez predicamentos e de todos os quatro humores. Há fidalguia que é sangue, e por isso há tantos sanguinolentos; há fidalguia que é melancolia, e por isso há tantos descontentes; há fidalguia que é cólera, e por isso há tantos mal sofridos e insofríveis; e há fidalguia que é fleuma, e por isso há tantos que prestam para tão pouco. De maneira que os que adoecem de fidalguia, não só lhes peca a enfermidade no sangue, senão em todos os quatro humores. O mesmo passa nos dez predicamentos. Há fidalguia que é substância, porque alguns não têm mais substância que a sua fidalguia; há fidalguia que é quantidade: são fidalgos porque têm muito de seu; há fidalguia que é qualidade, porque muitos, não se pode negar, são muito qualificados; há fidalguia que é relação: são fidalgos por certos respeitos; há fidalguia que é paixão: são apaixonados de fidalguia; há fidalguia que é *ubi*: são fidalgos, porque ocupam grandes lugares; há fidalguia que é sítio, e desta casta é a dos títulos, que estão assentados, e os outros em pé; há fidalguia que é hábito: são fidalgos, porque andam mais bem vestidos; há fidalguia que é duração: fidalgos por antiguidade. E qual destas é a verdadeira fidalguia? Nenhuma. A verdadeira fidalguia é ação. Ao predicamento da ação é que pertence a verdadeira fidalguia. Disse o grande fundador de Lisboa:

> "Pois a raça, os ancestrais e tudo o que
>   não é obra própria,
> a custo chamo tais coisas como nossas"[4].

As ações generosas, e não os pais ilustres, são os que fazem fidalgos. Cada um é suas ações, e não é mais nem menos, como o Batista: "Eu sou a voz que clama no deserto".

§ IX

Desta doutrina tão verdadeira, e desta última conclusão do Batista, tiro dois documentos, com que acabo: um político, outro espiritual. Digo politicamente que nas ações se hão de fundar as eleições; digo espiritualmente que nas ações se devem segurar as predestinações. As eleições ordinariamente fundam-se nas gerações, e por isso se acertam tão poucas vezes. Não nego que a nobreza, quando está junta com talento, deve sempre preceder a tudo; mas como os talentos Deus é o que os dá, e não os pais, não se devem fundar as eleições nas gerações, senão nas ações. Este ditame é o verdadeiro em todo o tempo, e muito mais no presente. No tempo da paz pode-se sofrer que se deem os lugares às gerações; mas no tempo da guerra, não se hão de dar senão às ações. Viu o profeta Ezequiel, no primeiro capítulo das suas revelações, aquele carro misterioso por que tiravam quatro animais: homem, leão, boi e águia; no capítulo décimo tornou a ver o mesmo carro com os mesmos animais, mas com a ordem trocada; porque na primeira visão tinha o primeiro lugar o homem, na segunda visão tinha o primeiro lugar o boi. Notável mudança! Que o homem na primeira visão se anteponha ao leão, à águia e ao boi, muito justo, porque o fez Deus senhor de todos os animais; mas que o boi, que foi criado para o trabalho e para o arado, se anteponha a três cabeças coroadas: ao homem, rei do mundo, ao leão, rei dos animais, à águia, rainha das aves! Sim: a razão literal e a melhor que dão os expositores é esta. Na primeira visão estava o carro dentro do templo; na segunda visão saiu o carro à campanha: "Saiu a glória do Senhor da entrada do templo" (Ez 10,18) — e quando o carro está quieto, dê-se embora o primeiro lugar a quem melhor é; mas quando o carro caminha, há-se de dar o primeiro a quem melhor puxa; e porque o boi puxava melhor que o homem por isso se deu o primeiro lugar ao boi. Quando o carro estiver no templo da paz, deem-se embora os lugares a quem melhor for; mas enquanto o carro estiver na campanha, hão-se de dar os lugares a quem melhor puxar.

E, assim como politicamente é bem que nas ações se fundem as eleições, assim espiritualmente digo que nas ações se hão de segurar as predestinações. S. Pedro, na Epístola segunda: "Irmãos meus, trabalhai com grande diligência de fazer certa a vossa vocação e predestinação por meio das vossas ações" (2Pd 1,10). — Se perguntarem a um homem: "Tu quem és?" — quanto ao temporal, em qualquer matéria pode responder com certeza; se perguntarem a um homem "Tu quem és?" — quanto ao espiritual, ninguém há no mundo que possa responder a esta pergunta: cada um de nós espiritualmente é o que há de ser; o que há de ser cada um ninguém o sabe, e assim ninguém há que possa responder com certeza à pergunta: "Tu quem és?". A maior miséria, a maior perplexidade, a maior aflição de espírito que há na vida humana é saber um homem que há de ser, ou eternamente ditoso, ou eternamente infeliz, e não saber qual destas duas há de ser: não saber um homem se é precito ou se é predestinado. A este maior de todos os cuidados, a esta maior de todas as perplexidades acode S. Pedro com o único remédio que ela pode ter: "Trabalhai com grande diligência de fazer certa a vossa vocação e predestinação por meio das vossas ações". Se quereis ter segurança de vossa predestinação, a maior que sem revelação se pode ter nesta vida, apelai para vossas ações e vossas boas obras: fazei obras boas e estai moralmente seguros que sois predestinados. Este é o verdadeiro entendimento das palavras de S. Pedro, e assim as explicam S. Tomás e todos os teólogos. Oh! que felicidade tão grande que tenhamos nas nossas obras um seguro da nossa predestinação! Na outra vida há-nos de pagar Deus as boas obras com a posse da glória; nesta vida já no-las começa a pagar com a segurança dela. Ora, cristãos, já que nas nossas ações, já que nas nossas obras está depositado um tesouro tão grande, não o percamos. "Trabalhai com grande diligência": trabalhemos por segurar nossa predestinação. Apliquemo-nos muito deveras à observância dos preceitos divinos; rompamos por tudo o que nos pode ser estorvo e impedimento; conheçamo-nos, e conheçamos o mundo e seus enganos; quebremos, com uma grande resolução, os laços e as cadeias que nos detêm, quaisquer que sejam; convertamo-nos de todo o coração a Deus; disponhamo-nos com todas as forças para receber sua graça e asseguremos para sempre o prêmio da glória.

FIM

SERMÃO DA

Quarta Dominga do Advento

～

"Veio a palavra de Deus sobre João. Ele foi discorrendo
por toda a terra do Jordão, pregando o batismo de
penitência para remissão dos pecados."
(Lc 3,2s)

Quarto e último juízo: o juízo dos três juízos anteriores. O juízo de si mesmo o damos por suspeito. Não há juízo mais cego: o amor-próprio faz que vejamos as coisas diferentes do que são. Bem julgado, emenda-se: tira-se o véu dos olhos e mete-se um espelho na mão. Ninguém nos diz melhor o que somos que os nossos pecados.

O juízo dos homens agravamos dele. Com todas as potências livres, com todas julgamos a todos. É um ídolo adorado, temido, respeitado no mundo. Bem julgado, despreza-se: fecha-se o ouvido e aborrece-se a si mesmo. Só se estima o que pode dar graça de Deus e só se teme o que a pode tirar. Os três julgamentos da Madalena. O juízo de Deus apelamos. Se o juízo de Deus faz tremer quando aparece a ser julgado, que será quando vier a julgar! Bem julgado, revoga-se: volta-se o coração. A jurisdição superior do tribunal da penitência: nele ninguém se condena, condenam-se os pecados. Finalmente: no juízo final Cristo há de ser o juiz; no juízo da penitência Cristo é o advogado.

§ I

Sem que eu o diga, está dito por si mesmo que havemos de ter hoje o quarto juízo. No primeiro sermão vimos o juízo de Deus para com os homens; no segundo, vimos o juízo dos homens uns para com os outros; no terceiro, vimos o juízo de cada um para consigo mesmo. Mas qual será o quarto e último juízo que nos resta hoje para ver? Nem é juízo de si mesmo, nem é juízo dos homens, nem é juízo de Deus: é o juízo destes três juízos. Todos os três juízos que vimos vêm hoje chamados a juízo. Levanta neste Evangelho o Batista o tribunal supremo da penitência: "Pregando o batismo de penitência para a remissão dos pecados" — e assenta-o com grande propriedade e mistério "nas ribeiras do Jordão" — porque Jordão quer dizer: "o rio do juízo". A ver-se nas águas deste rio, e apresentar-se diante deste tribunal, veem hoje os três juízos, cada um por suas causas. O juízo de si mesmo vem por suspeições, porque o damos por suspeito; o juízo dos homens vem por agravo, porque agravamos dele; o juízo de Deus vem por apelação, porque apelamos de Deus para a nossa penitência. Todos estes juízos hão de ser julgados hoje, e espero que hão de sair bem julgados, porque debaixo do juízo da penitência o juízo de si mesmo emenda-se, o juízo dos homens despreza-se, o juízo de Deus revoga-se. Assim que o juízo de si mesmo emendado, o juízo dos homens desprezado, o juízo de Deus revogado é o que havemos de ver hoje.

Tenho proposto — católico e nobilíssimo auditório — a matéria deste último sermão. E, se nos passados mereci alguma coisa a vossos entendimentos — "O qual sinto quão pouco dure" — quisera que mo pagassem hoje vossos corações. Aos corações determino pregar hoje, e não aos entendimentos. Cristo, soberano exemplar dos que pregam a sua palavra, comparou os pregadores aos que lavram e semeiam: "Saiu o que semeia a semear: a semente é a palavra de Deus" (Lc 8,5.11). O último sermão é o agosto dos pregadores: se se colhe algum fruto, neste sermão se colhe. Mas quando eu vejo que hoje nos torna a repetir o Batista que clamava no deserto: "A voz do que clama no deserto" (Lc 3,4) — que confiança pode ficar a qualquer outro pregador que não desmaie, ou que palavras podem ser tão fortes e eficazes as suas que, antes de as pronunciar a voz, não emudeçam? Lembra-me, porém, que para Cristo converter um homem que o tinha negado três vezes, porque se dignou de lhe pôr os olhos, bastou a voz irracional e noturna de uma ave, cujas asas apenas a levantam da terra, para o restituir outra vez ao caminho do céu. Tanto pode um "olhou" dos olhos divinos. — Assim é, Senhor, assim é. E posto que este indigno ministro de vossa palavra seja tão desproporcionado instrumento para obra tão grande, se os olhos de vossa piedade e clemência se puserem nos que me ouvem e um raio de vossa vista lhes ferir as almas, não desespero, antes confio de vossa graça que as soberanas influências de sua luz farão o que podem e o que costumam: "O que olha para a terra, e a faz tremer" (Sl 103,32). Olhai vós, Senhor, que ainda que sejamos de terra insensível e dura, nós tremeremos de vos ofender. "Olhou, e derreteu as gentes" (Hb 3,6): olhai vós, Senhor que, ainda que fôssemos gentios sem fé, e não cristãos, os nossos corações se farão de cera, e se derreterão. Neste dia, pois, em que nos não resta outro, acendei a frieza de minhas palavras, e alumiai as trevas de nossos entendimentos, de sorte que resolutamente desenganados, façamos hoje um inteiro e perfeito juízo de vós, de nós e do mundo: de vós, para que vos conheçamos e vos amemos; de nós, para que nos conheçamos e nos humilhemos; do mundo, para que o conheçamos e desprezemos.

§ II

Ora, venham entrando os três juízos para serem examinados e julgados no tribunal da penitência: o juízo de si mesmo, para que se emende; o juízo dos homens, para que se despreze; o juízo de Deus, para que se revogue, e comecemos pelo que nos fica mais perto.

No tribunal dos areopagitas em Atenas, costumavam entrar os réus com os rostos cobertos. Assim entra e se apresenta diante do tribunal da penitência o juízo de si mesmo. Entra com os olhos tapados, porque não há juízo mais cego. A cegueira do juízo e amor-próprio é muito maior que a cegueira dos olhos: a cegueira dos olhos faz que não vejamos as coisas; a cegueira do amor-próprio faz que as vejamos diferentes do que são, que é muito maior cegueira. Trouxeram um cego a Cristo para que o curasse; pôs-lhe o Senhor as mãos nos olhos, e perguntou-lhe se via? Respondeu: "que via andar os homens como árvores" (Mc 8,24). — Pergunto: e quando estava este homem mais cego: agora ou antes? Agora, não há dúvida que tinha alguma vista, mas esta vista era maior cegueira que a que dantes tinha: porque dantes não via nada, agora via uma coisa por outra, homens por árvores; e maior cegueira é ver uma coisa por outra, que não ver nada. Não ver nada é privação; ver uma coisa por outra é erro. Eis aqui por que sempre erra o juízo próprio; eis aqui porque nunca acabamos de nos conhecer: porque olhamos para nós com os olhos de um mais cego que os cegos, com uns olhos que sempre veem uma coisa por outra, e as pequenas lhes parecem grandes. Somos pouco maiores que as ervas, e fingimo-nos tão grandes como as árvores, somos a coisa mais inconstante do mundo, e cuidamos que temos raízes: se o inverno nos tirou as folhas, imaginamos que no-las há de tornar a dar o verão, que sempre havemos de florescer, que havemos de durar para sempre. Isto somos e isto cuidamos.

E que faz a penitência para emendar este juízo tão sem juízo? Que faz a penitência para alumiar este cego tão cego? Duas coisas. Tira-lhe o véu dos olhos, e mete-lhe um espelho na mão. Tira-lhe o véu dos olhos como pedia o pecador a Deus — "Tira o véu de meus olhos" (Sl 118,18) — mete-lhe um espelho na mão, como dizia Deus ao pecador: "Por-vos-ei a vós diante de vós" (Sl 49,21). — Nenhuma coisa trazemos os homens mais esquecida e desconhecida, nenhuma trazemos mais detrás de nós que a nós mesmos. E que faz o juízo da penitência? Põe-nos a nós diante de nós: "Por-vos-ei a vós diante de vós". Põe-no a nós diante de nós, como a réus diante do tribunal, para que nos julguemos; põe-nos a nós diante de nós, como objeto diante do espelho, para que nos vejamos. Coisa dificultosa é que homens tão derramados nas coisas exteriores cheguem a se ver interiormente, como convém. Mas isso faz a penitência por um de dois modos, ambos maravilhosos: ou voltando-nos os olhos de fora para dentro, para que nos vejam, ou virando-nos a nós mesmos de dentro para fora, para que nos vejamos.

Quando Deus quis converter aquele tão desvanecido rei Nabucodonosor, para que se descesse de seus soberbíssimos pensamentos e conhecesse o que era, o primeiro passo por onde o encaminhou à penitência foi transformá-lo em bruto. Sobre o modo desta transformação há variedade de pareceres entre os doutores: uns dizem que foi imaginária, outros que foi verdadeira; e, posto que este segundo modo é mais conforme ao texto, de ambos podia ser. Se foi transformação imaginária, voltou Nabucodonosor os olhos para dentro de si mesmo, e viu tão vivamente o que era, que desde aquele ponto se não teve mais por homem, senão por bruto, e como tal se tratava. Se foi transformação verdadeira, converter Deus em bruto a Nabucodonosor não foi outra coisa que virá-lo de dentro para fora, para que mostrasse por fora na figura o que era por dentro na vida. Oh!! quão outro se imaginava este grande rei antes do que agora se via! Dantes não se contentava com ser homem e imaginava-se Deus: agora conhecia que era muito menos que homem, porque se via bruto entre os brutos. Se voltarmos os olhos para dentro de nós, ou se Deus nos virara a nós mesmos de dentro para fora, que diferente conceito havia de fazer cada um de si do que agora fazemos! Mas sigamos os passos deste novo monstro, e vê-lo-emos, e ver-nos-emos. Andou pascendo aquele bruto racional o primeiro dia da sua transformação entre os animais; lá pela tarde teve sede; foi-se chegando sobre quatro pés à margem de um rio, e quando reconheceu no espelho das águas a deformidade horrenda da sua figura, valha-me Deus, que assombrado ficaria de si mesmo! Provaria primeiro fugir de si; mas como se visse atado tão fortemente àquele tronco bruto, remeteria a precipitar-se na corrente, e se Deus o não tivesse mão, que o queria trazer por aqueles campos de Babilônia para exemplo eterno dos soberbos, ali ficaria sepultado, primeiro em sua confusão e depois na profundidade do rio. Que rio é este, senão o rio Jordão, "rio do juízo"? E quem é este Nabucodonosor, assim transformado, senão o pecador, bruto com razão e sem uso dela, que anda pascendo nos campos deste mundo entre os outros animais, mais animal que eles? Só uma diferença há entre nós e Nabucodonosor: que ele quis fugir de si e não pôde; nós ainda podemos, se quisermos. Chega enfim o pecador a ver-se nas águas deste rio, espelhos naturais e sem adulação; vê de repente o que nunca tinha visto: vê-se a si mesmo. Oh!! que assombro! É possível que este sou eu? Tal fealdade, tal horror, tal bruteza, tais deformidades há em mim? Sim, e muito maiores. Esse sois, e não o que vós cuidáveis. Vede se diz esse retrato com o que vós tínheis formado de vós mesmos no vosso pensamento; vede bem, e considerai muito devagar nesse espelho o rosto e as feições interiores da vossa alma; vede bem esses olhos, que são as vossas intenções; esses cabelos, que são vossos pensamentos; essa boca, que são as vossas palavras; essas mãos, que são as vossas ações e as vossas obras; vede bem se diz essa imagem com o que tendes na vossa ideia: vede se se parece o que vedes com o que imagináveis; vede se vos conheceis; vede se sois esse ou outro: "Quem és?".

§ III

Sabeis por que andamos tão vangloriosos e tão desvanecidos de nós mesmos? Porque trazemos os olhos por fora, e a nós por dentro; porque não nos vemos. Se nos víramos interiormente como somos, se considerámos bem a deformidade de nossos pecados, oh! que diferente conceito havíamos de formar de nós! Tão desvanecidos de ilustres, tão desvanecidos de senhores, tão desvanecidos de poderosos, tão desvanecidos de discretos, tão desvanecidos de gentis homens, tão desvanecidos de sábios, tão desvanecidos de valentes, tão desvanecidos de tudo: por quê? Porque vos não vedes por dentro. Dizei-me vós se uma vez pusésseis bem os olhos em vossos pecados, oh! como havíeis de emendar todos estes epítetos! Nenhum homem houve no mundo que mais se pudesse prezar de si que Davi, porque nele ajuntou a natureza, a fortuna e a graça tudo o que repartiu pelos grandes homens e, contudo, nenhum homem achareis mais humilde, nem menos prezado de si mesmo, antes mais desprezador de si que Davi. E donde cuidais que lhe vinha isto? "O meu pecado diante de mim está sempre" (Sl 50,5): estava Davi sempre olhando para seus pecados, e vendo-os, e vendo-se neles. "Contemplando as imagens dos pecados", comenta S. João Crisóstomo[1]: estava Davi contemplando os seus pecados como se estivera vendo e considerando as imagens e retratos de suas ações. Não há dúvida que muitas peças do palácio de Davi, pelo verão nas pinturas, pelo inverno nos tapizes, estariam ornadas com as famosas histórias de suas façanhas. Não deu tanta matéria às artes Hércules em seus trabalhos como Davi em suas vitórias. Mas não eram estas as vistas em que se entretinha aquele grande rei, nem estas as galerias em que ia passear. Em contraposição daquelas pinturas — sigamos assim a consideração de Crisóstomo — mandou fabricar Davi outra galeria, chamada de suas fraquezas, e nela pintar em diversos quadros, não as famosas, mas as lastimosas histórias de seus pecados. Aqui vinha passear Davi, aqui tinha o bom rei as suas meditações e aqui alcançava a maior de todas as suas vitórias, que foi o conhecimento de si mesmo.

"Contemplando as imagens dos pecados". Vamos com Davi considerando pecados e mudando epítetos. Punha os olhos Davi em um quadro, via a história de Bersabé, e dizia consigo: — É possível que me tenha o mundo por profeta, e que não antevisse eu que de uma vista se havia de seguir um pensamento, de um pensamento um desejo, e de um desejo uma execução tão indigna de minha pessoa e de meu estado! Não me chamem mais profeta; chamem-me cego. É possível que eu sou tido no mundo pelo valente da fama, e que bastou uma mulher para me vencer, e para que eu deixasse a guerra, e não saísse à campanha "naquele tempo em que costumavam andar os reis armados diante de seus exércitos" (1Par 20,1)! Não me chame ninguém valente, chamem-me fraco. — Dava dois passos adiante Davi, punha os olhos noutro quadro: via a história de Urias, como dava a carta a Joab e como aparecia logo morto nos primeiros esquadrões, e vitoriosos os inimigos. É possível que me prezo eu de príncipe verdadeiro, e que mandei cometer uma aleivosia tão grande debaixo de minha firma, e que a um vassalo tão fiel, depois de lhe tirar a honra, lhe tirei também a vida enganosamente! Não me terei mais por verdadeiro, senão por fementido. É possível que me fez Deus rei do seu povo para lho conservar e defender, e que consolo eu a nova da rota do meu exército com a nova da morte de Urias, e que pesa mais na minha estimação a liberdade de um apetite que a perda de tão fiéis e valorosos soldados! Não me chamem rei, chamem-me tirano. — Ia por diante Davi, contemplava outro quadro: via o caso de Nabal Carmelo; como mandara tirar a vida a tudo o que em sua casa a tivesse, e como depois lhe concedia perdão pelos rogos de sua mulher Abigail. É possível que eu sou o celebrado de benigno e piedoso, e mando tirar a vida a um homem porque não quis dar sua fazenda aos fugitivos que me seguem! Eu sou o que domei os leões e os ursos no deserto, e não pude domar um ímpeto de ira dentro em mim mesmo! Não me chamarei mais humano: chamar-me-ei fero. É possível que me preze eu de inteiro, e que sendo tão justificada a causa de Nabal, ao menos não digna de castigo, não bastasse para me aplacar a sua justiça, patrocinada só de si mesma, e que, depois, representada por Abigail, pudesse mais um memorial acompanhado do seu rosto que da sua razão! Não me chamarei inteiro: chamar-me-ei respectivo. Dava mais passos adiante Davi: via noutro quadro a história de Siba; como acusava a Mifiboset, seu senhor, como tomava posse da fazenda e como, depois de provada a calúnia, lhe mandara restituir só ametade. — É possível que me prezo eu de considerado, e que pelo dito de um criado, sem mais informação nem figura de juízo, declaro Mifiboset, filho do rei meu antecessor, por réu de lesa-majestade, e lhe confisco a fazenda, e a dou ao mesmo acusador! Não me terei mais por prudente, senão por temerário. É possível que tenho eu opinião de reto, e que depois de averiguada a calúnia e provada a inocência, deixo ao traidor com ametade dos bens, e não mando que se restituam todos ao inocente! Não me terei mais por reto, senão por injusto. — Eis aqui como Davi, pelos retratos de seus pecados, ia mudando os seus epítetos e emendando o juízo de si mesmo; e tendo em si tanta matéria para a vaidade, achava tanta para os desenganos.

Cristãos — e não digo senhores, porque quisera que vos prezásseis mais de cristãos — ponha-se cada um diante das imagens de seus pecados: "Contemplando as imagens dos pecados" — cuide e considere nelas um pouco, e verá como as ideias antigas que tinha na fantasia se lhe vão despintando, e como muda e emenda o juízo errado que de si mesmo fazia. Todos vos prezais de honrados; todos vos prezais de valorosos; todos vos prezais de entendidos, todos vos prezais de sisudos: quereis emendar esses epítetos? Virar os olhos para dentro aos pecados. Eu sou o que me tenho por honrado: e cometi tantas vezes uma vileza tão grande, como ser ingrato e infiel a meu Senhor e a meu Deus, que me criou e me remiu com seu sangue! Não sou honrado, sou vil. Eu sou o que me tenho por valoroso; e cometi tantas vezes uma fraqueza tão baixa, como deixar-me vencer de qualquer tentação e virar as costas a Cristo, sem resistir, por seu amor, nem a um pensamento! Não sou valoroso, sou covarde. Eu sou o que me prezo de entendido: e cometi tantas vezes uma ignorância tão feia, como antepor a criatura ao Criador, a suma miséria ao sumo e infinito bem! Não sou entendido, sou néscio. Eu sou o que me prezo de sisudo: e cometi tantas vezes uma loucura tão rematada, como arriscar por um apetite leve, por um instante de gosto, uma eternidade de glória ou de inferno! Não sou sisudo, sou louco. Desta maneira emenda o juízo da penitência os erros e as cegueiras do nosso. Em lugar de sisudo, põe louco; em lugar de discreto, néscio; em lugar de valoroso, covarde; em lugar de honrado, vil; e aquilo era o que cuidávamos, isto o que somos. Ninguém nos diz melhor o que somos que os nossos pecados.

§ IV

Ainda os nossos pecados, postos diante dos olhos, têm outro modo de convencer e emendar mais apertado e mais forçoso, que é convencer-nos a nós conosco, e emendar o nosso juízo com o nosso próprio juízo. Cada um em seu juízo não se deve estimar mais que aquilo em que ele mesmo se avalia. E como se avalia cada um de nós? Isto não se vê nos nossos pensamentos: vê-se nos nossos pecados. Todas as vezes que um homem peca, vende-se pelo seu pecado: "Vendeu-se para fazer o mal" (3Rs 21,25) — diz a Escritura Sagrada. Ora, veja cada um de nós o preço por que se vende, e daí julgará o que é. Prezais-vos muito e estimais-vos muito, desvaneceis-vos muito; quereis saber o que sois por vossa mesma avaliação? Vede o preço por que vos dais, vede os vossos pecados. Dais-vos por um respeito, dais-vos por um interesse, dais-vos por um apetite, por um pensamento, por um aceno; muito pouco é o que por tão pouco se dá. Se nos vendemos por tão pouco, como nos prezamos tanto? Filhos de Adão enfim. Quem visse a Adão no Paraíso com tantas presunções de divino, mal cuidaria que em todo o mundo pudesse haver preço por que se houvesse de dar. E que sucedeu? Deu-se ele e deu a todos os seus filhos por uma maçã. Se nos vendemos tão baratos, por que nos avaliamos tão caros? Já que vos estimais tanto, não vos deis por tão pouco; e, pois, vos dais por tão pouco, não vos tenhais por mais. Não é razão que se avalie tão alto no seu pensamento quem se vende tão baixo no seu pecado.

Agora entendereis o espírito e a prudência de Davi em pôr diante dos olhos as imagens de seus pecados: "contemplando as imagens dos pecados" — quando, para se excitar à contrição e conhecimento de sua miséria, parece que, como profeta, pudera representar diante de si outra imagem que mais o movera. Não movera mais a Davi uma imagem de Cristo crucificado, pois ele sabia mui bem que Deus havia de morrer em uma cruz por aqueles mesmos pecados? Digo que não; e vede a razão por que o digo. Muito melhor me conheço eu diante da imagem de um pecado que diante da imagem de um Cristo crucificado. Quando estou diante da imagem de Cristo crucificado, parece que tenho razões de me ensoberbecer, porque vejo o preço por que Deus me comprou; mas quando me ponho diante da imagem de um pecado, não tenho senão razões de me humilhar, porque vejo o preço porque eu me vendi. Quando vejo que Deus me compra com todo o seu sangue, não posso deixar de cuidar que sou muito; mas quando eu vejo que me vendo pelos nadas do mundo, não posso deixar de crer que sou nada. Eis aqui à que se reduz, e como se desengana o juízo de si mesmo, quando se vê, como em espelho, na imagem de seus pecados; e assim o muda, assim o emenda o juízo da penitência. "Pregando o batismo de penitência" (Lc 3,3).

§ V

O juízo de si mesmo — como acabamos de ver — emenda-se; e o juízo dos homens? Despreza-se. Entra pois o juízo dos homens a apresentar-se diante do tribunal da penitência, e não vem com os olhos vendados, como o juízo de si mesmo, mas com todos os sentidos e com todas as potências livres, e muito livres, porque com todas julga a todos. Traz livres os olhos, porque julga tudo o que vê; traz livres os ouvidos, porque julga tudo o que ouve; traz livre a língua, porque publica tudo o que julga; e traz livre mais que tudo a imaginação, porque julga e condena tudo o que imagina.

Mas, que faz a penitência para desprezarmos este ídolo tão adorado, tão temido e tão respeitado no mundo? Que faz ou que pode fazer a penitência, para que não façamos caso, sendo homens, do juízo dos homens? Com abrir ou fechar um sentido, faz a penitência tudo isto. Para o juízo de si mesmo, abre-nos os olhos; para o juízo dos homens, fecha-nos os ouvidos. No dia da Paixão choviam testemunhas e blasfêmias contra Cristo, e o Senhor como se nada ouvira. Assim lho disse admirado Pilatos: "Tu não ouves de quantos crimes te fazem cargo?" (Mt 27,13). Não ouves quantos testemunhos dizem contra ti? — Não ouvia Cristo, porque ouviu como se não ouvira. O Senhor naquele dia ia satisfazer pelos pecados nossos que fizera seus, e quem trata de satisfazer a Deus por pecados, não tem ouvidos para o que contra ele dizem os homens: "Mas eu, como um surdo, não ouvia" (Sl 37,14). Digam os homens, julguem os homens, condenem os homens o que quiserem e quanto quiserem, que quem trata deveras da satisfação de seus pecados, quem trata deveras de ser julgado de Deus, não se lhe dá do juízo dos homens. Sabeis por que fazemos tanto caso dos juízos humanos? Porque não somos verdadeiros penitentes. Se a nossa penitência, se o nosso arrependimento fora verdadeiro, que pouco caso havíamos de fazer de todas as opiniões do mundo!

Pecou Davi o pecado de Bersabé e Urias: ao cabo de algum tempo, veio o profeta Natã a adverti-lo do grande mal que tinha feito; reconheceu Davi sua culpa e disse: *Peccavi* (2Rs 12,13): Pequei — e no mesmo ponto, por parte de Deus, o absolveu o profeta do pecado: "Também o Senhor transferiu o teu pecado" (2Rs 12,13). Pecou Saul o pecado de desobediência, reservando do despojo de Amalec para o sacrifício; veio também o profeta Samuel adverti-lo de quanto Deus sentia aquela culpa; conheceu-a Saul e disse: "Pequei"; mas nem o profeta respondeu que estava perdoado, nem Deus lhe concedeu perdão. É este um dos notáveis casos que tem a Escritura, considerada a semelhança de todas as circunstâncias dele. Davi era rei, Saul também era rei; Davi pecou, Saul pecou; a Davi veio admoestar um profeta, a Saul veio admoestar outro profeta, Davi disse: *Peccavi* [pequei]; Saul disse: "Pequei". Pois, se os casos em tudo foram tão semelhantes, como perdoa Deus a Davi, e não perdoa a Saul? Se um "pequei" basta a Davi, a Saul por que lhe não bastou um "pequei"? A razão literal que dão todos os doutores é que o *peccavi* de Davi foi dito de todo o coração; o "pequei" de Saul foi dito somente de boca; a penitência de Davi foi penitência verdadeira; a penitência de Saul foi penitência falsa. Muito bem dito; mas donde se prova? Donde se prova que foi falsa a penitência de Saul; donde se prova que o seu peccavi foi dito de boca, e não de coração? Não o dizem os doutores, mas eu o direi, ou o dirá o texto. Quando Saul disse: "Pequei", acrescentou estas palavras: "Pequei, mas honrai-me diante dos anciãos de meu povo e diante de Israel" (1Rs 15,30). Pequei, mas vós, Samuel, tratai de minha reputação, e honrai-me com os grandes do povo de meu reino. — Ah! sim, Saul, e vós, depois de dizer "pequei", depois de vos pordes em estado de penitente, ainda vos lembra a reputação, ainda fazeis caso do que dirão ou não dirão de vós os homens? Sinal é logo que não é verdadeira a vossa penitência, e que aquele *peccavi* nasceu na boca, e não no coração. Quem chega a estar verdadeiramente penitente, quem chega a estar verdadeiramente arrependido, como estava Davi, não lhe lembram mais que os seus pecados: "Pequei" — não se lhe dá do que julgam nem do que dizem os homens.

§ VI

As razões desta verdade são muitas e grandes; ouvi as da minha tibieza, que a quem tiver melhor espírito lhe ocorrerão outras mais e maiores. O verdadeiro penitente, ele mesmo se acusa e se condena; que se lhe dá logo que digam outros o que ele confessa de si? Que importa que outros levem o pregão, quando eu mesmo executo o castigo? Quem se confessa por réu, não lhe fazem agravo as testemunhas. Se um homem está verdadeiramente arrependido, se conhece verdadeira e profundamente suas culpas, nunca ninguém dirá dele tanto mal que ele se não julgue por muito pior. E quem se vê julgado mais benignamente do que suas culpas merecem, antes tem razão de agradecer que de queixar-se. Por isso os grandes penitentes não se queixavam das injúrias. Julgue e diga o mundo o que quiser, que nunca poderá dizer tanto mal quanto eu sei de certo que há em mim.

Nenhuma coisa deseja mais um verdadeiro penitente que tomar vingança em si das injúrias de Deus; e como o juízo dos homens se põe da parte desta vingança, antes nos ajuda que nos ofende. Quem se não aborrece a si — diz Cristo — não me pode servir a mim. Oh!! como se aborrece a si e como se aborrece de si um verdadeiro penitente! E que se me dá a mim que seja bem ou mal julgado quem eu aborreço? Se eu conheço verdadeiramente a deformidade de minhas culpas, não hei de aborrecer mais a quem as fez, que a quem as diz?

O verdadeiro penitente só uma coisa estima, e só uma coisa teme nesta vida: só estima o que pode dar graça de Deus, e só teme o que a pode tirar. E como o juízo dos homens não pode dar nem tirar a graça de Deus, que se lhe dá ao penitente do juízo dos homens? O juízo dos homens, quando muito lhe demos, poderá fazer mal, mas não pode fazer maus. Se eu sou bom, por mais que me julguem mal os homens, não me podem fazer mau. Se eu sou mau, por mais que me julguem bem os homens, não me podem fazer bom; e como o juízo dos homens não tem poder para fazer maus nem bons, que caso há de fazer deste juízo o verdadeiro penitente, o qual só uma coisa deseja, que é ser bom, e só de uma coisa lhe pesa, que é ter sido mau?

Feche todas estas razões uma maior que todas. O juízo dos homens, por mais que vos condenem, pode-vos impedir o céu ou levar-vos ao inferno? Não. Ponde agora de uma parte todos os juízos dos homens, e da outra os vossos pecados, e perguntai-vos a vós mesmo, quais destes deveis mais temer. Os juízos dos homens, ainda que façam todo o mal que podem, nem podem dar inferno, nem tirar paraíso; os pecados, ainda que acheis neles os todos falsos bens que vos prometem, só eles tiram o paraíso e dão o inferno. E, como o verdadeiro penitente está vendo que só os seus pecados o podem tirar do paraíso e levá-lo ao inferno, que caso há de fazer dos juízos dos homens? Dos pecados sim, e só dos pecados, porque só por eles o pode condenar Deus. E quem teme que o pode condenar Deus, não se lhe dá que o condenem os homens.

§ VII

Suposta a verdade desta doutrina, que poucos e que poucas penitentes verdadeiras deve haver hoje no mundo, onde tanto se trata só de agradar e contentar aos homens! Vejam-no os homens em Davi, e as mulheres na Madalena. Davi, que pouco caso fez das injúrias de Semei! Disse Semei a el-rei Davi em seu próprio rosto as injúrias que se não puderam dizer ao mais vil homem; quiseram remeter logo a ele os que acompanhavam ao rei, para lhe tirarem a língua e a vida, e que fez Davi? Teve mão neles para que o deixassem dizer. As injúrias são a música dos penitentes; tal ia Davi naquele passo, descalço, e chorando seus pecados. Quem conhece que tem ofendido a Deus, nenhuma coisa o ofende. Assim desprezava Davi o juízo dos homens.

Da Madalena quem o poderá explicar com a ponderação que merece? Uma senhora tão principal em Jerusalém, tão servida, tão estimada, tão dada a vaidade e galas, quem a visse com o toucado desprendido, com o vestido sem conserto, pela rua sem companhia, em casa do fariseu sem reparo, toda fora de si — ou toda dentro em si, porque toda era coração naquela hora — os cabelos descompostos, o alabastro quebrado, os olhos feitos dois rios, lançada aos pés de Cristo, abraçando-os, e abraçando-se com eles, que diria? — Valha-me Deus, Senhora, que mudança é esta? Não vedes quem sois? Não vedes o que fazeis? Não vedes o que dirão os homens? — Não: nada vejo, que quem viu seus pecados, não lhe ficam olhos para ver outra coisa. Não vejo o que sou, porque vi o que fui; não vejo o que faço, porque vi o que fazia. Já vi tudo o que havia de ver nesta vida, e provera a Deus que não tivera visto tanto. Já não faço caso dos homens, nem dos seus juízos; digam o que quiserem.

Três vezes foi a Madalena julgada e condenada dos homens. Julgou-a e condenou-a o fariseu, chamando-lhe pecadora: "Porque é pecadora" (Lc 7,39); julgaram-na e condenaram-na os apóstolos, chamando-lhe esperdiçada: "Para que foi este desperdício?" (Mt 26,8); julgou-a e condenou-a sua irmã, chamando-lhe ociosa: "Deixou-me só com o serviço da casa" (Lc 10,40). Tudo isto ouviu sempre a Madalena, mas nunca se lhe ouviu uma palavra, como se respondera com o seu silêncio: — Condenem-me embora os fariseus, condenem-me os apóstolos, condenem-me os de que menos se podia esperar, os irmãos. Nos fariseus condene-me a malícia, nos apóstolos condene-me a virtude, na irmã condene-me a mesma natureza, que a quem tem maiores causas, para sentir não lhe dão cuidado essas. Quando as dores são iguais, sentem-se todas; quando uma é maior, suspende as outras. A dor dos pecados, se é verdadeira, é a maior dor de todas, porque tem maiores causas, e a quem verdadeiramente lhe doem seus pecados, nenhuma outra coisa lhe dói. A seta que feriu o coração defende de todas as setas, porque ainda que achem corpo, já não acham sentimento; faça os tiros que quiser o juízo dos homens, que se o coração está ferido de Deus, ou não ofendem, ou não magoam. O amor é um sentimento que faz insensíveis; por isso se compara à morte. A morte faz insensível a quem mata; o amor insensível a quem ama. Quem trata só de amar a Deus, só sente havê-lo ofendido; a tudo o mais é insensível.

Exemplos tinha em si mesma a Madalena, e pudera-se argumentar a si consigo. Que importa parecer mal aos homens, se eu parecer bem a Deus? Que importa parecer mal aos demais, se eu parecer bem a quem amo? Quantas vezes nas minhas loucuras segui os desprezos deste ditame? E será bem que seja agora menos animoso meu amor, e menos resoluto? Se eu não reparei no que diriam os homens para ofender a Deus, repararei agora no que dizem ou no que dirão para o buscar? Não reparei em que dissessem que era pecadora, e repararei em que digam que sou arrependida? Já que sofri que murmurassem o pecado, não é menos que caluniem a emenda?

Isto dizia o silêncio da Madalena as três vezes que a condenaram os homens. E é muito de notar que de todas estas três vezes estava a Madalena aos pés de Cristo. Oh!! que grande remédio são os pés de um Cristo para um homem se lhe não dar dos juízos dos homens! E se isto faziam os pés de Cristo vivo, quanto mais os pés de um Cristo morto e crucificado! — É possível, Senhor, que estejais nessa cruz julgado e condenado, sendo a mesma inocência, e eu não sofrerei ser julgado e condenado, sendo pecador?! Se a vós vos julgam e condenam pelos meus pecados, por que hei de sentir eu que me julguem e me condenem pelos meus? Em vós estou adorando as injúrias e as afrontas, e em mim não as hei de sofrer? Para vos ofender e me perder não reparei no que diriam os homens; e para vos amar e me salvar, repararei no que dirão? Não é isso o que vós me ensinais nessa cruz?

Ouvi uma coisa grande, em que parece que mudou de condição Deus. Quando Deus quis castigar o povo no deserto, alegou-lhe Moisés o que diriam os egípcios: "Não permitas, te rogo, que digam os egípcios" (Ex 32,12) — e deixou o Senhor de os castigar. Quando Josué teve a primeira rota da Terra de Promissão, alegou a Deus o que diriam os cananeus: "Que farás tu ao teu grande nome" (Js 7,9) — e continuou o Senhor a favorecê-lo. Quando o reino de Israel estava mais aflito, representou Davi a Deus o que diriam as gentes: "Para que não digam talvez as gentes" (Sl 78,10) — e cessou a aflição. De maneira que o remédio que tinham os patriarcas antigos para alcançar de Deus o que queriam era alegar-lhe um "não digam": o que dirão os homens. Determina Deus de vir à terra a remir e salvar o mundo; e se ali se achasse Moisés, Josué ou Davi, com o espírito profético que tinham parece que puderam fazer a Deus a mesma réplica. — Como assim, Senhor? Quereis ir ao mundo? Quereis aparecer entre os homens? E não reparais no que dirão e é certo que hão de dizer de vós? Hão de dizer que sois um samaritano e endemoninhado: "Tu és um samaritano, e tens o demônio" (Jo 8,48); hão de dizer que sois um blasfemo: "Blasfemou" (Mt 26,65); hão de dizer que sois um enganador: "Aquele embusteiro" (Mt 27,63); hão de dizer que sois um perturbador da república: "Pervertendo a nossa nação" (Lc 23,2); hão de dizer que tendes pacto com o demônio: "Ele expele os demônios em virtude de Belzebu, príncipe dos demônios" (Lc 11,15); hão de dizer que vos não podeis salvar: "A si mesmo não se pode salvar" (Mt 27,42); hão de dizer finalmente infinitos opróbrios contra vós: "Fartar-se-á de opróbrios" (Lm 3,30). Mais. Há-se de levantar um Ário, que há de dizer que não sois consubstancial ao Pai; há-se de levantar um Maniqueu, que há de dizer que não sois homem; há de se levantar um Nestório, que há de dizer que não sois Deus; há de se levantar um Calvino[2], que há de dizer que não estais no Santíssimo Sacramento; hão-se de levantar infinitos heresiarcas outros, que hão de dizer contra vossa divindade e humanidade infinitas blasfêmias. Pois, se Deus estava prevendo tudo isto, e se antigamente podia tanto com Deus o que diriam os homens, por que agora faz tão pouco caso do que dirão? Porque antigamente encontrava-se o que dirão dos homens com o nosso castigo; agora encontrava-se com o nosso remédio: e quando o que dirão dos homens se encontra com o nosso castigo, deixa Deus de castigar pelo que dirão; mas quando o que dirão dos homens se encontra com o nosso remédio, pelo que dirão os homens não deixa Deus de salvar. Vá por diante o negócio da salvação, e digam os homens o que quiserem. Cristãos há alguns de nós tão pusilânimes que, por medo do que dirão os homens, deixamos de fazer muitas coisas que importam à nossa salvação. Deus nos livre de uma cobardia como esta. Façamos por nossa salvação o que Deus fez pela nossa. Deus por me salvar a mim não fez caso do juízo dos homens, e será bem que o faça eu? Faça-se tudo o que for necessário à salvação, e digam os homens o que quiserem. Que importa ser bem julgado dos homens, se vós não vos salvais? E se vós vos salvais, que importa ser mal julgado dos homens? Eis aqui como o juízo dos homens se despreza no juízo da penitência: "Pregando o batismo de Penitência".

§ VIII

Emendado no juízo da penitência o juízo de si mesmo e desprezado o juízo dos homens, resta só por julgar o juízo de Deus, que, como temos dito, há de sair revogado neste juízo. Os outros dois juízos entrarão a ser julgados, e aparecerão diante do tribunal da penitência. Do juízo de Deus não sei como me atreva a dizer outro tanto. Não é o juízo de Deus aquele juízo supremo, que não só não reconhece superior, mas nem pode ter igual no céu nem na terra? Não é o juízo de Deus, de que falamos, aquele último e universal juízo, onde sem apelação nem agravo se hão de absolver ou condenar, para toda a eternidade, aqueles que nele foram julgados, que hão de ser todos os homens? Pois como pode ser que haja outro tribunal no mundo, em que a sentença deste juízo se revogue, ou como pode ser revogar-se?

O como veremos logo: agora vejamos entrar o juízo de Deus, e apresentar-se diante do tribunal da penitência, acompanhado de toda aquela grandeza e temerosa majestade, que no último dia do mundo o fará horrível e tremendo. Não traz diante as varas e secures romanas, insígnias da suprema justiça e autoridade, mas traz aquela "espada de dois gumes" (Ap 1,16) — que significam as duas penas de dano e de sentido, a que só o juízo de Deus, e nenhum humano, pode condenar não só os corpos, mas também os espíritos. Oh! que autoridade tão severa! Oh! que jurisdição tão horrenda! Oh! que instrumentos tão formidáveis! Se assim faz tremer o juízo de Deus quando aparece a ser julgado, que será quando vier a julgar!

Mas que faz a penitência, ou que pode fazer, para revogar este tão absoluto e tão independente juízo? Faz quase o mesmo que para os demais. Para emendar o juízo de si mesmo, abre-nos os olhos; para desprezar o juízo dos homens, tapa-nos os ouvidos; para revogar o juízo de Deus, volta-nos o coração. Em dando uma volta o coração, está o juízo de Deus revogado. Fala o profeta Joel à letra do juízo final de Deus; descreve o sol, a lua e as estrelas escurecidas, e o céu e a terra tremendo à sua vista: "A terra tremeu diante deles, os céus se abalaram, o sol e a lua se escureceram, e as estrelas retiraram o seu resplendor" (Jl 2,10); descreve os exércitos inumeráveis de anjos armados de rigor e obediência, de que o Senhor sairá acompanhado, como executores de sua justiça e vingança: "O Senhor fez ouvir a sua voz ante a face do seu exército, porque os seus arraiais são muitos em extremo, porque são fortes, e executam as suas ordens" (Ibid. 11); descreve, finalmente, a grandeza e terribilidade daquele temeroso dia: "Porque o dia do Senhor é grande e sobremaneira terrível" (Ibid.

12) e perguntando quem haverá no mundo que o possa suportar: "E quem o suportará?" — conclui com estas palavras: "Agora, pois, diz o Senhor: Convertei-vos a mim de todo o vosso coração" (Ibid.12). Vedes todos estes aparatos, todos estes rigores, todos estes assombros de ira, de justiça, de vingança? Com dar uma volta ao coração está tudo acabado. Voltai o coração a mim, ou voltai-vos a mim com o coração, diz Deus, e toda a sentença que estiver fulminada contra vós neste meu juízo ficará revogada: "Agora, pois, diz o Senhor: Convertei-vos a mim de todo o vosso coração". Notai o "Agora, pois"; de maneira que a penitência há de ser agora, e o juízo há de ser depois. Esta diferença há entre o juízo de Deus e o juízo dos homens: no juízo dos homens apela-se depois, no juízo de Deus apela-se antes: "Agora, pois". Agora, agora, cristãos, que agora é o tempo; e por que agora sim e depois não? Porque depois não pode haver penitência. Se depois do dia de juízo pudera haver penitência, pudera-se revogar a sentença do juízo de Deus; mas a razão por que aquela sentença se não poderá revogar então é porque não há tribunal da penitência senão agora: "Agora, pois". Mas vejamos já os poderes deste tribunal por um exemplo, e seja o maior que houve no mundo: dai-me atenção.

§ IX

Entra o profeta Jonas pregando ou apregoando pela cidade de Nínive: "Daqui a quarenta dias se há de subverter Nínive" (Jn 3,4). — Era esta a sentença que estava dada no tribunal da divina justiça pelos pecados daquela cidade; e o profeta não fazia mais que ofício de um notário de Deus que o publicava. Com este pregão andou Jonas por toda a cidade, a qual era tão desmedidamente grande que não pôde chegar à praça onde estava o paço menos que ao cabo de três dias. Soou a sentença nos ouvidos do rei: e que vos parece que faria? Desce-se do trono real em que se assentavam sempre os reis, conforme o costume daqueles tempos, rasga a púrpura, veste-se de um áspero cilício, tira a coroa, lança da mão o cetro, cobre a cabeça de cinza, e manda que vão seguindo a Jonas com outro pregão, em que se diga que faça toda a cidade o que el-rei fazia. O pregão de Deus ia diante, o pregão do rei ia atrás; o pregão de Deus, para se executar dali a quarenta dias; o pregão do rei, para que se executasse logo: e assim se fez. Vestiu-se de cilício a rainha, vestiram-se de cilício as damas, vestiram-se de cilício os cortesãos, vestiu-se de cilício todo o povo e, o que se não pudera crer se o não dissera a Escritura, vestiram-se e cobriram-se também de cilício para horror e assombro dos homens, até os mesmos animais. Desta maneira foi passando a cidade todos aqueles quarenta dias em contínuo jejum, em contínua oração, em contínuas lágrimas e clamores ao céu. Chegado o último dia, retirou-se Jonas a um monte, para ver como Nínive se subvertia. Aportara ele às praias de Nínive, suponhamos, que às nove horas da manhã, e quando ouviu dar as oito daquele dia: — Ah! mísera cidade, que já não te resta mais que uma hora de duração! — Já se vê a suspensão em que passaria o profeta toda aquela hora. Tocam às nove: — Eis lá vai Nínive. — Assim se lhe figurou a Jonas, quase deslumbrado entre o lume dos olhos e o da profecia; mas Nínive ainda se tinha mão. As suas torres estavam mui direitas, os muros estavam muito firmes, e nem a casa que dantes estava para cair fez movimento algum.

Passou assim a primeira hora, passou a segunda, passou o dia todo, e Jonas a benzer-se e a pasmar. Que é isto, Senhor? Que é da fé de vossas palavras? Que é da verdade de vossos profetas? Não estava determinado no tribunal de vossa divina justiça que Nínive fosse subvertida por seus enormes pecados? Não estava assinado o termo preciso de quarenta dias para a execução? Não estava notificada por vosso mandado esta sentença? Não sou eu o que a publiquei? Pois como agora falta tudo isto? Como passam os quarenta dias? Como fica a minha profecia sem cumprimento? Como fica Nínive em pé, e a vossa palavra por terra? Se o dissestes foi porque o tínheis decretado, e se o tínheis decretado, por que não se executou? Porque o rei e o povo de Nínive foram tão discretos que, sendo-lhes notificada a sentença do juízo de Deus, apelaram para o tribunal da penitência. E é tão superior a jurisdição do tribunal da penitência, que o que no juízo de Deus se sentencia, no juízo da penitência se revoga. Disse superior, porque se estes dois juízos foram iguais, assim como no juízo da penitência se absolve o que no juízo de Deus se condena, assim no juízo de Deus se pudera condenar o que no juízo da penitência se absolvesse; mas é tão superior o juízo da penitência sobre o mesmo juízo de Deus — por excesso de misericórdia sua — que o que no juízo de Deus se condena, no juízo da penitência pode-se absolver; mas o que no juízo da penitência se absolve, no juízo de Deus não se pode condenar. Bendito seja ele: "Que deu tal poder aos homens" (Mt 9,8).

Tudo o que tenho dito é literal; mas ouçamos para maior confirmação a S. Paulino: "Os ninivitas" — diz S. Paulino — "impediram a execução do castigo que já lhes estava denunciado porque, condenando-se a voluntária penitência, preveniram a sentença de Deus com a sua"[3]. — De maneira que, por benefício da penitência, pode mais a sentença que os ninivitas deram contra si que a sentença que Deus tinha dado contra eles: "preveniram a sentença de Deus com a sua". — Oh! grande dignidade! Oh! grande soberania da penitência! No juízo final de Deus — ide notando comigo grandes diferenças e grandes excelências do juízo da penitência sobre o juízo de Deus — no juízo-final de Deus, não é lícito apelar de um atributo divino para outro atributo. Não é lícito apelar da justiça de Deus para sua misericórdia; no juízo da penitência, é lícito apelar da justiça de Deus para a minha justiça. No juízo final de Deus não se pode apelar do Filho para o Pai, nem do Pai para o Filho, nem do Pai e do Filho para o Espírito Santo; em suma, no juízo de Deus não se pode apelar de Deus para Deus: no juízo da penitência posso apelar de Deus para mim. No juízo final de Deus são condenados os pecadores a não ver a Deus: no juízo da penitência são condenados os pecadores a não o ofender: que suave condenação! No juízo final de Deus não aproveitam lágrimas nem prantos: no juízo da penitência basta uma só lágrima para todos os pecados do mundo. No juízo final de Deus não valem intercessões: no juízo da penitência não são necessárias. No juízo final de Deus condenam-se os pecadores pelos pecados: no juízo da penitência condenam-se os pecados, e salvam-se os pecadores. No juízo final de Deus uns saem absoltos, outros saem condenados: no juízo da penitência ninguém se condena, todos saem absoltos. No juízo final de Deus manifestam-se os pecados a todos os homens: no juízo da penitência manifestam-se a um só homem. Finalmente, no juízo final de Deus, Cristo há de ser o juiz: no juízo da penitência Cristo é o advogado: "Se algum ainda pecar, temos por advogado para com o Pai a Jesus Cristo justo" (1Jo 2,1).

Vede, com tal advogado no tribunal da penitência, que diferença haverá do advogar ao revogar! Como não será revogado o juízo, aonde é advogado o juiz! Assim se revoga o juízo de Deus no juízo da penitência: "Pregando o batismo de Penitência". E temos o juízo de Deus revogado, o juízo dos homens desprezado e o juízo de si mesmo emendado.

§ X

Ora, cristãos, suposto que todos os males e perigos que temos visto nestes juízos têm o remédio na penitência, e suposto que eles são tão grandes que abraçam todos os bens da vida e todos os da eternidade, que resta a quem tem fé e a quem tem esperança, senão tratar de fazer penitência? "Fazei penitência, porque é chegado o reino dos céus" (Mt 3,2). — Há mil e seiscentos anos que o Batista disse estas palavras, e nós estamos dizendo todos os dias: "Venha o teu reino". Pois, se o reino já então era chegado, como pedimos nós ainda agora que venha? O reino dos céus em todos os tempos tem três estados: um em que tem chegado, outro em que chega, outro em que vem chegando. Para os que estão mortos, tem chegado; para os que estão morrendo, chega; para os que estão vivos, vem chegando. A uns chegará mais cedo, a outros mais tarde, mas a todos muito brevemente. Esta é a consideração mais poderosa de todas, para nos mover à penitência. Façamos penitência, cristãos; não nos ache a morte impenitentes. Nenhum cristão há que não diga que há de fazer penitência, mas nenhum a quer começar logo, todos a deixam para o fim da vida: "Pregando o batismo de penitência para remissão dos pecados". O Batista pregava o batismo de penitência para remissão dos pecados. Se queremos remissão de pecados, tomemos a penitência como batismo. Todos queremos a penitência com a Extrema Unção, lá para o fim da vida; não se há de tomar senão como batismo, que não é lícito dilatá-lo a quem tem fé. Se tendes fé, como não fazeis penitência? E se tendes propósito de a fazer e de vos converter a Deus, para quando a dilatais? "Se em algum tempo, por que não agora?", dizia Santo Agostinho. Se me hei de converter em algum tempo, esse tempo por que não será hoje?[4] — Esta pergunta não tem resposta, nem o mesmo Santo Agostinho lha achou, nem os Aristóteles, nem os Platões, nem os anjos do céu, nem o mesmo demônio do inferno lha pôde achar jamais para nos enganar.

Cristãos da minha alma, sobre tantos juízos bem é que venhamos a contas. Se me ouve algum que esteja resoluto de não se converter jamais, não falo com ele; mas se tendes propósitos de vos converter: "Se em algum tempo, por que não agora?". Se tendes propósitos, e dizeis que vos haveis de converter depois, por que o não fazeis agora? Que motivos haveis de ter depois, que agora não tenhais? Apertemos bem este ponto: estai comigo. Que motivos de vos converter haveis de ter depois, que agora não tenhais? Se depois haveis de fazer verdadeira penitência, a qual não pode ser verdadeira sem verdadeira contrição, há-vos de pesar de ter ofendido a Deus por ser Ele quem é; pois Deus hoje não é o mesmo que há de ser depois? Não é a mesma majestade, não é a mesma grandeza, não é a mesma onipotência? Não é tão bom, não é tão amável como há de ser então? Pois, se então o haveis de amar, por que o não amais agora? De maneira, pecador, que Deus então há de ser digno de ser amado sobre todas as coisas, e agora é digno de ser ofendido em todas? "Se em algum tempo, por que não agora?" Mais: se depois vos haveis de arrepender bem e verdadeiramente, é força que vos pese de todo o coração de vos não haverdes arrependido agora; pois, que loucura é estardes agora fazendo por vosso gosto e por vossa vontade aquilo mesmo que nesta hora estais propondo de vos pesar depois de todo o coração? Ou então vos há de pesar ou não: se vos não há de pesar, condenais-vos; e se vos há de pesar, e propondes de vos pesar, por que o fazeis? Se vos há de pesar depois do presente, por que vos não pesa agora do passado? "Se em algum tempo, por que não agora?" Mais: se os motivos de vosso arrependimento não hão de ser contrição perfeita, nem amor de Deus sobre todas as coisas, senão temor das penas do inferno somente: "Se em algum tempo, por que não agora?". Se por temor do inferno vos haveis de arrepender então, por que vos não arrependeis agora por temor do inferno? Porventura fostes já ao inferno, e perguntastes pela idade dos que lá estão ardendo? Se no inferno não ardem senão os homens de setenta e de oitenta anos, guardai embora a vossa emenda para essa idade; mas se ao inferno se vai de sete anos, por que se há de guardar a emenda para os setenta? Pois se as mesmas razões e os mesmos motivos que havemos de ter depois temos agora, se então não havemos de ter nenhuma coisa mais que agora, salvo mais pecados que chorar e mais culpas de que nos arrepender: "Se em algum tempo, por que não agora?".

Mas até agora imos argumentando em uma suposição que eu não quero conceder daqui por diante, porque vos quero desenganar de todo. Quem diz: "Se em algum tempo, por que não agora?", se vos haveis de converter depois, porque vos não converteis agora — supõe que, se vos não converterdes agora, que vos haveis de converter depois. Eu não quero admitir tal suposição, porque quero mostrar o contrário. Cristãos, se vos não converterdes agora, ordinariamente falando, não vos haveis de converter depois. Dê-me licença Santo Agostinho para trocar a sua pergunta e apertar mais a dificuldade. Santo Agostinho diz: "Se em algum tempo, por que não agora?": se nos havemos de converter depois, por que não nos convertemos agora? Eu digo: "Se não agora, por que em algum tempo?". Se não nos convertemos agora, por que cuidamos que nos havemos de converter depois? As razões que haveis de ter depois para vos converter, todas essas e muito maiores, tendes agora; pois se estas razões não bastam para vos converter agora, como hão de bastar humanamente para vos converter depois? A força desta razão fez enforcar a Judas. Fez Judas consigo este discurso: — Maiores motivos do que eu tive para me converter não são possíveis, porque tive o mesmo Cristo a meus pés; pois, se Cristo a meus pés não foi bastante motivo para me converter, não me fica que esperar: venha um laço. — Cristãos, eu não quero desesperar a ninguém, nem quero dizer que a salvação não é possível em todo o tempo; o que só vos quero persuadir é o que dizem todas as Escrituras e todos os santos: que os que deixam a penitência para a hora da morte, ou para o fim da vida, têm muito arriscada sua salvação, porque raramente se salvam: "Se não agora, por que em algum tempo?". Se não vos converteis agora que tendes vida, como vos haveis de converter depois, quando pode ser que a não tenhais? Dizeis que vos não converteis agora, mas que vos haveis de converter depois; e se o depois for agora? Se morrerdes no estado presente, se não chegardes a esse depois, que há de ser de vós? Quantos amanheceram e não anoiteceram! Quantos se deitaram à noite e não se levantaram pela manhã! Quantos, postos à mesa, os afogou um bocado! Quantos, indo por uma rua, os sepultou uma ruína! A quantos levou uma bala não esperada! Quantos endoideceram de repente! A quantos veio a febre junta com o delírio! A quantos um espasmo, a quantos uma apoplexia, a quantos infinitos acidentes, que ou tiram o uso da razão, ou a vida! Todos estes cuidavam que haviam de morrer de uma morte ordinária, como vos cuidais, e quem vos deu a vós seguro de que vos não há de suceder o mesmo? "Se não agora, por que em algum tempo?". Se agora que estais sãos com o uso livre de vossos sentidos e potências vos não converteis, como cuidais que vos haveis de converter na hora da morte, cercado de tantas angústias e de tantos estorvos, a mulher, os filhos, os criados, o testamento, as dívidas, os acredores, o confessor, os médicos, a febre, as dores, os remédios, a vida passada, a conta quase presente! Quando todas estas coisas juntas e cada uma delas bastaram para perturbar e pasmar uma alma, e não a deixar com o juízo e com a liberdade que pede a matéria de maior importância, quando já as potências estarão fora de seu lugar e vós mesmo não estareis em vós, como cuidais que vos poderéis converter então?

Mas eu vos dou de barato a vida e a saúde, e o rigor das potências e dos sentidos; mais há que isto. Para um homem se converter não basta só vida, e saúde, e juízo, mas é principalmente necessária a graça de Deus. Pois: "Se não agora, por que em algum tempo?". Se agora que tendes ofendido menos a Deus, Deus vos não dá graça eficaz para vos converterdes, que será quando o tiverdes ofendido mais? Parece-vos que é boa diligência multiplicar as ofensas de Deus para granjear a graça de Deus? Se ides continuando assim, não há dúvida que depois haveis de ser muito pior ainda do que sois agora: pois, se agora que sois melhor, ou menos mau, vos não converteis, como haveis de fazer depois, quando fordes pior? Os pecados, quanto mais continuados, tanto mais endurecem e obstinam ao pecador: pois, "Se não agora, por que em algum tempo?". Se agora, quando o vosso coração não está ainda tão endurecido e tão obstinado, não há pregações, nem inspirações, nem exemplos, nem mortes repentinas e desastradas que vos abrandem, que será quando estiver feito de mármore e de diamante? Os pecados, com a continuação e com os hábitos, tomam cada vez mais forças e fazem-se cada dia mais robustos, e a alma, pelo contrário, com o costume mais fraca: pois, "Se não agora, por que em algum tempo?". Diz a Escritura: "Bem-aventurado o que apanhar às mãos, e fizer em pedaços numa pedra teus tenros filhos" (Sl 136,9). Bem-aventurado o que quebra a cabeça a seus pecados quando pequenos: "E tu" — diz S. Baquiário — "esperas que o teu inimigo se torne um gigante?"[5]. E nós, para vencer estes inimigos, somos tão loucos que esperamos que eles se façam gigantes? Se agora que os pecados estão menos robustos e crescidos, e a alma tem ainda algum vigor, os não podemos derribar e vencer, que será quando os pecados estiverem gigantes, e a triste alma tão envelhecida neles e tão enfraquecida que se não possa mover? Finalmente, cristãos, não vamos mais longe: se Deus nesta mesma hora vos está chamando, e vos está dando golpes ao coração, e vós não lho quereis abrir nem o quereis ouvir, como esperais que Deus vos chame depois, ou que vos ouça quando o chamardes, ou que vós o possais chamar como convém? "Se não agora, por que em algum tempo?". O mesmo Deus por suas palavras quero que vos desengane desta vã esperança, em que vos confiais e vos precipitais ao inferno: ouvi a Deus no capítulo primeiro dos Provérbios: "Chamei-vos, e não acudistes" (Pr 1,24). "Estendi a minha mão, e não houve quem fizesse caso". "Desprezastes todos os meus conselhos" (Ibid. 25). — E que se seguirá daqui? "Eu também" — diz Deus — "quando vier a hora de vossa morte, zombarei, e não farei caso de vós" (Ibid. 26); e assim como agora eu vos chamo, e vós não me ouvis, "assim, então, eu não ouvirei, ainda que vós me chameis" (Ibid. 28). — Cristãos, nós fiamo-nos em que Deus tem prometido que todas as vezes que o pecador o chamar de todo o coração o há de ouvir; e esta promessa anda muito mal entendida entre os homens. É necessário advertir o que Deus tem prometido nela, e o que não tem prometido. Deus tem prometido que todas as vezes que o pecador o chamar de todo o seu coração o há de ouvir, mas não tem prometido que todas as vezes que o pecador quiser o há de chamar de todo o seu coração. Vai muito de uma coisa a outra. Se chamardes a Deus de todo o coração, há-vos de ouvir Deus; mas se vós agora não ouvirdes a Deus, depois não o haveis de chamar de todo o coração. O chamar de todo o coração não depende só de nosso alvedrio; depende de nosso alvedrio e mais da graça de Deus; e tem Deus decretado, conforme os juízos altíssimos de sua justiça, que o não possa chamar de coração na morte quem lhe não quis dar o coração na vida. Que faz Deus em toda a vida, senão estar-nos pedindo o coração: "Dá-me, filho meu, o teu coração" (Pr 23,26) e como vós agora negais a Deus o coração que vos pede, assim Deus então vos negará justissimamente que lhe peçais de todo o coração. Deus agora busca-nos, e não nos acha; então buscaremos nós a Deus, e não o acharemos. O mesmo Deus o prometeu e ameaçou assim: "Buscar-me-eis, e não me achareis, e morrereis em vosso pecado" (Jo 7,34; 8,21). — Não diz menos que isto.

Ora, cristãos, pelas chagas de Cristo e pelo que deveis a vossas almas, não queirais que vos aconteça tão grande infelicidade. Desenganai-vos, e seja este o último desengano: que se vos não converteis desde logo e continuais pelo caminho que ides, vos haveis de perder e condenar sem remédio. O remédio é: "o batismo de penitência", uma contrição de coração muito verdadeira, uma confissão muito inteira e mui apostada, com firme resolução de não ofender mais a Deus. Enfim, fazei agora aquilo que dizeis que haveis de fazer depois. Se vos haveis de converter no fim da vida, imaginai que chegou já esse fim, que não é imaginação. Mas que importa, Senhor, que eu o diga, se a vossa graça não ajuda a tibieza de minhas palavras? Socorrei-nos, Senhor, com o auxílio eficaz desses olhos de misericórdia e piedade; alumiai estes entendimentos, acendei estas vontades, abrasai e abrandai estes endurecidos corações, para que vos não sejam ingratos, e se aproveitem neles os merecimentos infinitos de vossa encarnação. "Pelo teu advento", Senhor, pelo amor com que viestes ao mundo a salvar as almas, eu vos peço que salveis hoje nossas almas, ao menos uma alma, Senhor, em honra de vosso Santíssimo Nascimento. "Pelo teu nascimento": pelo amor e pela misericórdia com que nascestes em um presépio, por aqueles desamparos, por aquele frio, por aquelas palhinhas, por aquelas lágrimas, por aquela extremada pobreza, e por aquele afeto ardentíssimo com que tudo isto padecestes por amor de nós. Virgem Santíssima, hoje é o dia dos encendidíssimos desejos de vossa expectação; parti conosco, Senhora, desses afetos, para que nasça também Cristo em nossas almas. Convertei os suspiros em inspirações, pedi a vosso querido Esposo, o Espírito Santo, trespasse nossos corações com um raio eficaz de sua luz, para que o amemos, para que o sirvamos, e para que mereçamos a sua graça e, por meio dela, a glória.

SERMÃO DA
Conceição Imaculada da Virgem Maria S. N.

"Maria, da qual nasceu Jesus."
(Mt 1,16)

Dois são os sermões sobre a Conceição Imaculada de Maria publicados por Vieira.
O primeiro na Bahia, em 1638, com 30 anos, como mestre de Teologia.
E este, que não está datado, mas cujo exórdio deixa entrever que o tema lhe oferece dificuldade por ser suficientemente tratado e discutido (somente dois séculos depois o dogma será definido). Como o pai de família da parábola, ousa tirar do seu tesouro o novo e o velho. Primeira consideração: Maria foi preservada do pecado de Adão por virtude do mesmo sangue que de suas entranhas o Redentor tinha recebido.
Segunda consideração: Quando, onde e como o Filho obrou este mistério oculto até agora?
A prerrogativa do Horto: o sangue todo foi o da cruz, e as gotas o do Horto.
Aí a firmeza da redenção antecipada de Maria.
A nós fica rejubilar-nos com tal Filho e tal Mãe.

§ I

Como em todas as matérias controversas dizer o já dito é supérfluo, assim na de que hoje sou obrigado a falar, dizer o que ainda não esteja dito é dificultoso. Entre os mistérios, todos soberanos, de Maria Mãe de Deus, o que hoje celebra a Igreja, e todos desejam ouvir estabelecido com alguma novidade, é o de sua Conceição imaculada. Mas todas aquelas estradas por onde se pode caminhar seguramente, ou ao templo desta adoração, ou ao castelo desta defesa, estão tão batidas e debatidas que, como bem dizia há muitos anos um dos maiores oradores de Espanha, ninguém pode pôr o pé senão sobre pegada alheia. Boa satisfação para a desculpa, mas muito desconsolada para o desejo. Desta mesma se valeu Terêncio, aquele tão celebrado Cômico, o qual pedia perdão ao teatro romano de lhe representar o que já tinha ouvido, e alegava em seu abono que o mesmo tinham feito os velhos, e assim o faziam os modernos:

> "Nada se diz hoje que antes já não tenha sido dito,
> por isso deveis julgar e ser indulgentes:
> os autores novos fazem agora o que os antigos fizeram tantas vezes"[1].

E se isto se usava na cabeça do mundo há mais de mil anos, que será hoje entre nós, onde não é tão fácil inventar novos argumentos como novos trajos?

Eu, porém, não me acabo de sujeitar a este ditame, porque, ainda que os antigos beberam primeiro nas fontes, nem por isso as esgotaram; diz Sêneca: "Muito fizeram os que vieram antes de nós, mas não perfizeram"[2]. — Entre o fazer e o perfazer há grandes intervalos: "Ainda sobra muito trabalho, e sobrará"[3]. Assim como eles acrescentaram sobre o que tinham dito os mais antigos, assim nós podemos acrescentar e descobrir de novo o que eles não acharam, como também sobre nós os que depois vierem. Isto escreveu animosamente o maior espírito dos estoicos. E nem a mim me mete medo dizer Salomão que "não há coisa nova debaixo do sol" (Ecl 1,10) porque a matéria de que hoje hei de tratar não é de debaixo do sol, senão do mesmo sol e acima dele.

Duvidoso, pois, entre o que tem de verdadeiro uma destas sentenças e o que opõe de dificultoso a outra, o meio que determino, e devo tomar, é o que ensinou o Mestre divino, em que ambas se conciliam e se concordam: "Por isso todo o estudioso douto nas Escrituras é semelhante" — diz Cristo — "ao pai de família rico, o qual tira do seu tesouro o novo e mais o velho" (Mt 13,52). Assim o farei eu hoje, posto que reconheço a minha pobreza: "Homem sou eu que vejo a minha pobreza" (Lm 3,1). Dos tesouros da Teologia e da Escritura suporei na matéria presente o velho, e verei se posso dizer o novo. A Virgem Imaculada, cuja graça sempre foi antiga e sempre nova, me assista com a sua. *Ave Maria*.

§ II

"Maria, da qual nasceu Jesus" (Mt 1,16).

Prometi supor o velho para dizer o novo. E posto que esta proposta na matéria da Conceição imaculada seja mais fácil de prometer que de desempenhar, comecemos brevissimamente pelas suposições. Suponho como certas três coisas geralmente recebidas, cada qual, porém, dentro do seu grau de certeza: a primeira científica, a segunda mais que provável, a terceira expressamente de fé.

A primeira e científica é que há dois modos de remir ou de redenção: uma que tarda e remedeia o cativeiro, outra que se antecipa e preserva dele. A segunda, e tão provável que já se não pode afirmar em público o contrário, é que pela redenção que remedeia, remiu Cristo a todo o gênero humano, e pela que se antecipa e preserva remiu a sua santíssima Mãe. A terceira, e expressamente de fé, é que o preço de uma e outra redenção foi o merecimento e valor infinito do sangue do Filho de Deus, oferecido e derramado por todos. Este sangue, pois, e o modo com que Cristo o derramou singularmente por sua Mãe, com muitos primores de redenção até agora não ponderados, será a novidade que, para maior glória da Mãe e do Filho, desejo provar. A tudo me dão fundamento as palavras do Evangelho que tomei por tema: "Maria, da qual nasceu Jesus". Em Maria temos a remida e preservada; no nome de Jesus, que quer dizer Redentor, temos a redenção; e nas duas palavras: "da qual nasceu Jesus", temos o preço, que foi o sangue, porque encarnando e nascendo Jesus de Maria, dela o recebeu para o dar universalmente por nós, e muito particularmente pela mesma Mãe.

§ III

Entrando, pois, nas considerações e modos particulares com que o bendito Filho da Virgem Maria, enquanto Jesus e enquanto Redentor, em obséquio e benefício singular da mesma Senhora deu o sangue que de suas puríssimas entranhas tinha recebido: "da qual nasceu Jesus" — seja o primeiro, e mais geral, como fundamento de todos, ser a mesma Senhora preservada do cativeiro do pecado de Adão por valor, e virtude do mesmo sangue.

Mandando Deus a Moisés que dos desertos de Madiã, onde vivia, fosse ao Egito resgatar o seu povo que lá estava cativo, levou Moisés em sua companhia a Séfora, sua esposa. E foi esta ação de seu enviado tão estranhada e abominada do mesmo Deus que, antes de chegar ao Egito, lhe tornou a aparecer tão indignado contra ele que queria não menos que tirar-lhe a vida: "E quando Moisés ia no caminho, o Senhor se lhe pôs diante na pousada, e queria matá-lo" (Ex 4,24). Paremos, e reparemos aqui com S. Agostinho, Teodoreto, Eusébio Cesariense, Emisseno e outros[4], os quais colhem do mesmo texto que esta, e não outra, foi a causa de uma tão notável e impensada demonstração. — Pois, Senhor, a Moisés, a quem acabais de eleger por redentor do cativeiro do vosso povo, tão de repente quereis privar, não só do ofício, senão da vida? Tão grande culpa, e tão mal sofrida de vós, foi querer levar sua esposa consigo? — Sim. Porque quando eu mando a Moisés que vá libertar aos que estão cativos no Egito, que queira ele meter no mesmo cativeiro a sua esposa, que tão livre estava dele quanto vai do Egito a Madiã, não sofro eu tal deslumbramento e tal erro em um homem que fiz redentor universal do meu povo, e por isso representador de meu filho. — Reparem neste juízo de Deus os que interiormente se não acabam de conformar com o que hoje pregamos, se porventura há ainda algum. Se Deus quis matar a Moisés, porque não sofreu que ele metesse no cativeiro do Egito com os outros cativos a esposa que era de Moisés, se a esposa fosse do mesmo Deus, como o sofreria? Sendo, pois, verdadeiramente esposa sua a Virgem Maria, como sofrerá aos que lha querem cativar e meter com os demais no mesmo cativeiro? Mas, advertido isto de passagem, vamos por diante com a história ao nosso ponto.

Postos Moisés e Séfora em termos tão apertados e perigosos como vimos, ele debaixo da espada de Deus condenado à morte e ela caminhando para o Egito, onde todos eram cativos, que sucedeu? Levavam ambos um filhinho consigo, ao qual naquele estado circuncidou a mãe, dizendo ao pai que ele era a causa de lhe derramar o sangue: "Tu és para mim um esposo sanguinário" (Ex 4,25) — e no mesmo ponto, aplacado Deus, a Moisés lhe foi perdoada a culpa, e Séfora ficou livre de ir ao Egito, apartando-se dele: "E o deixou" (Ex 4,26)⁵. Quem se não admira neste caso do modo tão fácil e tão breve com que dois nós tão fortemente apertados se desataram e dois perigos tão grandes se resolveram? De sorte que em se derramando o sangue do filho, o pai ficou absolto da culpa e a mãe livre do cativeiro? Com razão disse S. Paulo que tudo o que naquele tempo sucedia eram figuras, e uma como comédia do que depois havia de ser: "Todas estas coisas lhes aconteciam a eles em figura" (1Cor 10,11). O filho inocente era figura de Cristo; o pai era figura de Adão, de quem tomou a natureza; a mãe era figura da Virgem Maria, de quem nasceu. E tanto que o sangue do filho se derramou, o pai ficou livre da culpa, pela qual estava condenado à morte, e a Mãe ficou livre do cativeiro, para onde a levava o mesmo pai. Pode haver representação por todas suas circunstâncias mais própria? Mas ainda faltam por advertir duas, para maior gala do mistério. A primeira, que a Mãe foi livre do cativeiro, não depois de ir ao Egito e estar cativa, senão antes e preservada, para que o não fosse. A segunda, que o mesmo cativeiro do Egito naquela ocasião já estava acabando e havia de durar muito pouco; mas como o filho de Séfora representava o Filho de Maria, não permitiu o seu sangue que sua Mãe estivesse cativa, nem por um só instante.

Parece que depois de tal figura não pode haver prova real que a iguale, mas será tanto maior e melhor quanto vai da luz à sombra. Quando o mesmo Cristo, na última Ceia, consagrou o seu preciosíssimo sangue no cálix, foi com estas palavras: "Este é o cálix de meu sangue, o qual se derramará por vós e por muitos". — Terrível palavra foi esta última! O sangue de Cristo, é de fé que se derramou por todos, porque por todos morreu, de que temos, contra o herege moderno, o texto expresso de S. Paulo: "Cristo morreu por todos" (2Cor 5,15). — Pois, se o mesmo Cristo havia de derramar e derramou o sangue por todos, por que não diz: Este é o cálix do meu sangue, o qual se derramará por vós e por todos, "senão por vós e por muitos"? — Lede as palavras seguintes, e vereis quão admiravelmente resolve a dúvida. "Será derramado" — diz o Senhor — "o meu sangue por vós e por muitos". Mas como? "em remissão de pecados". Aqui está a diferença. O sangue de Cristo absolutamente derramou-se, não só por muitos, senão por todos; mas, em remissão de pecados, não se derramou por todos, senão por muitos, porque do número dos todos foi exceptuada a Mãe, que lhe deu o mesmo sangue. Por todos os mais foi derramado o sangue de Cristo, e em remissão de pecados; só por sua Mãe foi também derramado, sim, mas em remissão de pecados, não, porque não teve pecado. — Oh! bendito Filho de Maria, que bem mostrastes ser juntamente Filho de Deus, pois tão altamente acudistes pela honra de vossa Mãe! Havia de dizer S. Paulo que todos pecaram em Adão, e que o sangue de Cristo se derramou por todos. Mas para que o mundo se não enganasse, e soubesse que no contrair o pecado houve exceção, e no derramar o sangue diferença, por isso declarou o Senhor, com duas limitações tão expressas, que o seu sangue se derramaria por muitos e em remissão de pecados. Por muitos, e não por todos, para excluir a sua Mãe; e em remissão de pecados, e não por outro modo, para a eximir de toda a culpa, da qual não foi perdoada por remissão, senão prevenida e preservada por graça. Assim o disse e protestou em tal hora, em tal ato, e com o cálix do sangue que havia de derramar nas mãos, como Filho, enfim, e Redentor que era da Mãe de quem recebera o mesmo sangue: "Da qual nasceu Jesus".

§ IV

Estabelecido este fundamento geral, em que ficam tão bem provadas — e não sei se com alguma novidade — as suposições do que chamei velho, para entrarmos no que mais propriamente é novo, e tudo sobre o sangue que Cristo derramou para remir singularmente a sua Mãe e a preservar do pecado, saibamos quando, onde e como obrou o bendito Filho este grande e oculto mistério, e nunca até agora distintamente examinado.

S. Bernardino Senense diz que remiu Cristo a sua Mãe com o primeiro sangue que derramou na cruz, e com grande preferência a todos os que nela foram remidos. Funda-se naquelas palavras dos Cânticos: "Tu feriste o meu coração, irmã minha esposa, tu feriste o meu coração" (Ct 4,9) — nas quais reconhece o santo primeiras e segundas feridas, e diz que as primeiras ofereceu Cristo na cruz pela redenção de sua Mãe, para que a mesma Senhora, sendo remida primeiro que todos, fosse a primogênita do Redentor. As palavras do devotíssimo e doutíssimo padre são estas: "Feriste o meu coração, irmã minha esposa, feriste o meu coração; assumi a carne por amor de ti e feriste o meu coração com as primeiras feridas na cruz; pois é a bem-aventurada virgem a primogênita do seu filho redentor Jesus"[6]. Alto sentir, e digno de seu autor. De sorte que, assim como o Filho foi o primogênito da Mãe enquanto homem: "E deu à luz a seu filho primogênito" (Lc 2,7) — assim a Mãe "foi a primogênita do Filho enquanto Redentor". E esta foi a primeira fineza, ou primorosa correspondência com que o Filho Jesus, enquanto Jesus e redentor da Mãe, de quem nasceu, lhe pagou o benefício do ser, não que dela tivesse já recebido, senão que havia de receber. O Filho primogênito da Mãe e a Mãe primogênita do Filho: o Filho primogênito da Mãe no nascimento, a Mãe primogênita do Filho na Conceição.

Até aqui S. Bernardino, declarada a sua sentença quanto ela o permite. E, verdadeiramente, que quando o santo disse: "com as primeiras feridas", se não acrescentara "na cruz", não tinha eu mais que desejar, e dera o parabém ao meu pensamento de se encontrar com o de tão alumiado e sublime espírito. Mas, porque tenho outras Escrituras mais claras que citarei, conformando-me em que o sangue que o Redentor derramou por sua Mãe foi o primeiro, digo que não foi na cruz, senão no Horto. Abra-nos o caminho à prova desta novidade o grande doutor da Igreja S. Ambrósio, o qual, florescendo mil anos antes, já então deixou escrito que, dando o Filho de Deus princípio à obra da universal redenção, começou por sua Mãe. Elegante e eloquentemente, como sempre, Ambrósio quis dizer "que ninguém se deve maravilhar de que, havendo de dar princípio o Redentor à obra da redenção do mundo, começasse por sua Mãe, para que ela, que o havia de ajudar na redenção de todos, fosse a primeira que na mesma redenção colhesse os frutos do fruto do seu ventre"[7].

Isto posto, se alguém perguntasse ao mesmo Filho e à mesma Mãe onde colheram estes primeiros frutos da redenção, não há dúvida que ambos haviam de responder que no Horto, e assim o dizem expressamente a Mãe e mais o Filho. É passo que se não podia desejar nem inventar melhor, e foi um diálogo que tiveram entre si o Esposo, que é Cristo, e a esposa, que é a Virgem, no mesmo livro dos Cânticos "Venha o meu amado ao seu horto" — diz ali a Senhora — "e colha o fruto dos seus frutos" (Ct 5,1) — isto é, os primeiros e as primícias deles. Isto disse a esposa; e logo, tendo satisfeito o Filho ao desejo da Mãe, diz assim: "Vim no meu horto, irmã e esposa minha, e o que ali colhi foi a minha mirra" (Ibid.). — A mirra propriamente não é fruto, senão um licor que se sua e estila das árvores do mesmo nome. Pois, se a esposa "tinha convidado o Esposo para que fosse ao seu horto colher os primeiros frutos" — como, indo o Esposo ao mesmo horto, "em vez de colher frutos colheu mirra"? Assim o disse, porque assim foi, nem se podia declarar melhor. Como a mirra é aquele licor aromático que suam as árvores, o fruto que Cristo colheu no Horto, satisfazendo ao desejo de sua Mãe, foi o sangue que por amor dela suou na oração do mesmo Horto. Expressa e concordemente S. Cirilo Jerosolimitano, Filo Carpácio e Ruperto: "Pois Cristo orando no horto colheu mirra quando suou o sangue"[8]. — Pode haver coisa mais clara, mais breve e mais exata, em que se exprima como desejávamos o onde, o como e o quando? O onde, "no Horto"; o como, "orando"; o quando, "quando suou o sangue"?

À vista, pois, desta primeira conclusão tão nova, tão provada, que diremos? Diremos, porventura, que andou tão finamente primoroso o soberano Redentor na redenção de sua Mãe, que não só quis que fosse imaculada a remida, senão também imaculada a mesma redenção? E porque a redenção que obrou no Calvário era redenção de pecado e de pecadores, para que a de sua Mãe de nenhum modo se envolvesse e misturasse com ela, a dividiu e separou no tempo, no lugar, no sangue e no modo de o derramar, fazendo no Horto um novo Calvário sem monte e no suor uma nova cruz sem cravos? Assim o cantou elegantemente: "O suor do sangue foi uma cruz antes da cruz"[9]. Mas, ouçamos a S. Paulo. S. Paulo parece que faz distinção entre um e outro sangue, atribuindo a redenção universal só ao sangue da cruz: "Pacificando pelo sangue da sua cruz tanto o que está na terra como o que está no céu" (Cl 1,20) — e estes são os termos gerais com que comumente falam os santos padres. Donde se segue que, se o sangue da cruz foi só o preço da redenção universal, no tal caso todo o sangue do Horto foi unicamente aplicado pelo Filho à redenção da Mãe, e por isso propriamente não só primogênita, como queria S. Bernardino, mas unigênita, porque a primogênita tem segundos, a unigênita é singular e única. Mas esta fineza de nenhum modo se deve nem pode entender com exclusão do sangue da cruz, porque é certo que o Filho da Virgem também morreu pela Mãe de quem nasceu, que foi nova correspondência de reconhecimento e gratidão, pagando-lhe o nascimento com a morte. Que diremos logo à vista destes dois teatros, ou anfiteatros, ambos sanguinolentos, um do Horto, outro do Calvário? Digo que em um e outro obrou o Filho de Maria, como Jesus e como redentor, a sua redenção, mas no Calvário como universalmente remida, no Horto como singularmente preservada, e em um e outro como puríssima e sem mácula. Em tudo quanto digo, falo pela boca da mesma Mãe e do mesmo Filho, e neste ponto com texto milagrosamente feito só para ele.

Um dos mais notáveis textos da Escritura no que diz, e na ordem e consequência com que o diz, são aquelas palavras do Esposo divino, falando primeiro consigo e depois com a esposa: "Eu" — diz o Esposo — "irei ao monte da mirra e ao outeiro do incenso; e vós, esposa, e amiga minha, toda sois formosa, e toda pura sem mácula" (Ct 4,6s). — Supérfluo é repetir que a Esposa é a Virgem Maria, e o Esposo Cristo, seu Filho. Mas que correspondência tem dizer o Filho que há de ir ao monte da mirra e ao outeiro do incenso, e logo inferir e concluir que a Mãe toda é formosa e toda pura sem mácula? "Irei ao monte da mirra e ao outeiro do incenso" — e logo de repente, sem outro motivo: "Amiga minha, toda sois formosa e toda pura sem mácula"? Para entendimento desta notável consequência, em que se infere com tanta clareza e expressão a pureza imaculada da Virgem, é necessário saber que monte e que outeiro, que mirra e que incenso é este? A mirra significa a morte, o incenso significa a oração; e neste sentido, que é de todos os santos padres, o monte da mirra é o Calvário, onde Cristo morreu, e o outeiro do incenso é o Horto de Getsêmani, onde orou — porque Getsêmani estava situado em um teso sobre o Vale de Cedron. — E de Cristo morrer na cruz e orar no Horto, tira por consequência e conclui o mesmo Senhor que sua Mãe toda é pura e sem mácula: com razão e consequência, torno a dizer, milagrosa, porque, para Cristo remir o gênero humano depois do pecado, bastava o sangue que derramou na cruz, mas para remir e preservar a sua Mãe sem mácula de pecado, quis ele, por fineza particular, acrescentar ao sangue da cruz o sangue que derramou na oração do Horto. Isto é "ir ao monte da mirra" — e juntamente "ao outeiro do incenso". E, tanto que se uniam os efeitos destas duas jornadas, e se ajuntou um sangue com outro sangue, então exclamou e declarou a vozes o Filho que sua Mãe "era toda pura e sem mácula" — porque o efeito geral do sangue da cruz foi remir, e o particular do sangue do Horto remir preservando.

Comparemos um sangue com outro, o da cruz com o do Horto, e veremos com os olhos esta mesma diferença. Quando na cruz deram a lançada a Cristo, "saiu sangue e água" (Jo 19,34) — mas quando o Senhor suou no Horto, somente saiu sangue: "Aconteceu-lhe um suor como gotas de sangue" (Lc 22,44). Parece que não havia de ser assim. Mais próprio era do sangue do Horto que do sangue da cruz sair juntamente com água, porque depois de exausto o suor natural, que é humor áqueo, então se seguia o preternatural e prodigioso, que é o de sangue. Qual foi logo o mistério por que o sangue da cruz saiu juntamente com água, e o do Horto não? Todos os Padres uniformemente dizem que o sangue da cruz significava a redenção e a água o batismo, primariamente instituído para lavar o pecado original. S. Atanásio: "Saiu sangue e água para que assim, pela redenção, fosse lavada a impureza do primeiro Adão"[10]. E S. Ambrósio: "Saiu água e sangue: água para limpar, sangue para remir"[11]. Assim os demais. E como o sangue da cruz era para remir e a água para lavar as manchas do pecado de Adão, por isso saiu na cruz o sangue juntamente com água: "Saiu sangue e água". Porém, no Horto, como o sangue era para remir não lavando, senão preservando da mesma mancha, porque só havia de remir e não tinha que lavar, por isso o suor não foi de sangue junto com água, senão de sangue somente: "Como gotas de sangue". Esta é a razão e propriedade porque o Senhor, quando disse que havia de ir ao Calvário: "Irei ao monte da mirra" — não falou palavra na pureza da Mãe; mas, tanto que ajuntou que havia de ir também ao Horto: "E ao outeiro do incenso" — logo a publicou e canonizou por imaculada: "Toda pura e sem mácula". Bem pudera o sangue da cruz, como de infinita virtude, produzir por si só este efeito; mas como a redenção da Mãe era tanto mais nobre, tanto mais alta e tanto mais preciosa que a de todos, também era crédito da mesma redenção que fosse maior e mais subido o preço que se desse por ela. Por isso os empenhos sempre mais e mais primorosos do Filho não se contentam com menos que com dobrar a paga, acrescentando um preço sobre outro preço e um sangue sobre outro sangue, como redentor enfim, e Jesus da Mãe, de quem o tomou e nasceu: "Da qual nasceu Jesus".

§ V

Temos provado a prerrogativa do sangue que Cristo suou no Horto em respeito do que derramou na cruz, e como foi particularmente aplicado pelo mesmo Filho à redenção imaculada de sua Mãe, mas ainda não temos dado nem inquirido a razão. No sangue de Cristo tanto valor tem uma gota como todo, e se no todo se quisesse especular alguma consideração de excesso ou vantagem, o todo foi o da cruz, e as gotas o do Horto: "Como gostas de sangue". Que razão de prerrogativa teve logo o sangue do Horto, para ser ele o preferido neste mistério ao da cruz? Respondo que a razão, conveniência e primor desta preferência foi para que não só o Redentor e a redenção, senão também o preço dela, que foi o sangue, se unissem no mesmo modo singular e extraordinário de remir, com que o Filho remiu a Mãe, e ela foi remida. Como foi remida a Virgem Maria? Não depois, senão antecipadamente, que isso é ser remida por preservação. Pois, essa foi a razão, o primor e a fineza porque, não só o Redentor e a redenção, senão também o preço dela se antecipou. O Redentor apressou-se e adiantou-se à redenção; a redenção apressou-se e adiantou-se ao pecado; e para que o preço, que era o sangue, se apressasse e adiantasse também, antecipou-se o sangue do Horto ao da cruz.

Caminhando o pai e mãe de Sansão por uma estrada deserta cerrada de bosques, adiantou-se o filho que os acompanhava, e saindo-lhe ao encontro um leão, tão feroz na catadura como soberbo nos bramidos, arremeteu a ele o valente moço, sem mais armas que as próprias mãos e, afogando-o entre elas, o lançou morto no bosque. Grã façanha, e mais que humana! Assim o nota a Sagrada Escritura, dizendo que isto fez Sansão movido do espírito divino. Mas o primeiro movimento com que se adiantou, deixando atrás seu pai e sua mãe, parece que nem foi necessário nem conveniente. Necessário não, porque as suas forças eram as mesmas, e tanto podia matar o leão adiantando-se como indo ao lado dos pais; conveniente também não, e muito menos porque, acompanhando os mesmos pais, os assegurava melhor do perigo daquela ou de outra fera do bosque. Qual foi logo o fim — que não podia deixar de ser grande e misterioso — por que o moveu o mesmo espírito a que se adiantasse? O fim grande e misterioso foi, como já notaram alguns escritores modernos, porque nesta história de Sansão se representava maravilhosamente, e com todas suas circunstâncias, o mistério da Conceição imaculada. A estrada por onde caminhavam o pai e a mãe é aquela por onde descendemos de Adão todos os que recebemos o ser por geração natural; o leão feroz e soberbo é o pecado original, que naquela passagem espera a todos os homens, e antes de nascidos lhes não perdoa e os mata; o Sansão, que o matou a ele, é Cristo, por natureza isento de pecado, e que só tem poder e forças para vencer e destruir, não só o original, mas todos. Assim, pois, como Sansão se adiantou e antecipou para livrar do Leão a seu pai e sua mãe, antes que ele os encontrasse, assim Cristo se adiantou e antecipou a preservar do pecado original a sua Mãe, antes que ela o incorresse.

Até aqui os doutores alegados, não reparando nenhum deles nem acudindo a uma circunstância e impropriedade que, sendo esta figura tão natural do mistério, não só a deslustra e afeia, mas a nega ou põe em dúvida. Sansão livrou das garras do leão a seu pai e a sua mãe; Cristo não preservou do pecado original a homem algum, senão a uma mulher somente, que foi a Virgem imaculada: logo a história não diz com o mistério nem a figura com o figurado, antes desfaz e descompõe toda a glória e privilégio da Conceição, que consiste em ser a Senhora unicamente preservada? Mas, que seria se eu dissesse que nesta que parece impropriedade da história consistiu a maior energia e gala do mistério? Assim o digo. Porque Sansão livrou daquela fera, que representava o pecado original, não só a sua mãe, senão também a seu pai, por isso mesmo foi perfeitíssima figura de Cristo no mistério da Conceição. Mas de que modo? Por isso mesmo. Porque Cristo foi Filho da Virgem Maria, e a mãe, que é Virgem, não só é mãe, senão mãe e pai de seu Filho, porque não tem outro pai. Logo, para Sansão ser perfeitíssima figura de Cristo no mistério da Conceição, não só havia de livrar do leão a sua mãe, senão a sua mãe e a seu pai juntamente. Este é o fundamento por que graves teólogos tiveram para si que a Virgem Maria, em respeito de seu Filho, se havia ou podia chamar não só "Mãe" como as outras Mães, senão *Matripater*, que quer dizer mãe e pai. E pela mesma razão lemos em muitos santos padres que o amor da Virgem em respeito do mesmo Cristo foi dobrado, porque o amor dos outros filhos naturalmente gerados divide-se entre o pai e a mãe, porém na Mãe-Virgem, como em mãe e pai, estava todo unido.

Ainda tem a mesma história de Sansão outra admirável propriedade em confirmação do mesmo mistério. Já vimos como Sansão, quando matou o leão, o lançou e escondeu no bosque. E declara a Escritura que, nem a seu pai, nem a sua mãe, nem a outrem descobriu aquela façanha, sendo de tanta honra sua e tão bizarra. Assim esteve oculto o mistério deste silêncio e segredo, até que depois de muitos dias se manifestou que o intento de Sansão fora formar, como formou, da sua mesma história aquele famoso enigma, que propôs e expôs ao juízo dos homens com nome de problema: "Propor-vos-ei um problema" (Jz 14,12). Já estou vendo que nenhum entendimento haverá tão rude, que nesta singular circunstância não reconheça mais e melhor a história da Conceição de Maria que a do mesmo Sansão. Adiantou-se Cristo a vencer e matar o pecado original antes da Conceição de sua Mãe; e estando por muito tempo oculta aquela singular façanha do Filho, que fez o mesmo Filho? Da mesma façanha oculta e do mesmo segredo só a ele manifesto, fez o mais célebre e mais altercado problema que nunca houve no mundo, disputando as mais doutas escolas da teologia se Maria fora concebida em pecado original ou não. Que

Escrituras se não têm desenterrado e desentranhado? Que livros se não têm mandado à estampa? Que discursos e argumentos se não têm inventado? E em quantas disputas públicas e secretas se não têm controvertido este mesmo ponto, seguindo uns doutores a parte afirmativa, e outros, com maior aplauso, a negativa? Mas todos até agora problematicamente, porque assim o quis, para maior celebridade e glória do mesmo mistério, o soberano autor do mesmo problema: "Propor-vos-ei um problema". E será sempre problema? Não. Porque da mesma história consta que Sansão revelou o enigma a sua esposa. E assim como Sansão o revelou a sua esposa, e por meio dela o entenderão todos, assim Cristo finalmente acabará de o revelar a sua Esposa a Igreja, como já tem começado; e como for definida por ela a verdade, cessará a controvérsia, e será conhecida e festejada por todos.

Tornando ao fio do nosso discurso, assim como o Filho se adiantou e antecipou à redenção da Mãe, assim a mesma redenção se adiantou e antecipou ao pecado, e com nova e admirável correspondência. Foi tão admirável a pressa com que o pecado original se adiantou e antecipou a matar os homens, que, sendo todos filhos de Adão, primeiro os matou seu pai com o pecado do que eles nascessem. E para que se veja que a redenção da Virgem Maria não foi menos apressada, nem seu Filho se adiantou e antecipou menos em preservar a Mãe do que Adão se tinha adiantado e antecipado em matar os filhos, pergunto: qual foi primeiro, o nascimento do Filho ou a Conceição da Mãe? Não há dúvida que a Conceição da Mãe foi muito primeiro que o nascimento do Filho. Pois se o Filho ainda não era nascido, como preservou do pecado a Mãe antes de nascer? Respondo tornando a perguntar. E quando Adão pecou, eram já nascidos seus filhos? Não, e contudo, pôde-os Adão matar com o pecado antes de nascerem? Pois, seria bem que os filhos de Adão os matasse seu pai com o pecado antes de nascerem, e o Filho de Maria não preservasse do mesmo pecado a sua Mãe antes de nascer? É verdade que esta redenção tão antecipada foi efeito do sangue da Mãe, que ele ainda não tinha recebido. Mas essa é a virtude do sangue de Cristo, como agora veremos.

Quando houveram de nascer Zarão e Farés, dois filhos gêmeos de Tamar, Zarão lançou primeiro fora um braço, no qual a que assistia ao parto lhe atou um fio de púrpura, entendendo que ele seria o primogênito; mas enganou-se, porque Farés se adiantou e nasceu primeiro. Todos os santos padres reconhecem neste caso grande mistério, e concordam em que aquele fio de púrpura foi sinal do sangue de Cristo. S. Cirilo, comentando as palavras do texto: "Um deitou fora a mão, na qual a parteira atou um fio de púrpura" (Gn 38,27) — diz: "O fio de púrpura é sinal do sangue de Cristo"[12]. E o mesmo dizem S. Ambrósio, S. Bernardo e outros padres. Foi pois o caso que os dois gêmeos Zarão e Farés cada um procurava nascer primeiro e ser o primogênito, para que do seu sangue nascesse o Messias, que era toda a ambição e emulação daquele tempo. E que fez o mesmo Messias? A Farés concedeu que receberia dele o sangue, e a Zarão que com o mesmo sangue o assinalaria; e assim foi. Mas a Zarão deu-lhe logo a púrpura e o sinal do sangue, e de Farés não o recebeu, senão muito tempo depois. E por quê? Porque é virtude própria do sangue de Cristo poder-se dar antes de se receber. O sangue de Farés não o recebeu Cristo, senão quando nasceu o mesmo Cristo, e o sinal e efeito do seu sangue recebeu-o Zarão antes de nascer o mesmo Zarão; e isto foi, nem mais nem menos, o que se verificou na Conceição de Maria e no nascimento de seu Filho. O Filho recebeu o sangue da Mãe quando dela nasceu, que foi no dia do seu nascimento; e a Mãe recebeu o efeito do sangue, que deu ao Filho antes de nascer a mesma Mãe, que foi no dia da sua Conceição. De sorte que o Filho foi Redentor da Mãe por meio do sangue que dela recebeu, antes de o receber, e a Mãe foi remida e preservada por meio do sangue que deu ao Filho, antes de lho dar. E temos fundada e declarada a razão por que este sangue foi o do Horto.

Assim como o redentor foi redentor antecipado, porque se adiantou e antecipou à redenção, e assim como a redenção foi antecipada, porque se adiantou e antecipou ao pecado, assim foi conveniente, para maior lustre e glória do mistério, que o preço da mesma redenção, que era o sangue, fosse também antecipado, e por isso o sangue do Horto se adiantou e antecipou ao sangue da cruz. Assim o notou e celebrou, com admiráveis propriedades, a mesma Virgem tão primorosamente remida. Depois de dizer seu bendito Filho que o fruto que colheu no Horto foi a sua mirra: "Vim ao meu horto e colhi a minha mirra" (Ct 3,1) — a qual mirra, como vimos, é o sangue que no mesmo Horto suou, diz logo a Senhora, falando com o mesmo Filho, que essa mirra, a que chama primeira, foi o estilado de sua sagrada boca: "Os seus lábios destilam a mais preciosa mirra" (Ct 5,13). Mas, se aquele sangue que o Senhor suou, saiu e brotou por todos os poros do sagrado corpo, como diz a Senhora que foi estilado de sua boca? Agora se verá com quanta propriedade interpretamos do Horto e da oração do mesmo Horto o nome de "a colina do incenso". Chama-se o sangue do Horto estilado da boca de Cristo porque a força e eficácia da oração do mesmo Senhor no Horto, como tão fervorosa e ardente, foi a que acendeu e sutilizou o sangue nas veias, e o fez manar em suor. Assim o diz, com a mesma consequência, o evangelista S. Lucas: "Orava com maior instância, e veio-lhe um suor como de gotas de sangue" (Lc 22,44). — E Elias Cretense, comentando o mesmo texto: "Ora com ardor e um suor de gotas de sangue flui nele"[13]. E, como ao passo que da boca saía a oração, das veias rebentava e corria o sangue, esta foi a propriedade com que disse a Senhora que "da mesma boca se estilava a mirra primeira".

A palavra "que estilava" é a mesma com que o texto arábico explica o suor do Horto: "E aconteceu um suor como sangue que estila". Mas por que razão chama a Senhora nas mesmas palavras ao sangue do suor do Horto não só mirra, senão "mirra primeira" — nome tão singular que só neste texto se acha em toda a Escritura Sagrada? Toda a mirra não é aquele licor ou humor precioso e aromático que se estila da árvore onde nasce? Sim. Pois, por que se chama particular e singularmente o sangue e suor do Horto, não mirra de qualquer modo, "senão mirra primeira"? — Não se pudera mais própria e eruditamente declarar o mistério de ser sangue antecipado. A mirra, como descreve Plínio, colhe-se da árvore, onde se cria por dois modos[14]: o primeiro é suando a árvore por si mesma aquele licor mais sutil, estilado naturalmente e sem violência, e esta se chama mirra primeira; o segundo é picando primeiro a árvore e dando-lhe golpes, pelos quais sai e se descarrega o licor mais grosso: e esta se chama mirra segunda. E quem não vê que tal foi com admirável propriedade a mirra e sangue do Horto, comparado com a mirra e sangue da cruz? O sangue da cruz não saiu, senão depois de ferido e aberto o corpo do Redentor com os cravos e com a lança; o do Horto porém, antecipando-se a todos os instrumentos da violência, ele saiu e se estilou por si mesmo das veias em suor e espontaneamente. O sangue da cruz, tirado à força do ferro, como mirra segunda: o sangue do Horto, suado sem força mais que a do amor, como "mirra primeira". E faz tanto caso a Virgem puríssima desta circunstância, e celebra e louva tanto a seu Filho por ela porque, consistindo não só a prerrogativa maior, senão a mesma essência da sua preservação em ser redenção antecipada, que mais primorosa e elegante fineza se podia esperar ou imaginar do mesmo Redentor, do que querer seu amor e inventar sua sabedoria que, assim como a redenção de sua Mãe foi antecipada, assim fosse antecipado o preço da mesma redenção, e o sangue com que a remiu também antecipado? Assim provou finalmente ser sangue daquele Jesus e daquele Redentor: daquele Redentor que o foi de sua Mãe antes de ser homem, e daquele Jesus que o foi de Maria antes de ser Filho: "Da qual nasceu Jesus".

§ VI

Já parece que as obrigações de Redentor juntas com as de Filho, se deverão dar por satisfeitas nos primores e finezas tão repetidas, com que singularizaram a redenção da puríssima Mãe; mas ainda resta a mais primorosa e a mais fina de todas. Foi sentença de alguns padres antigos, como hoje é comum entre os teólogos, que o sangue que o Verbo encarnado tomou da Virgem santíssima, sempre o conservou unido à divindade, sem permitir ao calor natural que o alterasse, mudasse ou diminuísse. O mesmo conserva hoje glorioso no céu, como diz S. Agostinho; e o mesmo comungamos no Sacramento, como diz S. Pedro Damião[15]. Isto suposto, não me julgará por temerário a piedade cristã, se eu disser que o sangue que Cristo suou no Horto foi o mesmo que na Encarnação tinha recebido de sua santíssima Mãe.

A primeira e natural razão em que me fundo é tirada do peito do mesmo Verbo encarnado e dos arquivos de seu entendimento e vontade, e não em correspondência de outro mistério senão do mesmo da Encarnação. Duas coisas recebeu de nós o mesmo Verbo naquele mistério, que foram a carne e o sangue. E que é o que fez delas, e por que razão? De ambas instituiu o Santíssimo Sacramento da Eucaristia, e a razão foi, diz Santo Tomás, para que "tudo o que tinha recebido dos homens o empregasse em saúde dos mesmos homens"[16]. Lembremo-nos agora que do Cenáculo, onde o Senhor tinha instituído o Sacramento, se partiu imediatamente para o Horto, onde a mesma carne, que tinha sacramentado, suou parte, não de outro, senão do mesmo sangue. E haverá quem se persuada que, em tão pouco espaço de tempo e de lugar, mudasse de pensamento e afeto o mesmo entendimento e a mesma vontade de Cristo, e se tivesse esquecido daquele mesmo ditame da sua bondade e daquela mesma correspondência de seu amor? Claro está que quem tal imaginasse seria com manifesta injúria tanto do Filho como da Mãe. Logo, se a bondade e amor de Cristo tinha julgado que devia empregar em saúde dos homens tudo o que tinha recebido dos homens, havendo de aplicar alguma parte de seu sangue para a antecipada redenção de sua Mãe, por que não seria aquela mesma parte que de suas entranhas tinha recebido? Quem tão inteiramente o tinha conservado e guardado trinta e três anos, sem dúvida que não seria senão para o empregar em tão devida e primorosa ocasião.

Isto é o que digo, e não só e sem autor. Eusébio Emisseno — que alguns querem fosse Euquério, ambos antigos padres da Igreja, e de grande autoridade — ou ambos, ou qualquer deles, dizem estas notáveis palavras: "Cristo, gerado da carne de Maria, formado das entranhas de Maria e da substância de Maria feito homem consumado, o sangue que também ofereceu por redenção de sua Mãe foi o que do sangue da mesma Mãe tinha recebido"[17]. Notem-se muito nestas admiráveis palavras aquele o "sangue do sangue da mãe" e aquele "também". De sorte que o sangue de que se fala não é todo o sangue de Cristo, senão parte dele, e essa parte não outra, senão aquela mesma parte, que recebeu do sangue de sua Mãe: "Foi o sangue que da mesma Mãe tinha recebido". E aquele "também" — "O sangue que também ofereceu por redenção de sua Mãe", denota que foi paga e preço particular; oferecido particularmente só pela redenção da Mãe, além do preço geral; oferecido por todos, o qual não foi só parte do sangue de Cristo, senão todo o sangue, e não só a parte que tinha recebido do sangue da Mãe na Encarnação, senão todo o que adquiriu em todo o tempo da vida. Este sangue todo foi o preço da redenção universal do gênero humano; mas aquela parte recebida do sangue da Mãe, posto que foi parte deste todo, também enquanto parte separada: "também", e por modo particular; "também", e sobre o preço geral; "também" — foi especialmente aplicada, como dizíamos, à redenção da mesma Mãe: "Que também pela mãe ofereceu".

E para que o mesmo sangue nos confirme altamente este pensamento, vamos ao mesmo Horto e ao mesmo passo e modo com que se derramou. Quando Cristo, Senhor nosso, entrou e perseverou na oração do Horto tantas vezes repetida, as ânsias da mesma oração eram fundadas no temor natural da morte e dos tormentos, tendo dado licença o Senhor à parte sensitiva da sagrada Humanidade — assim para prova da verdade dela, como para mais padecer por nós — a que se sujeitasse a todos os efeitos da natureza, ainda com sinais de temerosa e fraca. Neste sentido disse S. Marcos: "Começou a ter pavor e a angustiar-se" (Mc 14,33) — o que entendem todos os padres de próprio, verdadeiro e natural temor. Mas este mesmo temor parece que faz dificultoso o suor de sangue, porque, não só a Filosofia, senão a experiência nos ensina que, com o temor se recolhe o sangue, e acode ao coração, e por isso ficam pálidos os que temem. Pois, se Cristo verdadeiramente temia, e assim o temor como o suor de sangue, posto que extraordinário, foi natural, como, em vez de se recolher o sangue para dentro, saiu e brotou para fora? A razão, também natural, é porque no mesmo sangue havia os impulsos e causas destes diferentes efeitos, assim como eram diferentes os afetos que então combatiam o coração do mesmo Senhor. Uma parte do sangue, seguindo o afeto do temor, era tímido; outra parte do sangue, seguindo o afeto contrário, era animoso: o tímido acudiu ao coração, o animoso saltou, e saiu fora; e esta parte do sangue animoso, que saltou e saiu fora, foi o sangue que o Verbo encarnado conservava e tinha recebido do sangue de sua Mãe. Provo. Quando o anjo deu a embaixada à Senhora, turbou-se um pouco o ânimo humilíssimo e modestíssimo da Virgem, como tão alheio do que ouvia: "Turbou-se do seu falar" (Lc 1,29). — Então o mesmo anjo lhe sossegou o cuidado e lhe tirou o temor, dizendo: "Não temas, Maria" (Lc 1,30). Maria, não temas.

— Sossegado, pois, o temor, então aceitou a Senhora animosamente a embaixada, e dizendo: "Faça-se em mim segundo a tua palavra" (Ibid. 38) — então encarnou o Verbo em suas entranhas. E como o sangue que o Verbo tomou do sangue de sua Mãe era sangue atualmente animoso: "Não temas, Maria" — este foi o sangue que no Horto não acudiu ao coração como tímido, mas como animoso saiu e saltou fora das veias: "Aconteceu-lhe um suor como gota de sangue". Assim se portou galhardo e generoso o sangue do Horto, como lembrando-se não só de quem era, mas de quem tinha sido, para acudir na causa original pela honra de sua própria origem: "O sangue que também pela mãe ofereceu, recebeu do sangue da mãe".

Enfim, e em suma, que Jesus, que nasceu de Maria, para se mostrar perfeito e perfeitíssimo Jesus, e perfeito e perfeitíssimo redentor de sua Mãe, não só a preservou sem mácula em sua puríssima Conceição, que é o mais perfeito modo de remir, mas, para que ela fosse a primeira entre todos os remidos, e a primogênita ou unigênita da redenção do mesmo Filho, antes de ele derramar todo o sangue por todos na cruz, o começou a derramar no Horto, ou única ou particularmente por ela, antecipando o preço da sua redenção, assim como a mesma redenção foi antecipada; mas quis também, por último excesso de amor, gratidão e primorosíssima correspondência, que a parte antecipada do sangue, que especialmente aplicou e dedicou à sua preservação, fosse aquela mesma que de suas puríssimas entranhas tinha recebido e guardado. Eu não sei ponderar nem admirar este extremo de finezas, mas darei por mim outros admiradores de mais alta esfera que todos os humanos.

Quando Cristo, como Redentor universal nosso, e como Redentor particular de sua Mãe subiu triunfante ao céu, admirados perguntavam todos os espíritos angélicos: "Quem é este que vem da terra de Edom com as vestiduras tintas em sangue?" (Is 63,1). — "Vem acompanhado da multidão dos que libertou com a fortaleza de seu braço, e quão formoso ele, e quão gentil homem no seu vestido"! — Ninguém haverá que não repare muito nessas últimas palavras, e ser o vestido do triunfador o principal motivo da admiração dos anjos, e fundarem no mesmo vestido todos os encarecimentos de sua formosura: "E quão gentil homem no seu vestido?". "Se era pela tintura do sangue" — não levava o Senhor no mesmo triunfo as suas chagas abertas? Pois, por que passam em silêncio as feridas do corpo, e só admiram o sangue do vestido? O que manou das chagas, e na cor viva e brilhante com que nelas se via, não era o mesmo? Pois, por que se celebra tanto o do vestido, e não o das chagas? Porque as chagas eram recebidas na cruz pela redenção universal de todos, e o sangue do vestido era o suado no Horto, pela redenção particular e preservação de sua Mãe. Notai bem toda a história da Paixão, e achareis que o sangue de que se tingiu o vestido próprio de Cristo foi só o do Horto. Nos açoites estava o Senhor totalmente despido, e o sangue que deles correu ficou no pavimento do Pretório. Na coroação de espinhos, o sangue que eles tiraram da sagrada cabeça também caiu, e se recebeu na púrpura, de que lhe fingiu a Opa real a jocosa impiedade dos soldados. Na cruz também estava despido, e o sangue das quatro chagas, e da quinta, todo regou a terra do Calvário. Assim que o sangue de que se tingiu a túnica e vestiduras próprias do Senhor foi o sangue que por todos os poros do corpo suou no Horto. E como este sangue se singularizou nos extremos tantos e tão admiráveis que vimos na preservação de sua Mãe, por isso o soberano Redentor o vestiu pela melhor e mais rica gala de seu triunfo, e por isso como tal a admiraram os anjos e a celebraram pela maior gentileza do mesmo Redentor: "E quão gentil homem no seu vestido".

Tudo o mais que sucedeu no mesmo triunfo confirma ser este sangue tão admirado o que particularmente se aplicou à Conceição imaculada da Virgem santíssima. Perguntaram os anjos quem era o soberano triunfador: "Quem é este?". E ele mesmo respondeu: "Eu sou o que faço justiça, e sou defensor para salvar" (Is 63,1). — A todos salvou Cristo, mas só a sua Mãe propriamente como "defensor" — porque aos outros salvou livrando-os do pecado; porém a sua Mãe defendendo-a que o não incorresse. E essa é a distinção da justiça de que fala: "Eu sou o que faço justiça" — porque aos outros depois do pecado salvou-os, satisfazendo de justiça a lesa-majestade do Pai, porém, a Senhora, preservando-a e defendendo-a do pecado, salvou-a, satisfazendo também de justiça às obrigações que, como Filho devia a sua Mãe. Instaram mais os anjos: "E que cor vermelha é a desse vestido semelhante à dos que pisam no lagar?" (Ibid. 2). — Com a mesma comparação tinham já dito acima: "Vestidos tintos de Bosra" — porque "bosra" quer dizer "vindima". Respondeu o Senhor: "Porque o lagar em que se me tingiram os vestidos eu só o pisei, sem estar ninguém comigo" (Ibid. 3). — Donde se vê a diferença do sangue derramado na cruz, em que a mesma Mãe o acompanhou como corredentora, e esteve cercado de tantos, assim seus como estranhos, à do sangue suado no Horto, em que esteve só e solitário, e até os que tinha deixado mais perto, dormindo. E porque este sangue do Horto, na metáfora de lugar, foi o aplicado particularmente à redenção da Virgem, aqui vem caindo, quando menos, o som das palavras de Jeremias: "O mesmo Senhor foi o que pisou o lagar para a Virgem filha de Judá" (Sm 1,15). — Finalmente conclui o divino triunfador com umas palavras que, parece, desfazem quanto temos dito, porque diz que aquele sangue, de que estavam tintas as suas vestiduras, era dos que na sua batalha tinha vencido: "E o sangue deles veio salpicar os meus vestidos" (Is 63,3). Logo, se o sangue era dos vencidos, não era seu, como supomos? Antes, por isso seu, porque dos vencidos. Deus não tinha sangue, e para ter sangue com que remir os homens, tomou o sangue dos mesmos homens, e por isso que o sangue que derramou era deles: "sangue deles". Mas, se Cristo remiu os homens com o sangue que tinha recebido dos mesmos homens, aqui se confirma mais o que dizíamos: que o sangue com que remiu a Mãe foi o que tinha recebido da mesma Mãe. E para que acabemos com as primeiras palavras: "Quem é este que vem de Edom" (Is 63,1) — Edom e Adão é o mesmo, porque um e outro nome têm o mesmo significado[18]. E diz a admiração dos anjos, em figura de Edom, que o soberano triunfador vinha de Adão, porque a glória deste triunfo, ou a parte mais gloriosa dele, toda pertencia à Virgem imaculada. O resto do gênero humano remiu Cristo não só do pecado de Adão, que é o original, senão dos pecados atuais de todos e de cada um; porém, a Virgem Maria, que não teve pecado atual, só a remiu e preservou do original de Adão; e porque de lá começou o triunfo, de lá veio o triunfante: "Quem é este que vem de Edom?".

§ VII

Este foi o famosíssimo triunfo de Jesus enquanto redentor, primeiro de sua Mãe, e depois do mundo, mais admirado dos anjos pela gala do vestido que pela própria pessoa, e mais galhardo pelas gotas de sangue do Horto, de que vinha matizado, que pelos rios que derramou na cruz, e regaram o Calvário. Para os devotos da Conceição imaculada não nos fica mais que desejar nem que fazer, senão acompanhar com as vozes, afetos e júbilos do coração as admirações e aplausos dos anjos, e dar mil parabéns e mil vivas a tal Filho e a tal Mãe. E, posto que todos, pela graça do batismo, estamos livres do pecado original, como ficamos sujeitos à corrupção e fraqueza que com ele herdamos, e às tentações e perigo dos pecados atuais, o que muito nos convém, e de que muito necessitamos, é que por meio da intercessão poderosíssima da mesma Mãe nos valhamos da eficácia do mesmo sangue do Filho. Aleguemos a ambos que a virtude daquele preciosíssimo sangue, não só é remir e livrar dos pecados já cometidos, senão preservar antecipadamente deles, e digamos ao misericordiosíssimo Redentor o que tantas vezes repete a Igreja: "E logo as tuas misericórdias se antecipem em nosso favor" que não só nos livre sua infinita misericórdia dos pecados com que o temos ofendido, mas se antecipe a nos preservar dos futuros, para que nunca mais o ofendamos. Naquela noite fatal, em que Deus tinha decretado matar os primogênitos do Egito, mandou aos filhos de Israel que antecipadamente sacrificassem um cordeiro, e que com o sangue dele tingissem e rubricassem todas as portas de suas casas, para que o anjo, a quem estava encomendada aquela execução, onde visse o sangue, passasse e deixasse livres os que estavam dentro, e onde não visse, entrasse e matasse a todos os primogênitos. Este anjo é mais provável que não era anjo bom, senão demônio, e assim diz a Igreja que, por medo do mesmo sangue, não se atrevia nem a olhar para as casas, que ele defendia: "O anjo devastador teme o sangue aspergido nas portas". — Se as portas exteriores de nossa alma, que são os sentidos, e as interiores, que são a nossa memória, entendimento e vontade, estiverem sinaladas com o caráter e armadas com a proteção daquele sangue tão antecipado destruidor do pecado, não só desconfiará o demônio de nos vencer, mas ainda terá medo de nos tentar. E finalmente, para que ninguém duvide que o mesmo sangue antecipado foi figura do sangue do Horto, e não do da cruz, o da cruz derramou-se doze horas depois, ao meio dia, e o do Horto já se tinha derramado doze horas antes, à meia noite; e esta foi a hora em que o sangue triunfador obrou aqueles prodigiosos efeitos: "Aconteceu pois que no meio da noite feriu o Senhor todos os primogênitos na terra do Egito" (Ex 12,29). Assim livrou Deus aos filhos de Israel do cativeiro do Egito por meio do sangue do cordeiro, e assim nos livrará do cativeiro do pecado por virtude do seu sangue o cordeiro que tira os pecados do mundo, preservando-nos antecipadamente dos atuais, como antecipadamente preservou do original a Mãe de quem nasceu: "Da qual nasceu Jesus".

FIM

SERMÃO DA

Dominga Décima Sexta Post Pentecosten

∽

"Reclina-te no último lugar."
(Lc 14,10)

Vieira apresenta a parábola em Lucas, comentando-a, e se detém numa sentença: "Reclina-te no último lugar", e a faz matéria de todo o sermão. Todos neste mundo desejam melhorar de lugar. Lúcifer no céu, Adão na terra e até os discípulos de Cristo: "Quem era o maior?". Três suposições com que se impugna a ambição e se cortam as raízes a quanto ela deseja: não há lugares; se os há, não há lugares melhores; sim, há lugar e melhor lugar, mas não na terra, senão no céu. Pelo contrário: há lugares, uns melhores que outros, e entre todos qual será o melhor? Não no céu, mas na terra. Eis as prerrogativas deste melhor lugar: é muito fácil de conseguir e, porque último, logo. É o mais seguro, para conservar. E é o mais quieto, para lograr. Concluindo: assim o último lugar deve ser preferido a todos os outros. Porque este privilégio só é concedido por Deus ao último lugar.

§ I

Todas as vezes que o Filho de Deus se assentou à mesa dos homens, sempre foi o melhor prato a sua doutrina. Comia o que regulava a temperança, e ensinava o que ditava a prudência. A matéria era a que lhe dava a ocasião, e ele, sobre a ocasião, estendia, ilustrava e definia a matéria. Os documentos todos eram divinos, e não só morais, senão ainda políticos. E digo morais e políticos, porque tal foi a doutrina do presente Evangelho. Os que então com nome autorizado, e hoje com significação odiosa se chamam fariseus, eram os religiosos daquele tempo. Diz, pois, o evangelista S. Lucas que, convidando um príncipe dos fariseus, isto é, um prelado daqueles religiosos, a Cristo, Redentor nosso, para que quisesse honrar a sua mesa em um dia de festa, que era o sábado, aceitou o benigníssimo Senhor o convite. Aceitou, posto que não faltava quem murmurasse o aceitar. Parecia-lhes aos murmuradores que semelhantes convites eram menos conformes à austeridade da vida e à autoridade e profissão de um Mestre descido do céu. Mas a razão que o Senhor tinha para se não escusar mostravam depois os efeitos muito diversos, e de outra mais levantada esfera, como também se viu no caso presente.

A tenção dos fariseus era farisaica, porque lhe armaram a Cristo com um hidrópico, a ver se o curava naquele dia, para o poderem caluniar de quebrantador do sábado: "Num sábado, para tomar a sua refeição, ainda eles o estavam ali observando" (Ibid. 1). Não os levou ali a observância, senão a observação: não a observância do dia, mas a observação do convidado. E que fez o Senhor, que lhes conhecia os corações? Aceitou a mesa como homem, dissimulou a malícia como Deus; e no que obrou como Deus, e repreendeu e ensinou como Mestre, mostrou que era Deus e homem. Curou, ao hidrópico, e depois tratou de os curar a eles: ao hidrópico tocando-o com a mão, e a eles pondo-lhes as mãos, e muito bem postas. Não há vício mais descortês que a soberba, nem mais descomedido que a ambição. Como carece da modéstia por dentro, também lhe falta a urbanidade por fora. Não diz o evangelista o lugar que dessem na mesa a Cristo, mas diz que os convidados, sem cortesia nem urbanidade, todos procuravam e ainda contendiam sobre os primeiros lugares. Esta foi a ocasião e este o ponto da doutrina, por isso moral, e juntamente político.

Fez Deus este mundo em forma circular, como a mesa ou tábula redonda dos pares de França, para evitar a contenda dos lugares, não sendo justo que desigualasse o lugar os que tinha feito iguais a natureza. Mas como a soberba e ambição pervertesse a igualdade desta ordem com outra ordem desordenada de primeiros, segundos até últimos lugares, e os fariseus na mesa afetassem os primeiros, este foi o vício que o Senhor observou nos seus observadores. Olhava — diz o evangelista — com particular atenção para o que faziam os convidados e para o modo com que o faziam: "o que faziam era tomarem por própria eleição os primeiros lugares" (Lc 14,7): "Os primeiros lugares" — e o modo como o faziam: "como" — era introduzindo-se neles sem nenhum modo de modéstia, respeito nem cortesia. Na eleição dos lugares notava-os o Senhor de pouco juízo, e no modo de cada um se preferir e antepor aos outros, de pouca urbanidade; e estes dois desprimores, nascidos ambos do mesmo vício da ambição e soberba, repreendeu e emendou o soberano Mestre também com um só documento: "Quando fordes convidado à casa e à mesa alheia, não deveis tomar os primeiros lugares, senão o último" (Lc 14,10). — E por quê? Porque não suceda vir o senhor da casa, a quem pertence a repartição dos lugares, e vos mande levantar do que tomastes, e o dê a outro melhor e mais honrado que vós. — "Então vos achareis com afronta no último lugar" (Ibid. 9), porque fostes tão descomedido que vos atrevestes a tomar o primeiro.

Esta foi a história daquele caso e daquele dia, a que o mesmo evangelista também chama parábola: "Propôs-lhes uma parábola" (Ibid. 7). Mas, se era história, como era parábola? Tudo era. Era história quanto ao sucesso, e era parábola quanto à doutrina. Quanto ao sucesso era história particular para os presentes, e quanto à doutrina, era parábola universal para todos. A todos e a cada um prega hoje Cristo: "Reclina-te no último lugar" (Ibid. 10). E haverá neste mundo quem escolha por própria eleição e se contente com o último lugar? Dificultoso ponto para se entender e muito mais dificultoso para se persuadir. Por isso tomei por tema esta única e admirável sentença, e ela só será toda a matéria do meu discurso. *Ave Maria.*

§ II

"Reclina-te no último lugar."
Todo o homem neste mundo deseja melhorar de lugar. E nenhum se acha em tal posto, por levantado e acomodado que seja, que não procure subir a outro melhor. É própria esta inclinação da natureza racional, como se fora razão, e não apetite. Primeiro nasceu no céu com os primeiros racionais, que são os anjos, e depois se propagou na terra com os segundos, que somos os homens. Lúcifer no céu, tendo a suprema cadeira entre as jerarquias, não aquietou naquele lugar, e quis igualar o seu com o do mesmo Deus:

"Exaltarei o meu trono, serei semelhante ao Altíssimo" (Is 14,13s). Adão na terra, tendo o absoluto domínio de todas as criaturas dos três elementos, não coube nem se contentou com um império tão vasto, e em uma corte tão deliciosa, como o Paraíso, também quis melhorar de lugar: "Sereis como uns deuses" (Gn 3,5). E que filho há deste primeiro pai, de que todos nascemos, que não herdasse dele a altiveza sempre inquieta desta mesma paixão? O letrado, o soldado, o fidalgo, o título, o de grande nome, e o que não tem nome, com o cuidado e desejo nunca jamais satisfeito nem sossegado, todos trabalham e se desvelam por adiantar e melhorar de lugar. Só parece que deviam viver isentos de semelhante sujeição os que deixaram o mundo e professam o desprezo dele; mas lá os segue e sujeita o mesmo mundo a que lhe paguem este duro e voluntário tributo.

Coisa foi digna de admiração que os discípulos de Cristo, antes de descer sobre eles o Espírito Santo, contendessem sobre qual era o maior: "Qual deles se devia reputar o maior" (Lc 22,24). A ocasião, porém, e o motivo desta contenda ainda é muito mais admirável. E qual foi? Acabava o Senhor de lhes revelar que ia a Jerusalém a morrer, e no mesmo ponto contenderam todos sobre a maioria, porque logo aspirou cada um a lhe suceder no lugar. Do imperador Trajano disse Plínio que "ninguém o conhecia tão pouco a ele, nem se conhecia tão pouco a si, que tivesse ousadia de lhe suceder"[1]. E tiveram atrevimento doze pescadores para quererem suceder ao mesmo Filho de Deus, e lhe pleitear o lugar ainda em vida.

§ III

Para refutar e convencer este abuso universal, não só das guerras e competências, mas ainda das pretensões pacíficas do melhor lugar, não deixarei de referir primeiro três opiniões ou suposições tiradas da Sagrada Escritura, as quais não só condenam esta ambição tão profundamente arraigada nos corações humanos, mas totalmente cortam as raízes a toda a nossa questão. A primeira nega absolutamente o que supomos, e diz que não há lugares. Por quê? Porque tudo isto que no mundo se chama lugar, por alto e levantado que pareça, bem examinado é nada: "Vi ao ambicioso" — diz Davi — "levantado sobre os outros homens, e como os cedros do Líbano sobre as outras árvores; dei dois passos adiante, e quando voltei os olhos para o tornar a ver, já o não achei a ele nem ao seu lugar" (Sl 36,35s). — Aqui está o ponto da admiração: "Já o não achei a ele nem ao seu lugar". Que Davi a tão poucos passos não achava ao ambicioso que tinha visto tão levantado, a ninguém deve admirar porque, para fazer semelhantes mudanças, nem a morte nem a fortuna hão mister muito tempo. Não o achou: "e não estava" — porque, ou tinha caído do estado, ou tinha acabado a vida; mas que não achasse Davi o lugar onde o tinha visto: "Nem ao seu lugar"? — Sim — responde Cartusiano — e o prova com Aristóteles: "O lugar e o que está no lugar estão simultaneamente, segundo o filósofo, portanto, faltando o que estava no lugar, já não permanece o lugar"[2]. O lugar, e quem está nele, segundo a verdadeira filosofia, são tão reciprocamente dependentes um do outro que, faltando o que estava no lugar, nem ele, nem o mesmo lugar podem subsistir; e por isso disse bem Davi que tanto que desapareceu o ambicioso e poderoso, nem a ele o pode ver, nem achar o lugar onde estivera: "E nem o seu lugar".

E se esta consequência é verdadeira no lugar que chamam físico, no lugar moral, de que falamos, ainda é mais certa, segundo a definição do mesmo filósofo. Aristóteles, definindo o lugar, diz que é a superfície ambiente do que está nele. E quando o lugar não é o ambiente do homem, senão o homem o ambiente do lugar, como no nosso caso, muito melhor se segue que, faltando a superfície ao chamado lugar, nem é lugar, nem coisa alguma. E se não é coisa alguma, como o havia de achar Davi? Mas, tornemos a apertar mais esta proposição, pois o mesmo Davi no mesmo salmo a repete duas vezes: uma vez dizendo que buscou e não achou o lugar: "Busquei-o, e não foi achado o lugar dele" (Sl 36,36) — e outra vez dizendo que, se nós o buscarmos, também o não acharemos: "Buscarás o lugar dele, e não o acharás" (Ibid. 10). Pergunto: este mesmo lugar, que Davi buscou e não achou, não é o mesmo que o ambicioso ocupou antes de morrer ou cair? Sim. E este lugar que ocupou antes de morrer ou cair não é o mesmo que herdou ou pretendeu antes de o ocupar? Sim, também. Pois, se pretendido, ocupado e deixado era o mesmo lugar, por que o não achou Davi depois de deixado? Porque depois de deixado era o mesmo que dantes tinha sido; e pretendido, possuído e deixado, sempre foi nada. Elegante e doutamente Hugo Cardeal: "Não encontrou o seu lugar, porque nula era a sua dignidade, e o seu ser era não-ser"[3]. Não se achou o lugar do que estava levantado como os cedros do Líbano, porque o ser dos que neste mundo se chamam lugares "não é ser, é não-ser". E se os mesmos chamados lugares, ou pretendidos, ou possuídos, ou deixados, não são coisa alguma, bem se conclui que neste mundo não há lugares. E isto que não é nem há, é o que com tanto desvelo amam e buscam os pretendentes da vaidade e da mentira: "Por que amais a vaidade, e buscais a mentira?" (Sl 4,3).

A segunda suposição, seguindo o sentimento vulgar e comum, admite que no mundo há lugares, mas nega que haja lugar melhor. E por quê? Porque a melhoria não está no lugar, senão na pessoa que o ocupa. Por alto ou baixo que seja o lugar, se sois bom, será o vosso lugar bom, e se sois melhor, será melhor; mas se fores mau e pior, também será mau e mais que mau o vosso lugar. Diz Cristo, Senhor nosso, que "sobre a cadeira de Moisés se assentaram os escribas e fariseus" (Mt 23,2). E quem foi Moisés, e quem eram os escribas e fariseus? Moisés foi o maior santo do seu tempo, e os escribas e fariseus eram os mais maus homens do seu. Pois, se estavam assentados na mesma cadeira de Moisés, por que não eram como ele? Porque os homens são os que dão a bondade ou melhoria aos lugares, e não os lugares aos homens. Se fordes bom, ainda que a cadeira seja dos escribas e fariseus, será bom o vosso lugar; e se fordes mau, ainda que a cadeira seja de Moisés, nem por isso o vosso lugar será bom. Que melhor lugar que o céu e o paraíso? E nem o céu fez bom a Lúcifer, nem o paraíso fez bom a Adão. Jeremias tão bom era no cárcere como no púlpito, e Jó tão bom no muladar como no seu palácio. Melhor lugar era no mar o navio que o ventre da baleia, e Jonas foi melhor no ventre da baleia que no navio. Assim que os lugares, por si mesmos, não são maus nem bons, nem há lugar melhor ou pior. O lugar que hoje tem S. Matias não foi o mesmo de Judas? O mesmo, e não outro. Se fordes como Judas, não vos há de fazer bom o lugar de S. Matias, e se fordes como S. Matias, não vos há de fazer mau o lugar de Judas. Se quereis ter o melhor lugar de todos fazei por ser o melhor de todos, e logo o vosso lugar, qualquer que seja, será também o melhor. Mas todos querem melhorar de lugar e ninguém quer melhorar de vida.

Sucede-lhes aos ambiciosos o que aos peregrinos, diz Sócrates. O peregrino sempre anda mudando de lugar em lugar, e nunca melhora, porque sempre se leva a si consigo: "Por que te admiras de que as tuas peregrinações em nada te melhoram se peregrinando levas a ti contigo?"[4]. Como quereis melhorar de lugar, se vos levais a vós convosco? Deixai-vos a vós, e como vós fordes outro, logo o vosso lugar será melhor. Se sois o mesmo, ainda que subais ao pináculo do templo, nunca saireis do lugar onde estais; e se fordes outro, e muito outro, sem sair do lugar onde estais, vos vereis subido ao mais alto do templo. Em conclusão, que não há lugares melhores nem piores, para que ninguém se descontente do seu, senão de si.

A terceira suposição admite melhores lugares, mas diz que estes só os há no céu, e não na terra. E por quê? Porque todos os lugares da terra, por melhores que sejam ou pareçam, mais são alheios que nossos; mais para os deixar que para os possuir; mais para os perder que para os lograr. Os lugares da terra são passagem, só o do céu é assento: os da terra são de poucos dias, o do céu há de durar para sempre. Quando Cristo, Senhor nosso, partiu deste mundo para o céu, a razão com que consolou aos apóstolos saudosos de sua ausência foi dizendo que "ia adiante a preparar-lhes o lugar" (Jo 14,2) — sendo, porém, o motivo desta consolação o lugar, mais perto estavam os lugares em que o Senhor os deixava que o lugar que lhes havia de preparar; porque, sendo este futuro e distante, parece que vinha a se consolar uma ausência com outra. Naquela última hora em que Jacó, morrendo, se apartou de seus filhos — que também eram doze — a consolação com que lhes enxugou as lágrimas foi a repartição das terras em que os deixava acomodados a todos. E se para os doze patriarcas eram motivos de consolação na ausência de seu pai tão pequenos lugares da terra, quais podiam caber a cada um dividida a Judeia em doze partes, quanto maior podia ser para os apóstolos todo o mundo, quão grande é repartido entre eles? Diga pois Cristo a Pedro que lhe deixa Roma e a Itália; diga a Jacó que lhe deixa as Espanhas; a João a Ásia, a André a Grécia, a Filipe a Cítia, a Bartolomeu a Armênia, a Mateus a Etiópia, a Tomé a Índia, a Simão o Egito, a Tadeu a Arábia e a Pérsia, e ao outro Jacó, o Menor, Jerusalém e a mesma Judeia, de que era cabeça. Pois, se eram tão imensamente grandes os lugares em que Cristo deixava aos seus apóstolos, e com tão suprema dignidade e jurisdição sobre todos eles, por que os não consola o Senhor com a consideração destes lugares presentes, senão com o lugar futuro que lhes ia preparar? Porque este era lugar no céu, os outros na terra. E nesta só palavra se encerram ambas as razões que no princípio apontamos. Os lugares da terra são passagem, o do céu é assento. Por isso quando S. Pedro perguntou a Cristo: "Que prêmio pois será o nosso?" (Mt 19,27) — o que o Senhor lhe respondeu foi: "Estareis sentados sobre doze tronos, e julgareis as doze tribos de Israel" (Ibid. 28). Não lhe respondeu às barcas e redes, que tinham deixado, com as dignidades que haviam de ter neste mundo, senão com as cadeiras em que se haviam de assentar no dia do Juízo, porque só o de que se há de tomar posse naquele dia tem assento: o de cá tudo é passagem.

E por que mais? Porque só o lugar que então nos couber é nosso, e os desta vida mais são alheios que próprios, por mais larga que seja a mesma vida. Ninguém logrou nem há de lograr o pontificado mais anos que S. Pedro e contudo já tem sucedido no mesmo lugar duzentos e trinta e sete pontífices, e não se sabe quantos virão depois, para que vejais se era mais alheio que seu. Só é nosso, ou seja no céu ou fora dele, o lugar que houvermos de ter para sempre. Esse foi o documento e energia tremenda com que o mesmo príncipe dos apóstolos disse que Judas perdera o apostolado. Para quê? "Para ir ao lugar que era seu" (At 1,25). — O que teve neste mundo, e entre os apóstolos, era alheio, porque era de S. Matias e dos que lhe haviam de suceder; o que tem no inferno entre dois demônios, esse era o seu, porque esse é o que há de durar por toda a eternidade. E se isso sucedeu a um homem chamado por Deus e eleito por Cristo, onde irão parar as negociações, os subornos, as adulações e as simonias com que se procuram e alcançam os lugares que hão de durar poucos dias, sem memória da eternidade nem temor da conta?

§ IV

Estes são os três fundamentos ou as três suposições gerais com que não só se impugna a ambição dos melhores lugares, mas se cortam as raízes a quanto ela deseja. Porque a primeira, como vimos, diz absolutamente que não há lugares; a segunda concede que há lugares, mas nega haver algum que seja melhor; a terceira defende que há lugar, e melhor lugar, mas não na terra, senão no céu. Isto posto, com razão, e também com curiosidade, estarão esperando todos qual destas partes é que eu pretendo persuadir. Primeiramente respondo que nenhuma delas, porque contra a primeira digo que há lugares; contra a segunda, que há lugar melhor; e contra a terceira, que este melhor lugar não está no céu — de que agora não falo — senão na terra. Admitindo, pois, com o comum sentimento que há lugares, e uns melhores que outros, o que pretendo hoje declarar é: entre todos os lugares do mundo, qual seja o melhor. Não pode haver matéria mais digna de toda a atenção, e tanto mais quanto já cada um a tem resoluto consigo, e lhe parece sem controvérsia. No Evangelho temos o parecer dos fariseus e o conselho de Cristo. Os fariseus têm para si que o melhor lugar do mundo é o primeiro: "Como escolhiam os primeiros assentos" (Lc 14,7). Cristo, pelo contrário, aconselha que tomemos o último lugar: "Reclina-te no último lugar". E, posto que a sentença de Cristo, por ser de Cristo, não se pode contrariar, e a dos fariseus, por ser dos fariseus, parece que já está convencida contudo, a de Cristo todos a rejeitam e a dos fariseus todos a seguem. Assim o vemos hoje, e já em seu tempo, com ser tão vizinho ao de Cristo, o provava com a experiência Tertuliano: O combate de todos mira o primeiro lugar, o segundo é consolado mas não tem a vitória"[5]. O desejo, a pretensão e a vontade de todos os homens é sobre quem há de levar o primeiro lugar, e tão porfiada e unicamente o primeiro, que o segundo lugar, ainda que seja alguma consolação, de nenhum modo é vitória. — E se ninguém se contenta com o segundo lugar, porque não é o primeiro, posto que acima de si veja um só e abaixo de si todos os outros, quem haverá que se contente com o último? Nos famosos jogos olímpicos que se celebravam na Grécia, e eram provocados à contenda todos os homens do mundo, havia primeiros, segundos e terceiros prêmios; e contudo diz S. Paulo que um só levava o prêmio: "Todos correm no estádio, mas um só é que leva o prêmio" (1Cor 9,24) — porque o prêmio a que todos aspiravam era o primeiro, e só os que se adiantavam na carreira aos demais, e conseguiam o primeiro lugar, eram os estimados por vencedores e laureados com a coroa. E se S. Paulo depois de Cristo, e escrevendo a cristãos, quais eram os coríntios, lhes propõe este exemplo, posto que nascido entre os gentios, quem se atreverá a persuadir a qualquer homem que o melhor lugar é o último? Digo a persuadir, e não a crer, porque basta ser conselho de Cristo para que o creiamos. Mas este ponto, que não persuade a fé, como o persuadirá a razão?

Ora, esta será hoje a minha empresa: demonstrar a todos os homens que o melhor lugar do mundo é o último, e não só para a outra vida, senão para esta; nem só para a virtude, senão para a comodidade; nem só para a mortificação, senão para o gosto; nem só para a humildade, senão para a honra. E tudo isto quer dizer: "Reclina-te no último lugar".

§ V

A primeira prerrogativa do último lugar é ser muito fácil de conseguir. Aos altos, chega-se tarde e com dificuldade ao último, logo e facilmente. Não é mais dificultoso o subir que o descer? Pois, esta é a razão ainda natural da grande facilidade com que o último lugar se consegue. Aos outros caminha-se a passo lento, subindo: ao último, quase sem dar passo, descendo. Quando el-rei Ezequias desejou que Deus lhe confirmasse os anos de vida que lhe prometera com algum milagre, pôs o profeta Isaías na eleição do mesmo rei que escolhesse um de dois: ou que o sol descesse dez linhas, ou que subisse outras tantas. E por que estando Ezequias na cama não podia ver o sol, e só podia ver a sombra no relógio do palácio, que desde a mesma cama se descobria, foi a proposta esta: "Quer Vossa Majestade que a sombra suba, ou que desça dez linhas?" (4Rs 20,9). — A mesma proposta, conforme o sítio em que o sol se achava naquela hora, mostrava bem que não seria menos milagre o de descerem as sombras que o de subirem. Contudo, o rei, sem mais especulação, respondeu em continente que não queria que descessem, senão que subissem, dando por razão que o descer era fácil: "É fácil que a sombra se adiante dez linhas; não quero que isto se faça, senão que volte atrás dez graus" (4Rs 20,10). Assim respondeu Ezequias, não como matemático, segundo a observação particular daquele caso, mas como prudente príncipe e tão amigo da fama como da vida, segundo as regras gerais da experiência: e disse bem. O seu intento era acreditar o milagre pela dificuldade do movimento do sol, e por isso disse, com tanta resolução que não queria que descesse, senão que subisse, porque natural e experimentalmente tão dificultoso é sempre o subir como fácil o descer. A seta, para subir, segue violentamente as forças do arco e do impulso; mas para descer não tem necessidade de braço alheio: a mesma natureza a leva sem violência ao baixo, e quanto mais baixo, tanto mais depressa. A barquinha, posta na veia do rio, com a vela tomada e os remos recolhidos, levada só do ímpeto da corrente, como em ombros alheios, tão descansadamente desce como apressada. Pelo contrário, ao subir pelo mesmo rio acima, seja o vento embora tão forte que quase rebente as velas e os remeiros tão robustos que quebrem os remos, mais é a água que suam que a que vencem. Nós mesmos, para subir a um monte, é com tanta dificuldade e moléstia que a própria respiração se cansa e se aperta; mas para descer ao fundo do vale, o mesmo peso do corpo o ajuda, aligeira e move e, mais levados que andando, chegamos sem cansar ao lugar mais baixo e último. Tão fácil é o descer e tão dificultoso o subir!

Digam agora os que subiram aos primeiros lugares quão dificultosamente subiram. A seta nos deu o exemplo no ar, a barquinha na água, e nós mesmos na terra; mas nas cortes, que são outro quarto elemento mais de impedimentos e dificuldades, ainda é mais trabalhoso o subir. Também o podem dizer os que, cansados da mesma subida, tomaram por melhor conselho o parar; e muito mais os que, depois dos trabalhos e moléstias do subir, em vez de conseguir o lugar, só alcançaram, e tarde, o desengano. Não assim o pretendente do que ninguém pretende e o estimador do que ninguém estima, o qual, contente com o último lugar, para descer com a seta não há mister arco, para descer com a barquinha não há mister remo e para descer com o homem, e como homem, quase não há mister pés nem passos. As asas do favor, os impulsos do poder e os cuidados da diligência, tudo para ele são desprezos e riso; e quando os outros chegam cansados aos primeiros lugares, onde hão de começar a cansar de novo, ele, descansado, se acha no último, onde só repousa o verdadeiro descanso.

Não acho exemplo desta inclinação e desta facilidade entre os homens, porque a sua natural ambição mais os leva a subir pelo dificultoso que a descer pelo fácil. Mas se eles se lembrarem da facilidade e felicidade com que a pedra de Daniel desceu do monte e derrubou a estátua de Nabuco, e trocou com ela o seu lugar, de que a fez desaparecer com todos seus metais: "E eles desapareceram de todo o lugar" (Dn 2,35), naquele espelho tosco e insensível verão estes mesmos dois erros do seu mal polido juízo. Desceu a pedra do monte, e não bateu a cabeça, nem os peitos, senão os pés da estátua, onde parou, porque este era o lugar último e o mais baixo, aonde a levava o peso da sua natural inclinação. E nota e pondera muito o texto que a mesma pedra se arrancou "e desceu do cume do monte sem mãos" (Dn 2,34). Por quê? Porque esta é a facilidade e diferença com que se desce ao lugar mais baixo, e se não pode subir ao alto. Aquela pedra não era pequena, como comumente se cuida, senão muito grande. Tão grande que, sendo a estatura da estátua de sessenta côvados, e os pés e espaço entre um e outro iguais a esta grandeza, ela com o mesmo golpe os alcançou e bateu a ambos. Agora pergunto: e quantas mãos e quantas máquinas seriam necessárias para subir esta grande pedra ao mesmo lugar do monte donde tinha nascido? Mas onde não podia subir senão com muitas mãos e muitas máquinas, ela desceu por si mesma sem necessidade de mãos próprias nem alheias: "sem mãos". Oh! cegueira da ambição humana! Dizei-me quantas mãos beijais, dizei-me quantas mãos encheis, dizei-me quantas máquinas fabricais para vos alar aonde quereis subir? E dizei-me também quantas vezes desarmam em vão essas mesmas máquinas, e essas mãos beijadas e cheias, quantas vezes vos deixam com as vossas vazias, porque eles alcançaram o que pretendiam de vós, e não vós o que esperáveis deles. A pedra não derrubou a estátua para subir — como vós fazeis — pelas ruínas alheias, mas o lugar que ela, como soberba, pisava e tinha debaixo dos pés, esse mesmo, por ser o mais baixo e o último, é o que tomou para si a pedra, e nele descansou como em próprio centro.

Infinita coisa fora se houvéssemos de pôr em paralelo as dificuldades dos primeiros lugares e a facilidade do último. Os lugares que dependem da vontade e poder alheio, ou os distribui a justiça, ou são indulgências da graça. Para a justiça é necessário o merecimento; para a graça é necessário o favor. E bastam estas duas coisas tão dificultosas de ajuntar? Não bastam. Abel tinha o merecimento e o favor, e o mesmo merecimento e favor foram o motivo de Caim, seu irmão, lhe tirar a vida. Pois, se com o merecimento e com o favor, o lugar que veio a alcançar Abel foi o primeiro entre os mortos, não é melhor ter o último entre os vivos, sem o trabalho de o merecer, nem o perigo de o não lograr? E se isto aconteceu nos tempos em que os homens se matavam sem ferro, e a graça e o favor se alcançava sem ouro, que será no tempo presente? Depois que as dignidades se fizeram venais, os lugares mais se alugam do que se alcançam, e não se dão a quem melhor os merece, senão a quem mais caro os compra. O que se busca nos homens são os que antigamente se chamavam talentos; e os que hoje têm o mesmo nome, se não estão engastados no mesmo metal, por singulares que sejam, não têm preço. Só o último lugar, porque não tem compradores, se não vende, e por isso só ele se consegue sem cabedal e se logra sem despesa.

Considerai e medi bem os degraus, uns tão altos, outros tão baixos, por onde, tropeçando, ajoelhando e caindo, ou se perde a pretensão, ou se chega finalmente a tomar posse do lugar pretendido; e vereis quanto mais custa o alcançar que o merecer. A Davi, para merecer, bastou-lhe derrubar um filisteu; mas para alcançar o merecido foi-lhe necessário vencer a duzentos. E que ministro há, ou oficial de ministro, que mais pelo inteiriçado que pelo inteiro, não seja um filisteu carrancudo e armado? Estaturas tão desmesuradas debalde as conquistareis com mesuras, que já se acabou o tempo em que os negócios se adiantavam com fazer pés atrás. As habilitações de pessoa, a fé dos ofícios, as certidões dos serviços e a justificação das certidões, tudo não tem tantas letras quantas são as dificuldades com que nelas topam, e sempre a sorte é sua, e vosso o azar. Aos menores haveis de dar, que é menos, aos maiores haveis de pedir e rogar, que, em quem tem honra, é muito mais, ficando pendente a vossa esperança do seu agrado, e da hora e humor com que fostes ouvido. Nos conselheiros haveis de solicitar a consulta, nos secretários a pena, e no príncipe não só a resolução, mas na resolução o efeito, para que tudo, depois de pagar os direitos, não venha a ser uma folha de papel selada com as armas reais, as quais haveis de conquistar de novo, para que chegue a ser alguma coisa, o que ainda depois do despacho é nada. Enfim, que estes são os dificultosos e cansados degraus por onde sobem, quando não caem, os que alcançam os primeiros lugares; e só aquele que se contenta com o último, nem serve, nem requere, nem pleiteia, nem adula, nem roga, nem paga, nem deve, e sem depender de ministros, nem de tribunais, nem do mesmo rei, ele é o que se consulta, e ele o que se faz a mercê, porque se despacha a si mesmo. E que, podendo-me eu despachar a mim, haja de requerer diante de outrem? Não é mais fácil o querer que o requerer? Ouvi a justa exclamação de S. Bernardo neste mesmo caso: "Oh! perversidade, oh! abuso dos filhos de Adão! Que sendo dificultosíssimo o subir e facílimo o descer, eles, pervertendo as leis da razão e da natureza, antes querem subir com dificuldade e trabalho que descer com facilidade e descanso!"[6]. — E notai que é tanta a facilidade e o descanso, que só fez Cristo menção do descansar, não do descer. Não disse como a Zaqueu: "desce", senão: "assenta-te" — porque o descer, ainda que fácil, demanda passos, e o "assenta-te", que é estar recostado, como os hebreus estavam à mesa, só significa descanso com gosto e sem trabalho: "Assenta-te no último lugar".

§ VI

A segunda prerrogativa do último lugar é ser o mais seguro. Os outros lugares, quanto mais altos tanto menos segurança tem, e a sua mesma altura é o prognóstico certo da sua ruína. Não quero que vejamos esta pouca segurança em outro lugar, senão naquele mesmo que, por ser o mais firme do mundo, lhe pôs Deus o nome de firmamento. Anunciando Cristo, Senhor nosso, os sinais do dia do Juízo, diz que "o sol se escurecerá, que a lua não dará a sua luz, e que as estrelas cairão do céu" (Mt 24,29). Sobre este cair das estrelas se dividem os intérpretes em muito diferentes exposições, porque supõem que, estando as estrelas fixas no céu, e sendo o céu incorruptível, não é possível caírem propriamente. — "Mas a mim" — diz Maldonado discretamente — "quando Aristóteles nega o que Cristo afirma, parece-me que antes devo crer a Cristo que a Aristóteles"[7]. — Suposto, pois, que as estrelas verdadeira e propriamente hão de cair, e o sol e a lua escurecer-se somente, por que se não escurecem todos ou caem todos? Que culpa ou que causa tem as estrelas, para serem elas só as que hão de cair? Têm a culpa que tiveram desde que foram colocadas no céu, que é ser o seu lugar o mais alto. A lua está no primeiro céu, o sol no quarto, as estrelas no oitavo, que é dos que alcança a vossa vista o supremo; e não é necessária outra culpa ou causa para serem elas as que hão de cair. Em todos os três sinais seguiu Cristo a natureza dos lugares. No eclipse da lua seguiu a natureza do lugar, porque no primeiro céu naturalmente a eclipsa a terra; no eclipse do sol seguiu a natureza do lugar, porque no quarto céu naturalmente o eclipsa a lua; e no cair das estrelas também seguiu a natureza de lugar, porque no oitavo céu, sendo este o mais alto, também é natural o cair.

Não há altura neste mundo que não seja precipício. Todo o lugar mais alto que os outros está sempre ameaçando a própria ruína, sem outra causa ou culpa que o ser mais alto. Que culpa têm as torres e os montes para serem eles os ameaçados dos trovões e os feridos dos raios? Nenhuma outra senão a sua própria altura e serem os lugares mais levantados da terra. Parece que se dá por ofendido o céu de se avizinharem mais a ele, como se todas as torres foram de Babel, e todos os montes os dos gigantes. Quando Cristo, para nos dar exemplo, se desafiou com o demônio, a primeira eleição do lugar foi sua, provocando-o ao deserto: "Foi levado ao deserto, para ser tentado pelo diabo" (Mt 4,1). Mas a segunda e terceira eleição foram do mesmo demônio, levando ele a Cristo aos lugares que lhe pareceram mais a propósito para a tentação. O primeiro foi a torre do Templo de Jerusalém: "O levou à cidade santa, e o pôs sobre o pináculo do Templo" (Ibid. 5). O segundo foi um monte, o mais levantado que havia naquele distrito: "De novo o subiu o diabo a um monte muito alto" (Ibid. 8). E por que razão a uma torre e a um monte? Porque em um e outro lugar armava a derrubar a Cristo. Na torre, solicitando-o a que se precipitasse: "Lança-te daqui abaixo" (Ibid. 6) — no monte, fazendo-lhe grandes promessas para que caísse: "Se prostrado me adorares" (Ibid. 9). Os que tanto anelam à subida de semelhantes lugares, já que não podem ver quem os leva, vejam ao menos aonde são levados. A torre era lugar eclesiástico e sagrado, o monte lugar secular e profano; na torre prometeu-lhe o demônio anjos, no monte ofereceu-lhe mundos; mas como um e outro lugar eram os mais altos, ou as ofertas fossem do céu ou da terra, ou na Igreja ou fora dela, ambos eram igualmente os mais perigosos e os mais aparelhados para a caída.

Já muito antes tinha ensaiado o demônio esta mesma tragédia em duas grandes figuras de um e outro estado. Daniel era pessoa eclesiástica dedicada ao serviço de Deus; Amã era ministro secular ocupado nos negócios do mundo. Amã tinha o primeiro e maior lugar na corte de el-rei Assuero, Daniel também o primeiro e maior na corte de el-rei Dario; mas quem é aquele que na praça da metrópole de Susa, pregado em uma cruz de cinquenta côvados, com a mais infame morte está acabando a vida? É Amã. E quem é aquele que na famosa cidade de Babilônia, levado por ministros da justiça, é lançado no lago dos leões, para morrer espedaçado de suas unhas? É Daniel. Pois, Daniel tão estimado de Dario, e Amã tão valido de Assuero, ambos tão de repente caídos, e mais, sendo tão diferentes na vida como na profissão? Sim. Daniel servia a Deus, Amã servia ao mundo; Daniel era justo e santo, Amã era mau e perverso; mas levantados ao cume dos primeiros lugares, nem a Amã lhe valeu a sua indústria para se sustentar, nem a Daniel a sua virtude para se defender da caída. Mais admirável foi ainda a de Daniel que a de Amã. Amã caiu, porque perdeu a graça do rei; Daniel, tendo por si toda a graça do rei, toda ela lhe não bastou para que não caísse. E parou aqui? Não. Livrou Deus milagrosamente a Daniel das garras dos leões, e canonizado seu merecimento com um tão público e estupendo pregão do céu, o rei o restituiu outra vez ao lugar que dantes tinha. Mas o que agora se segue ainda foi maior prodígio. Foram tão poderosas e tão astutas as máquinas de seus inimigos que obrigaram ao mesmo rei a que ele o tornasse a meter no lago e o entregasse outra vez à fome e voracidade das feras.

Oh! bem-aventurado e só bem entendido aquele que, entre todos os lugares do mundo, sabe escolher um tal lugar do qual ninguém o possa derrubar nem ele cair. Dos lugares altos é verdade que nem todos caíram; mas também é certo que os mesmos que não caíram podiam cair. E basta o poderem cair para não estarem seguros. Como pode ser segurança a do mar, se sempre está sujeito à inconstância dos ventos? Os latinos têm dois nomes com que declaram dois gêneros de segurança muito diversa: *tutus* e *securus*. *Tutus* (*seguro*) significa a segurança do que não periga; *securus* (*seguro*), a segurança do que não periga nem pode perigar. O doente que não há de morrer está *tutus* na febre aguda; mas não está *securus*, porque não está sem perigo, sem temor e sem cuidado, que isso quer dizer: "*securus*, isto é, sem cuidado". Esta é a energia e elegância daquela sentença de Sêneca: "Os crimes podem ter segurança, mas não segurança absoluta"[8]. E este gênero de segurança segura, não só do perigo, senão também do temor e do cuidado, a qual nunca pode haver nos lugares altos, é a que só se acha no último. Quem está no lugar alto pode não cair, mas quem está no último não pode cair, que é só a verdadeira segurança. E por quê? Porque se do lugar último se pudera cair, não seria o último. Do lugar alto pode-se cair ao baixo, do baixo pode-se cair ao ínfimo, mas do ínfimo, que é o último, não se pode cair, porque não há para onde.

Este foi aquele evidente argumento com que o profeta Jeremias consolou a Jerusalém no caso da transmigração de Babilônia. Chorou o profeta eloquentissimamente aquela transmigração com quatro abecedários de lágrimas, sinalando a cada letra um novo motivo de dor; e chegando ao último verso e à última letra, acabou com esta breve sentença: "Fim do teu castigo, filha de Sião. Ele não mais te exilará" (Lm 4,22). A tua transmigração, ó Jerusalém, foi o *non plus ultra*[9] dos males que te podia fazer Babilônia. — Mas, agora que estás padecendo essa transmigração, tu a deves consolar não com outra coisa, senão com a mesma transmigração. Por quê? Porque se ela foi o *non plus ultra* e o último dos males, não pode passar daí: "Ele não mais te exilará". — Tão altamente exagerou Jeremias o mal, quão sutilmente lhe excogitou o alívio. É propriedade dos males últimos isentarem de si mesmos a quem oprimem. A morte, que é o último de todos os males, isenta da morte e faz imortais aos que mata, por que nem ela os pode já matar, nem eles morrer. E este privilégio é o que logra na vida quem conheceu o bem do último lugar e se contenta com ele. Antes de se recolher a este fortíssimo asilo, pode descer por vontade, pode cair por desgraça e pode ser derrubado por força; mas, depois de estar no último lugar, nem a força alheia, nem a mesma vontade própria, nem todo o poder da fortuna o pode fazer cair nem descer. Acrescente a fortuna um degrau além do último e outro abaixo do ínfimo — o que Deus não pode fazer — e só então poderá descer quem está no ínfimo lugar e cair quem está no último.

Só quem soube fazer esta eleição desarmou a fortuna. Oh! que glorioso troféu! A fortuna despida de suas armas, e ao pé desses despojos aquele verso: "Sou maior que aquele ao qual a fortuna pode causar danos". Assim se desarma a fortuna, que só é forte com as armas que nós lhe damos. Todos os poderes da fortuna em que consistem? Em levantar e abater; e se eu me contento com o último lugar, nem ela me pode levantar, porque não quero, nem abater, porque não pode. Antes, digo que nem abater-me, nem levantar me pode a fortuna, ainda que queira, porque temos os conceitos trocados. Levantar-me não, segundo o meu conceito, porque o que ela tem por melhor lugar, esse é o que eu desprezo. E abater-me também não, segundo o seu conceito, por que o que ela tem por pior lugar, esse é o que eu estimo. Abra os olhos a fortuna cega, e emende a falsa aparência dos seus errados conceitos, e só então poderá fazer bem-afortunados, tendo pelo melhor lugar do mundo, não o primeiro e mais alto, senão o mais baixo e último. Só é verdadeiramente bem-afortunado quem não pode cair, e só não pode cair quem não tem para onde. E por que não pareça que dissimulo a sutileza de uma instância que tem esta filosofia, dirá alguém que no mesmo lugar último, sem haver outro inferior e mais baixo, pode cair quem está nele: "Quem está em pé, olhe não caia" (1Cor 10,12) — porque quem está em pé pode cair dentro no mesmo lugar, sem cair para outro. É o que disse judiciosamente o poeta: "As grandes coisas caem por si mesmas". Mas esta instância não tem lugar no nosso caso: quem está em pé pode cair no mesmo lugar, mas não quem está deitado, e isso quer dizer "assenta-te". Os que subiam e desciam pela escada de Jacó podiam cair; mas ele, que jazia ao pé da mesma escada no último lugar, e deitado, estava seguro de poder cair, e por isso dormia a sono solto: "Reclina-te no último lugar".

§ VII

A terceira prerrogativa do último lugar sobre mais fácil e mais seguro é ser também o mais quieto, ou só ele quieto. Nesta perpétua roda em que se revolve o mundo, tudo se move, tudo se altera, tudo se muda, tudo está em contínua agitação, sem consistência nem firmeza, nem há lugar algum em que se goze de quietação e sossego, senão unicamente o último, e só por ser o último. Opinião foi antiga de muitos filósofos que não era o sol o que se movia e dava volta ao mundo, senão que, permanecendo sempre fixo e imóvel, esta terra em que estamos é a que, sem nós o sentirmos, se move e nos leva consigo, e quando nos aparta do sol, faz a noite, e quando no-lo torna a mostrar, o dia. Mas esta opinião, ou imaginação matemática, assim como ressuscitou em nossos tempos, assim foi também condenada como errônea, por ser expressamente encontrada com as Escrituras divinas. Do sol diz o texto sagrado, com palavras tão claras como a luz do mesmo sol, que ele é o que dá volta ao mundo, alumiando-o: "O sol nasce e se põe, faz o seu giro pelo meio-dia e se dobra para o norte, visitando tudo em roda" (Ecl 1,5s). E, pelo contrário, da terra diz que ela está imóvel e firme, sem se mover nem haver de mover jamais: "Mas a terra permanece sempre firme" (Ecl 1,4). Pois, se o sol, príncipe dos planetas, se move, e todos os astros e corpos celestes, de dia e de noite, estão em perpétuo movimento, e abaixo do céu, arrebatada com ele, se move a esfera de fogo, e abaixo do fogo o ar e os ventos, e abaixo do ar a água, ou correndo perpetuamente nos rios e nas fontes, ou indo e tornando às praias no mar duas vezes no dia, ainda quando as tempestades o não levantam às estrelas ou abismam às areias, qual é a razão por que a terra, no meio de todas estas agitações e tumultos da natureza, só ela está firme e imóvel, só ela em perpétua quietação e sossego: "Mas a terra permanece sempre firme"? Não vedes como neste imenso globo do universo só à terra, como centro dele, coube o último lugar do mundo? Pois essa é a razão por que só ela no mesmo mundo goza de quietação e sossego: "A causa da estabilidade e imobilidade da Terra é a sua gravidade, que exige o último lugar do mundo"— comenta Cornélio. — Em suma, que todos os outros lugares mais ou menos altos são naturalmente inquietos, e só o ínfimo, o último e mais baixo de todos é o assento firme e o centro imóvel da segura e perpétua quietação.

Oh! se a terra tivera olhos e entendimento, e olhasse cá debaixo para o céu, e para tudo o que se move entre o céu e a mesma terra, que contente estaria do seu último lugar, e que graça daria por ele ao autor da natureza, vendo o curso e revolução sempre inquieta do sol, da lua e das estrelas, e a contínua batalha dos elementos, comendo-se uns aos outros, sem paz nem quietação, mas em perpétua conquista de dilatar cada um a própria esfera, e só ela pacífica e quieta, por benefício da última baixeza em que Deus a fez a base do mundo e lhe deu por base o seu próprio centro: "Fundaste a terra sobre a sua própria estabilidade" (Sl 103,5)! Mas o homem, que é terra com entendimento e olhos, se o mesmo Deus lhos abriu de maneira que soube não querer outro lugar senão o último, ele é o que verdadeiramente logra a quieta paz e pacífica quietação do seu tão feliz como desconhecido estado, sem quem lho perturbe nem altere. Batalhem os outros, e comam-se sobre quem há de subir e alcançar os lugares mais altos, que eu — dirá — quanto mais olho para eles, e vejo de fora os seus perigos e naufrágios, tanto mais me satisfaço da minha paz que das suas batalhas, da minha retirada que das suas vitórias, e da minha segura baixeza que das suas inquietas alturas. Olhai que bem entenderam a inquietação de todas elas vivos e mortos. Quando Saul, depois de morto Samuel, o tirou do fundo da terra e o fez vir a este mundo, posto que por tão breve espaço, a razão por que Samuel se queixou dele não foi outra, senão porque o inquietara: "Por que me inquietaste, fazendo-me subir?" (1Rs 28,15). E Sidônio Apolinar, refutando o parabém de certo lugar eminente a que fora promovido um seu amigo, escreveu estas notáveis palavras: "Não sou da opinião dos que têm por afortunados os que lutam para conseguir os mais altos cargos da república; antes, por isso mesmo são dignos de grande lástima, pois julgam pouca coisa submeter-se a essa inquietíssima servidão"[10]. Notai a palavra superlativa "inquietíssima", com que um varão de tão alto juízo, como Sidônio, não só chama servidão à dos lugares altos, mas "Inquietíssima servidão".

As causas naturais desta inquietação dos lugares altos, ou são as competências dos que os procuram, ou as invejas dos que os desejam, ou o próprio desassossego dos mesmos lugares que, ainda depois de adquiridos, nem eles aquietam, nem deixam aquietar a quem está neles. Quanto às competências por que pelejavam Jacó e Esaú nas entranhas de sua mãe, e Farés e Zarão, que lhes sucederam, não pelejavam nas entranhas da sua? Porque Jacó e Esaú ambos pretendiam o primeiro lugar, e entre Farés e Zarão tão fora estava de haver a mesma contenda que, tendo Zarão já na mão, com a púrpura, a investidura do primeiro: "Este sairá primeiro" (Gn 38,28) — tornou a retirar o braço para o dar a Farés. De sorte que nas mesmas entranhas maternas, onde houve dois que competiram sobre o primeiro lugar, tudo foram inquietações e batalhas, e onde houve um só que quis antes o último que o primeiro, tudo foi paz e quietação. Isto quanto às competências.

E quanto às invejas? Maior caso ainda. Pediram os filhos de Zebedeu as duas cadeiras da mão direita e esquerda do reino de Cristo; e com que tenção as pediram? — Com tenção, diz S. João Crisóstomo, que S. Pedro, de quem só se temiam, lhes não levasse o primeiro lugar ou primazia do reino: "Temendo que Pedro seria preferido a eles, ousaram pedir que um se sentasse à direita e o outro à esquerda, embora soubessem que pedindo a primazia do assento se antepunham aos demais"[11]. Os outros discípulos, a quem os dois irmãos se viam preferidos, não lhes davam cuidado, e só de Pedro se temiam. Mas, se João e Diogo eram os dois mais virtuosos do apostolado e os dois maiores amigos de Pedro, como o queriam excluir por esta via? Porque onde entra a inveja e a ambição de lugares não há virtude nem amizade segura: o maior amigo vos há de desviar, e o mais virtuoso se há de introduzir. Os primeiros lugares levem-nos João e Diogo: e a S. Pedro? Nenhum lugar. Por certo que não havia de haver esta inquietação no apostolado, se o lugar fora o último. O último lugar não tem invejosos, nem quem o escolheu por melhor tem que invejar; e onde não há invejoso, nem invejado, tudo está quieto.

E basta isto? Não basta. Porque, ainda que não haja competência nem inveja que inquiete os lugares altos, é neles tão natural a inquietação, como dizia, que eles mesmos se inquietam e a quem está neles. Lúcifer foi criado no céu, donde caiu: "Como caíste do céu, ó Lúcifer?" (Is 14,12) — e, contudo, dizia a sua ambição que havia de subir ao céu: "Que dizias no teu coração: Subirei ao céu" (Ibid. 13). — Pois, demônio, se tu estás no céu, como anelas a subir ao mesmo céu? Como desejas o que já tens? Como pretendes o que já alcançaste? Como te inquieta o que já gozas? Como queres subir onde já subiste e estar onde já estás? Porque o mesmo lugar em que estava o inquietava de sorte que, estando nele, não podia aquietar nele. Por isso, sem competência nem inveja de outrem que o derrubasse, ele se derrubou a si mesmo. A Adão derrubou o demônio, ao demônio ele mesmo se derrubou, porque tanto o inquietou o lugar que tinha como se o não tivera.

Só o último lugar está livre destas inquietações e perigos, e não por outro privilégio ou imunidade, senão por ser o mais baixo. Erradamente se chamam baixos aqueles em que naufragam os navegantes. Não são baixos senão os lugares mais altos do mar, que em penhascos ou areias se levantam no meio dele. Por isso neles naufraga o mesmo mar, e se quebram e espedaçam as ondas. Ditosas as que, sem querer sair nem subir, se deixam estar no seu fundo, que essas só se conservam em paz e gozam de inteira quietação; e se lá chegam os ecos das que perigam e quebram, elas descansam e dormem ao som das outras. Desta mesma quietação segura e firme nos dá outro documento a terra naqueles grandes corpos a que concebeu a vida e negou os sentidos. Todas as árvores têm uma parte firme e outra movediça. A firme, que são as raízes, está no baixo, e a movediça, que são os ramos, no alto. Só ali tem jurisdição e império, ou a lisonja das virações, ou o açoite dos ventos. Todas na cabeça leves e inquietas, e só no pé seguras e firmes. No alto quebram-se os ramos, voam as folhas, caem as flores e perdem-se antes de amadurecer os frutos; e só no baixo sustentam as raízes o tronco, e nele as esperanças de recuperar em melhor ano todo o perdido. Oh! mal ensinado juízo humano, que nem as plantas insensíveis, nem os elementos sem vida bastam a te fazer sisudo! Aprende ao menos das criaturas sensitivas, e sejam as menores as que te ensinem.

O pardal e a rola — diz Davi — souberam buscar e achar o lugar mais conveniente à sua conservação: "Ainda o passarinho acha casa para si, e a rola ninho para si, onde ponha seus filhinhos" (Sl 83,4). E a que fim traz Davi este exemplo, e o põe em dois animalinhos de tão pouco vulto? Para que se envergonhem os homens, com todo o seu uso da razão, de não saberem escolher o lugar que mais lhes convém. E são tão esquecidos e descuidados todos em fazer esta escolha que, se algum houve que a fizesse, foi por especial auxílio da graça divina. Assim continua o mesmo Davi com estas admiráveis palavras: "Bem-aventurado aquele homem a quem vós assistis porque dispôs em seu coração os desejos de subir, porém pôs o seu lugar no vale das lágrimas" (Sl 83,6s). Bem-aventurado, Senhor, aquele homem a quem vós assistis com particular auxílio de vossa graça, porque este considerou todas as ascensões, isto é, todos os modos de subir com que os outros procuram alcançar os lugares mais altos; porém ele escolheu para si o mais baixo de todos, e pôs o seu lugar no vale das lágrimas: "No vale das lágrimas pôs o seu lugar". Mas que vale de lágrimas é este? O mundo vulgarmente chama-se vale de lágrimas; porém nem todo ele é vale, nem todo de lágrimas. Não é todo vale, porque tem campos, outeiros e montes; e não é todo de lágrimas, porque também é de gostos, delícias e passatempos. Que vale é logo este, onde só o homem assistido da graça de Deus pôs o seu lugar: "No vale das lágrimas pôs o seu lugar"? É o vale que fazem os montes das ascensões, isto é, os lugares altos onde todos desejam subir, que ele considerou muito atentamente: "dispôs em seu coração os desejos de subir" — Os que subiram a estes lugares altos estão nos montes da alegria, porque conseguiram o que desejavam, e os que não puderam subir, estão no vale das lágrimas, por que todos choram e se choram de lhes não chegar o dia da sua ascensão, de não serem promovidos aos lugares que desejam. Neste vale, pois, que é de lágrimas e tristeza para os demais, neste mesmo, e no mais fundo dele, que é o último e mais baixo, pôs o seu lugar aquele a quem Deus assistiu, porque não basta só para esta valente resolução o entendimento e juízo próprio, mas é necessário o auxílio da graça divina: "a quem vós assistis", auxílio de luz para o conhecer por melhor, auxílio de valor para o preferir a todos, e até auxílio do amor-próprio para descansar sem engano unicamente nele: "Reclina-te no último lugar".

§ VIII

Temos visto como o último lugar, entre todos os do mundo, para alcançar é o mais fácil, para conservar o mais seguro, e para lograr o mais quieto, prerrogativas nele singulares, pelas quais deve ser preferido a todos os outros. Nem o nome de último lhe deve tirar nada de estimação porque, se não fora o último, não as tivera. É todo o lugar último como o que coube a Benjamim na mesa de José. Como os irmãos se assentaram à mesa conforme as suas idades, a Benjamim que era o mais moço coube-lhe o último lugar. Foi, porém, coisa que os mesmos irmãos e todos os egípcios muito admiraram que, fazendo José os pratos, o de Benjamim se avantajava sempre com notável excesso a todos. Olhamos para o lugar, e não olhamos para o prato. Oh! se soubéssemos tomar o sabor aos gostos e regalos puros e sinceros, que só no último lugar se acham, livres das amarguras e dissabores que em todos os outros lugares, por altos e soberanos que sejam, ainda com os olhos cerrados, mal se podem tragar! Lá disse Demócrito que aquele que se resolvesse a não desejar poderia competir de felicidade com Júpiter; e esta felicidade sobre-humana só a depositou não o falso, senão o verdadeiro Deus, nos tesouros escondidos do último lugar. Só ali se vive sem desejo, sem temor, sem esperança, sem dependência e sem cuidado algum, nem ainda leve pensamento que a perturbe. Só ali o sono é descanso, o comer sustento, a respiração vital, e a vida, vida porque só ali está a alma, não dividida, mas inteira, e toda consigo e dentro em si mesma, como também o homem todo em si, e fora do mundo, porque não quer nada dele. E que não baste tudo isto para que o último lugar seja o mais estimado, o mais querido e o mais pretendido dos homens? Tanto pode com eles a falsa apreensão daquele nome de último com que, reconhecendo-o no demais por tão avantajado e melhor, o reputam contudo não só por menos honrado, mas por afrontoso, e por isso o desprezam e fogem dele.

Este é o último engano que só nos resta por refutar, cuja inteligência consiste em saber distinguir no mesmo lugar uma grande diferença de último a último. O último lugar, merecido por distribuição alheia, pode ser afrontoso; tomado por eleição própria, é o mais honrado. Quem voluntariamente e por própria eleição escolhe o último lugar do mundo, esse só usa do mesmo mundo como senhor dele. Dê-nos a primeira prova o mesmo mundo, não como vão e errado, mas como cortês e entendido. Vistes passear na praça de palácio uma cochada de fidalgos: e qual deles é o senhor da carroça? O que vai no último lugar. Vistes os mesmos, ou outros, em conversação ou visita: e qual é o senhor da casa? O que está na última cadeira. Pois, assim como o que tem o último lugar na carroça é o senhor da carroça, e assim como o que tem o último lugar na casa é o senhor da casa, assim o que voluntariamente tem o último lugar do mundo é o senhor do mundo. Não ponhamos a decisão na vontade dos homens, que pode ser errada, mas na do mesmo Deus, que é a regra de toda a razão e verdade. Começou e acabou Deus a grande obra da criação deste mundo em seis dias: mas por que ordem? Depois de criar no primeiro dia a luz, no terceiro criou as árvores e plantas, no quarto o sol, lua e estrelas, no quinto os peixes e aves, no sexto os animais que andam ou se arrastam sobre a terra, e, depois de povoados por este modo o céu, o ar, a água e a mesma terra, dela formou e criou o homem, para dominar como senhor de tudo o que tinha criado. Assim o disse o mesmo Deus no mesmo ato em que o formou: "Façamos o homem à nossa imagem e semelhança, o qual presida aos peixes do mar, às aves do céu, às bestas e a toda a terra" (Gn 1,26). Pois, se o homem era a primeira e mais nobre de todas as criaturas deste mundo, e criado para senhor delas, por que o não criou Deus no primeiro lugar, senão no último? Por isso mesmo. Por que a honra e dignidade do último lugar do mundo só competia e era devida ao Senhor e dominador dele. Vede agora se é honrado, e quão honrado é o último lugar. "Com razão foi o homem formado em último lugar, quase como o fim da natureza; com razão foi o último, quase como a súmula de toda a criação, a causa do mundo, por quem tudo foi feito" — diz Santo Ambrósio[12]. Mas ainda não está dito o que excede quanto se pode dizer.

Deus, enquanto Deus, por ser infinito e imenso, é incapaz de lugar; porém, depois que desceu do céu a este mundo e se fez homem, havendo de ter lugar entre os homens, que lugar tomaria? O de Nazaré? O de Belém? O do Egito? O do Calvário? Tal foi o lugar que tomou sempre e em toda a parte, que, vendo-o o profeta Isaías, não teve outro nome com que se explicar, senão chamando-lhe "o último dos homens" (Is 53,3). E por que razão o último, sendo sua a eleição do lugar? Não porque tivesse para si que a igualdade que tinha com o Eterno Pai fosse alheia ou roubada, e não natural e própria, como notou S. Paulo, mas porque, sendo tão Deus e tão supremo Senhor do universo como o mesmo Pai, nem outro lugar era capaz de sua grandeza, nem outro mais decente à sua soberania, nem outro, enfim, mais conforme à sua doutrina, senão aquele mesmo a que hoje nos exortou: o último. Em um banquete a que el-rei Dionísio de Sicília convidou as maiores personagens do seu reino, como pusesse no último lugar da mesa a Aristipo, oráculo daquela idade, o que lhe disse o grande filósofo foi: "Sem dúvida, ó Dionísio, que hoje quisestes enobrecer e fazer ilustre este lugar"[13]. — E se assim honrou e ilustrou Aristipo o último lugar só com se assentar nele, que diremos depois que Deus o escolheu e tomou para si? "Ó último e altíssimo!" — exclama S. Bernardo[14]. Antes de Deus escolher este lugar entre os homens, podia andar em opiniões se era honrado ou não o último lugar; mas depois que Deus o escolheu e tomou para si, intolerável blasfêmia seria dizer que não é o mais honrado de todos.

§ IX

Por fim só resta satisfazer à conclusão da parábola, na qual parece que desfez o divino Mestre tudo o que temos dito, dando o Senhor a razão por que se não devem procurar os primeiros lugares, senão o último: — Porque virá — diz — o dono da casa e do convite, e se vos vir no último lugar, dir-vos-á: "Amigo, subi para cima" (Lc 14,10). — E, pelo contrário, se tiverdes tomado o primeiro, o que ouvireis será: "Levantai-vos desse lugar, e dai-o a este" — e com grande "confusão e vergonha vossa ficareis no último" (Ibid. 9). — Este dono da casa e do convite no fim da parábola é Deus que, segundo as nossas ações e deliberações, as há de premiar ou castigar: e não pondero que só ao que escolheu o último lugar chamou "amigo" — nem pondero que o que tinha tomado o primeiro lugar não ficou no segundo nem no terceiro, mas desceu ou foi lançado no último; mas o que pondero e reparo é que, ao que elegeu o último lugar o premiou Deus com o primeiro, e ao que tomou o primeiro o castigou com o último; logo, se o último lugar se dá por castigo, e o primeiro por prêmio, melhor parece que é o primeiro lugar que o último.

Assim parece porque não consideramos nos mesmos lugares o onde e o quando. Onde e quando foi a eleição que os homens fizeram dos lugares? Neste mundo. E onde e quando há de ser a mudança com que Deus o há de trocar? No outro. Pois essa é a razão da diferença e da troca. No outro mundo é melhor o primeiro lugar; neste o último. E por quê? Porque o céu é a pátria de todos os bons e de todos os bens; a terra a de todos os maus e de todos os males. Na terra tudo são soberbas, ambições, invejas, discórdias, contendas, cavilações, enganos, falsidades, traições, violências, e tratar cada um de subir, ainda que seja pelas ruínas alheias; e para escapar de todos estes males, maldades e malícias, não há outro lugar seguro e quieto, senão o último. Pelo contrário, no céu tudo é claridade, paz, concórdia, amor, contentamento, bem-aventurança e estimar e gozar-se cada um do bem do outro como do próprio, e por isso os primeiros lugares, de ninguém invejados nem pretendidos, mas de todos aprovados e venerados, sem receio que os inquiete de dentro, nem perigo que os perturbe de fora, são tão firmes e perpétuos, como os mesmos bens e felicidades que logram.

E para que vejamos estas duas diferenças estabelecidas por Deus desde o princípio do mundo, uma na terra entre os elementos, e outra no céu entre os anjos, ouçamos a Escritura Sagrada. Na criação do mundo gastou seis dias, mas só cinco deles foram propriamente de criação. No primeiro criou, no terceiro criou, no quarto, no quinto e no sexto criou, e somente no segundo não criou coisa alguma. Pois se o segundo dia foi totalmente estéril e infecundo sem produção de nova criatura, em que gastou e empregou Deus todo aquele dia? Empregou-o todo em honrar e exaltar o último lugar quanto ele merece. Diz o texto que no segundo dia dividiu Deus o elemento da água, e alevantou uma parte dele, e a pôs sobre o firmamento, a que chamou céu. Estas são aquelas águas de que diz Davi: "E todas as águas que estão sobre os céus louvem o nome do Senhor" (Sl 148,4s) — onde declara que o céu sobre que foram colocadas é o supremo e mais alto de todos. E donde lhe veio ao elemento da água ser assim exaltado, o que Deus não fez a algum outro? Porque, sendo a água por natureza superior à terra, e sendo o lugar da terra o último, ela, deixando o sítio mais eminente em que fora criada, correu espontaneamente a encher as concavidades da mesma terra, e se abraçou de tal sorte com ela no mesmo lugar que da água e da terra se formou um só globo. E foi tão grata aos olhos de Deus esta ação, posto que natural do elemento da água, que, havendo de lhe compensar, como autor da natureza, um lugar com outro lugar, pelo último a que se abateu na terra o levantou ao supremo do céu. Mas pois estamos no céu, vejamos quão contrário foi lá a este exemplo da água elementar o do fogo racional, que isso quer dizer serafim. Tinha o primeiro lugar no céu, entre o coro dos serafins, Lúcifer, não se contentando com menos sua alteza que com subir ao supremo sobre todas as criaturas. Isto é o que revolvia no pensamento quando disse: "Exaltarei o meu trono acima dos astros de Deus, serei semelhante ao Altíssimo" (Is 14,13s). E que lhe fez o mesmo Altíssimo a quem afetou ser semelhante? "E, contudo, no inferno serás precipitado, até ao profundo do lago" (Ibid. 15). Do céu o precipitou no inferno, e do supremo lugar que afetou no empíreo, ao ínfimo dos abismos. Assim castiga ou premia Deus, e assim troca os lugares, sublimando até o supremo a quem se abateu ao último, e derrubando até o último a quem afetou o supremo. Tanto monta na parábola do nosso Evangelho ou: "Amigo, senta-te mais para cima" (Lc 14,10) ou: "E tu, envergonhado, vás buscar o último lugar" (Ibid. 9).

À vista deste eterno desengano não é necessário inferir qual deve ser a resolução nesta vida dos que ainda têm livre a eleição dos lugares. Mas, que farão os que já conseguiram a sua, e por nascimento ou negociação, ou qualquer outra fortuna, estão postos nos primeiros? Fácil é de dar o conselho, se não for dificultosa a resolução. Mas esta não corre por minha conta. Por que não farão os que têm menos que deixar o que fizeram tantos reis e imperadores? Não tinham fé do céu nem do inferno Diocleciano e Maximiano, e só pela experiência que tinham dos primeiros lugares do mundo, cansados de o governar e mandar, ambos de comum consentimento renunciaram o império em um mesmo dia — que foi o de dezessete de fevereiro do ano de trezentos e quatro — Diocleciano em Nicomédia, e Maximiano em Milão. E quem não exclamará neste passo: Oh! cegueira do juízo humano! Oh! fraqueza grande da nossa fé! Que dois gentios, e de má vida, tivessem valor para uma resolução como esta, e que sendo a medida dos lugares com que nos levantamos sobre os nossos iguais tão curta, baste a lisonja desta preferência tão trabalhosa e incerta para a antepormos nesta vida à quietação e descanso da temporal, e à segurança da eterna!

Razões pode haver tão urgentes, e obrigações tão fortes, que não permitam romper estes laços; mas nos tais casos, que não podem ser senão muito raros, já que se não possam renunciar os lugares, ao menos se deve renunciar o amor. Mais estranhava Cristo nos escribas e fariseus o amor que tinham aos primeiros lugares que os mesmos lugares: "E gostam de ter nos banquetes os primeiros lugares, e nas sinagogas as primeiras cadeiras" (Mt 23,6). Para serem tão arriscados, como vemos, os primeiros lugares, basta serem primeiros, ainda que se não amem. Os santos não os amavam e, contudo, se lê de todos que os repugnavam e fugiam deles; mas se forem primeiros, e juntamente amados, então são muito mais perigosos e perniciosos, assim para os mesmos a quem incham e enganam, como para a república que arruínam. Estes mesmos escribas e fariseus, amadores dos primeiros lugares, foram os solicitadores da morte de Cristo, e os que puseram o Filho de Deus em uma cruz. Por quê? Só por não perderem os lugares que tanto amavam: "Virão os Romanos, e tirar-nos-ão o nosso lugar" (Jo 11,48). Enfim, que se os primeiros lugares se não amarem, serão menos os danos que causarão, próprios e alheios; mas ou amados ou não amados, se os que estão neles os não renunciarem de todo, e trocarem generosamente pelo último, de nenhum modo poderão gozar a liberdade, a quietação e o descanso seguro que tão largamente tenho mostrado, porque este privilégio só é concedido por Deus, ao último lugar: "Reclina-te no último lugar" (Lc 14,10).

SERMÃO DO

Santíssimo Sacramento

Em dia do Corpo de Deus, na Igreja e Convento da Encarnação.

❧

"Este é o pão que desceu do céu."
(Jo 6,59)

Vieira, embora não dê a data, situa a ocasião: em dia do Corpo de Deus e no Convento da Encarnação, portanto em Lisboa. O dia da Encarnação e o dia do Sacramento, ambos são dias do corpo de Deus, mas com grande diferença. Isto é o que determina pregar. Assim como pela Encarnação a divindade de Cristo se despiu dos atributos de Deus, vestindo-se do corpo humano, assim pelo Sacramento o corpo de Cristo se despiu das propriedades do corpo e se revestiu dos atributos de Deus. Longamente Vieira discorre sobre cada um desses atributos vazios na Encarnação e relevados no Sacramento: a espiritualidade, a imensidade, a eternidade, a imortalidade, a impassibilidade, a infinidade e a invisibilidade divina. Se os vazios da divindade o corpo de Cristo encheu no Sacramento, quanto mais encherá os da nossa necessidade? Tudo Deus criou vazio, mas logo encheu tudo. Gozaremos eternamente na mesa da glória, por graça do mesmo pão que, para nós subirmos, desceu do céu.

§ I

Celebra hoje esta Igreja o que celebram todas, mas nenhuma com tanta obrigação, nenhuma com tanta propriedade. Nas outras é a solenidade própria do dia; nesta é do dia e do lugar. Andam tão ligados entre si estes dois soberanos mistérios — Encarnação e Sacramento — que a mesma sabedoria e eloquência divina, para pregar as grandezas do Sacramento, se valeu das excelências da Encarnação: Este é o pão — diz Cristo — que desceu do céu. Mas quando desceu do céu este pão? Não no dia em que se instituiu o mistério do Sacramento, senão no dia em que se obrou o da Encarnação. Assim o confessamos todos com os joelhos em terra: "Desceu dos céus e se fez homem". De maneira que no mesmo texto do tema temos dois dias e dois mistérios: o dia e o mistério do Sacramento: "Este é o pão" — e o dia e o mistério da Encarnação: "que desceu do céu"; o dia e o mistério do Sacramento, conforme a celebridade, e o dia e mistério da Encarnação, conforme o lugar. Havendo, pois, de ser o sermão — como é bem que seja — não do corpo de Deus vagamente, senão do corpo de Deus na Encarnação, e havendo de tomar as medidas ao discurso pelo mesmo corpo de Cristo, não só enquanto corpo de Deus sacramentado, senão também enquanto corpo de Deus encarnado, digo que o dia da Encarnação e o dia do Sacramento, ambos são dias do corpo de Deus, mas com grande diferença. O dia da Encarnação é dia do corpo de Deus, porque no dia da Encarnação desceu Deus a tomar condições de corpo; e o dia do Sacramento também é dia do corpo de Deus, porque no dia do Sacramento subiu o mesmo corpo a tomar atributos de Deus. Isto é o que determino pregar hoje, mas ainda não acertei a o dizer com os termos grandes que pede a majestade da matéria. Para que eu a saiba, e me saiba declarar melhor, recorramos à fonte da graça, que está presente: *Ave Maria*.

§ II

"Este é o pão que desceu do céu."
O apóstolo S. Paulo, falando da segunda parte deste texto, isto é, de quando o Verbo divino desceu do céu a vestir-se de nossa carne, diz estas notáveis palavras: "Tendo a natureza de Deus, não julgou que fosse nele uma usurpação o ser igual a Deus, mas ele se aniquilou a si mesmo, tomando a natureza de servo, fazendo-se semelhante aos homens, e sendo reconhecido na condição de homem" (Fl 2,6s). Quer dizer: Sendo o eterno Verbo igual ao Pai em tudo, e não podendo deixar de o ser, fazendo-se porém homem, e semelhante em tudo aos outros homens, de tal maneira escolheu e sumiu em si mesmo os atributos de sua divindade e grandeza, que não se viam nem apareciam nele, depois de encarnado, mais que os vazios da mesma divindade. Esta é a própria e rigorosa significação daquele "Ele se aniquilou a si mesmo" (Fl 2,7) — e assim foi. Era o Verbo pela divindade Espírito, e pela Encarnação teve corpo; era pela divindade imenso, e pela Encarnação ficou limitado; era pela divindade infinito, e pela Encarnação ficou finito; era pela divindade eterno, e pela Encarnação ficou temporal; era pela divindade invisível, e pela Encarnação viam-no os olhos; era pela divindade imortal e impassível, e pela Encarnação já padecia e estava sujeito à morte. Não são grandes vazios da divindade estes? Tão grandes e tão profundos que só a compreensão de Paulo os pôde de alguma maneira sondar: "Esvaziou-se a si mes-

mo". Mas aguarde trinta e três anos a mesma divindade encarnada, e sairá com igual ou maior milagre ao mundo o Sacramento do altar. Para quê? Para que os vazios da divindade na Encarnação se tornassem a encher no Sacramento. Agora acertei a me declarar. Assim como pela Encarnação a divindade de Cristo se despiu dos atributos de Deus e se vestiu das propriedades de corpo, assim o mesmo corpo de Cristo, pelo Sacramento, se despiu das propriedades de corpo e se vestiu dos atributos de Deus. E este foi o modo mais que admirável com que os vazios da divindade na Encarnação se encheram e restauraram pelo Sacramento. Ora vede.

Pela Encarnação — como dizíamos — Deus, que era espiritual, ficou corpóreo, com partes distintas e extensas; pelo Sacramento, Cristo, que era e é corpóreo, ficou espiritual, todo em todo, e todo em qualquer parte, como espírito. Pela Encarnação, Deus, que era imenso, ficou limitado a um só lugar; pelo Sacramento, Cristo, que era limitado, ficou imenso, e está em todos os lugares do mundo. Pela Encarnação, Deus, que era eterno, ficou temporal, e assim nasceu, viveu e morreu em tempo; pelo Sacramento, Cristo, que era temporal, se tornou a eternizar, sem termo nem limite na duração. Pela Encarnação, Deus, que era infinito, ficou finito, como o são ambas as partes da humanidade; pelo Sacramento, Cristo, que era finito, não tem fim, por que está infinitamente multiplicado. Pela Encarnação, Deus, que era invisível, ficou visível, e assim o viam os homens; pelo Sacramento, Cristo, que era visível, ficou invisível, porque nem o vemos, nem o podemos ver. Pela Encarnação, finalmente, Deus, que era imortal e impassível, ficou mortal e passível, e padeceu e morreu pelos homens. pelo Sacramento, Cristo, que era mortal e passível, ficou impassível e imortal, porque no estado de vida de sacramentado é incapaz de padecer nem morrer. E que é cada diferença destas, e muito mais todas juntas, senão estarem hoje cheios no corpo de Cristo pelo Sacramento os vazios com que no mesmo corpo se ocultou a divindade pela Encarnação; e ser o corpo de Cristo sacramentado, por todos os atributos divinos, corpo de Deus?

No capítulo quinto do Apocalipse viu S. João uma coisa notável, e ouviu outra mais notável. O que viu foi um trono de grande majestade, cercado de toda a corte do céu, e sobre ele "um Cordeiro em pé, mas como morto" (Ap 5,6). O que ouviu foram as vozes de todos aqueles cortesãos, e de muitos coros de anjos que, cantando e aclamando, diziam: "Digno é o Cordeiro, que foi morto, de receber a virtude e a divindade" (Ibid. 12). — Este Cordeiro, não jazendo como morto, senão em pé como vivo, é o Cordeiro de Deus que tira os pecados do mundo, Cristo Redentor nosso; mas é Cristo, e o mesmo Cristo, não em outro estado, ou de qualquer outro modo, senão enquanto sacramentado. Assim o entendem comumente os intérpretes deste lugar; e as mesmas palavras do texto o declaram com grande propriedade, porque não dizem que o Cordeiro estava morto como vivo, senão "vivo como morto". — Isto é o que cremos própria e distintamente, e o que nos ensina a fé no mistério do Sacramento. A palavra "como" significa representação e não realidade; e o mesmo Cristo sacramentado, que na realidade está no Sacramento tão vivo como no céu, no mesmo Sacramento, por representação, está tão morto como na cruz. Por isso as palavras da consagração na hóstia põe o corpo como dividido do sangue, e no cálix o sangue como dividido do corpo, tudo em significação da morte, na qual — e de nenhum modo sem ela — se aperfeiçoa e consuma o sacrifício. E por isso, também em forma, e com nome de cordeiro, porque desde o Cordeiro de Abel, na lei da natureza, se sacrificava também na lei escrita, em figura de cordeiro, o mesmo Cristo. Assim o ensinou S. André ao procônsul Egeias, dizendo: "Eu imolo todos os dias ao Deus onipotente, único e verdadeiro, um Cordeiro imaculado, o qual, depois de comida a sua carne por todos os fiéis, continua íntegro e vivo"[1].

Suposto, pois, que o Cordeiro vivo e como morto que S. João viu, era Cristo, e Cristo sacramentado, entrem agora as segundas e mais admiráveis palavras do texto, com que os aplausos e aclamações de toda a corte celestial cantavam e "diziam ao cordeiro que ele era digno de receber a virtude e divindade". O mesmo S. João nota que este cântico era novo: "Cantavam um cântico novo" — e parece que não era novo, senão antigo, e que já tinha de antiguidade, quando menos, trinta e quatro anos, que tantos se podem contar desde o dia da Encarnação do Verbo até o dia da instituição do Sacramento. Quando se fez o Filho de Deus homem, e quando se uniu à humanidade de Cristo a divindade? Não há dúvida que no dia da Encarnação. Pois, se o receber Cristo enquanto homem a divindade pertence ao mesmo Cristo enquanto encarnado, que novidade é agora a deste cântico, em que toda a corte do céu lhe dá o parabém de receber a divindade, não na Encarnação, enquanto Deus encarnado, senão no Sacramento e enquanto Cordeiro sacramentado: "Digno é o Cordeiro de receber a divindade"? A palavra "digno" ainda aperta e acrescenta mais a dúvida, porque "digno" significa merecimento, e a união hipostática, em que a natureza divina se uniu com a humana, nem a mereceu, nem a podia merecer a humanidade de Cristo; pois se foi divindade e divindade merecida, como se diz que Cristo é digno de a receber, e que a recebeu como sacramentado? A razão altíssima e nova, como lhe chama S. João, é a que eu tenho dito e vou provando. Porque duas vezes e por dois modos diferentes recebeu Cristo a divindade; a primeira na Encarnação, em que Deus, do modo que era possível, se despiu dos atributos de Deus, vestindo-se do corpo humano; a segunda no Sacramento, em que Cristo, do modo também que podia ser, enchendo em si os vazios da divindade, revestiu o mesmo corpo das propriedades de Deus. Onde se deve muito notar a propriedade das palavras "receber a divindade", porque no mistério da Encarnação não foi o corpo mais propriamente o que recebeu a divindade, senão a divindade a que recebeu o corpo: "O Verbo se fez carne" (Jo 1,14) — porém, no mistério do Sacramento, assim como a divindade na Encarnação foi a que propriamente recebeu o corpo, assim o corpo propriamente foi o que recebeu a divindade: "Digno é o Cordeiro de receber a divindade".

Pregando o mesmo Cristo aos que tinha sustentado com o milagre dos cinco pães, ali começou a revelar o mistério do Sacramento, exortando-os a que comessem de outro melhor pão, que ele lhes daria, o qual era pão de vida, não temporal, mas eterna: "Trabalhai, não pela comida que perece, mas pela que dura até a vida eterna, a qual o Filho do homem vos dará" (Jo 6,27). E para que não duvidassem da virtude deste maravilhoso pão, acrescentou que Deus tinha impresso nele o seu sigilo ou sinete: "Porque a ele Deus Pai imprimiu o seu selo" (Ibid.). A palavra "imprimiu" vale o mesmo que "selou", e assim se lê no texto original. Saibamos agora: e qual foi a figura ou imagem que estava aberta neste sinete? Todos os santos padres concordam em que era a figura e imagem da divindade; e essa força tem o nome de Deus acrescentado ao de Pai: "a ele Deus Pai imprimiu o seu selo", modo de falar em Cristo singular nesta ocasião. Mas, se Cristo fala de si enquanto homem e enquanto sacramentado: enquanto homem: "O qual o Filho do homem vos dará" (Jo 6,27) — e enquanto sacramentado: "Alimento que dura para a vida eterna" (Ibid.) — porque prova os poderes desta virtude com o sinete da divindade que Deus imprimiu nele? Não se poderá melhor confirmar o altíssimo pensamento em que estamos. Aquela hóstia em que a nossa fé crê e adora o corpo de Cristo, é uma obreia[2] consagrada, em que Deus imprimiu o seu sinete; e como neste sinete estava aberta a imagem e figura da divindade, com todos seus atributos, também na mesma hóstia ficou impressa a semelhança de todos eles, e por isso se acham todos no Sacramento. Ainda falta a maior propriedade e energia da metáfora do sinete, de que usou o Senhor, para que melhor entendêssemos todo o mistério. O que no sinete está cavado e vazio é o que na matéria em que se imprime fica relevado e cheio: e assim ficaram cheios no Sacramento os vazios da Encarnação: "Esvaziou-se a si mesmo"; "A ele Deus Pai imprimiu o seu selo". Na Encarnação todos os atributos divinos vazios, e no Sacramento cheios; na Encarnação todos sumidos, e no Sacramento todos relevados.

§ III

Por este modo ficou o corpo de Cristo no Sacramento revestido dos atributos divinos, e com maior propriedade corpo de Deus. Corpo de Deus, porque espiritual; corpo de Deus, porque imenso; corpo de Deus, porque eterno; corpo de Deus, porque infinito; corpo de Deus, porque invisível; corpo de Deus, porque imortal; corpo de Deus, porque impassível. E isto é o que agora, parte por parte e atributo por atributo, há de ir mostrando o nosso discurso. Mas porque todas estas maravilhas de seu corpo divinizado foram ordenadas por Cristo para nosso remédio e proveito, de tal maneira as irei provando no Sacramento que juntamente mostrarei, como o mesmo Sacramento no-las comunica todas a nós. Ele se digne de me ajudar e assistir com nova graça em matéria tão alta e tão dificultosa.

A primeira propriedade, tão natural da divindade como alheia do corpo, que é ser Deus espírito, assim como foi o primeiro vazio com que o mesmo Deus se exinaniu na Encarnação, assim é também o primeiro atributo com que Cristo o restaurou e encheu no Sacramento, no qual está seu corpo sacramentado sem ocupar lugar, e com todas as condições de espírito. Assim o ensina a fé, e para o provar com a Escritura é necessário que nos engolfemos em um pego sem fundo, qual é o capítulo sexto de S. João, em que já começamos a entrar. Por ocasião do milagre referido dos cinco pães, que é o princípio deste capítulo, fala Cristo, na maior parte de todo ele, do pão que desceu do céu, o Santíssimo Sacramento do Altar. Uma vez diz: "Se não comerdes a minha carne e beberdes o meu sangue, não tereis vida" (Jo 6,54). Outra vez, mais brevemente: "Quem me comer a mim, viverá por mim" (Ibid. 58). — E além destes dois lugares do mesmo capítulo, nele promete outras muitas vezes, e por muitos modos, a todos os que o comerem, a mesma vida. Mas não se pode encarecer o grande abalo, perturbação e escândalo que esta doutrina causou, não só nos ouvintes de fora, senão nos mesmos discípulos da escola de Cristo, muitos dos quais, só por este ponto, se saíram dela. Quando ouviam ao Senhor que lhe haviam de comer a carne e beber o sangue, parecia-lhes coisa horrenda e bárbara; quando ouviam, por outra frase, que o haviam de comer a ele, o que não significava parte do mesmo corpo de Cristo, senão todo inteiro, parecia-lhes impossível que um homem houvesse de meter dentro em si a outro: e quando em um e outro caso ouviam que aquela carne e aquele corpo lhes havia de dar vida, parecia-lhes que este efeito era contra toda a razão natural, porque o que dá vida ao homem não é a carne nem o corpo, senão o espírito, como se viu no espírito que Deus infundiu no barro de Adão, e na vida que a alma dá aos nossos corpos, a qual, em faltando, não vivem. Até aqui a murmuração, a dúvida e o escândalo dos ouvintes; vamos agora à resposta do divino Mestre.

O que Cristo respondeu foram estas palavras: "Isto vos escandaliza? Que seria se me vísseis subir ao céu, donde desci? A carne nenhuma coisa aproveita" (Jo 6,62ss). E quanto às dúvidas do que me ouvistes, o que vos digo é que o espírito é o que dá a vida, que a carne nenhuma coisa aproveita. — Pois, se Cristo falava de sua carne, e da mesma carne dizia que havia de dar vida aos que a comessem, como agora diz que a carne nenhuma coisa aproveita, e que o espírito é o que dá a vida? É tão dificultosa essa sentença que, deixados os delírios dos hereges, os santos padres e doutores católicos se dividem na exposição dela em sete opiniões. A última e singular de Amônio, padre grego, é a meu ver a que melhor penetrou o sentido de Cristo e resolve todas as dúvidas dos incrédulos, com a verdade do mesmo Sacramento. O corpo de Cristo no Sacramento não está com as condições naturais de corpo, senão com as sobrenaturais e milagrosas de espírito; e por isso neste lugar chamou o Senhor espírito à sua própria carne: "Aqui chama Espírito a carne plena pelo poder vivificante do espírito, assim é carne" — são as palavras de Amônio[3]. E como a carne de Cristo no Sacramento, não deixando de ser carne, é carne com todas as condições de espírito, nem a carne comida deste modo podia causar horror, que era a primeira dúvida, nem o corpo do mesmo modo podia ter impedimento para todo e inteiro entrar em outro corpo, que era a segunda; nem era contra a razão natural, senão muito conforme a ela, que sendo espírito vivificasse e desse vida, que era a terceira. E desta sorte, desfeitas todas as dificuldades, se fica verificando com suma propriedade e com adequada resposta a todas as objeções a sentença de Cristo: "O espírito é o que vivifica: a carne para nada aproveita" (Jo 6,64) — porque a carne não obra ali como carne, o que só como carne não podia, mas obra como espírito, e como carne espiritualizada, o que é próprio do espírito. E daqui fica declarada a grande e exata correspondência com que este primeiro vazio da Encarnação se restaurou com o primeiro cheio do Sacramento: porque na Encarnação a divindade do Verbo se vestiu da corporeidade da carne, e no Sacramento a carne de Cristo se vestiu da incorporeidade do espírito. A frase particular de que usam os santos no mistério da Encarnação, é chamar a Deus incorporado, e da mesma usa a Igreja, cantando na festa da Epifania: "Gerar o Salvador celestial incorporado"[4]. Pois, assim como na Encarnação se contraiu o vácuo da divindade pelo incorporado, assim no Sacramento restaurou e encheu o corpo de Cristo o mesmo vácuo pelo incorpóreo.

Sobre as palavras: "O Verbo se fez carne, e habitou entre nós" (Jo 1,14) — repara o Cardeal Caetano em dizer o evangelista que, unindo-se o Verbo à nossa carne, habitou em nós. Parece que mais propriamente havia de dizer que habitou conosco, ou entre nós, como verdadeiramente habitou Cristo com os homens; pois por que não diz que habitou entre nós ou conosco, senão em nós? Agudamente perguntado, mas com muito maior agudeza respondido: "Disse isso para que não erres, julgando que o Verbo, pelo fato de que se fez carne, estivesse impedido de habitar espiritualmente em nossas almas"[5]. Deus, enquanto Deus, habita e sempre habitou em nós: "Porque nele vivemos, nos movemos e existimos" (At 17,28). E antes de Deus se vestir de nossa carne, nenhuma dúvida tinha nem podia ter que Deus, sendo espírito, estivesse e habitasse dentro em nós; porém, depois que Deus se vestiu do nosso corpo, podia cuidar alguém que esse mesmo corpo podia ser impedimento para que deixasse de estar em nós, porquanto dois corpos não podem estar juntos no mesmo lugar; para tirar, pois, este erro, disse nomeadamente o evangelista que o Verbo, depois de se fazer carne, não só habitou conosco, senão em nós: "Fez-se carne e habitou entre nós". — Até aqui Caetano, o qual, porém, declara que isto se há de entender, não corporalmente, do seu corpo nos nossos corpos, senão espiritualmente, da sua alma nas nossas almas; e assim foi no mistério da Encarnação precisamente. Mas, depois que sobre o mistério da Encarnação o mesmo Verbo encarnado acrescentou o do Sacramento, não só habita Cristo em nós espiritualmente quanto à alma, senão corporalmente quanto ao corpo, porque, estando o mesmo corpo espiritualizado no Sacramento, como espírito pode estar juntamente o seu corpo dentro do nosso, sem o impedimento de um corpo excluir o outro. E esta é uma nova e altíssima razão por que nas mesmas palavras não disse o evangelista que o Verbo se fizera homem, senão que se fizera carne: "O Verbo se fez carne" — porque, sendo a carne a própria e imediata matéria do Sacramento: "A minha carne verdadeiramente é comida" (Jo 6,56) — por meio da mesma carne sacramentada havia Cristo de habitar, não só conosco, senão propriamente em nós: "E habitou entre nós".

Desta maneira encheu Cristo no Sacramento o primeiro vazio da divindade na Encarnação, espiritualizando o seu corpo e fazendo-o espírito, assim como Deus, que é espírito, se tinha feito corpo. Mas esta admirável transformação não só a obrou Cristo em seu corpo sacramentado, senão que também, como prometi, por meio do mesmo corpo sacramentado, no-la comunica a nós. — "Abre bem a boca, que eu ta encherei" — disse Deus a Davi (Sl 80,11). Estas palavras se entendem do diviníssimo Sacramento, do qual se diz no mesmo salmo: "Deu-lhes a comer da gordura do trigo" (Sl 80,17). E diz Deus que ele é o que lhe encherá a boca: "que eu ta encherei" — porque só Deus pode encher a capacidade da nossa alma, e não com outra coisa, senão consigo mesmo, como faz no Sacramento: "E eu a encherei comigo mesmo"[6] — comenta Hugo Cardeal. Abriu, pois, a boca Davi, como Deus o tinha convidado: e que lhe sucedeu? "Abri a minha boca e aspirei o espírito" (Sl 118,131). Abri a boca, e o que recebi nela e por ela, e o com que Deus ma encheu, tudo foi espírito. — Pois, se a promessa de Deus tinha sido que lha encheria com seu corpo sacramentado, apertemos mais esta suposição com a autoridade do Doutor Máximo, S. Jerônimo, no mesmo lugar: "Queres comer o teu Deus e Salvador? Ouve o que diz: Abre a tua boca e a encherei. Abri as vossas bocas, ele mesmo é o Senhor e o pão. Exorta-nos a comer, pois ele mesmo é o alimento"[7]. Pois, se a promessa — digo — de Deus feita a Davi, era que lhe havia de encher a boca consigo mesmo e com seu corpo sacramentado, como, abrindo a boca o mesmo Davi, o que recebeu não foi corpo, senão espírito: "Abri a minha boca e aspirei o espírito"? Porque o corpo de Cristo, assim como está no Sacramento transformado em si, assim está também transformado para nós: em si transformado em espírito, para caber sem extensão debaixo das espécies que o cobrem; e para nós, transformado em espírito, para caber, sem a mesma extensão, dentro dos corpos dos que o comungam; em si transformado de corpo em espírito, e em nós transformando-nos de corporais em espirituais. Expressamente S. Bernardo: "O que come se transforma na natureza do alimento; portanto, comer o corpo de Cristo nada mais é do que se tornar corpo de Cristo"[8]. E porque seria coisa muito dilatada confirmar a verdade destes maravilhosos efeitos com os exemplos dele, baste por prova o mesmo S. Bernardo, que não só o disse, mas experimentou em si mesmo, vivendo em corpo por virtude do mesmo corpo como se não tivera corpo, andando vestido de carne como se fora espírito, podendo dizer com S. Paulo: "Vivemos pelo espírito; conduzamo-nos também pelo espírito" (Gl 5,25).

§ IV

O segundo vazio da divindade é a imensidade divina, a qual, pelo mistério da Encarnação se limitou a um só lugar, qual era o que ocupava a sagrada humanidade. Houve hereges que, entendendo este mistério às avessas, tiveram para si que, pela união hipostática, a humanidade se fizera imensa, e estava como Deus, em toda a parte, e por isso foram chamados ubiquitários. Mas não foi a humanidade a que, pela união com o Verbo, se estendeu à imensidade divina, senão a imensidade divina a que, pela comunicação dos idiomas, se estreitou à limitação humana, sendo verdadeiro dizer que Deus foi concebido em Nazaré, que nasceu em Belém, que pregou em tal e tal lugar de Judeia e Galileia, e morreu em Jerusalém. Desta imensidade, porém, de que Deus se despiu pela Encarnação, se revestiu outra vez pelo Sacramento, no qual o corpo de Cristo, ou reproduzido ou multiplicando as presenças, sendo um só e o mesmo, está no mesmo tempo em todas as partes do mundo.

No mesmo mundo, e na mesma hora em que Cristo instituiu o Sacramento, se estava vendo, para confirmação da nossa fé, um milagre natural desta mesma multiplicação das suas presenças. A hora em que Cristo instituiu o Sacramento era já a primeira ou segunda da noite: "Na noite em que foi entregue" (1Cor 11,23) — e que é o que veem então os nossos olhos neste hemisfério? Veem que, ausentando-se o sol de nós, por uma presença sua de que nos priva, se nos deixa multiplicado em tantas presenças quanto é o número sem-número das estrelas, porque cada uma delas não é outra coisa senão um espelho do mesmo sol, em que ele, sendo um só e ausente, se nos torna a fazer presente, multiplicado tantas vezes, e em tantos lugares, quantos são, desde o oriente a poente, e desde o setentrião ao meio-dia, os de todo o mundo que vemos. Isto mesmo é o que fez o nosso divino sol, Cristo, sacramentando seu sacratíssimo corpo. Ausentou-se de nós segundo a presença natural, mas por esta presença se deixou conosco em tantas outras quantos são os lugares e altares de todo o mundo, em que verdadeira e realmente, sendo um só e o mesmo, está multiplicado no Sacramento. Vede a propriedade com que assim o descreveu o profeta Malaquias.

Queixava-se Deus de os filhos de Israel, à imitação de Caim, sacrificarem e oferecerem em seus altares, não o melhor e mais precioso, como era decente, senão o pior e mais vil, e os confunde com estas notáveis palavras: "O meu afeto não está em vós, nem eu receberei algum donativo da vossa mão. Porque desde o nascente do sol até ao poente é o meu nome grande entre as gentes, e em todo lugar se sacrifica e se oferece ao meu nome uma oblação pura" (Ml 1,10s). Desenganai-vos, que não quero vossos sacrifícios, nem aceitarei vossas ofertas: e por que não cuideis que me farão falta, sabei, para confusão vossa e da vossa Jerusalém, em que só tenho templo e sou conhecido, que virá tempo em que desde o oriente até o poente, em todos os lugares do mundo, e entre todas as gentes, se oferecerá e sacrificará a meu nome, não muitos sacrifícios, e impuros, como os vossos, senão um puríssimo e santíssimo. E que sacrifício é este? Posto que todos os santos padres e doutores dizem que é o Santíssimo Sacramento da Eucaristia, não temos necessidade de sua autoridade, porque assim o tem definido — e é de fé — o sagrado Concílio Tridentino[9]. Só acrescento que a palavra hebreia, que responde a "oferenda pura", significa uma oferta particular chamada "mincha", a qual se fazia, como as nossas hóstias, da flor da farinha, e no Levítico se chama sacrifício. Este sacrifício, pois, a que não falta a propriedade das espécies de pão, é o sacrifício do corpo de Cristo sacramentado, o qual, enchendo o vazio da imensidade divina, encolhida e escondida na Encarnação, se estende imensamente, desde o oriente ao ocaso por todas as partes e lugares do mundo: "Do nascer ao ocaso, em todo lugar se sacrifica e se oferece ao meu nome uma oferenda pura".

Assim como os soldados do Calvário partiram em quatro partes as vestiduras de Cristo, assim as quatro partes do mundo — diz S. Cirilo — repartiram entre si a carne do mesmo Cristo sacramentado, da qual se tinha vestido o Verbo: "As quatro partes do mundo repartiram as vestiduras do Verbo para a salvação, isto é, repartiram a sua carne indivisível"[10]. E nota elegantemente o santo padre que nesta repartição, ou partição, não houve partir: "Repartiram sem partir" — porque, comunicando-se o Senhor, e santificando a todos e a cada um por meio de sua carne na alma e no corpo, e estando presente em todas as partes do mundo, não está nelas como parte, senão todo, sendo um só e o mesmo: "Embora presente em cada um particularmente e santificando por sua carne a alma e o corpo deles, está indivisível e integralmente em todos, sendo um em toda parte e de maneira alguma dividido". Até aqui o grande Cirilo, não se podendo mais largamente estender a imensidade que Cristo tem no Sacramento que na brevidade daquelas duas palavras "um em toda a parte".

E para que se veja como o mesmo Senhor sacramentado comunica esta imensidade aos homens, ponhamo-nos no cenáculo de Jerusalém. O primeiro ato em que Cristo começou a exercitar esta sua imensidade foi quando, entregando o pão consagrado nas mãos dos apóstolos, lhes disse que "o dividissem entre si" (Lc 22,17). Dividiram o pão, e o sagrado corpo, que até então, nas mãos do Senhor, estava em um só lugar, logo ficou em doze lugares. Agora pergunto. E assim como Cristo comunicou aos apóstolos seu corpo por aquele modo imenso, comunicou-lhes também a mesma imensidade?

Creio e digo que sim. E essa foi a razão por que o Senhor não admitiu à primeira mesa em que se consagrou o Sacramento senão aqueles mesmos doze a quem havia de encarregar a conversão de todo o mundo. Sendo coisa mui dificultosa de entender que tão poucos homens, e de vidas que não foram largas, pudessem em tão pouco tempo penetrar todas as terras, e pregar a todas as nações do mundo, se não fossem multiplicando as presenças, como Cristo no Sacramento. Os evangelistas só dizem dos apóstolos: "Pregaram em toda a parte" (Mc 16,20) — mas assim como Cristo sacramentado "um em toda a parte", primeiro esteve em uma só parte, depois em todas, assim eles umas vezes estavam firmes em um só lugar, e outras vezes multiplicados em muitos.

Até agora não é isto mais que conjectura minha, o que eu me não atrevera a dizer se o não pudera provar. Falando Davi dos mesmos apóstolos, como afirma S. Paulo e é de fé, diz que as vozes de sua pregação se ouviram em todo o mundo até os últimos fins dele: "O seu som se estendeu por toda a terra, e as suas palavras até as extremidades do mundo" (Sl 18,5). E se pedirmos ao mesmo Davi que nos declare com alguma comparação como, sendo os apóstolos tão poucos, se pôde estender a sua pregação a tão remotas distâncias, responde que do mesmo modo com que os céus pregam e apregoam a glória de Deus de dia e de noite: "Os céus publicam a glória de Deus, e o firmamento anuncia as obras das suas mãos. Um dia diz uma palavra a outro dia, e uma noite mostra sabedoria a outra noite" (Ibid. 2s). E como pregam os céus de dia e de noite? De dia pregam de um só lugar, que é o do sol; de noite pregam de muitos lugares, que são os dos outros planetas e das estrelas. Pois, assim pregavam os apóstolos, já cada um como um em um só lugar, e já cada um como muitos em muitos lugares, confirmando admiravelmente, com esta semelhança, que a sua imensidade e multiplicação de presenças a tinham recebido de Cristo sacramento, o qual, como fica dito, na noite em que instituiu o Santíssimo Sacramento, ausentando-se de nós como sol, se deixou multiplicado no mesmo Sacramento como nas estrelas.

E se alguém replicar: por que não dizem isto os historiadores que escreveram as vidas e peregrinações dos apóstolos? Respondo que sim, dizem, e que só na suposição do que digo se podem conciliar. Muitos autores assinalam a cada um dos apóstolos várias regiões e gentes a quem pregaram, o que outros porém negam, fundados somente na cronologia dos tempos, por onde são julgadas por apócrifas aquelas histórias. Mas, se supusermos, como devemos supor, que no mesmo tempo, por multiplicação das presenças, assistiam os apóstolos em diversos lugares, tudo facilmente se verifica com grande glória do Evangelho. Nem causará grande admiração este milagre aos que considerarem a necessidade dele, porque, se estando o mundo cheio de ministros do mesmo Evangelho, sabemos que concedeu Deus esta graça de aparecer em partes muito distantes a S. Martinho, a S. Geminiano, a S. Trontano, a S. Antônio de Pádua, a S. Francisco de Assis, a S. Francisco Xavier, e a outros muitos para fins de muito menor importância, quanto mais para a conversação universal do mundo, sendo os instrumentos dela tão poucos[11]? Finalmente, se a S. Basílio foi lícito dizer de si mesmo "Não estou circunscrito por lugar algum", e a Enódio chamar a Epifânio "homem imenso no obrar"[12], quem negará a participação desta imensidade à imensidade daquelas obras, que sem ela eram incompossíveis?

Assim multiplicou Cristo as suas presenças, assim multiplicaram os apóstolos as suas, e assim devemos nós multiplicar as nossas, para assistir ao diviníssimo Sacramento em toda a parte. O nosso corpo não é capaz naturalmente desta multiplicação ou imensidade, mas a nossa alma sim, e a nossa memória, a qual só nos pediu o mesmo Senhor na instituição deste imenso mistério: "Em toda a parte onde estiver o corpo, ali voarão e concorrerão as águias" (Lc 17,37) — notai a palavra "em toda a parte". E que corpo e que águias são estas? O corpo, responde S. Ambrósio, é o corpo do mesmo Cristo no Sacramento, e as águias são as almas de sublime e levantado espírito que, com as asas do pensamento e do afeto, o assistem, adoram e veneram em todas as partes do mundo: "É o corpo do qual foi dito: A minha carne é verdadeiramente comida, ao redor deste corpo estão as águias que o rondam com asas espirituais"[13]. Este é o modo com que nossas almas, pelo pensamento e memória imensas, hão de assistir, adorar e louvar sempre ao mesmo Senhor em todo lugar, como Davi exortava à sua que o fizesse: "Em todo o lugar de seu senhorio, bendize, ó minha alma, ao Senhor" (Sl 102,22).

§ V

O terceiro vazio da divindade na Encarnação foi o da sua eternidade, fazendo-se temporal, nascendo e vivendo em tempo o que era eterno. Mas desde a mesma eternidade jurou Deus de dar a seu Filho encarnado uma tal prerrogativa, com que pudesse maravilhosamente encher este grande vazio, que foi o sacerdócio eterno segundo a ordem de Melquisedec: "Jurou o Senhor, e não se arrependerá: Tu és sacerdote eternamente segundo a ordem de Melquisedec" (Sl 109,4). Chama-se o sacerdócio de Cristo sacerdócio segundo a ordem de Melquisedec, não quanto à dignidade, como se Melquisedec — que foi sacerdote da lei da natureza — o instituísse, mas quanto à semelhança da vítima e matéria do sacrifício, porque não sacrificava cordeiros, como Abel, nem outras reses ou aves, como Abraão, senão pão e vinho, que é a matéria do sacrifício da lei da graça e Sacramento de Cristo: "Melquisedec, rei de Salém, trouxe pão e vinho, pois era sacerdote do Deus altíssimo" (Gn 14,18). E chama-se sacerdócio eterno porque não acabou como o sacerdócio de Arão. No sacerdócio de Arão acabou o sacerdócio e acabava o sacerdote: acabou o sacerdócio, porque se acabou aquela lei, a qual necessariamente há de acabar quando o sacerdócio acaba, como doutamente define o apóstolo S. Paulo: "Pois, mudado que seja o sacerdócio, é necessário que se faça também a mudança da lei" (Hb 7,12); e acabava o sacerdote porque, morrendo um sacerdote, lhe sucedia outro, como sucedeu a Arão seu filho Eleazaro, e a Eleazaro os demais, o que não foi nem podia ser na pessoa imortal de Cristo, como notou o mesmo S. Paulo: "E, na verdade, os outros foram feitos sacerdotes em maior número, porquanto a morte não permitia que durassem; mas este, porque permanece para sempre, possui um sacerdócio eterno" (Ibid. 23s).

Mas, posto que o sacerdócio de Cristo seja eterno, e eterno o mesmo Sacerdote Cristo, parece que se não segue que o vazio da eternidade do Verbo na Encarnação se suprisse ou enchesse no Sacramento, porque o Sacramento não é nem há de ser eterno, e só dura e há de durar até o fim do mundo, e acabar juntamente com ele. Depois do fim do mundo só há de haver céu e inferno: os do inferno não são capazes de sacrifício nem de Sacramento; os do céu não hão mister um nem outro. Não hão mister o sacrifício, porque são justos, e já não podem crescer na graça; nem hão mister o Sacramento, porque a presença de Cristo, que criam e veneravam encoberta e invisível, lá a têm descoberta aos olhos, e a gozam manifesta: logo, se o sacrifício e Sacramento do altar não há de durar mais que este mundo, e há de ter fim como ele, segue-se que não é eterno. Esta mesma dúvida excitou Santo Tomás na questão vinte e duas da Terceira Parte, e responde que no sacrifício se devem considerar duas coisas, a oblação e a consumação: a oblação, em que se oferece o sacrifício, e a consumação, em que se consegue o fim e se logram os efeitos dele[14]. A oblação pertence a este mundo e a consumação ao outro. Por isso S. Paulo chamou a Cristo: "Pontífice e sacerdote dos bens futuros" (Hb 9,14) — porque os bens futuros, que são os que se gozam e hão de gozar no céu, são os que Cristo nos mereceu pelo seu sacrifício. E posto que a oblação neste mundo fosse temporal e em tempo, a consumação no céu há de durar por toda a eternidade, e por isso é eterna, como disse o mesmo S. Paulo: "Com uma só oferenda faz perfeitos para sempre aos que tem santificado" (Hb 10,14).

No Levítico temos uma excelente figura desta diferença e desta ordem no dia chamado das Expiações. Mandava Deus que o Sumo Sacerdote não entrasse no *Sancta Sanctorum* [Santo dos Santos] sem primeiro, fora dele, oferecer o sacrifício, que no mesmo lugar dispõe a lei: "Em nenhum tempo entre no santuário o que está para dentro do céu, se não fizer antes estas coisas: Oferecerá um novilho pelo pecado e um carneiro em holocausto. Celebradas estas coisas segundo o rito, entrará no céu para dentro do santuário" (Lv 16,2s.11s). E por que razão ou com que mistério o sacrifício se havia de oferecer primeiro e fora do "Santo dos Santos", e não depois e dentro nele? Porque o Sumo Sacerdote significava a Cristo, o "Santo dos Santos" o céu, o sacrifício o da morte de Cristo na cruz ou no altar, onde se representa a mesma morte, e este sacrifício não se havia de oferecer depois, senão antes, nem no "Santo dos Santos", senão fora dele: não depois, isto é, na eternidade, senão antes e em tempo, enquanto dura o mundo; nem no "Santo dos Santos", isto é, no céu, senão fora dele, e na terra. Assim foi quanto à oblação, e assim há de ser quanto à consumação, não de outro, senão do mesmo sacrifício. Foi quanto à oblação, porque na terra ofereceu Cristo o sacrifício da cruz, como hoje oferece o do altar e oferecerá até o fim do mundo; e há de ser quanto à consumação, porque no céu há de consumar Cristo o mesmo sacrifício, comunicando-nos os efeitos dele, que consistem na vista clara de Deus por toda a eternidade e, por isso, o Sacerdote e o sacrifício um e outro eterno.

Tudo isto viu S. João no céu, como já tinha visto o Cordeiro vivo depois de morto, e glorioso depois de sacrificado. Fala o evangelista profeta da cidade de Jerusalém triunfante, que é o céu, e diz que a claridade de Deus a alumia, e que o lume sai do Cordeiro: "Porque a claridade de Deus a alumiou, e a lâmpada dela é o Cordeiro" (Ap 21,23). — Falou S. João como o primeiro e maior teólogo da Igreja. Para os bem-aventurados verem claramente a Deus é necessário que os seus entendimentos sejam elevados por uma claridade sobrenatural, a que os teólogos chamam lume da glória, e isto é o que viu e diz o evangelista. A claridade de Deus, que alumia a cidade de Jerusalém celeste, é a vista clara do mesmo Deus: "A Claridade de Deus a iluminou" — e o lume da glória, sem o qual se não pode ver a Deus, esse sai do Cordeiro: "E a sua lâmpada é o Cordeiro". — Mas, por que sai o lume da glória, não do objeto essencial da mesma glória, que é Deus, e claramente visto, senão do Cordeiro, que é Cristo, o qual S. João viu como sacrificado? Por que esse foi o fim e esses são os efeitos do mesmo sacrifício oferecido na terra e consumado no céu, oferecido em tempo e consumado na eternidade, e por isso não tão eterno como o mesmo Sacerdote: "Tu és sacerdote para sempre".

Esta eternidade é a que faz eterno o Santíssimo Sacramento, ainda que a oblação do sacrifício em que se consagra o mesmo Sacramento haja de ter fim e acabar com o mundo. E, posto que esta eternidade, em que não há dúvida, basta para prova do meu intento, e isto é o que ensina o Doutor Angélico, alegando os mesmos textos do Apocalipse e Levítico, proximamente citados, eu contudo acrescento que o diviníssimo Sacramento não só é e será eterno no céu pela eternidade de seus efeitos, senão também de sua própria substância, porque, depois do fim do mundo, quando já não haverá altares nem sacrários na terra, se conservará eternamente no mesmo céu uma hóstia consagrada. Assim o consideram e presumem muitos autores ascéticos e contemplativos, cuja opinião para mim não é menos provável que pia. No dia do Juízo há de aparecer no céu, com o mesmo supremo Juiz, a sua cruz: "E então aparecerá o sinal do Filho do homem no céu" (Mt 24,30). E que cruz há de ser esta? S. João Crisóstomo, com muitos outros doutores, diz que há de ser a mesma em que Cristo foi crucificado no Calvário, e assim o profetizou a Sibila:

"Ó feliz lenho no qual pendeu o próprio Deus

Nem a terra te abraça, mas verás os tetos do céu.
Quando a renovada face de Deus brilhar incandescente"[15].

Suposto, pois, que a cruz de Cristo, dividida hoje em infinitas partes, se há de recolher outra vez de todo o mundo, e reunir-se, com maior milagre que o da ressurreição dos mortos, à sua inteireza, e conservar-se eternamente no céu, por que se negará semelhante privilégio ao pão vivo e vital que desceu do mesmo céu? Se um lenho morto, seco e duro mereceu ser sublimado a tanta dignidade e eternizado nela, só porque foi santificado com o contacto do corpo de Cristo e matizado com seu sangue, o Sacramento, que contém todo o mesmo corpo e sangue e foi instituído para dar vida eterna aos homens, por que carecerá da mesma eternidade? Foi tanto o respeito que o Verbo encarnado guardou àquela partezinha de carne e sangue que recebeu das entranhas puríssimas de sua Mãe, que nunca consentiu que o calor natural, como naturalmente costuma, a gastasse e consumisse e, como diz Santo Agostinho, ainda depois de ressuscitado, a conserva e conservará eternamente em si mesmo: "A carne de Cristo, embora glorificada pela glória da ressurreição, permanece, contudo, a mesma que recebeu de Maria"[16]. E que agravo faríamos a este mesmo respeito e amor se imaginássemos do mesmo Cristo que haja de permitir ao tempo que, assim como há de consumir e acabar o mundo, assim consuma e acabe com ele um Sacramento em que não só está uma parte da sua carne e sangue, senão toda em todo e toda em qualquer parte? Digamos logo e creiamos piamente que, assim como a hóstia consagrada se preservou muitas vezes de outros incêndios, assim se preservará do incêndio universal do mundo, para que, como pão dos anjos que comeram os homens, a adorem eternamente no céu homens e anjos.

Os mesmos autores, e outros — e não com leve conjectura — atribuem semelhante prerrogativa ao livro dos Evangelhos, não porque os outros livros sagrados não contenham a palavra divina, mas porque esta foi pronunciada pelo próprio Filho de Deus: "Ultimamente nos falou pelo Filho" (Hb 1,2) — e assim como no dia do Juízo aparecerá a cruz, assim estará aberto e patente o Evangelho para serem julgados por ele, uns porque o não creram, outros porque o não guardaram. No seu Apocalipse diz S. João que pelo meio do céu viu voar um anjo, o qual tinha na mão "um Evangelho eterno" (Ap 14,6) — e com grandes vozes avisava a todo o gênero humano que temessem a Deus por ser chegado o dia do Juízo: "Porque vem a hora do seu Juízo". — De sorte que também no dia do Juízo aparecerá o Evangelho. E se perguntarmos por que se chama Evangelho eterno, responde S. Jerônimo que a razão e mistério é porque o Evangelho neste mundo foi temporal, e pregado temporalmente, mas no céu durará por toda a eternidade: "Será eterno nos céus, comparando-o com o nosso Evangelho que é temporal e pregado neste mundo e século que passará"[17]. Com o mesmo sentido disse Davi: "Senhor, para sempre no céu permanece a tua palavra" (Sl 118,89) — onde o "Senhor, a tua palavra", própria e particularmente, significa o Evangelho, ao qual tantas vezes chama S. Paulo "Evangelho de Cristo". E se o livro dos Evangelhos, por ser palavra de Cristo, merece justamente ser perpetuado na eternidade do céu, quanto mais a maior obra das suas palavras, e o sagrado e consagrado volume do diviníssimo Sacramento, que também Ezequiel recebeu da mão de outro anjo e comeu em forma de livro? S. João, que escreveu o seu Evangelho depois dos outros evangelistas, confessa e protesta no fim que as maravilhas que o Filho de Deus obrou neste mundo, foram tantas que, se se houvessem de escrever, não caberiam no mesmo mundo os livros. Logo se no céu há de durar eternamente o Evangelho, em que se contém parte somente das mesmas maravilhas, com maior razão, e em suplemento do mesmo Evangelho, se deve lá eternizar o Sacramento em que estão resumidas todas: "Deixou memória das suas maravilhas, deu sustento aos que o temem" (Sl 110,4,5)? Finalmente, o Sacramento é o penhor da glória que o céu nos deu nesta vida, e quando, depois do fim do mundo, se desempenhar e nos meter de posse da glória, então se restituirá o mesmo céu e tornará a receber o seu penhor. Em suma, que assim como a cruz de Cristo e o livro dos Evangelhos não hão de acabar com o mundo, mas ser eternos, assim, e com mais justificada providência, o Sacramento em uma hóstia consagrada.

E para que não pareça que estas três exceções são totalmente reservadas ao conhecimento divino e secreto, de nenhum modo revelado, ao menos naquela parte da Escritura Sagrada em que as figuras do futuro se pintavam na história do passado, lembremo-nos da Arca do Testamento, na qual conservou Deus três coisas entre todas as daquele tempo singulares: a vara de Moisés, as tábuas da Lei, e, com maior milagre, a urna do maná, o qual era tão corruptível que não durava mais que um dia. E com que mistério estas três coisas somente, e todas na Arca? A Arca encerrada no "Santo dos Santos", na qual residia Deus presencialmente sobre asas de querubins, representava o que Davi chama céu do céu, que é o Empíreo: "O mais alto dos céus é para o Senhor" (Sl 114,16)

— e o mistério mais próprio e mais proporcionado de toda esta representação, ou não é, ou não parece que pode ser outro, senão que conservará Deus eternamente no céu a cruz, significada na vara, o Evangelho, significado na Lei, e o Santíssimo Sacramento, significado no maná. Por isso o mesmo Cristo, aludindo à Arca do Testamento, deu ao mesmo Sacramento o nome de testamento, e eterno: "Do novo e eterno Testamento". Ao mesmo fim podemos dizer que está preparado no céu aquele altar que lá viu S. João: "Vi debaixo do altar as almas dos que tinham sido mortos por causa da palavra de Deus" (Ap 6,9). E que peças, pergunto eu, mais próprias e mais dignas de ornar um altar que uma cruz, o Santíssimo Sacramento e um livro dos Evangelhos?

Provado assim, por um modo com certeza e por outro com probabilidade, como o corpo de Cristo sacramentado logra e logrará para sempre o atributo de eterno, só resta mostrar como o mesmo corpo, que por amor de nós se sacramentou, comunica aos que o comungam a mesma eternidade. Esta é a segunda obrigação, e a mais dificultosa, que acompanha todos os nossos assuntos; mas neste carece de toda a dificuldade pela asseveração tão clara e tão expressa com que o mesmo Senhor nos certificou desta verdade, dizendo: "O que come deste pão viverá eternamente" (Jo 6,59). Mal cuidou Adão que nunca ele, nem seus filhos, ouvissem tal oráculo, quando viu o caminho da árvore da vida defendido por um querubim com uma espada de fogo, só para impedir totalmente que, comendo daquele fruto, não vivesse eternamente: "Pôs diante do paraíso um querubim com uma espada de fogo, para guardar o caminho da árvore da vida" (Gn 3,24). "Para que não suceda que ele tome também da árvore da vida, e viva eternamente" (Ibid. 22). Perguntam agora os expositores se está ainda este querubim guardando o que guardava, e, se não está, quando embainhou ou apagou a espada? Respondem comumente que a apagaram as águas e inundação do dilúvio, o qual também dizem que destruiu e desbaratou o paraíso e suas árvores; mas tudo isto é incerto. Se o dilúvio não derrocou nem secou a oliveira, donde a pomba trouxe o ramo verde, por que havia de arrancar ou derrubar as árvores do paraíso, e mais a da vida, que Deus quis guardar? Se o mesmo dilúvio não afogou no mesmo paraíso a Enoc, como havia de tirar da sua estância ao querubim, que não respira com ar, nem se afoga com água? E se ele, como dizem os mesmos autores não só guardava dos homens aqueles frutos, senão também do demônio, para que com eles nos não tentasse, como se havia de apagar com água o fogo da espada que os mesmos demônios temiam mais que o do inferno? Digam pois os intérpretes, ou presumam adivinhar como quiserem, que eu só digo, e com toda a certeza afirmo que o querubim deixou a sua estância e embainhou ou apagou a sua espada na mesma hora ditosíssima em que o soberano Restaurador das ruínas de Adão instituiu o Santíssimo Sacramento, porque então cessou o fim daquela proibição e daquela guarda. A guarda e a proibição era para que o homem, comendo, não vivesse eternamente: "Para que não coma da árvore da vida e viva eternamente". E como Cristo, instituindo o Sacramento, deu faculdade a todos os filhos de Adão para que, comendo, vivessem eternamente, então apagou o querubim a espada e deixou a sua estância, e não só ficou franqueado o caminho da árvore da vida, senão a mesma árvore transplantada por todo o mundo, para que todos os que, pelo que comeu o mesmo Adão, ficamos condenados à morte, não de outro modo, senão também comendo, vivamos eternamente: "Quem come este pão viverá eternamente".

§ VI

Muito me dilatei em encher estes primeiros três vazios da divindade: e porque ainda nos restam quatro, será força, quanto for possível, reduzi-los a maior brevidade. O quarto é a imortalidade feita mortal, o quinto a impassibilidade feita passível, e de ambos, pela mesma razão, e por serem tão conexos, trataremos juntamente. Digo, pois, que se na Encarnação a imortalidade divina, do modo que podia ser, se fez mortal, e a impassibilidade, passível, o corpo de Cristo no Sacramento de tal sorte supriu e encheu estes dois vazios da divindade que, sendo naturalmente corpo mortal, ficou imortal, e sendo naturalmente passível, ficou impassível.

Com serem tantas as figuras do Santíssimo Sacramento que se leem e o precederam na Sagrada Escritura, a primeira que nos propõe a Igreja é a do sacrifício de Isac: "É prefigurado, quando Isac é imolado". Mas, se bem se considera a história tão sabida do mesmo Isac, parece que se não pode representar nela o Sacramento, porque verdadeiramente não foi sacrifício. Mandou Deus a Abraão que lhe sacrificasse seu filho Isac, e quando já a vítima estava sobre o altar, a espada desembainhada, e entre o golpe e a garganta do filho só havia dois dedos de distância, teve Deus mão no braço do pai. Logo, assim o golpe como o sacrifício, tudo ficou no ar. E o mesmo Deus o provou, porque ali e no mesmo instante apareceu atado um cordeiro, no qual Abraão acabou de executar o golpe, e este foi o que morreu e foi sacrificado. Pois, se o cordeiro foi o morto, e Isac ficou vivo, como foi Isac figura do sacrifício de Cristo? Por isso mesmo, e com a maior propriedade que se podia imaginar, Cristo não foi uma só vez sacrificado, senão duas: uma vez na cruz outra vez no Sacramento, e primeiro no Sacramento e depois na cruz, assim como primeiro foi sacrificado Isac, e depois o cordeiro. O cordeiro morreu e padeceu, porque foi figura do sacrifício da cruz, na qual o corpo natural de Cristo, como mortal e passível, padeceu e morreu; porém, Isac foi figura do sacrifício do altar, e por isso, sendo sacrificado, não morreu nem padeceu, porque o corpo de Cristo no Sacramento está imortal e impassível. Excelentemente Ruperto: "Cristo é imolado, entretanto permanece impassível e vivo, como ali Isac imolado e entretanto não ferido"[18]. Se em Isac se executara o golpe e morrera, seria figura do sacrifício da cruz, em que o corpo natural de Cristo padeceu e morreu; mas porque, posto sobre o altar, não padeceu nem morreu, por isso foi figura do sacrifício do altar, em que o mesmo corpo sacramentado se conserva imortal e impassível: "Permanece impassível e vivo".

As palavras onipotentes com que Cristo instituiu e obrou um tão milagroso mistério foram: "Este é o meu corpo, que por vós será entregue" (1Cor 11,24). — E por que não disse o Senhor: que por vós será morto, ou crucificado, senão entregue? A palavra "será entregue" significa entrega por traição, e tal foi a entrega que fez Judas do mesmo corpo de Cristo aos judeus, uma vez enquanto corpo natural e outra vez enquanto sacramentado. Muitos e graves autores, entre os quais é Santo Tomás, entendem que quando Cristo disse a todos os apóstolos: "Recebei, e comei" (1Cor 11,24) — Judas tomou nas mãos o pão sacramentado, mas não o comeu. E para que saibamos o que fez dele, acrescenta Teofilato que o escondeu e levou aos príncipes dos sacerdotes, quando com eles foi ajustar a venda: "Tomou o pão, e não o comeu, mas o escondeu, para mostrar aos judeus o que ele chamava de seu corpo"[19]. Depois desta primeira traição e entrega feita por Judas, então executou ele a segunda, que foi a da prisão no Horto. O que suposto, pergunto: por que razão ou com que mistério quis Cristo que duas vezes fosse entregue aos judeus seu corpo, uma no estado natural, e outra no de sacramentado? Sem dúvida para que, posto de um e de outro modo nas mãos de seus inimigos, até eles, o seu ódio, a sua raiva e as suas mãos, experimentassem o que podiam ou não podiam sobre o corpo do Redentor, que para o ser se pôs nelas. O corpo natural puderam-no atormentar e matar, e por isso o crucificaram e lhe tiraram a vida; o corpo sacramentado também o quiseram crucificar e matar, mas não puderam. Ouvi agora o que porventura nunca ouvistes. É caso que revelou o mesmo Cristo por boca do profeta Jeremias, falando dos Judeus: "Deliberaram contra mim, dizendo: Ponhamos madeira no seu pão, e exterminemo-lo da terra dos viventes" (Jr 11,19). O *lignum* é a cruz, o *panem ejus* é o pão consagrado, e diz o Senhor que resolveram em conselho de pôr o seu pão na cruz, e o crucificar para lhe tirarem a vida. Assim entendem este texto pela figura Hipálage[20], Tertuliano, Lactâncio, S. Tomás, Joaquim, Maldonado, e outros. E quando esta execução, por se aplicarem os príncipes dos sacerdotes à do Calvário, se não verificasse na ocasião referida por Teofilato, é certo que em outros tempos depois roubaram e esconderam os judeus, como Judas, a hóstia consagrada, e lhe deram muitas punhaladas; mas com que efeito? Algumas vezes manou dela copioso sangue, em prova de que debaixo daquelas espécies exteriores se encerra realmente o verdadeiro corpo de Cristo, e outras vezes cessou este prodígio, nem viram sinal ou efeito algum da sua impiedade sacrílega, para que a cegueira judaica se desenganasse que, se na cruz lhe puderam tirar a vida, porque estava nela mortal e passível, no Sacramento lhe não podem fazer dano punhais, cravos nem lanças, porque está ali tão imortal e impassível como no céu. No céu imortal e impassível, porque depois de morto se imortalizou pela ressurreição; e no Sacramento também imortal e impassível, porque antes da morte se tinha já imortalizado pela consagração. Bem se encheu e supriu logo nesta imortalidade e impassibilidade do corpo de Cristo sacramentado a imortalidade e impassibilidade divina, de que o Verbo na Encarnação se tinha exinanido.

E que estes dois efeitos de imortal e impassível se nos comuniquem a nós no Sacramento, um dos principais motivos da sua instituição o prova quanto à imortalidade. Assim como Deus feito homem quis morrer na árvore da cruz, para se vingar do demônio, que com outra árvore tinha enganado aos primeiros homens, assim traçou com sua infinita sabedoria e onipotência que nós o comêssemos no Sacramento, para continuar e consumar a mesma vingança, fazendo verdadeiras nele as duas mentiras com que o mesmo demônio falsamente tinha acreditado a virtude daquela fruta. O que o demônio prometeu a Eva foi que, se comessem da fruta da árvore vedada, "não só não morreriam, mas ficariam como deuses" (Gn 3,4s). Ah! sim, demônio — diz Cristo — pois isto mesmo que tu, mentindo, fingiste, farei eu verdadeiro, e inventarei um tal gênero de manjar, que comendo-o os homens, não só fiquem endeusados — "como deuses" — senão também imortais: "Jamais morrereis". Assim o fez a seu tempo o mesmo Senhor, e assim declarou que este fora o seu intento, quando tão expressamente disse: "Este é o pão que desceu do céu, para que todo o que dele comer não morra" (Jo 6,50). De sorte que não há dúvida em que o corpo de Cristo comungado, enquanto no Sacramento está imortal e impassível, destes dois soberanos atributos nos comunica o primeiro, que é a imortalidade.

Sobre o segundo, porém, que é o da impassibilidade, se recorrermos à experiência, a mesma experiência parece que o faz dificultoso. De todas as histórias eclesiásticas consta que no tempo dos Neros e Dioclecianos, quando os cristãos eram tirados dos cárceres, ou para adorar os ídolos, ou para padecer esquisitíssimos tormentos, lembrados da sentença de Davi: "Preparaste uma mesa diante de mim, à vista daqueles que me angustiavam" (Sl 22,5), — primeiro se armavam com o Santíssimo Sacramento. Assim armados, entravam em tão perigosas batalhas, assim pelejavam, assim venciam, mas com tão diferentes modos de vencer, que a mesma vitória parece que punha em dúvida a fortaleza e virtude das armas. Uns mártires caminhavam sobre as espinhas como sobre flores; outros, a cada passo que davam, lhes brotavam dos pés encravados tantas fontes de sangue quantos eram os espinhos; uns, lançados com pedras ao pescoço no mar, respiravam debaixo das ondas, e saíam vivos às praias; outros morriam afogados; uns, vestidos de lâminas ardentes, ou metidos nas fornalhas, não lhes fazia mal o fogo; outros ardiam e ficavam desfeitos em cinza; uns, expostos no anfiteatro aos leões e tigres, eram reverenciados das feras; outros, despedaçados e comidos da sua voracidade e fereza; uns, estendidos nos ecúleos, nas catastas, nas grelhas, riam-se dos tiranos; outros invocavam o nome do Deus, por quem padeciam, com o qual na boca exalavam constantemente a vida. Pois, se todos pelejavam armados com o mesmo Santíssimo Sacramento, como a uns comunicava o impassível corpo de Cristo e sua impassibilidade, não consentindo que padecessem, e a outros não, deixando-os padecer?

Respondo que a uns e a outros fazia o Diviníssimo Sacramento impassíveis, mas com diferente milagre: a uns impassíveis pela impassibilidade, a outros impassíveis pela paciência. Ouçamos ao mestre de um dos mesmos tiranos, e o maior deles, que foi Nero. "Padecei forte e constantemente: isto é aquilo em que excedeis a Deus" — diz Sêneca: "Padecei forte e constantemente, advertindo que isto é só aquilo em que podeis exceder ao mesmo Deus. — E por quê? "Porque Ele está além de qualquer sofrimento, e vós estareis acima de qualquer sofrimento"[21]. Porque Deus é impassível por natureza, vós sê-lo-eis superiormente pela paciência. — No que toca ao exceder a Deus fala Sêneca como gentio; mas na impassibilidade da paciência ouçamos nós aos santos padres. S. Pedro Veronense pôs em questão se se há de chamar impassível a fortaleza que padece tão constantemente como se não padecera: "É incerto se se deve julgar impassível, quando se encontra alguém que padeceu algo como se nada tivesse padecido"[22]. Porém, S. João Crisóstomo, sobre as palavras de S. Paulo: "tudo sofre" — não com dúvida, mas como proposição certa e evidente, afirma que o que assim sofre e padece já tem passado de homem passível à impassibilidade dos anjos: "Passou à impassibilidade dos anjos"[23]. — Assim que, ou por impassibilidade, fazendo que não padeça, ou por paciência tão forte e invencível como se não padeceram, faz o corpo de Cristo sacramentado impassíveis aos que o comem. E já pode ser, em confirmação da primeira e desta segunda prerrogativa, que por isso Davi disse do mesmo Sacramento: Pão dos anjos comeu o homem (Sl 77,25). Se os anjos não consagram nem comem, nem podem consagrar nem comer este divino pão, como lhes pode convir o nome de pão de anjos, senão por que faz imortais e impassíveis, como anjos aos homens que o comem?

§ VII

O sexto e grandíssimo vazio da divindade do Verbo na Encarnação é a infinidade com que, sendo por natureza infinito, se fez finito. Mas também o corpo de Cristo no Sacramento supriu e enche admiravelmente este vazio. Em todas as partes da quantidade da hóstia, por mínimas e imperceptíveis que sejam, está inteiramente todo o corpo de Cristo. Perguntemos agora aos filósofos quantas são as partes da quantidade? As duas opiniões mais célebres concordam em que são infinitas e só diferem em que gênero de infinidade, porque uns defendem que são atualmente infinitas, o qual infinito se chama categoremático, outros só admitem que sejam infinitas potencialmente, o qual infinito se chama sincategoremático. E porque esta segunda opinião é a mais comum, e as partes que admite neste gênero de infinito não podem ser menos infinitas que as do outro, conformando-se com ela, digo assim: "Infinito é aquilo a cujas partes sempre cabe acrescentar alguma outra parte"[24]. O infinito — como define Aristóteles — é aquilo cujas partes, por mais e mais que se dividam, sempre restam outras mais em que se possa dividir. — Estando, pois, o corpo de Cristo todo em toda a hóstia, e todo em qualquer parte dela, por mínima que seja, e sendo potencialmente na mesma hóstia tantas as partes da quantidade que, por mais que se divida, sempre se pode dividir mais e mais sem fim, bem se segue, como concluem todos os teólogos, que está o corpo de Cristo no Sacramento, não finita, senão infinitamente.

E, posto que esta verdade a não alcancem os sentidos, antes se enganem nela, em um mesmo exemplo fez Cristo que a provasse o gosto, que a apalpassem as mãos e que a vissem os olhos. Deu o mesmo Senhor de comer a cinco mil homens — afora a outra multidão de mulheres e meninos, porque o seguiam as famílias inteiras — com cinco pães somente, os quais cresceram de sorte que, depois de satisfeitos todos, recolheram os apóstolos das sobras doze alcofas. Mas de que modo cresceu tanto este pão, sendo tão pouco? "Os pedaços de pão de quem partia se multiplicavam, e os que partiam se enganavam sempre pelas partes partidas". Cresceu tanto aquela quantidade de pão, sendo tão pequena, diz S. Hilário, "porque quanto mais e mais se dividia, tanto mais e mais se multiplicava"[25]. — Tomou Cristo o pão em suas sagradas mãos, partiu-o, e quanto mais o partia, tanto mais crescia nas mãos de Cristo; deu-o Cristo aos apóstolos, e quanto os apóstolos mais o partiam, tanto mais crescia nas mãos dos apóstolos; davam-no os apóstolos aos pais, partiam-no os pais, e tanto mais crescia nas mãos dos homens; davam-no, os pais às mães, partiam-no as mães, e tanto mais crescia nas mãos das mulheres; davam-no as mães aos filhos, partiam-no os filhos, e tanto mais crescia nas mãos dos meninos. Desta maneira partiam todos, e comeram todos; e porque o pão quanto mais e mais se partia, tanto mais e mais se multiplicava; por isso, sendo tão pouco, sobejou tanto, e se o número da gente fosse maior, sobejaria muito mais. Tanto assim que, quando os doze apóstolos repartiram entre si o mundo, se cada um levara consigo a sua alcofa, não seria necessário que os lavradores arassem a terra, nem semeassem, nem segassem, nem recolhessem, porque aquelas mesmas sobras de pão tantas vezes partidas, partindo-se mais e mais, bastariam a sustentar o mundo.

E porque ninguém duvide que do mais partir nascia o mais crescer, combinemos este milagre com outro semelhante. Em outra ocasião, e em outro deserto, deu o mesmo Cristo de comer a quatro mil homens com sete pães e, recolhendo-se também as sobras, foram as alcofas que se encheram sete. Pouca aritmética é necessária para reparar na diferença destes números em um e outro caso. No primeiro, os que comeram eram mais e os pães eram menos, porque os que comeram eram cinco mil e os pães cinco. No segundo, os que comeram eram menos e os pães eram mais, porque os que comeram eram quatro mil e os pães sete. Logo, por boa conta, parece que mais havia de sobejar neste segundo milagre que no primeiro. Qual foi, pois, a razão por que, quando os que comeram eram mais e os pães menos, sobejou mais, e quando os que comeram eram menos e os pães mais, sobejou menos? A razão é manifesta, como eu dizia, porque do mais partir nascia o mais crescer. No primeiro milagre, como os que comiam eram mais e os pães menos, foi necessário partir mais, e por isso cresceu o pão mais, no segundo, como os que comiam eram menos, e os pães mais, foi necessário partir menos, e por isso cresceu menos. E que pretendeu Cristo, Senhor nosso, com esta evidência tão sensível aos olhos, às mãos e ao gosto? Egregiamente S. Paulino: "Cristo fartou as gentes com cinco pães, saciou carnalmente os famintos com a fé e espiritualmente os irrigou"[26]. O milagre dos cinco pães foi o prólogo com que o divino Mestre quis dispor os ânimos dos homens para a fé do Sacramento de seu corpo, do qual tratou naquela ocasião tão largamente que tudo o que ensina a Igreja, e o mesmo Evangelho que hoje canta, é uma só parte daquela doutrina. Por isso fez o Senhor que o pão, sendo tão pouco, sensível e palpavelmente crescesse sempre mais e mais entre as mãos dos mesmos que o partiam, para que não duvidassem crer que, em tão pequena quantidade como a de uma hóstia, se podia compreender toda a grandeza sem fim de um infinito, e que não só finita, senão infinitamente, estava nela seu corpo. Esta é a infinidade de que diz Santo Tomás: "O Ser de Cristo está uma vez em ato e infinitas vezes em potência"[27], — porque estando todo Cristo em toda a hóstia, e todo em qualquer parte, se estas atualmente se dividirem, estará também atualmente em todas, e sempre mais e mais sem fim, porque o não tem.

Sendo, pois, esta manifesta infinidade a com que o corpo de Cristo no Sacramento supriu a infinidade do Verbo escondida na Encarnação, só resta saber — o que não parece fácil — como nos comunica também a nós a mesma infinidade? Digo que nos comunica Cristo no Sacramento a infinidade de seu corpo fazendo que, assim como é infinito o manjar que nos dá a comer, seja também infinita a fome, ou nós infinitos na fome com que o comermos. O manjar *sincategorematice*[28] infinito, e a fome também infinita *sincategorematice*. Texto expresso do Espírito Santo no capítulo vinte e quatro do Eclesiástico: "Aqueles que me comem terão mais fome, e os que me bebem terão mais sede" (Eclo 24,29). Cristo na hóstia dá a comer seu corpo e no cálix dá a beber seu sangue; mas o mesmo corpo causa tal fome aos que o comem, e o mesmo sangue tal sede aos que o bebem, ambas *sincategorematice* infinitas, que os que o comem, quanto mais e mais comem, tanto mais e mais desejam comer: "Aqueles que me comem terão mais fome", e os que bebem, quanto mais e mais bebem, tanto mais e mais desejam beber: "e os que me bebem terão mais sede".

Não seria o divino Sacramento manjar do céu se não causara estes efeitos tão contrários aos da terra. Nos manjares da terra — diz S. Gregório — à fome sucedeu o comer, ao comer a fartura, e à fartura o fastio: "Naquelas o apetite gera a saciedade e a saciedade o fastio"[29] — porém nos do céu, posto que também à fome sucede o comer, e ao comer a fartura, à fartura não sucede o fastio, senão outra vez a fome: "Nestes o apetite gera a saciedade, e a saciedade o apetite" — donde se segue — conclui o santo — que aquele que mais e quanto mais come, este mais e tanto mais fica faminto: "Quanto mais comem os famintos, tanto mais sentem fome". Notai a repetição e conexão de um e outro "mais": "mais comem — mais sentem fome" — mais o que come e mais o que tem fome, porque a comida e a fome sucessiva e reciprocamente se causam uma a outra. E deste mais e mais que, crescendo sempre, não pode ter fim, se forma o infinito dos que assim comem, porque como ao mais e mais da fome se segue o mais e mais da fartura, e ao mais e mais da fartura, o mais e mais da fome, ou estes fartos e famintos hão de deixar de comer ou, se comem, hão de continuar mais e mais infinitamente. O milagre do deserto teve fim porque sobejou o pão e faltou a fome: sobejou o pão: "Os pedaços que sobejaram"

(Jo 6,12); faltou a fome: "Ficaram fartos" (Mc 8,8). Mas no milagre do Sacramento nem o pão pode sobejar nem a fome faltar. A fome não pode faltar, por que nasce do pão, e o pão não pode sobejar, porque a mesma fome que dele nasce o come. E por isso, nem o milagre, nem a fome, nem o pão, nem os que o comem, podem chegar jamais a ter fim, nem a deixar de participar por este modo o modo de infinidade que o corpo de Cristo tem no Sacramento. No seu altar mandava Deus que sempre ardesse fogo: "No altar sempre estará ardendo fogo" (Lv 6,12). E por quê? Porque o fogo nunca diz basta: "O fogo nunca diz basta" (Pr 30,16); e como matéria do altar era inconsumptível, e o fogo que dela se sustentava insaciável, nem o insaciável do que comia nem o inconsuptível do que se dava a comer podiam deixar de ser perpétuos: "No altar sempre estará ardendo fogo". Finalmente, este era o mistério que depois se verificou no Sacramento do altar, assim quanto ao corpo como ao sangue de Cristo porque, sendo os que o comem insaturavelmente famintos, e os que o bebem insaciavelmente sequiosos, nem aos que comem pode faltar jamais a fome, nem aos que bebem a sede: "Aqueles que me comem terão mais fome, e os que me bebem terão mais sede" (Eclo 24,29).

§ VIII

*F*inalmente, o último atributo de que o Verbo se despiu, vestindo-se de nossa carne, foi a invisibilidade divina, fazendo-se, de invisível, visível. É o que disse o profeta Baruc: "Depois de tais coisas, foi visto sobre a terra, e conversou com os homens" (Br 3,38) — e por isso o mesmo evangelista S. João, tanto que disse: "O Verbo se fez carne"

— ajuntou logo: "e nós vimos a sua glória, glória como de Filho unigênito do Pai" (Jo 1,14). Mas, se o Verbo, vestindo-se de corpo humano, e manifestando-se a nossos olhos, de invisível se fez visível, o mesmo corpo, para recuperar a invisibilidade perdida na Encarnação, depois de visível e visto, encobrindo-se outra vez aos nossos olhos, se tornou a fazer invisível no Sacramento. Esta primeira parte do nosso assunto não há mister prova, porque a invisibilidade só se pode ver não vendo, como nós não vemos ao mesmo Cristo, que cremos e adoramos presente, mais firmemente que se o víramos. Mas a segunda parte do mesmo assunto, em que até agora mostramos que as mesmas propriedades da divindade exinanida, não só as recupera em si Cristo sacramentado, mas também no-las comunica a nós, como se pode verificar ou provar no atributo da invisibilidade? Se fora noutro lugar seria dificultoso; neste, em que estamos, é evidente.

Falando a Esposa santa de Cristo sacramentado, diz que está encoberto e invisível detrás daquela parede dos acidentes: "Ei-lo aí, está posto por detrás da nossa parede" (Ct 2,9). Assim entendem este lugar comumente os intérpretes. Olhai agora para aquela parede e para estas paredes. Detrás daquela parede está o Esposo, dentro destas paredes estão as Esposas; ali o esposo invisível, aqui as esposas também invisíveis. Que maior e mais estreita invisibilidade que aquela que, não por um dia, nem por muitos, senão para sempre se negou e se escondeu aos olhos do mundo? Tal é a invisibilidade de Cristo no Sacramento e tal a das esposas do mesmo Cristo. Essa é a grande energia com que a Esposa chamou parede àqueles acidentes: "por detrás da nossa parede". — Pudera-lhe chamar véu, pudera-lhe chamar nuvem. No Templo de Jerusalém o que fazia invisível o Propiciatório, em que estava figurado Cristo, era o véu que cobria o *Sancta Sanctorum*: "O santuário que está para dentro do véu" (Lv 16,2), no monte Olivete, a que também tirou dos olhos dos discípulos ao mesmo Cristo subindo ao céu foi uma nuvem: "E o recebeu uma nuvem que o ocultou aos seus olhos" (At 1,9). Pois, se os acidentes daquela hóstia são os que nos tiram dos olhos e nos fazem invisível o Esposo sacramentado, por que lhe não chama a Esposa véu ou nuvem, senão parede: "por detrás da nossa parede"? Porque o véu pode-se correr e a nuvem pode-se mudar, porém a parede é impedimento firme, imóvel e imutável. E este é o modo e encerramento perpétuo com que naquela parede e nestas paredes o Esposo e as Esposas estão para sempre escondidas aos olhos humanos.

O profeta Isaías, falando com Cristo no Sacramento, diz: "Verdadeiramente, Senhor, vós sois Deus escondido, Deus escondido e Salvador" (Is 45,15). — E, falando do mistério da Encarnação, diz que "a escondida conceberá" (Is 7,14). Assim se lê no original hebreu, em cuja língua, escondida e virgem tem o mesmo significado. Cristo, Deus escondido no Sacramento, e as Virgens consagradas a Cristo, escondidas na Encarnação. Nem é maravilha que debaixo deste sagrado nome já então fosse exemplar a virgem das virgens às que depois a haviam de seguir: "Serão apresentadas ao rei virgens após ela" (Sl 44,15). E, pois, estamos no último atributo da divindade recuperado por Cristo no Sacramento e comunicado a estes generosos espíritos, que por seu amor em corpo se fizeram invisíveis, que lhes posso eu dizer por fim, senão o que lhes diz S. Paulo: "Estais mortos, e a vossa vida está escondida com Cristo em Deus" (Cl 3,3)? Estais mortos, diz o apóstolo, e não diz demasiado, porque uma vida encerrada entre quatro paredes, nem vista nem visível, que outro nome lhe vem mais próprio que o de morta e sepultada? Assim encareceu Jó o estado da sua sepultura, não tanto pelo enterrado quanto pelo invisível: "Nem me verão jamais os olhos dos homens" (Jó 7,8). — Mas, posto que esta vossa vida, por escondida e invisível, pareça aos outros morta e sepultada, considerai-vos, para vossa consolação, onde está escondida e com quem: "escondida com Cristo e escondida em Deus". — Está escondida com Cristo, porque também Cristo está escondido no Sacramento; e está escondida em Deus, por que quanto mais retirada dos olhos humanos, tanto mais se não tiram nunca dela os olhos divinos. E sendo esta tão grande consolação, ainda é maior a com que conclui S. Paulo: "Quando Cristo, vossa vida, aparecer, então aparecereis também com ele, na glória" (Cl 3,4). Cristo, que agora é a vossa vida, e ali está, como vós, invisível e escondido, virá aquele dia último, em que há de aparecer e ser visto de todo o mundo, e então também vós haveis de aparecer, e verão os olhos, a que agora vos negais, quão precioso é e quão agradável aos divinos, que só vos veem, o invisível desta vossa clausura, porque assim como agora imitastes a Cristo na sua invisibilidade, assim ele visivelmente, nos olhos de todo o mundo, vos há de coroar com a sua mesma glória: "E vós aparecereis com ele na glória".

§ IX

Bem acabava aqui o sermão, mas em dia e solenidade tão universal, obrigação é precisa que digamos uma palavra para todos. Se o corpo de Cristo no Sacramento enche os vazios da divindade, quanto mais facilmente encherá os da nossa necessidade? Tudo Deus criou vazio, mas logo encheu tudo. Vazia criou a terra: "A terra, porém, era vã e vazia" (Gn 1,2) — mas logo a encheu por dentro de tesouros e por fora de plantas e animais; vazio criou o céu, mas logo o encheu por dentro de jerarquias e por fora de sol, lua e estrelas; vazio criou o mar e o ar, mas logo encheu o ar de tanta variedade de aves, e o mar de tão infinita multidão de peixes; vazios criou aos primeiros homens, como vasos de barro, mas logo os encheu de justiça original e de tantos outros dotes e graças. Tão natural é à divina bondade, que foi, é e será sempre a mesma, encher os vazios de suas criaturas, e assim encherá os da nossa necessidade e pobreza muito melhor que o óleo de Eliseu, por muitos que sejam: "Muitas vasilhas vazias" (4Rs 4,3). Antigamente na lei, que era de rigor, mandava Deus que "ninguém aparecesse em sua presença com as mãos vazias" (Ex 23,15); porém, hoje, que estamos na lei da graça, a todos nos exorta o mesmo Senhor que não só lhe presentemos vazias as mãos, senão também, e muito mais, os corações e os desejos, para no-los encher abundantissimamente do que ele melhor sabe dar que nós pedir. Quando os irmãos de José foram buscar pão ao Egito, todos levavam os sacos vazios, e todos os trouxeram cheios, e neles juntamente o preço, porque este divino pão, que naquele se representava, era pão de graça. E depois que Deus, pelo benefício da Encarnação, se fez irmão nosso, não seria tão bom irmão como José se, recorrendo aos celeiros de sua liberalidade, que no mesmo pão estão encerrados, nos não despachasse cheios e ricos de tudo o que a nossa necessidade lhe presentasse vazio. — Chegai, chegai — diz santo Tomás, Arcebispo de Valença — chegai, não a esta fonte, senão a este oceano imenso de graças, que a todos está exposto, a todos deseja, a todos chama, a todos espera, e por maiores e de maior fundo que sejam os vazios de vossa necessidade, cada um encherá os seus até não poder levar mais: "É um oceano imenso de graças, e cada um encherá o seu recipiente até a extremidade"[30].

Mas é tanta — de quem me queixarei? — é tanta a fraqueza da nossa fé e tão pouca a estimação que fazemos dos bens do céu que nem de graça os queremos. Ouvi o que diz a semelhantes almas até um poeta gentio: "Ó almas encurvadas dos homens e vazias dos bens do céu"![31] Oh! almas dos homens, tão brutas e irracionais como as dos mesmos brutos! — "encurvadas", porque sempre andais encurvadas e inclinadas para a terra, e por isso "vazias dos bens do céu"! — Por mais que uma alma fosse senhora de toda a terra, e desde a terra ao céu senhora de todo o mundo, sempre ficaria vazia, porque só Deus a pode encher. E tendo nós a Deus tão perto, quantas almas há indignas deste nome que se não chegam a ele senão por força e a mais não poder de ano em ano? Ele chamou-se pão de cada dia, para que todos os dias o comêssemos, como faziam os primeiros cristãos; e somos chegados a tempo em que se tem por grande cristandade e devoção comungar todos os meses. Que bem competem aos que nem isto fazem as palavras de Jó! "Assim também eu tive meses vazios" (Jó 7,3). Devendo ser os dias cheios, até os meses são vazios. Passa-se um mês e outro mês, passa-se um jubileu e outro jubileu, e nem a importância da graça, nem a conveniência das graças — como se não houvera fé nem outra vida, como se não houvera inferno nem purgatório — nos permitem os vícios, de que estão cheias as nossas almas, que por meio da contrição e confissão as presentemos àquela sagrada mesa vazias.

Vazias assim dos pecados as nossas almas — se somos cristãos, ou daqui por diante o queremos ser — o que deve procurar cada um de nós com verdadeira resolução são duas coisas: a primeira, encher a alma com a graça, para que não esteja vazia; a segunda, encher a graça com obras cristãs, para que perseveremos na mesma graça. Qual é a razão ou defeito, por que os que se confessam e comungam, e se põem em graça de Deus, não perseveram na graça muitos dias, e talvez no mesmo dia a perdem? A razão e o defeito é porque, ainda que enchemos a alma com a graça, não enchemos a graça com as obras, sem as quais ela não pode permanecer. Consideremos e pesemos bem o que diz S. Paulo de si, e o que nos aconselha a nós. O que nos aconselha o apóstolo que foi ao céu e tornou, é que não tenhamos a graça vazia: "Não recebais a graça de Deus em vão" (2Cor 6,1) — e o que nos diz de si é que a graça que recebeu de Deus nunca a teve vazia, e por isso permaneceu sempre nela: "A sua graça não tem sido vã em mim; antes a graça de Deus permanece sempre comigo" (1Cor 15,10). Sendo a graça tão contrária à natureza, só nisto se parece a natureza com a graça, ou a graça com a natureza. A natureza de nenhum modo admite nem permite vácuo, donde nasceu o prolóquio: "O vácuo não existe na natureza". E essa é a filosofia, por que nos elementos e mistos, ou espontaneamente e por si mesmas, ou obrigadas da arte, vemos tantos efeitos que parecem milagrosos, e verdadeiramente são naturais. Vemos subir a água e a terra, vemos descer o ar e o fogo, vemos romperem-se os mármores e estalar os bronzes, tudo por acudirem a impedir o vácuo ou vazio, o qual, se houvesse na natureza, pereceria todo o mundo. O mesmo aconteceria — e acontece — à graça, se nela houvesse vácuo, e por isso o devemos resistir com todas as forças: "Não recebais a graça de Deus em vão". — Se a graça em nós nunca estiver vazia, como em S. Paulo: "A sua graça não tem sido vã em mim", — também será em nós, como nele, sempre permanente: "antes a graça de Deus permanece sempre comigo".

E se me perguntais como estará a graça sempre cheia e nunca vazia, respondo que enchendo os vazios que na alma ocupavam os vícios, primeiro com os atos, e depois com os hábitos das virtudes contrárias. Em lugar da soberba, entre em nossas almas a humildade; em lugar da intemperança, entre a pureza; em lugar da inveja, a caridade; em lugar da ira, a mansidão; em lugar da gala, sobriedade; em lugar da ambição, o desprezo do mundo; em lugar da vingança, o perdão das injúrias; em lugar do ódio, o amor do próximo, ainda que seja o maior inimigo; finalmente, em uma palavra, por mais que a natureza corrupta e mal habituada repugne, que o alto e leve desça, e o baixo e pesado suba, porque desta maneira nos conformaremos com todo o exemplar do nosso assunto, imitando a Deus na Encarnação, que desceu a tomar condições de corpo, e a Cristo no Sacramento, cujo corpo subiu a participar os atributos de Deus, os quais nós também gozaremos eternamente na mesa da glória, por graça do mesmo pão que, para nós subirmos, desceu do céu: "Este é o pão que desceu do céu".

SERMÃO DE
S. Gonçalo

❦

"Se vier na segunda vigília, e se vier na terceira vigília,
e assim os achar, bem-aventurados são os tais servos."
(Lc 12,38)

Celebra-se um santo sobre cujo estado — se filho de São Pedro, se monge de São Bento, se dominicano — duvidaram os historiadores; sobre cuja profissão duvidou ele mesmo — finalmente se dedicou naquela religião em que se começa o Ofício divino pela Ave-Maria; e sobre cujas grandezas é Vieira quem mais duvida. As quatro idades da vida: a de menino e a de velho têm coração e alma, mas a primeira não tem entendimento e a segunda não tem forças; assim a de mancebo e a de varão têm ademais entendimento e forças. Na sua primeira idade, São Gonçalo foi santo porque não foi menino, senão menino homem. Os acontecimentos no batismo, o remédio de seus choros. Na segunda idade, Gonçalo foi feito pastor de almas, sem descuidar da própria alma. Na terceira idade, foi santo porque assim que entrou nela saiu da pátria e se partiu peregrino a Jerusalém. Trocou o cajado de pastor pelo bordão de peregrino. O exemplo de Moisés. Na quarta idade, foi santo porque, fazendo-se eremita, soube deixar o mundo antes que o mundo o deixasse. Conheceu a concórdia e a harmonia que conservam dentro no mesmo espírito, se é perfeito, a vida ativa e contemplativa. Os milagres do santo. A quinta idade é a imortalidade de São Gonçalo do Amarante — o amaranto. Depois de sua morte, foi homem com Deus: as obras de São Gonçalo. Conclusão: que o imitemos em fazer pontes e, mais geral, que procuremos acabar por onde São Gonçalo começou.

---

§ I

Onde há muito em que eleger não pode haver pouco sobre que duvidar. Celebra hoje a nossa devoção um santo sobre cujo estado duvidaram os historiadores, sobre cuja profissão duvidou ele mesmo, e sobre cujas grandezas, para eleger as maiores, eu sou o que mais duvido. Duvidaram os historiadores sobre o seu estado, porque uns o fizeram da jerarquia clerical, como filho de S. Pedro, outros da monástica, como monge de S. Bento, outros da mendicante, como religioso de S. Domingos, controvérsia em que é mais gloriosa a dúvida que a decisão. Assim duvidaram e contenderam as mais nobres cidades da Grécia sobre qual fosse ou houvesse sido a pátria do famoso Homero. Duvidou o mesmo santo sobre qual seria a profissão em que Deus mais se agradaria que ele o servisse, porque não basta servir a Deus, mas é necessário servi-lo como ele quer. E como neste requerimento empenhasse muitas horas e muitos dias de fervorosa oração e, porque já era sacerdote, muitos sacrifícios, finalmente lhe respondeu o divino oráculo que, se dedicasse a seu serviço naquela religião em que se dá princípio aos Ofícios Divinos pela Ave-Maria. Com este indício, no qual era significado claramente o sagrado Instituto dos Pregadores, resolveu o santo a sua dúvida, e com o mesmo espero eu resolver a minha. Para dar, pois, bom princípio ao nosso discurso, antes de saber nem propor qual há de ser, comecemos também saudando a Mãe da graça, e digamos *Ave Maria*.

§ II

"Se vier na segunda vigília, e se vier na terceira vigília, e assim os achar, bem-aventurados são os tais servos" (Lc 12,38).

Duvidoso eu, e muito duvidoso, como dizia, entre as grandezas do nosso santo para eleger e pregar dele as mais admiráveis, sobre esta minha dúvida encontro no Evangelho com outra maior. Diz Cristo, Mestre divino e Senhor nosso, que os servos que ele achar vigilantes, ou venha na segunda vigia da noite, ou na terceira, esses são os bem-aventurados. A suposição e frase é militar, porque já os soldados naquele tempo dividiam a noite em quatro vigias, de cujo número persevera hoje o nome de se chamarem quartos. E porque a nossa vida, como diz Jó, é milícia, e neste mundo vivemos às escuras, ou com pouca luz como de noite, divide o Senhor a mesma vida do homem em quatro partes com nome de quatro vigias. A primeira parte ou idade é a de menino, a segunda a de mancebo, a terceira a de varão, a quarta a de velho. Suposto, pois, que estas partes ou idades no curso da vida humana são quatro, por que deixa o Senhor a primeira e a última, e só faz menção da segunda e da terceira: "Se vier na segunda vigília, e se vier na terceira vigília"? A razão natural, quanto às vigias, é porque na segunda e na terceira é mais carregado o sono, mais trabalhosa a resistência e mais dificultosa a vigilância. E quanto às partes ou idades da vida é também a mesma, ou semelhantes, porque na idade de mancebo e de varão, assim como as tentações são mais fortes, assim é mais trabalhosa a resistência dos vícios e mais dificultosa a observância das virtudes. Na primeira idade, que é a dos meninos, ainda os não tenta o mundo; na última, que é a dos velhos, já os não tenta; e a virtude sem batalha, que nos meninos é inocência, nos velhos desengano, quanto mais está em paz e fora de guerra, tanto menos tem de vitória e de sólida e forte virtude.

S. Gregório Nazianzeno[1], concordando este texto com a lei em que Deus nos manda que o amemos, dá outra razão igualmente própria e natural, mas muito mais sublime: "Amarás a Deus, teu Senhor, com todo o teu coração, com toda a tua alma, com todo o teu entendimento e com todas as tuas forças" (Lc 10,27). — De sorte que destas quatro partes ou destes quatro todos há de constar o amor de Deus, para ser legítimo de todos os quatro costados. Amor de todo o coração, amor de toda a alma, amor de todo o entendimento e amor de todas as forças. Pois, esta é a razão por que Cristo só fala da segunda e da terceira vigia, e não da primeira nem da quarta. E por que só chama bem-aventurado aos da segunda e terceira idade, que são os mancebos e os varões, e não aos da primeira e da quarta, que são os meninos e os velhos? Sim, e clarissimamente. Porque Deus quer ser amado não só com todo o coração e com toda a alma, senão também com todo o entendimento, e com todas as forças; e, posto que os meninos e os velhos têm coração e têm alma, os meninos ainda não têm entendimento, e os velhos já não têm forças; logo, só os da segunda e terceira vigia, só os mancebos podem amar e servir a Deus com todas as quatro partes ou todos os quatro todos do inteiro e perfeito amor: "com todo o coração"— "com toda a alma"— "com todo o entendimento"— "com todas as forças".

Entendido assim — pois assim se deve entender — o Evangelho, parece que ele por si mesmo nos tem já dividido o discurso em duas partes, e que, segundo elas, devemos tratar das duas principais idades do nosso santo: a segunda, que nos mancebos é florente, e a terceira, que nos varões é madura; sendo uma e outra na sua perfeição, ambas foram cheias de flores e ambas de frutos. Mas, posto que assim pareça a outros, a mim, cuja é a eleição, não me parece. Não são as excelências de S. Gonçalo tão pouco grandes que caibam em tão estreitos limites. Quando o rio sai da madre, também as margens são rio. Não só havemos de alargar o Evangelho, senão também o número das vigias. Digo, pois, ou determino dizer, que S. Gonçalo, não só foi santo da segunda e da terceira vigia, senão também da primeira e da quarta, e não só da primeira, da segunda, da terceira e da quarta, senão também da quinta. Santo, e admirável santo, na primeira idade de menino; santo e admirável na segunda, de mancebo; santo e admirável na terceira, de varão; santo e admirável na quarta, de velho; e finalmente, santo e admirável na quinta, depois de morto, em que tem já cinco vezes tantos anos quantos teve de vida. Se o discurso for largo, facilmente se acomodará a devoção com a paciência.

§ III

Começando pela primeira vigia, foi santo e admirável santo S. Gonçalo na primeira idade de menino porque não foi menino menino, senão menino homem. Os outros meninos, para chegarem a ser homens, hão de esperar muitos dias; S. Gonçalo não esperou nem um só dia, porque no mesmo dia em que, nascendo, saiu à luz do mundo, já era homem e grande homem no ser, posto que fosse menino na estatura. Falando o profeta Zacarias do futuro Salvador do mundo, excita primeiro as admirações do que havia de dizer com a palavra "eis", e o que disse é que o seu nome seria: "O que nasce homem" — "Eis aqui o homem que tem por nome o Oriente" (Zc 6,12). E se é prodígio digno de admiração e admirações que um homem, que era juntamente Deus, nascesse menino e homem: "O que nasce homem" — quão admirável santo devemos entender que foi o nosso, sendo desde seu nascimento não homem menino, senão menino homem? Um só homem houve no mundo que nascesse homem. Este foi Adão, a quem Deus criou em idade e estatura perfeita. Mas este homem que unicamente nasceu homem, nem por isso deixou de ser menino. Vós o julgai. O de que era senhor e o que tinha de seu Adão não era menos que todo este mundo, e um homem que, tendo tanto, deu quanto tinha por uma maçã, vede se foi menino. Adão nascido homem, mas homem menino; Gonçalo nascido menino, mas menino homem.

E quando começou este grande menino a mostrar publicamente que era menino homem? Oito dias depois de nascido, que foi o de seu batismo. Saiu da pia onde os outros meninos estranham tanto o rigor da água, e quando a ama o recolheu nos braços para o acalentar do choro e lhe dar o peito, o prodigioso infante em vez de chorar e mamar, fitou os olhos em um Cristo crucificado, e com o rosto alegre e os bracinhos abertos e estendidos, parecia que lhe dava as graças da graça que recebera. Assim esteve por largo espaço, com admiração e pasmo dos circunstantes, sem o poderem divertir da vista firme e contemplação atenta do sagrado objeto. E quem negará que foi isto receber o batismo não como menino, senão como homem? O batismo, ou o recebem os adultos, que são os homens, ou os inocentes, que são os meninos, mas com grande semelhança no batismo e com grande diferença nos batizados. No batismo com grande semelhança, porque assim a uns como a outros comunica aquele Sacramento a graça, e infunde os hábitos de todas as virtudes; mas nos batizados com grande diferença, porque nos inocentes ficam os hábitos das virtudes como amortecidos, sem poderem exercitar os atos delas, e nos adultos ficam vivos e prontos, porque logo, ou produzem, ou podem produzir os atos virtuosos a que os mesmos hábitos os inclinam. Assim se viu no batismo de S. Agostinho, que foi batizado em idade de trinta e três anos, e assim ele, como S. Ambrósio, que o batizou, e também tinha sido batizado em idade adulta, compuseram extemporaneamente e cantaram o hino *Te Deum* [a ti, Deus, louvamos][2] em que se contêm tantos e tão excelentes atos, e tão ardentes afetos de todas as virtudes. Agora pergunto: e a qual destas duas diferenças ou classes de batizados pertence o nosso santo? É certo que não à dos meninos e inocentes, senão à dos homens e adultos. Porque logo, como se o batismo lhe infundira não só os hábitos senão os atos de todas as virtudes, em não chorar, exercitou o da fortaleza; em não tomar o peito, o da temperança; em fixar os olhos e estender alegre os bracinhos para a imagem de Cristo crucificado, o da prudência, o da justiça, o da religião, o da fé, o da caridade; e em o não poderem divertir daquela devota e constante atenção, o da perseverança.

Lá diz o real profeta do homem que logo começa e há de ser grande santo: "Que será como a árvore nova e tenra plantada junto às correntes das águas, a qual dará o fruto a seu tempo" (Sl 1,3). As águas correntes são as do batismo; as plantas novas, regadas com elas, são os batizados, não adultos, senão meninos e inocentes; e destes diz o profeta que não dão logo o fruto, senão que o darão a seu tempo. Por quê? Porque naquele estado imperfeito da natureza, que é a infância, assim como têm emudecida a língua e enfaixados os braços, assim as potências da alma, como dormentes, não estão prontas e expeditas para exercitar logo os atos das virtudes. Crescendo, porém, depois e tomando forças, então sai ou amanhece, como o sol, o lume do entendimento e da razão, e então é o tempo determinado pela natureza, e esperado pela graça para poderem produzir e produzirem os frutos: "E dará o fruto a seu tempo". — Assim sucede a todos os meninos. Porém, o nosso, como exceção dos demais, antecipando os limites e vagares da natureza, fez seu o tempo que não era seu, e seus os frutos que não eram do tempo. Reparou e considera discretamente S. Agostinho que "A mãe Igreja dispõe que os meninos vão ao batismo com pés não seus, e creiam com coração não seu, e confessem o que creem com língua não sua"[3]. — E tudo isto fizeram seu os olhos do nosso menino, fixando-se em Cristo crucificado. Aqueles olhos fizeram sua a língua com que confessaram a fé, aqueles olhos fizeram seu o coração com que a creram e aqueles olhos fizeram seus os pés, ou para melhor dizer, as asas com que venceram as distâncias que há de menino a homem, sem deixar espaço em meio. Assim ficou o nosso santo e se mostrou publicamente menino e homem juntamente no mesmo tempo porque, não sendo o tempo seu enquanto menino, enquanto homem e com ações de homem o fez seu: "E dará o fruto a seu tempo".

Não parou o prodígio naquele primeiro dia, mas depois se continuou com novas e maiores circunstâncias, porque o mesmo menino, que então não chorou, agora chorava irremediavelmente, e o que então não tomou o peito, agora estava constante em de nenhum modo o querer admitir. Não se entendia ao princípio o segredo destas lágrimas e abstinências, até que finalmente se conheceu que eram saudades dos seus primeiros amores. Para que não chorasse e se deixasse alimentar, de que indústria usaram?

Levavam a Gonçalo ou Gonçalinho à mesma Igreja, e tanto que punha os olhos na imagem de Cristo crucificado, esta vista lhe enxugava logo as lágrimas e lhe tirava o fastio com que, já contente e gostoso, aceitava o natural alimento. Este era o único remédio, sem haver nenhum outro, caso verdadeiramente raro, e mais se consultarmos nele a S. Paulo. Para inteligência do grande prodígio que encerra, se há de supor que o homem é composto de duas partes, uma animal e outra espiritual: a animal consta de duas vidas, que são a vegetativa e sensitiva; e a espiritual consiste em uma só, que é a racional. E que diz S. Paulo? Tudo o contrário do que acabamos de contar do nosso menino. Diz que, posto que a parte espiritual seja mais nobre no homem que a animal, a animal contudo é primeiro que a espiritual, e que a espiritual não tem lugar senão depois da animal: "Não vem em primeiro lugar o espiritual, mas sim o animal, e depois o espiritual" (1Cor 15,46). Uma e outra coisa confirma o apóstolo com o exemplo de Adão, homem da terra, de quem recebemos a vida animal e foi primeiro que Cristo, e com o exemplo de Cristo, homem do céu, de quem recebemos a vida espiritual, e foi depois de Adão. Isto é o que ensina S. Paulo. Vamos agora ao que se via no nosso santo. O chorar, ou não chorar, pertence à vida sensitiva, por que o chorar é efeito do sentimento; o tomar ou não tomar o peito pertence à vida vegetativa, porque a nutrição é efeito do alimento; do mesmo modo o chorar por ver a Cristo, e não admitir gosto sem ele, é efeito da vida racional e o mais racional da mesma vida. Pois se S. Paulo diz que primeiro é no homem a parte animal e depois a parte espiritual, como eram primeiro no nosso menino os atos da parte espiritual e depois os da animal: primeiro o buscar e ver a Cristo, e depois o cessar do choro e tomar o peito? Por que S. Paulo falava conforme a lei ordinária da natureza, e dos meninos que primeiro são meninos e depois homens, porém o nosso santo obrava como exceção da mesma lei, e não como menino somente menino, senão como menino juntamente homem.

Daqui se segue, em maior assombro do caso, que o mesmo não cessar do choro e o mesmo não tomar o peito senão com Cristo diante dos olhos já não eram no nosso santo atos animais e de menino, senão racionais e de homem. Para prova desta grande consequência suponho, com a fé e com a teologia, três coisas: primeira, que Deus é o último fim do homem; segunda, que todas as ações humanas e propriamente de homem devem ser encaminhadas a este último fim; terceira, que as ações que não levam diante dos olhos este fim, ainda que as faça um homem de cem anos, não são humanas nem de homem, senão de animais, e de menino ou bruto. E digo indistintamente de menino ou bruto, porque tão animal ação é o mamar e o chorar em um menino como o mamar e o balar em um cordeiro. Nem o exemplo ou nome de menino de cem anos é novidade neste ponto, porque "meninos de cem anos" chamou o profeta Isaías aos que deste modo obram (Is 65,20). E como o nosso menino cessava do choro e tomava o peito com Cristo diante dos olhos, que é o último fim do homem, o mesmo cessar do choro e o mesmo tomar o peito, que nos outros meninos são ações animais e de menino, nele eram racionais e de homem. Oh! que grande menino e que grande homem sois, meu santo! O mesmo S. Paulo dizia de si: "Eu" — diz o apóstolo — "quando era menino, falava como menino, entendia como menino e cuidava como menino; porém, depois que cresci e fui homem, deixei tudo o que era próprio de menino" (1Cor 13,11). — S. Gonçalo era muito mais menino que S. Paulo, porque S. Paulo na idade em que chama menino já falava: "falava como menino" — e S. Gonçalo ainda não falava, nem começou a falar senão daí a dois anos; e quando o apóstolo do terceiro céu era menino, e obrava como menino e lhe faltava ainda muito para ser homem, não nessa mesma idade, senão muito antes dela, ainda mudo e ainda totalmente infante, já o nosso menino era juntamente homem. Tire, pois, S. Gonçalo das mesmas palavras do apóstolo o "quando" e, aplicando a si as primeiras e as últimas, diga confiadamente: "Quando eu era menino, cheguei a ser homem feito".

§ IV

Quanto à segunda vigia, foi santo e admirável santo S. Gonçalo na idade de mancebo porque, feito naqueles anos pastor de almas — ofício tão perigoso para a própria, como útil para as alheias — de tal sorte acudiu a uma obrigação sem faltar a outra que a ambas satisfez adequadamente. Faltavam-lhe ao novo prelado as cãs, que no sacerdócio são os esmaltes da coroa, e na prelazia o ornamento da dignidade, mas não lhe faltava nada do que as mesmas cãs significam e não poucas vezes desmentem. São como as neves de que sempre está coberto o Monte Etna, debaixo das quais se ocultam vulcões e incêndios; são como as que o divino Mestre chamou "sepulturas caiadas" (Mt 23,27) — brancas por fora e corrupção por dentro. E também podem ser como aquela árvore a que já comparamos o nosso santo em mais levantado sentido. Dela diz o profeta que "nunca lhe cairá a folha" (Sl 1,3) — e as árvores que não mudam a folha, tão verdes são de poucos anos como de muitos. Mas quanto com maior indecência se devem estranhar nos velhos as verduras, tanto é digna de maior veneração nos moços a madureza. — As verdadeiras cãs — diz o Espírito Santo — são o juízo sisudo, e não consiste a velhice na cor dos cabelos, senão na pureza da vida: "A prudência do homem é que supre as suas cãs, e a idade da velhice é uma vida imaculada" (Sb 4,8s). Os melhores cabelos e a pior cabeça que nunca houve foi a de Absalão: os cabelos vendiam-se a peso de ouro, e a cabeça nenhum peso tinha. Mais lhe tomara eu o chumbo na testa que o ouro na gadelha. Também há cabelos que parecem de ouro e são de prata sobredourada, e isto é o pior que têm as cãs: poderem se tingir. Não assim os cabelos negros, que não admitem outra cor. Por isso a pastora das églogas de Salomão o que louvou nos cabelos do seu pastor foi serem da cor do corvo: "Os seus cabelos são como os ramos novos das palmeiras, negros como um corvo" (Ct 5,11).

Sendo, pois, o melhor e o maior de todos os pastores pastor e mancebo, grande louvor é do nosso santo ser eleito pastor na mesma idade. Mancebo era Abel: e que pastor mais religioso? Mancebo era Jacó: e que pastor mais vigilante? Mancebo era Davi: e que pastor mais animoso e esforçado? — Se o leão — diz o texto — lhe tomava o cordeiro pela cabeça, tirava-lho da garganta pelas pontas dos pés, e se lho engolia pelos pés, arrancava-lho das entranhas pelas orelhas. A idade da velhice é já muito fria para ações tão alentadas e tão ardentes. O pior gado de guardar é o homem. Quarenta anos guardou ovelhas Moisés sem nenhum perigo, e não havia dois anos que era pastor de homens, quando só Deus lhe pôde guardar a vida dos mesmos a quem ele guardava. Ele levava-os a beber nas correntes puríssimas do Jordão, e eles suspiravam pelos charcos do Nilo e lodos do Egito. A maior falta que hoje se experimenta nos pastores é a do valor. Se S. Gonçalo o não tivera mostrado antes, tanta culpa teria quem lhe meteu o cajado na mão como ele em o aceitar. Se não tens valor para arcar com os vícios autorizados, e temes o rosto dos poderosos, não aceites o ofício, diz Deus: "Não pretendas ser juiz, se não tens coragem para fazer frente às injustiças, para que não temas à vista do poderoso" (Eclo 7,6). — No rebanho manso das ovelhas também há valentes de testa tão dura e armada que se batem uns com os outros, mas todos temem e reverenciam o pastor. Assim foi antigamente, quando os pastores eram Crisóstomos e Ambrósios, posto que os mais poderosos da manada fossem Teodósios e Arcádios[4]. Se os pastores não guardaram tantos respeitos, eles foram mais respeitados. E assim o foi S. Gonçalo, posto que mancebo.

Do tempo em que governou a sua igreja dizem muitas coisas os historiadores, todas próprias de um bom pastor. Dizem que não se vestia da lã das ovelhas, nem se sustentava do seu leite e muito menos do seu sangue. Dizem que o patrimônio de Cristo não o gastava com criados, cães ou cavalos, nem com acrescentar a casa ou lhe vestir as paredes. Dizem que, exceta a limitada côngrua do próprio sustento, tudo o demais distribuía aos pobres, e não como próprio, com nome de caridade, senão como seu deles, e por obrigação de justiça. Dizem que não só pregava aos ouvidos, senão também, e muito mais, aos olhos, porque os exemplos da sua vida eram a alma de toda a sua doutrina. Estas e outras muitas coisas dizem os historiadores, mas todas em comum. E porque do tempo em que o nosso santo foi pastor, um só caso referem em particular: por este coligiremos os demais e vendo como obrava, conheceremos qual era. Havia entre os fregueses de S. Gonçalo o abuso, que ainda dura em outros, de terem perdido o medo às excomunhões. Eram daquela gente que não crê o que não se vê, e sentiam mais a pena que os multava na bolsa que a que os condenava na alma. Pregando, pois, um dia o santo, e afeando este abuso como tão alheio da fé e religião cristã, viu passar uma mulher que levava uma cesta de pão; chamou-a, mandou-lhe que pusesse a cesta a seus pés e, repetindo com voz temerosa a forma da excomunhão sobre os pães, que eram muito alvos, subitamente se converteram em carvões. Ficaram assombrados todos, e muito mais a pobre mulher que deu por perdido o seu pão. Mas depois que com a vista de tão estranha e repentina mudança os viu persuadidos ao que não acabavam de entender agora, diz o santo, para que vejais também quão contrário é o efeito que obra a absolvição nos excomungados, repetiu sobre os carvões as palavras da absolvição, e no mesmo momento e do mesmo modo ficaram outra vez convertidos em pães, tão alvos como dantes eram.

Feita a demonstração de um e outro milagre, disse S. Gonçalo à mulher que levasse o seu pão com a bênção de Deus: e aqui reparo muito. Sendo o pão, não uma, senão duas vezes milagroso, dobrada razão tinha o santo para o aplicar à Igreja. Ó tempos! Pároco sei eu que, à conta de uma excomunhão, teve pão com que sustentar muitos dias a sua família, e era muito mais numerosa que a de S. Gonçalo. E por que não fez ele outro tanto? Ao menos parece que devera mandar reservar alguns daqueles pães convertidos em carvão para perpétua memória e horror do caso. Por que tornou, pois, a entregar à mulher todo o seu pão, tão inteiro no número, e tão branco na cor como era dantes? Porque entendeu, o bom e desinteressado pastor, que era coisa muito fora de razão querer fazer milagres à custa do pão alheio. Quantos milagres vemos neste mundo, e quantos homens e alvitres milagrosos, e todos à custa do pão alheio, e nenhum do seu? A Elias sustentava Deus cada dia com dois pães e a S. Paulo, primeiro ermitão, também cada dia com meio pão; e sendo os ministros de um e outro milagre corvos, sempre o pão era da mesa de quem mandava sustentar os famintos, e não tomado a outrem. O maior milagre neste gênero foi o dos pães que, sendo cinco, se multiplicaram a tantos milhares que sustentaram cinco mil homens e sobejaram tantas alcofas. Mas estes sobejos para quem foram? Para os donos dos cinco pães, que eram os apóstolos. Semelhante milagre já o vimos e estamos vendo. O que ontem se contava por unidades hoje se conta por milhares e por milhões. Mas à custa de quem? Dos mesmos que dão a matéria e o cabedal para o milagre. E em vez de terem parte na multiplicação, e quando menos nos sobejos, até os seus cinco pães lhos excomungam, de maneira que antes os querem perder que lograr, porque só lhos permitem convertidos em carvão.

O remédio desta grande perdição e desta grande lástima já o ensinou S. Gonçalo, se houver quem lhe queira tomar a lição. E em que consistiu o remédio? Consistiu em tornar a converter o carvão em pão, assim como o pão se tinha convertido em carvão. Não está a perfeição do milagroso em poder fazer os milagres, senão em os saber desfazer. E a razão no nosso caso é porque, quando os milagres são danosos, para refazer o dano do milagre é necessário que desfaça o segundo o que fez o primeiro. Tendo um anjo feito uma grande promessa a Gedeão, que também era pastor, pediu-lhe ele em confirmação dois milagres, mas com tal condição que, o que fizesse o primeiro, desfizesse o segundo. Tomou pois Gedeão um velo de lã das suas ovelhas, e pondo-o no meio da eira, disse: Quero que todo o orvalho desta noite caia na lã, e nada na eira: e assim sucedeu. Ao outro, dia, posto o velo no mesmo lugar, disse: — Agora quero, às avessas, que todo o orvalho desta noite caia na eira, e nada na lã. — E também sucedeu do mesmo modo. Mas por que se não contentou Gedeão com um só milagre, senão com dois, e que desfizesse o segundo o que tivesse feito o primeiro? Porque se quis certificar da promessa do anjo e conhecer que eram milagres de Deus. E entendeu que, sendo o orvalho bem comum de toda a terra, não podia Deus defraudar uma parte dela com o primeiro milagre sem que lhe refizesse o dano com o segundo. Isto é o que pediu Gedeão, isto o que fez S. Gonçalo, e isto o que não há quem imite. Basta que tudo há de ser para o particular e nada para o comum, tudo para o velo de Gedeão e nada para a eira? Assim o executam sem nenhuma igualdade os que querem ter jurisdição até no que cai do céu e, por mais que as queixas cheguem ao mesmo céu nenhum dos que fazem os milagres os quer desfazer. Se cuidam que é descrédito e menos autoridade do poder desfazer o que fizeram, enganam-se, porque muito mais poderosos se mostrarão no desfazer do milagre que em o fazer. Vede-o no nosso caso. Converter o pão em carvões pode-o fazer o fogo queimando-o; mas converter os carvões em pão só o pode fazer a onipotência, obrando sobre as leis de toda a natureza.

Finalmente, neste milagre se retratou o nosso bom pastor a si mesmo, e mostrou qual era. Este milagre teve avesso e direito, e tais hão de ser os homens que governam homens. "Com o escolhido, escolhido serás, e serás perverso com o perverso" (Sl 17,27).

— Nem tudo há de ser indulgência, nem tudo censura. Há de ter excomunhões para os rebeldes e absolvições para os arrependidos, e tanto para os brancos, como os pães, como para os pretos, como os carvões. Há de saber fazer e desfazer, converter e desconverter. Deus converteu a Nabucodonosor de homem em bruto, e depois tornou-o a converter de bruto em homem. A vara de Moisés era o mesmo cajado com que ele governava as suas ovelhas. E que propriedades tinha este cajado? Umas vezes se convertia de vara em serpente, e outras de serpente em vara. Nem por ser a lei de Cristo lei da graça há de ser nela tudo graça. A cerimônia com que o autor da mesma lei constituiu a S. Pedro supremo pastor foi meter-lhe na mão as chaves do céu e da terra. E por que, ou com que mistério chaves? Porque a chave tem uma volta para fechar e outra para abrir. Nem há de fechar tudo com rigor, nem deixar tudo aberto com demasiada benignidade. Quando for necessário, fechar de pancada; mas se não for necessário, não andar às pancadas. Com serem, porém, as insígnias do poder pastoral as chaves, já eu notei noutra ocasião que não disse Cristo: o que fechares será fechado, e o que abrires, aberto, senão: o que atares será atado, e o que desatares, desatado. E por quê? Porque quer Cristo que os seus pastores saibam atar e desatar, e não sejam homens que não atam nem desatam. Porque não atam andam os vícios soltos, e porque não desatam estão as virtudes presas. Oh! se ressuscitara hoje S. Gonçalo, como se havia de ver trocado tudo! Mas temo que o não haviam de merecer os nossos tempos, como também os seus o desmereceram.

§ V

Quanto à terceira vigia, foi santo e admirável santo S. Gonçalo na idade de varão, porque tanto que entrou nela saiu da pátria e se partiu peregrino a Jerusalém a visitar os sagrados lugares de nossa Redenção, e viver, como viveu, na Terra Santa todo o restante da mesma idade. Não admiro nesta notável resolução o deixar a pátria, onde o amor natural costuma lançar aquelas fortes e doces raízes que tão dificultosamente se arrancam; mas quando vos vejo, meu santo, com o cajado de pastor trocado em bordão de peregrino, deixando as vossas ovelhas e de Cristo, por ir correr e venerar os passos que o mesmo Senhor andou nesta vida para as apascentar e rematou na morte para as remir, isto é o que não sei admirar bastantemente nem acabo de entender.

Uma vez sabemos que mudou Cristo os trajos e se vestiu de peregrino; mas quando, ou para quê? Era no mesmo dia da sua Ressurreição, tendo dito três dias antes que, quando tirassem a vida ao pastor, se derramariam as ovelhas: "Ferirei o pastor, e as ovelhas do rebanho se porão em desarranjo" (Mt 26,31). E porque duas delas iam desgarradas e quase perdidas de Jerusalém para Emaús, esta foi a causa daquela peregrinação, querendo-as reduzir outra vez o Senhor e unir com o seu rebanho. Pois, se Cristo, como bom pastor, se faz peregrino para trazer duas ovelhas de Emaús a Jerusalém, como S. Gonçalo, que devia imitar a Cristo, se parte peregrino a Jerusalém, deixando em Emaús, não duas ovelhas, senão todo o rebanho de que era pastor? Emaús quer dizer "conselho temeroso" — e este conselho parece que não foi temeroso, senão temerário. Nota o evangelista que Emaús estava distante de Jerusalém "sessenta estádios" (Lc 24,13) — que fazem da nossa medida três léguas; e se Cristo não sofreu que duas ovelhas se ausentassem do seu rebanho três léguas, e as foi buscar ao meio do caminho: "Chegou-se também o mesmo Jesus, e ia com eles" (Lc 24,15) — como se ausenta S. Gonçalo das suas ovelhas, em não menor distância que de mil léguas, quantas dista Portugal de Jerusalém? Mais nota o evangelista, que esta diligência a fez Cristo "no mesmo dia" (Lc 24,15) — e, se o bom pastor no mesmo dia acode a uma tão pequena parte do seu rebanho, como S. Gonçalo deixa e desampara totalmente o seu, e se vai viver tão longe dele, não por menos espaço de tempo que quatorze anos inteiros?

Se alguém quiser buscar escusa a uma tão notável resolução do nosso santo, dificultosamente a achará tal que satisfaça. Se dissermos que quis trocar a sua terra pela Terra Santa, esta razão, ainda que parece pia, não é bastante para deixar o seu rebanho, sendo pastor. Porque, ainda que trocar a sua terra pela Terra Santa fora trocar a terra pelo céu, devera trocar o céu pela terra, não digo por acudir a todo o rebanho, senão a uma só ovelha dele. — Que pastor há, diz Cristo, o qual tendo cem ovelhas, se acaso se lhe desgarrou e perdeu uma, não deixe as noventa e nove no deserto e vá buscar a ovelha perdida? — Assim o fez o mesmo Cristo. A ovelha perdida era o homem; as noventa e nove eram os nove coros dos anjos; o deserto onde as deixou era o céu: e, se o bom e verdadeiro pastor deixou o céu e veio à terra para acudir a uma só ovelha perdida, ainda que trocar S. Gonçalo a sua terra pela Terra Santa fora trocar a terra pelo céu, devera não fazer tal troca, mas deixar e trocar o céu pela terra, não só para conservar todo o seu rebanho, como dizia, mas para acudir a uma só ovelha dele. E, se quisermos

Primeiro lhe disse que "não conhecia quem era" — porque, se conhecesse suas obrigações, não faria semelhante petição; e sem deferir a ela, lhe mandou que seguisse as pisadas do seu rebanho e que tratasse de o apascentar como os outros pastores: "Sai, e vai em seguimento das pisadas dos rebanhos, e apascenta os teus cabritos ao pé das cabanas dos pastores" (Ibid. 7). — Quem não reconhece nesta breve história quão semelhante foi a petição da alma santa ao desejo do nosso santo, e quão diferente a resposta que ele alcançou de Cristo à que ouviu de sua boca a mesma alma, em que se representavam as de todos os pastores de sua Igreja que mais o amam? A petição da alma santa e o desejo do nosso santo era de ver os lugares onde Cristo em sua vida apascentou suas ovelhas com a doutrina que trouxe do céu, e onde finalmente descansou ao meio-dia, não à sombra da árvore da cruz, senão pregado e morto nela. Isso quer dizer: "onde apascentas o teu gado, onde descansas pelo meio-dia". — Mas, se ao nosso santo, sendo atualmente pastor, lhe concedeu o mesmo Cristo esta peregrinação, e que fosse ver e viver naqueles sagrados lugares, como à alma e pastora santa, em que eram significados os outros pastores, de nenhum modo lhes defere o Senhor a estes mesmos desejos, e resolutamente lhes manda que apascentem as suas ovelhas, e que trate cada um de seguir, não as pisadas de Cristo em Jerusalém, senão as do seu rebanho na sua terra: "Sai, e vai em seguimento das pisadas dos rebanhos"?

O que desta admirável diferença se segue é quão singularmente estimou Cristo os afetos, também singularíssimos, com que S. Gonçalo, na sua peregrinação, acompanhou os passos da vida e morte do mesmo Senhor, pois antepôs esta devoção e desejo à obrigação e cuidado da guarda das suas ovelhas. De uma e outra parte foi desusada fineza, mas muito mais admirável da parte de Cristo, a qual ainda não está bastantemente ponderada e só se pode dignamente encarecer ouvindo ao mesmo Cristo com S. Pedro, isto é, ao primeiro e supremo pastor com o segundo. Perguntou Cristo, redentor nosso, a S. Pedro se o amava mais que os outros discípulos: "Simão, filho de João, tu amas-me mais do que estes?" (Jo 21,15). — E como S. Pedro respondesse com a devida modéstia: "Bem sabeis vós, Senhor, que vos amo". — Pois Pedro, se me amas — disse o Senhor — "Apascenta minhas ovelhas". — Feita esta primeira recomendação, repetiu Cristo a mesma pergunta, e como Pedro respondesse do mesmo modo: — Pois Pedro — torna a dizer o Senhor — se me amas, como dizes: "Apascenta os meus cordeiros". — Já as perguntas sobre o amor eram duas, e as recomendações do rebanho também duas, e ainda acrescentou o Senhor a terceira: "Disse-lhe pela terceira vez" (Jo 21,17) — de sorte que Pedro se entristeceu, como se o divino Mestre, a quem são manifestos os corações, duvidasse do seu amor ou desconfiasse do seu cuidado. Pois, se três vezes examina Cristo o amor de S. Pedro, não só como grande, senão como maior de todos, e as prendas que lhe pede deste amor uma, duas e três vezes é que apascente as ovelhas e cordeiros do seu rebanho: "Apascenta minhas ovelhas, apascenta os meus cordeiros" — que novo ou que outro amor é este de S. Gonçalo, para Cristo e de Cristo para S. Gonçalo pois, em lugar de lhe dizer que continuasse em apascentar as ovelhas que lhe tinha encomendado, lhe inspira que deixe as mesmas ovelhas, e se parta peregrino a Jerusalém, não só a visitar, senão a viver nos lugares sagrados onde o mesmo Senhor tinha passado a vida e padecido a morte?

considerar que a jornada da Terra Santa foi feita com espírito e desejo de lá converter os infiéis maometanos que a dominavam e habitavam, também esta escusa é insuficiente e alheia do exemplo de Cristo. Quando os apóstolos pediram ao mesmo Senhor que ouvisse os clamores da Cananeia, que era gentia, respondeu que as ovelhas que Deus lhe encomendara eram os filhos de Israel, e não os gentios: "Eu não fui enviado senão às ovelhas que pereceram da casa de Israel" (Mt 15,24). — E em consequência desta mesma doutrina mandou a seus discípulos que só pregassem aos judeus, e não à gentilidade: "Não ireis caminho de gentios" (Mt 10,5). — E como as ovelhas que S. Gonçalo deixava na sua pátria e na sua igreja eram as que Deus lhe tinha encomendado, ainda que a sua peregrinação a Jerusalém fosse com intento de converter outras do paganismo, comparado este zelo com a sua obrigação, não só não parece louvável, mas nem ainda lícito.

Primeiramente respondo que a peregrinação de S. Gonçalo à Terra Santa não só foi lícita e louvável, mas verdadeiramente santa, porque ele a empreendeu, não só por espírito e devoção particular sua, senão por impulso e vocação especial de Deus. Vejamos o caso resoluto e definido na história Sagrada. Era Pastor Moisés, e andava nos desertos de Madiã guardando as ovelhas que Jetro lhe tinha encomendado, quando viu de longe a sarça que ardia e não queimava. Resolveu-se então a ir ver de mais perto aquela maravilha: "Irei, e verei esta grande visão" (Ex 3,3) — e diz o texto sagrado que, vendo Deus que ele voluntariamente ia, o chamou e lhe mandou que fosse: "Vendo-o vir a examinar o que via, chamou-o" (Ibid. 4). — Pois, se Moisés já ia por sua própria vontade, por que o chamou Deus? Porque este era o caso, como o do nosso santo, em que não basta a inclinação e deliberação própria, mas é necessária especial vocação divina. A sarça ardente juntamente e ilesa, como dizem todos os santos, significa o mistério e mistérios da redenção humana, e assim disse o mesmo Senhor, que descera a libertar o seu povo: "Desci para o livrar" (Ibid. 8) — a terra, em que estava a sarça significava a terra a que hoje chamamos santa, e assim lhe chamou a voz da sarça: "Porque o lugar em que estás é uma terra santa" (Ibid. 5). — E para um pastor, como Moisés, deixar como ele deixou a assistência das suas ovelhas por ir ver e contemplar de mais perto os mistérios de nossa Redenção, e venerar com os pés descalços a Terra Santa, não basta só a vontade e deliberação própria, mas é necessária particular e especial vocação de Deus: "Vendo-o vir a examinar o que via, chamou-o". — Assim o fez Moisés, que totalmente deixou então o ofício e o rebanho, e assim o fez o nosso santo, chamado também e inspirado por Deus, e por isso não só lícita e louvável, senão santamente e com ato de maior perfeição.

Mas, se foi grande a dúvida em que da sua parte nos meteu a deliberação do nosso peregrino em deixar as suas ovelhas, muito maior é a que devemos admirar da parte de Deus na vocação divina, tão especial, rara e não usada do mesmo Deus, como agora veremos. Pediu a Pastora dos Cantares ao seu divino Pastor lhe manifestasse os lugares onde apascentava as suas ovelhas e onde descansava pelo meio-dia, para que o não buscasse erradamente e debalde por outras partes: "Amado da minha alma, aponta-me onde é que tu apascentas o teu gado, onde te encostas pelo meio-dia, para que não entre eu a andar como uma vagabunda atrás dos rebanhos dos teus companheiros" (Ct 1,6). — E que lhe responderia o soberano Pastor?

A mesma vida e morte de Cristo, sempre fixa e ardente na memória do nosso peregrino pastor, não há dúvida que foi, como de Jacó, a sua amada Raquel, pois, por ela serviu duas vezes sete anos naquele voluntário desterro, sendo as suas saudades as ovelhas, e os seus desejos e suspiros os cordeiros que apascentava, começando desde Nazaré e acabando no Monte Olivete, e repetindo este amoroso círculo com tantas pausas e estâncias quantos eram ou tinham sido os passos do seu ausente amor. Mas quem nos acabará de descobrir o mistério desta tão singular novidade e sem exemplo na estimação de Cristo? O primeiro pensamento que me ocorreu foi que, em prêmio da pureza virginal que perpetuamente guardou o nosso santo, lhe quis Deus conceder na terra o que só concede aos virgens no céu. É privilégio concedido no céu aos virgens — diz S. João no Apocalipse — que eles só sigam ao Cordeiro, que é Cristo, a todas as partes por onde e para onde for: "Porque são virgens, estes seguem o Cordeiro para onde quer que ele vá" (Ap 14,4). — Porém, os virgens no céu, não só seguem os passos do Cordeiro, mas veem o mesmo Cordeiro; e S. Gonçalo na terra, sem ver nem poder ver o Cordeiro, lhe seguia e adorava os passos. Elas seguem os passos do Cordeiro onde está o Cordeiro, mas S. Gonçalo não seguia os mesmos passos onde o Cordeiro estivesse, senão onde tinha estado, e só porque tinha estado ali se não podia apartar deles. Oh! singular e admirável fineza! E esta digo, em conclusão, que foi a que Cristo assim amado tanto estimou. A primeira pessoa a quem Cristo apareceu na manhã da sua Ressurreição foi à Madalena. Assim o dizem os evangelistas. Mas por que mereceu a Madalena, não só com exceção de todas as outras devotas mulheres, mas também dos mesmos apóstolos, este tão singular privilégio? Lede a História Sagrada, e o que ela fez e os outros não fizeram, e achareis a razão. As outras Marias, como os anjos lhes disseram que o Senhor ressuscitara e não estava ali, foram-se; S. Pedro e S. João, como acharam no sepulcro a mortalha e o sudário, e não o sagrado corpo, também se foram; porém a Madalena somente porque sabia, como os demais, que aquele era o lugar onde o Senhor fora sepultado, isto só bastou para que perseverasse ali e não se apartasse do mesmo lugar. De maneira que os outros deixaram o sepulcro porque Cristo não estava nele, porém, o amor da Madalena não se soube apartar do mesmo sepulcro, porque ainda que o Senhor não estava nele, tinha estado. E assim como bastou que Cristo tivesse estado dentro daquelas pedras para que a Madalena se não pudesse apartar delas, esta foi também, da sua parte, a fineza, e da parte do mesmo Senhor, a razão por que tanto estimou o seu amor e o antepôs ao de todos.

Deste modo assistia S. Gonçalo, não só ao sepulcro de Cristo, senão a todos os outros lugares em que o Senhor, vivo ou morto, tinha estado, respondendo e pagando com esta fineza o amor com que o mesmo Cristo, enquanto Verbo, tinha todas as suas delícias "desde toda eternidade" em estar com os homens na terra. Notai muito. Traçava este mundo "desde toda eternidade" a sabedoria divina, que é o mesmo Verbo, e diz que, recreando-se pelos lugares da terra, eram as suas delícias estar com os homens: "Cada dia me deleitava brincando na redondeza da terra, e achando as minhas delícias em estar com os filhos dos homens" (Pr 8,30s). — Mas, se ainda então não havia homens que estivessem naqueles lugares, como tinha as suas delícias o Verbo em estar com eles? Porque, ainda que os homens então não estivessem ali, haviam de estar depois. Como se dissera o Verbo: Aqui há de estar o paraíso terreal, e as suas delícias eram estar com Adão; aqui se há de fabricar a Arca, e as suas delícias eram estar com Noé; aqui se fundará a cidade de Hebron, e as suas delícias eram estar com Abraão; aqui será a terra de Hus, e as suas delícias eram estar com Jó; aqui se levantará o Monte Sinai, e as suas delícias eram estar com Moisés; e assim dos outros homens e dos outros lugares. Do mesmo modo S. Gonçalo. Em Nazaré dizia: Aqui encarnou o Verbo; em Belém, aqui nasceu; no Monte Tabor, aqui se transfigurou; no Calvário, aqui morreu; no Olivete, daqui subiu ao céu; e em todos estes lugares eram as suas delícias estar com Cristo, não porque ali estivesse, mas porque ali tinha estado. De sorte que o Verbo, supondo o futuro, e S. Gonçalo, supondo o passado, ambos com o mesmo amor e com a mesma fineza, o Verbo tinha as suas delícias com os homens onde não estavam, porque haviam de estar, e S. Gonçalo tinha as suas com Cristo, onde não estava, porque havia estado. E por este modo excelente e singular cumpriu melhor que todos o nosso peregrino o que Deus prometeu por Isaías: que havia de fazer gloriosos os lugares onde tinha posto os seus pés: "E eu glorificarei o lugar de meus pés" (Is 60,13).

§ VI

Quanto à quarta vigia, foi Santo e admirável santo S. Gonçalo na idade da velhice porque, passando-se a um deserto a fazer vida eremítica, soube deixar o mundo antes que o mundo o deixasse. Não quis que o achasse a morte dentro dos muros do povoado, mas ele se saiu ao deserto para a esperar em campanha. Oh! que valente resolução, e que bem entendida! Como a velhice é o horizonte da vida e da morte, o horizonte onde se ajunta a terra com o céu e o tempo com a eternidade, que resolução pode haver mais bem aconselhada e mais digna da madureza de umas cãs que dedicar à contemplação da mesma eternidade aqueles poucos dias, e incertos, que pode durar a vida? Não foi admirável o nosso santo velho porque isto fez, mas é verdadeiramente admirável porque fez o que deveram fazer todos os velhos, e não vemos algum que o faça. Notou judiciosamente Sêneca que de todos os outros gêneros de morte, sendo tantos e tão vários, pode haver esperança de escapar: só a morte que traz consigo ou após si a velhice é morte sem esperança. Mata a doença, mata o incêndio, mata o naufrágio, mata a espada, mata a seta, ou descoberta ou atraiçoada, mas de todos estes gêneros de morte muitos escaparam, só da morte e da velhice ninguém escapou: "Outros gêneros de morte estão misturados de esperança, aquele a quem a velhice conduz para a morte nada tem a esperar"[5]. — E, sendo tão desesperada esta esperança, mais dignas são para mim de admiração as nossas velhices do que foi a de S. Gonçalo, pois nos não desenganamos com elas. Quanto mais temos vivido neste mundo tanto mais amamos o mesmo mundo e a mesma vida, e quanto mais são os anos que contamos tanto mais são as raízes com que estamos pegados à terra. Mas consideremos quão diferentemente tinha passado o nosso santo velho as outras suas idades do que nós temos vivido ou desbaratado as nossas, e esta seja a maior advertência de o reconhecermos por singular e venerarmos por admirável.

Enfim, não tendo S. Gonçalo por que fugir de si, fugiu de nós para o seu deserto, e levantando uma pequena Ermida sobre as ribeiras do Rio Tamaga, fabricada pelas medidas do seu espírito, ali só por só com Deus empregava os dias e velava as noites na altíssima contemplação daquele sumo Bem, que cedo esperava gozar com a vista. Não havia ou se ouvia naquele bem-aventurado lugar algum ruído que perturbasse a quietação do santo anacoreta senão, a tempos de inundações e tempestades, os gemidos e vozes mortais dos que, arrebatados da fúria e correntes do rio, tão impetuosas como súbitas ou espedaçados nos penhascos, ou afogados no remoinho das águas, pereciam lastimosamente e sem remédio. Eram muitos todos os anos os miseráveis naufragantes, e muito mais as lágrimas dos que neles perdiam filhos, pais ou maridos. E que faria quando isto ouvia e via um coração tão cheio e abrasado do amor divino? Quanto maior é nos santos o amor de Deus, tanto mais forte é e mais solícito o amor do próximo. Orava continuamente, mas porque de ordinário, para remediar os trabalhos humanos não bastam as mãos ociosas, posto que levantadas a Deus, resolveu-se o espírito de um pobre e solitário ermitão ao que nunca se atreveram a intentar os braços poderosos dos reis, que foi unir as duas ribeiras do Tamaga com uma ponte, e meter debaixo dos pés dos passageiros a braveza e fúria do rio, que a tantos tinha tragado.

Grande empresa, mas tão alheia do sujeito que a empreendia, como dificultosa e impossível por todas suas circunstâncias! Assim se riam agora do imaginário remédio os que tantas vezes tinham chorado os verdadeiros perigos. E certamente parecia imaginário o remédio quando se não considerasse no novo arquiteto mais que o peso e debilidade dos anos; a velhice é idade para ter trabalhado e não para trabalhar para ter feito, mas não para fazer. E que proporção tem — diziam — as contemplações de um anacoreta com as execuções e atividades de uma tão grande obra? Se S. Pedro foi chamado néscio, porque sendo um pescador quis fazer tabernáculos, que se diria do nosso ermitão, determinado a fabricar pontes? A superfície desta desaprovação do vulgo ainda tem muito maior fundo na teologia espiritual e ascética. Quando Marta se queixou de que Maria, sua irmã, a não ajudasse, o que lhe respondeu o divino Mestre foi: "Marta, Marta, tu andas muito inquieta, e te embaraças com o cuidar em muitas coisas. Maria escolheu a melhor parte" (Lc 10,41s). — Esse vosso cuidado, Marta, posto que bem intencionado, não serve mais que de vos perturbar e divertir em muitas coisas alheias da profissão de Maria; e, se cuidais que ela, assentada a meus pés e ouvindo-me, está ociosa, enganai-vos, porque escolheu a parte que lhe está melhor e mais me agrada. — E isto mesmo parece que estava dizendo ou ditando a S. Gonçalo a doutrina de Cristo naquele caso, e contra a sua determinação. Maria significa a vida contemplativa e interior, que é a que professam os eremitas, Marta significa a vida ativa, que é a que se emprega em ações exteriores, posto que em serviço de Deus e do próximo; e se esta, das portas a dentro de uma casa, e ocupada só em preparar o que lhe parecia necessário para uma mesa, divertia e perturbava tanto a Marta, qual seria a perturbação e perpétuos divertimentos do nosso ermitão, empenhada a sua velhice na fábrica de uma ponte tão dificultosa? Parece-me que estou ouvindo os ruídos dos carros, dos penhascos, dos madeiros e a contínua bateria dos instrumentos dos oficiais e trabalhadores, uns desbastando, outros lavrando, outros fabricando e levantando as máquinas, para sustentar os arcos e guindar e assentar a pedraria já lavrada, e o autor e superintendente da obra no mesmo tempo dividido em tantas partes, com o cuidado e os olhos nas mãos de todos. Vede se competia a esta sua fadiga, melhor que a Marta, o "andas muito inquieta, e te embaraças com o cuidar em muitas coisas".

Mas esta mesma era a maior prova do altíssimo grau da contemplação a que o espírito do santo Eremita tinha subido. A alma que chegou ao cume da perfeição da vida contemplativa, nem as ações lhe divertem a contemplação, nem a contemplação lhe impede as ações, mas toda dentro e toda fora de si, juntamente está obrando no exterior e no interior contemplando. Que vida mais ativa e mais atuosa que a dos anjos, sempre ocupados e nunca jamais divertidos? "São todos os espíritos uns administradores, enviados para exercer o seu ministério" (Hb 1,14). — Os anjos da guarda de dia e de noite estão velando, cada um sobre o homem que lhe está encomendado: os custódios dos reinos e monarquias, sempre atendendo ao governo e conservação delas na paz e na guerra, e em tantos outros acidentes, que nunca param; os que guiam com tanta ordem e concerto os astros, cada um movendo a sua estrela, quase todas maiores que este mundo. E de todos diz Cristo: "que estão sempre contemplando a face de Deus que está nos céus" (Mt 18,10) — como se estiveram no descanso e sossego do empíreo, sem outra ocupação ou cuidado. E tal era a contemplação verdadeiramente angélica do nosso anacoreta, tão quieta e sem perturbação no meio do tumulto e tráfego da sua obra, como se não tivera saído da sua ermida, podendo-se dizer dele o que do mesmo Deus, de cuja vista nunca se apartava: "Permanecendo imóvel, a tudo dás movimento".

Vencida esta primeira apreensão, e conhecida a concórdia e harmonia que conservam dentro no mesmo espírito, se é perfeito, a vida ativa e contemplativa, a qual não entendiam os que consideravam o nosso eremita divertido no exercício da sua profissão, segue-se a segunda, em que toda a prudência e providência humana podia reparar muito. E qual era? Que um homem só, e desassistido de toda a outra companhia e poder, se atrevesse a uma empresa que muitos e muito poderosos juntos jamais empreenderiam nem imaginavam possível. Se os fabricadores da torre de Babel, sendo todos os homens que havia no mundo, juntos e unidos no mesmo pensamento, o fim e efeito que conseguiram foi a confusão e desengano da sua temeridade, verdadeiramente parece que não faziam grande injúria às cãs e prudência do nosso santo velho os que reprovavam que ele, sendo um e só — ainda que a sua idade fosse mais viva e mais robusta — intentasse uma tal obra. Mas o que ninguém cria nem esperava, intentou, prosseguiu e levou ao fim em S. Gonçalo a caridade e amor do próximo, do qual diz S. Paulo que "tudo crê, tudo espera e com tudo pode" (1Cor 13,7). — Um dos que se acharam entre os edificadores da torre de Babel foi Noé, e é coisa bem notável que a ele só encomendasse, e dele só fiasse Deus a fábrica da arca: "Faze para ti uma arca de madeiras aplainadas" (Gn 6,14), lhe disse o supremo Arquiteto daquela nova máquina, e prescrevendo-lhe a traça, a forma e as medidas com tanta miudeza, nem em comum, nem em particular faz menção de outro artífice ou companheiro que houvesse de ter parte na obra, senão o mesmo Noé somente: "Farás nesta arca uns pequenos quartos, e untá-las com betume por dentro e por fora. Eis aqui a forma por que a hás de fazer" (Ibid. 14s). — Pois, se a fábrica era tão grande e tão nova, e previa Deus que todos os homens do mundo, entrando neste número o mesmo Noé, não haviam de poder conseguir nem continuar aquela torre na terra, havendo de ter esta fábrica os alicerces sobre a água, como a encomenda e fia de um só homem? Porque o intento da torre era a vaidade, o intento da arca a caridade. O intento da torre era celebrarem os homens o seu nome antes de se dividirem: "Façamos célebre o nosso nome, antes que nos espalhemos" (Gn 11,4) — o intento da arca era salvar os homens da inundação universal do dilúvio: "Para que possam viver" (Gn 6,20) — e quando, para conseguir os intentos da vaidade, não bastam todos os homens, para os da caridade, por árduos e dificultosos que sejam, basta um só homem. Trocai agora o nome de Noé em Gonçalo, o da arca em ponte, e o do dilúvio em rio, e vereis quão bem fundada foi a caridade do nosso santo na esperança de levar ao cabo a sua obra, pois assim como a de Noé era para salvar os homens da inundação do dilúvio, assim a sua era para os salvar das inundações do rio.

Mas ainda aqui nos falta por dar satisfação a uma grande máxima da doutrina de Cristo. "Que homem há de vós, o qual, querendo edificar uma torre, não lance primeiro as suas contas muito devagar e, computando o cabedal com as despesas, não veja se é bastante, por que lhe não aconteça começar a obra e não a poder acabar, ficando ela e ele expostos ao riso das gentes?" (Lc 14,28s). — Isto é o que ensina Cristo, Senhor nosso, e estas são as contas e o cômputo que devia fazer o nosso eremita antes de pôr, não digo a mão, senão o pensamento à obra: ver primeiro se tinha com que comprar os materiais, com que pagar aos mestres, com que fazer a féria e sustentar os trabalhadores, e isto não só para começar a obra, senão para a pôr em perfeição. Agora pergunto se fez S. Gonçalo este cômputo? Digo que sim, e com tão nova e abreviada aritmética, que todo o resumiu a duas adições somente: primeira, eu não posso nada; segunda: Deus pode tudo. O mesmo tinha já feito S. Paulo, quando disse: "Tudo posso naquele que me torna forte" (Fl 4,13). Eu pelas minhas forças nenhuma coisa posso, mas pelas que Deus me dá, sou todo poderoso. — Tal era o espírito e tal a consequência do nosso santo: por que eu não posso nada, eu sem Deus não poderei mover uma pedra: mas porque Deus pode tudo, eu com Deus, e Deus comigo, bem poderemos fazer a ponte. E assim foi. Não deu Deus a S. Gonçalo a Vara de Moisés; mas para lhe dar ainda mais, deu-lhe a cítara de Orfeu, fazendo-a de fabulosa verdadeira. Contam as fábulas que Orfeu, com a sua cítara, edificou os muros de Tebas, porque era tal a doçura e suavidade daquele pequeno instrumento tocado por ele, que levava após si as árvores, os montes, os rios, as feras, e até a liberdade dos homens. Assim cresciam fabulosamente em Tebas os muros, e assim em Amarante verdadeiramente a ponte.

Deram-lhe a S. Gonçalo uns touros bravos e feros, e ele, com a voz de uma só palavra, os amansou de maneira que logo tomaram o jugo e tiraram pelo carro, seguindo a quem os guiava como se tiveram ensino de muitos anos. Chegava à ribeira do rio, chamava os peixes, e eles, correndo em cardumes, saltavam aos pés do santo, enquanto ele não dizia basta, e os demais, com sua bênção, se retiravam para tornarem outra vez quando fossem chamados. Era necessária água para mais fácil serviço da obra: tocou o santo velho com o seu bordão em uma pedra e correu logo uma fonte; mas porque a água bastava para satisfazer a sede, e não para alegrar e dar forças aos trabalhadores, tocou do mesmo modo em outra pedra, e saiu dela outra fonte de vinho. Trabalhavam muitos braços e muitos instrumentos, para abalar um grande penedo, sem ele se mover; mas com o impulso de uma só mão do santo, mais como andando por si mesmo, que levado por força, se foi por onde era necessário. Porém, como há homens mais duros que as pedras e mais irracionais que os brutos, assim como com estes, persuadindo-os o santo suavemente a quanto queria, se mostrava mais evidentemente a oculta divindade que lhe governava a língua, assim houve um tão duro e tão astuto que, pedindo-lhe o pobre ermitão, em cuja santidade não cria, algum socorro para a sua obra, por ser muito rico, ele escusando-se por estar fora de casa, lhe respondeu que sua mulher o socorreria, dando-lhe para ela um escrito. Recebeu-o a mulher e, rindo-se para o santo, lhe disse: — Padre Ermitão, este crédito não vale nada, porque o que nele me diz meu marido é que vos dê de esmola quanto pesar este papel. — Despedido tão secamente, replicou contudo o santo que se pesasse o papel como mandava o dono da casa, e que ele pelo peso se contentaria com a esmola. Caso verdadeiramente da mão oculta de Deus! Pôs-se o papel em uma parte da balança, e quando parece que bastavam poucos grãos de trigo para a pôr em equilíbrio, vieram sacos e mais sacos, e pudera vir todo o celeiro, sem igualar o peso do papel, que não chegava a uma folha. Lá se queixava Jó de que a onipotência divina, para o mortificar, ostentasse seu infinito poder contra uma folha que leva o vento: "Contra uma folha, que é arrebatada do vento, ostentas o teu poder" (Jó 13,25) — e cá, para canonizar a S. Gonçalo, ostenta seu poder a divina potência em fazer tão pesada uma meia folha, que nenhum peso a pudesse igualar, nem levantar, nem mover. Assim concorreu Deus juntamente com o nosso santo no começar, no continuar e no aperfeiçoar a sua obra; e assim a deixou perfeita e acabada, para tanto bem de tantos, antes que a última idade lhe acabasse a vida.

§ VII

Concluídas tão felizmente as quatro vigias e idades da vida humana, qual cuidamos que seria a quinta vigia que eu prometi do nosso santo, não já de vivo e mortal, senão de imortal e depois da morte? Esta nova prerrogativa mais parece que lhe convém a S. Gonçalo de Amarante pelo sobrenome que pelo nome. O amaranto, como diz Plínio, é uma flor a qual, porque nunca se murcha, mereceu desde a antiguidade o nome de imortal. Isso significa o mesmo nome que lhe puseram os gregos, por onde lhe cantou a imortalidade o poeta latino: "Imortais amarantos"[6]. — E, se buscarmos no Evangelho esta quinta vigia, acharemos que, depois de falar expressamente na segunda e terceira, e supor nesta mesma conta a primeira e a quarta, introduz em quinto lugar outra indeterminada, e nela um pai de famílias muito vigilante: "Se o pai de famílias soubesse a hora em que viria o ladrão, vigiaria, sem dúvida" (Lc 12,39). — Esta, pois, não das idades, que têm fim, mas da vida imortal que não acaba, foi e é a quinta vigia do nosso santo, na qual lhe quadra admiravelmente o nome de pai de famílias, porque ele verdadeiramente é o pai universal, não só daquela grande e numerosa província, mas de todas as vizinhas e confinantes, as quais em tudo o que hão mister, de perto e de longe, a ele recorrem. Só quem o viu o pode contar e crer. Se não têm filhos, a S. Gonçalo os pedem, e se têm muitos, a S. Gonçalo consultam se os hão de mandar à guerra, ou ao estudo, ou aplicar ao arado. Se hão de casar as filhas, S. Gonçalo é o casamenteiro, e se os próprios pais, ou não podem, ou se descuidam de lhes dar estado, a lembrança que elas por modéstia se não atrevem a lhes fazer, a fazem em segredo ao santo que, como mais poderoso e mais vigilante pai, se não descuida. A ele encomendam os pastores os gados, e os lavradores as sementeiras, a ele pedem o sol, a ele a chuva; e o santo, pelo império que tem sobre os elementos, a seu tempo e fora do tempo, os alegra com o despacho de suas petições. Ele os remedeia nas pobrezas, ele os cura nas enfermidades, ele os reconcilia nas discórdias; ele enfim, se andam desgarrados, os encaminha, e talvez os castiga também amorosamente, para que não degenerem de filhos de tal pai.

Por todas estas razões, confirmadas com infinitos exemplos, me parecia ao princípio que, com o nome de pai de famílias, satisfazia S. Gonçalo às obrigações da quinta vigia que lhe acrescentamos à vida. Mas bem considerado o que depois de morto e imortal obra e está obrando cada dia em benefício dos que o invocam, não há dúvida que lhe vem muito curto este nome. E, para inventarmos algum que iguale as medidas e encha o conceito de suas maravilhas, assim como ao princípio disse que no seu nascimento foi menino como homem, assim digo, por fim, que depois da sua morte foi homem como Deus. Alguns anos depois de morto S. Gonçalo, em ocasião de uma extraordinária tempestade, vinha tão cheio e furioso o rio Tâmaga, que não só levava envolto consigo quanto encontrava nas ribeiras, mas também nos montes. Entre outras coisas vinha atravessado na corrente um carvalho de tanta grandeza, que julgaram atônitos quantos o viam que, batendo com o peso seu e das águas a ponte, arruinaria os arcos e a derrubaria sem dúvida. — S. Gonçalo — gritaram todos. — S. Gonçalo, acudi à vossa ponte! — Eis que no meio destes clamores veem sair da igreja um fradinho vestido de branco, com o manto negro e um cajadinho na mão, o qual, voando pelo ar ao rio, lançou a volta do cajadinho a um ramo do tronco e, fazendo-o encanar e embocar direito pelo olho do arco maior, ele passou precipitado com a corrente, e a ponte, sem dano nem perigo, ficou tão firme e inteira como fora edificada. Com iguais clamores e triunfos deram todos graças a S. Gonçalo, que pelo hábito e lugar donde saíra visivelmente se lhes manifestou quem era. E eu torno a repetir, como dizia, que nesta ação, bem entendida, mostrou o nosso santo que para com as suas obras não se portava como homem-homem, senão como homem-Deus.

Entre as causas segundas, como são os homens, e a causa primeira, que é Deus, há tal diferença comumente no obrar, que das causas segundas, como falam os filósofos, dependem as obras somente "quanto à criação", mas da primeira causa dependem "quanto à criação e à conservação"; das causas segundas dependem as coisas quanto à criação, mas da causa primeira, não só dependem quanto à criação senão também quanto à conservação. Quanto à criação, Deus, e o Pai, geram o Filho; quanto à conservação, Deus é só o que o conserva, sem dependência nem concurso do Pai. Daqui se entenderá aquele modo notável de falar com que diz a Escritura que Deus "ao dia sétimo descansou de todas as obras que tinha feito" (Gn 2,2) — e logo acrescenta que todas as mesmas obras as tinha Deus criado e feito para as fazer: "De toda a sua obra, que Deus criou para fazer" (Gn 2,3). — Pois, se as tinha já feito, como as fez e criou para as fazer? Porque a primeira vez fê-las de novo pela criação, e depois de criadas, para que não deixassem de ser, sempre as havia de estar fazendo pela conservação. É o que respondeu e declarou Cristo, convencendo admiravelmente aos que o caluniavam de obrar ao sábado: "Meu Pai até agora não cessa de obrar, e eu obro também incessantemente" (Jo 5,17). — Porventura Deus, no mesmo dia do sábado, em que descansou das suas obras, deixou de obrar? Não, porque, se deixara de obrar conservando-as, deixaram elas de ser. Pois assim como meu Pai obrou ao sábado, não servil, senão soberanamente, assim o faço eu. — Isto é o que faz Deus conservando as suas obras, e isto é o que fez S. Gonçalo, saindo por si mesmo a conservar a sua. Conservou-a então, e há tantos centos de anos que a conserva e a conservará sempre, porque nas suas obras não obra como homem-homem, de quem dependem só quanto à criação, senão como homem-Deus, de quem dependem quanto à criação e à conservação.

Vamos a outras obras de Deus-homem e de S. Gonçalo. Foram os discípulos do Batista perguntar em nome de seu mestre a Cristo, se era ele o verdadeiro Deus e homem, prometido pelos profetas e esperado do mundo: "Tu és o que hás de vir, ou é outro o que esperamos?" (Mt 11,3). — E que respondeu o Senhor? Em presença dos mesmos discípulos deu olhos a cegos, ouvidos a surdos, língua a mudos, mãos a aleijados, pés a mancos, saúde e limpeza a leprosos, e vida a mortos. E esta foi a resposta com que os despediu, dizendo: "Ide, dizei a João o que ouvistes e vistes" (Mt 11,4). — O mesmo respondo eu a quem porventura duvidar do que tenho dito, ou estranhar que se diga de S. Gonçalo que não obrava como homem-homem, senão como homem-Deus. Ide, ide a Amarante, visitai no sagrado mausoléu de S. Gonçalo as memórias imortais de sua vida póstuma, e vereis o que me ouvis. Vereis, ou pintadas, ou de vulto, como troféus das suas obras divinamente humanas, as muletas dos mancos, os braços dos aleijados, os olhos dos cegos, as orelhas dos surdos, as línguas dos mudos, as mortalhas dos mortos ou moribundos; e porque os males interiores e invisíveis são os que mais atormentam e matam, também vereis os corações dos tristes, dos aflitos, dos perseguidos, dos desesperados, que só na invocação do nome de S. Gonçalo acharam a consolação, o alívio, a respiração, o remédio.

Assim obra como imortal, depois de morto, o grande imitador de Deus-homem. E, porque o mesmo Senhor deixou dito que, depois de subir ao céu, fariam seus fiéis servos na terra, não só semelhantes obras às suas, senão maiores: "Fará também as obras que eu faço, e fará outras ainda maiores, porque eu vou para o Pai" (Jo 14,12) — se atentamente considerarmos as circunstâncias destes milagres, acharemos que os de S. Gonçalo, comparados com os do mesmo Deus-homem, têm hoje no modo de os obrar grandes excessos de maioria. Grandes eram os concursos dos que, em fé dos milagres que obrava, buscavam e seguiam a Cristo: "Seguia-o uma grande multidão de gente, porque viam os milagres que fazia sobre os que se achavam enfermos" (Jo 6,2) — diz S. Gonçalo. E, se perguntarmos ao mesmo evangelista a que número chegaria a maior multidão destes concursos, não só com o nome de maior, senão de máxima, diz que chegaram a ser quase cinco mil: "Tendo Jesus levantado os olhos e visto que viera ter com ele uma grandíssima multidão de povo" (Ibid. 5) — e logo, declarando o número: "E se assentaram a comer em número de perto de cinco mil pessoas" (Ibid. 10). — Ah!

Senhor, com quanto excesso se prova no vosso fidelíssimo servo a verdade daquela grande promessa! Quando na terra levantastes os olhos para ver a multidão dos que pela fama a experiência de vossos milagres vos seguiam, a maior e mais numerosa que vistes foi de cinco mil homens. Porém, hoje se do céu, onde estais, abaterdes os mesmos olhos divinos e os puserdes em Amarante, vereis que pela fama e experiências dos milagres de S. Gonçalo, os que concorrem neste seu dia, a visitar suas sagradas relíquias e encomendar-se a seu patrocínio, não são cinco mil, nem dez, nem vinte, senão trinta e quarenta mil. Vereis que a multidão inumerável de naturais e estrangeiros não cabe pelas estradas, que cobre os montes, que inunda os vales, e que, não podendo todos entrar nem chegar de perto, cercam tumultuosamente a igreja, venerando e adorando de longe as paredes santas que encerram tão benéfico e soberano depósito. E este é outro excesso de maioria, que também na comparação de vós mesmo lhe prometestes.

Para receberem a saúde, dizem os evangelistas que a multidão dos que concorriam a Cristo, todos procuravam tocar seu sacratíssimo corpo, do qual saía a virtude que os sarava: "Todo o povo fazia diligência por tocá-lo, pois saía dele uma virtude que os curava a todos" (Lc 6,19). — Cá também procuram o mesmo; mas porque o aperto e a multidão que contenciosamente se impede lho não permite, de longe veneram o santo, de longe se encomendam a ele, e de longe, ou recebem logo os milagrosos efeitos de sua virtude, ou a levam consigo alegres a suas casas, como primícias e penhores certos dos benefícios que na ocasião da necessidade nenhuma dúvida lhe hajam de faltar. Mas, que muito é que aquela venturosa província, e as outras vizinhas e confinantes, logrem a felicidade de tão contínuos e certos favores, se as remotíssimas terras da África, da Ásia e desta América, onde apenas há lugar que não tenha levantado templos ou altares a S. Gonçalo, só com a invocação de seu nome, como se nele se tivera sacramentado, pelo efeito maravilhoso de suas graças, de tão longe o experimentam e têm presente! De Deus dizia o profeta Isaías: "Invocareis o Senhor, e ele vos ouvirá; chamá-los-eis, e ele dirá: Aqui estou" (Is 58,9). — Aqui estou, diz Deus, e aqui estou, diz S. Gonçalo, homem enfim no obrar como Deus: "Invocareis, e ele dirá: Aqui estou".

E porque alguma vez invocado S. Gonçalo, sucederá que vos não conceda o que pedis e pareça que vos não ouve, sabei de certo que vos enganais, e não quero por prova outro exemplo, senão o do mesmo Deus. Deus diz que peçamos, e que receberemos: "Pedi, e recebereis" (Jo 16,24) — e contudo mostra a experiência que muitas vezes pedimos e não recebemos. Não há tal, acode Santo Agostinho. Que não recebemos o que pedimos, é verdade; mas que não recebemos, é falso porque, se não recebemos o que pedimos e queremos, recebemos o que devêramos pedir e querer: "O Senhor nega o que pedimos, para que nos conceda o que preferiríamos"[7]. — Assim faz também algumas vezes S. Gonçalo, e não fora santo nem amigo se assim o não fizera. Tão milagroso é quando faz por vós o milagre, porque vos está bem, como quando cessa de o fazer, e o suspende, porque vos estaria mal. Vede-o no mesmo santo. Já deixamos dito como, para a fábrica da sua ponte, abriu duas fontes nas pedras, uma de água, outra de vinho; mas a de água ainda hoje corre, e persevera, e faz milagres; a de vinho secou-se totalmente. E por que se secou? Porque maiores naufrágios podia padecer aquele povo nesta fonte do que dantes padecia no mesmo rio. O primeiro que espremeu as uvas e inventou o vinho foi Noé; e sendo Noé aquele grande piloto que na maior tempestade do mundo soube governar a primeira nau e levou nela a salvamento o mesmo mundo, gostando depois o mesmo licor que inventara, areou de tal maneira, que não só perdeu a modéstia senão também o juízo. Vede o que sucederia ao povo de Amarante se perseverasse a fonte do vinho? Por isso o santo, ainda no tempo da sua obra, como notam os historiadores, abria e fechava a mesma fonte três vezes no dia: a primeira vez a horas de almoço; a segunda a horas de jantar, e a terceira a horas de ceia; e nestes três tempos, que sucedia? Tanto que os oficiais e trabalhadores recebiam, cada um por medida, a sua ração, a pedra se fechava outra vez, e a fonte não corria. Tão provido e vigilante era S. Gonçalo em que os seus milagres fossem para proveito, e não para dano daqueles por quem os fazia. E esta é a regra por onde haveis de conhecer os milagres e benefícios de nosso santo, tão agradecidos quando vos negar o que pedirdes como quando vo-lo conceder; pois vindo por sua mão uma ou outra coisa, sempre é para vosso bem.

Até aqui tenho falado em tudo com os autores da vida e milagres de S. Gonçalo. Por fim, quero acabar com um caso de que eu mesmo fui testemunha. Havia em Lisboa um devoto e confrade do mesmo santo, o qual todos os anos concorria para sua festa com vinte e cinco cruzados. Um ano, porém, em que os oficiais eleitos eram ricos, sendo também rica a confraria, entrou ele em pensamento que seria maior serviço de Deus despender aquele dinheiro com os pobres. Assim o resolveu consigo, sem o comunicar a outra pessoa: senão quando no mesmo ponto lhe sobreveio uma dor interior, que de nenhum modo podia suportar; e chamados à pressa os médicos, resolveram que logo tomasse os sacramentos, porque infalivelmente morria. Que faria, pois, com esta súbita sentença, quem um momento antes estava são, e com todas as suas forças? Cuidando em seus pecados, lembrou-lhe o novo propósito que tinha feito e, arrependendo-se daquela que tivera por melhor obra, pediu perdão ao santo, ratificando com voto que não faltaria jamais à sua antiga devoção se escapasse daquele acidente com vida. Não eram acabadas estas palavras, quando com segundo repente cessou totalmente a dor e, passando o moribundo das portas da morte à inteira saúde, achando-se tão são como dantes, foi por seu pé dar graças ao santo, que tão áspero e tão benigno tinha experimentado em dois momentos. Mas quem haverá que se não admire do novo estilo praticado neste caso contra a lei geral da esmola e contra a preferência e privilégio dos pobres, tantas vezes publicado e pregado por boca do mesmo Deus? Quando concorrem Cristo e os pobres para a esmola, dai-a, diz Cristo, aos pobres, porque, dando-se a eles, ma dais a mim: "O que fizestes a um destes pequeninos, a mim o fizestes". — Pois, se neste caso concorre S. Gonçalo com os pobres, como ameaça o mesmo Cristo de morte a quem quer dar a esmola aos pobres, e não ofertá-la a S. Gonçalo? Basta que iguala Cristo os pobres a si mesmo, e quer que S. Gonçalo seja preferido aos pobres? Basta que antes quer Cristo que seja festejado S. Gonçalo com maiores aparatos e maiores despesas que os pobres mais socorridos? Basta que sendo os pobres substitutos de Cristo, não quer o mesmo Cristo que o sejam de S. Gonçalo? Pois assim é, seja também o mesmo Cristo seu pregador, e acabe o seu panegírico, que eu, emudecido, confesso que o não sei louvar. E este é o excesso de favor e lugar a que S. Gonçalo subiu na sua quinta vigia, em que vive e reina imortal no trono da glória.

§ VIII

Tenho acabado, ou deixado sem o acabar, o meu discurso. Mas, se os sermões de S. Gonçalo todos eram encaminhados à doutrina dos ouvintes, e não é lícito faltar à imitação do santo no seu próprio dia, que doutrina posso eu tirar deste sermão, que seja acomodada aos que me ouvem? Hei de exortá-los a que sejam bons pastores, como S. Gonçalo? Isso pertence aos eclesiásticos. Hei de exortá-los a que vão em peregrinação do Brasil a Jerusalém? Assaz peregrinos são os que tão longe se desterraram da pátria. Hei de exortá-los a que façam milagres? Basta que sejamos santos, sem aspirar à canonização. Que doutrina será bem logo a que tiremos da vida e obras de S. Gonçalo? A primeira que me ocorria, muito útil e muito necessária, é que o imitássemos em fazer pontes. Coisa é digna de grande admiração, e que mal se poderá crer no mundo, que, havendo cento e noventa anos que dominamos esta terra, e havendo nela tantos rios e passos de dificultosa passagem, nunca houvesse indústria para fazer uma ponte. Que rio ou que regato há na Europa sem nome, e que lugar de quatro vizinhos que nas pontes não seja magnífico? Só por elas se conserva em Espanha a memória de que os romanos a dominaram. Porque Anco Márcio fez a Ponte Sublícia, da ponte e de a fazer lhe formou Roma a dignidade de pontífice, cujo nome, antes ainda de a mesma Roma ser cristã, se uniu ao Sumo Pontificado. Tanto honra este gênero de fábricas a seus autores!

Pois, por certo, que nem por pobre, nem por avarenta padece a nossa república esta falta. Eu a atribuo à inércia natural do clima, porque não creio, como cuida o vulgo, que os que lhe administram o erário mais o querem para o papado que para o pontificado.

Mas porque o descuido que estranha esta advertência pertence a poucos, seja doutrina e exemplo geral para todos que ao menos procuremos acabar por onde S. Gonçalo começou. S. Gonçalo, como vimos, sendo menino, foi homem: nós, sendo na idade homens, na vida e nos costumes somos meninos. Melhor o disse Sêneca do que se pode traduzir na nossa língua: "Não só a puerícia permanece em nós, mas o que é mais grave a puerilidade, e isto é pior porque temos a autoridade dos velhos, os vícios dos adolescentes e não só deles, mas das crianças"[8]. Temos a autoridade de velhos, e os vícios de meninos; e o pior é que não só se vê em nós a meninice, que é defeito da idade, senão as meninices, que o são do juízo: "Não só a puerícia permanece em nós, mas a puerilidade". — A primeira coisa que fez S. Gonçalo foi pôr os olhos em um Cristo crucificado e estender os bracinhos para se abraçar a ele; e isto é o que moços e velhos guardam para o fim da vida. Então vem o crucifixo, então se abraçam com suas chagas e, como é por força e a mais não poder, muita graça de Deus é necessária para que seja de coração.

Quem quer começar bem e acabar bem há de começar pelo fim e acabar pelo princípio. Desde o princípio do mundo ensinou Deus ao homem esta importantíssima máxima nas primeiras palavras da Escritura: "No princípio criou Deus o céu e a terra" (Gn 1,1) — onde nota S. João Crisóstomo que Deus, na obra da criação, começou pelo céu e acabou pela terra: por isso não diz o texto: "criou Deus a terra e o céu" — senão "criou

Deus o céu e a terra". Mas criar primeiro o céu e depois a terra parece que é começar o edifício pelas abóbadas e acabá-lo pelos alicerces. Quanto mais que, sendo a terra e o céu criados para o homem, assim como o fim do homem é o céu e o princípio a terra, assim parece que devia começar pela terra e acabar pelo céu. Antes não, e por isso mesmo. Porque o homem tem o seu princípio na terra e o seu fim no céu, por isso lhe propõe Deus primeiro o céu e depois a terra, porque, se quer começar bem e acabar bem, há de começar pelo fim e acabar pelo princípio. Assim começou e assim acabou S. Gonçalo. E, sendo a sua vida e morte uma perpétua imitação de Cristo, foi coisa maravilhosa que, assim como nascido tomou por exemplar a Cristo morto na cruz, assim morrendo imitou ao mesmo Cristo nascido no presépio. Morreu enfim S. Gonçalo, entregando a alma nas mãos da Rainha dos Anjos, de que foi devotíssimo, e se achou presente a seu felicíssimo trânsito e, tanto que expirou se ouviu no ar uma voz que dizia: Ide todos ao enterro do santo. Concorreram todos, e o leito em que acharam defunto o sagrado corpo foi deitado no chão sobre umas palhas. Assim acabou na morte, imitando a Cristo nascido no presépio, quem assim desde seu nascimento tinha imitado a Cristo morto na cruz. Oh! ditoso nascer e ditoso morrer! Oh! ditoso começar e ditosíssimo acabar! Este foi o último exemplo que S. Gonçalo deixou ao mundo e com que deixou o mundo, que todos também havemos de deixar. E, depois, o não imitamos no nascimento, ao menos comecemos desde este dia seu o imitar na morte, trazendo sempre diante dos olhos o fim da vida, para que, por seus merecimentos e intercessão, consigamos a vida sem fim. Amém.

SERMÃO DA
Dominga Vigésima Segunda Post Pentecosten

*"De quem é esta imagem e inscrição?
Responderam-lhe eles: de César."*
(Mt 22,20s)

A ocasião nos é dada por Vieira, recém-nomeado Superior dos Jesuítas no Maranhão e no Pará, quando o Estado do Maranhão se repartiu em dois governos e estes se deram a pessoas particulares, moradores da mesma terra. Alerta para os inconvenientes que já se temem e recorda que os recursos estão longe e os remédios só chegam tarde. Por isso, propõe declarar a todos a união e a concórdia.

Grande é a dignidade de representar um príncipe supremo, porém é dificultoso o acerto dessa representação: fácil no que toca ao poder, mas no mandar e obrar muito dificultoso e de poucos. A estátua de Mercúrio. A dificuldade que mais impede e quase impossibilita a boa representação: a distância entre a imagem e o César. As imagens impróprias e seus exemplos perniciosos. Quem governa bem deixa as suas raízes, e quem governa mal arranca as dos súditos e só trata de conservar as suas. Remédio para os que governam tendo as raízes na terra: que se apartem das próprias raízes. Há de endireitar a intenção, há de dobrar a vontade, há de ligar e atar o apetite, há de cortar o que não é decente. Para tudo isso ajuda o regimento real. E os súditos, como devem obedecer às novas imagens do César? Com tanta maior vontade, quanto mais elas têm de naturais, domésticas e suas. O bom pastor conhece as suas ovelhas e as suas ovelhas o conhecem.

§ I

Não há terra mais dificultosa de governar que a pátria, nem há mando mais mal sofrido nem mais mal obedecido que o dos iguais. Vivendo os hebreus governados por Deus, o qual no Propiciatório respondia a todas suas consultas, e ordenava em voz clara o que se havia de fazer ou não fazer, foram eles tão mal aconselhados, que quiseram ser governados por homens, como as outras nações; e sendo tão soberbos, que desprezavam a todas em tudo o mais, neste ponto, que era a sua maior prerrogativa, pediram ser semelhantes a elas: "Constitui-nos pois um rei, como o têm todas as nações" (1Rs 8,5). — Os primeiros governadores, pois, que Deus lhes concedeu, com poder e soberania real, foram Saul e Davi: Saul que andava buscando as jumentas que se perderam a seu Pai, e Davi que andava guardando as ovelhas do seu. Não fez Deus diferença das qualidades, porque todos eram filhos de Abraão; nem a fez também dos ofícios, porque todos naquele tempo viviam de suas lavouras e dos seus pastos. Só teve atenção às pessoas e aos talentos porque, assim Saul como Davi, debaixo do seu saial, eram homens de tão grandes espíritos, como logo mostraram as suas obras.

Mas quais foram os aplausos com que foi recebida naquela república, depois de tão apertadas instâncias, a eleição destes dois governos? A terra era a pátria, e os eleitos eram iguais — como dizia — e não bastou que um fosse Saul e outro Davi para serem bem aceitos. Alegraram-se os parentes, murmuraram os estranhos, e os demais — que eram quase todos — ficaram descontentes. Não digo o que disseram, porque as coisas não eram para dizer nem são para ouvir; só digo que estamos no mesmo caso. Temos repartido este nosso Estado em dois governos iguais, e debaixo de suas cabeças, ambas naturais da mesma terra, sem ser a de Promissão; e assim da parte das cabeças como dos membros, assim da parte dos novos governadores como dos súditos, se podem recear, como já se temem, não pequenos inconvenientes. O recurso está longe, o remédio não pode chegar senão tarde: entretanto, só vos peço que tomeis o melhor conselho. A obrigação dos pregadores, a quem a Escritura chama anjos da paz, é serem ministros da união e concórdia; e, porque esta devemos desejar todos, como bons cristãos, como bons repúblicos e como bons vassalos, para eu satisfazer à minha obrigação, não me ocorre outro meio mais eficaz que declarar a uns e a outros as suas. O meu intento será este, o Evangelho a guia, a intercessora para a graça a Virgem, Senhora nossa. Peçamo-la com aquela atenção que requer tão importante matéria. *Ave Maria*.

§ II

Perguntado Cristo, Senhor Nosso, como Mestre da lei, se era lícito aos hebreus pagar tributo ao César, imperador dos romanos, respondeu que "lhe mostrassem primeiro a moeda do tributo" (Mt 22,19). — E como na moeda estivesse estampada uma figura com certas letras em roda, perguntou mais o Senhor cuja era aquela imagem e cujo o nome escrito nas letras: "De quem é esta imagem e inscrição?" (Ibid. 20). — Responderam que a imagem e o nome era do mesmo César: "Disseram-lhe de César". — Isto é o que contêm as palavras que propus. O resto do Evangelho ficará para outra ocasião, e também a moeda. Eu não quero para hoje mais que a imagem do César, porque com as imagens dos Césares hei de falar.

"De quem é esta imagem?" Todos os que governam são imagens de seus príncipes, porque os representam na pessoa e no exercício dos poderes. Começou este nome ou título de imagem no primeiro governo do mundo, dado não menos que por Deus ao primeiro homem, e não nas provisões do ofício senão antes da criação dele e do mesmo que o havia de exercitar. "Façamos o homem" — disse Deus — "à nossa imagem e semelhança, para que tenha a presidência e governo do mundo" (Gn 1,26). — Sobre estas palavras é grave questão entre os teólogos em que consista no homem o ser imagem de Deus. Os hereges Audeanos[1] disseram que consistia na forma e estatura do corpo. E também é heresia política a de alguns príncipes, os quais tanto se deixam levar dessas aparências exteriores que por elas fazem a eleição das suas imagens. Tão pouco importa para o governo da república a estatura ou gentileza dos corpos diz — Sêneca — como para o governo da nau ser o piloto formoso. — Resolvem, pois, todos os santos e doutores católicos que a razão da imagem de Deus no homem consiste na alma adornada de três potências, em que representa ao mesmo Deus trino e um. Porém, S. Basílio e S. João Crisóstomo acrescentam que a Adão particularmente deu Deus o título de imagem sua porque lhe encarregou o governo do mundo, e que ajuntou "à imagem e semelhança" — para que no mesmo governo se lembrasse Adão que se devia fazer semelhante, quanto fosse possível, ao supremo Senhor a quem representava: "Disse imagem em razão da primazia e semelhança para que nos façamos semelhantes a Deus de acordo com nossas forças"[2].

Oh! quantos e quão excelentes documentos deixou Deus naquela primeira ação aos príncipes de como deviam fazer e eleger as suas imagens! Todas as outras criaturas mandou-as Deus fazer, ou mandou que se fizessem; o homem, que o havia de representar como sua imagem, e a quem havia de entregar o governo do seu mundo, fê-lo com consulta e conselho, e não de homens, que ainda não havia, nem de anjos, que já eram criados, mas das três pessoas divinas: "Façamos o homem à nossa imagem e semelhança". — E para quê? "Para que governe os peixes do mar, as aves do ar e os animais da terra" (Gn 1,26). — E, se para a eleição de quem há de governar brutos se requer tanto aparato e prevenção de consultas e conselhos na sabedoria do mesmo Deus, que será para eleger um homem que há de governar homens? O caráter de imagem sua, pô-lo Deus porventura na alma do homem por que se não há de entregar o governo a homens sem alma? Sim, mas não só por isso. Não basta que o que houver de governar seja homem com alma, mas é necessário que seja alma com homem. Se tiver alma, e boa alma, não quererá fazer mal; mas, se juntamente não tiver atividade e resolução e talento de homem, não fará coisa boa. Deu-lhe Deus memória, entendimento e vontade: a memória, para que se lembre da sua obrigação; o entendimento, para que saiba o que há de mandar; e a vontade, para querer o que for melhor — e não homens de uma só potência — que por isso fazem impotências — e, faltando-lhes a memória e o entendimento, só têm má vontade. Com todas estas qualidades formou Deus e aperfeiçoou a imagem que no governo do mundo havia de representar a Majestade divina, bem assim como representam as majestades humanas os que, em seu lugar e com seus poderes, governam esta ou outras pequenas partes do mesmo mundo. A imagem do César não só estava estampada na moeda, senão também, e muito mais, em quem governava a república. Na moeda, era imagem morta; em quem governava, imagem viva; na moeda, dava-lhe o cunho o valor; em quem governava, davam-lhe as provisões o poder. E, se de qualquer delas se perguntasse: "Cuja é esta imagem?" — de ambas se há de responder em diferente sentido, mas com a mesma verdade que era imagem do César: "Dizem-lhe: de César".

Suposta esta significação, nascida com o mundo e com a mesma natureza, de que são imagens dos príncipes os que governam em seu nome e os representam, se eu pregara em outra parte, havia de repartir o sermão em três pontos: primeiro, como hão os Césares de fazer as suas imagens; segundo, como hão as imagens de representar os Césares; terceiro, como os súditos e vassalos dos Césares hão de reverenciar e obedecer às mesmas imagens. Mas porque o primeiro ponto não pertence a esta terra nem a este auditório, tratarei somente do segundo e do terceiro, que são tão próprios do lugar como necessários ao tempo.

§ III

Começando, pois, pela obrigação das imagens, assim como é grande dignidade haver de representar um príncipe supremo nos olhos do mundo — ou seja maior ou menor o teatro — assim é mui dificultoso e arriscado o acerto dessa grande representação. Fácil no que toca ao poder, mas no mandar e obrar muito dificultosa e de poucos. Isso quis significar o provérbio dos antigos, quando disseram que "a imagem de Mercúrio não se faz de qualquer madeiro". — E por que mais a imagem de Mercúrio que a de Júpiter, que era entre os deuses a primeira e mais alta soberania? Porque Júpiter era Deus do poder, Mercúrio da sabedoria e prudência; e a majestade do poder qualquer a pode representar facilmente; as ações, porém, da sabedoria e prudência, são mui poucos os que sejam capazes de as compor e exercitar como elas requerem. Mais fácil é parecer Júpiter que Mercúrio. Quando S. Paulo e S. Barnabé entraram em Licaônia, admirados aqueles gentios do que viam em ambos, disseram que os deuses, em semelhança de homens, tinham descido do céu à sua cidade, e "a Barnabé chamavam Júpiter, e a Paulo Mercúrio" (At 14,11). — Mas, se Paulo, por tantas e tão excelentes prerrogativas era maior que Barnabé, por que deram a Barnabé, e não a Paulo, o nome de Júpiter, e a Paulo, e não a Barnabé o de Mercúrio? Porque Barnabé excedia na estatura e majestade da pessoa; Paulo na eloquência, na sabedoria e na doutrina: "Porque ele era o que levava a palavra" (At 14,11) — e a representação da sabedoria requer muito maior cabedal e muito maior homem que a da majestade.

Subamos das deidades fabulosas à verdadeira, e ela nos dará a razão desta diferença. O Verbo Eterno, como Filho natural de Deus Pai, é imagem perfeitíssima do mesmo Deus. E porque no ser divino até os gentios consideravam duas eminências superlativas, uma da suma bondade e outra da suma grandeza, por onde chamavam a Deus "Ao Ótimo Máximo"; declarando Salomão, no Livro da Sabedoria, a suma perfeição com que no Verbo se representam uma e outra, diz que é "espelho sem mácula da majestade de Deus, e imagem de sua bondade" (Sb 7,26). — O que aqui só reparo é que uma e a mesma representação, enquanto é da majestade, se chama espelho: "espelho da majestade" — e enquanto é da bondade, se chama imagem: "imagem da sua bondade". — E a razão desta diferença, deixando por agora a teológica e buscando somente a moral, qual é ou pode ser? É a mesma que experimentamos na facilidade das imagens que vemos no espelho e na dificuldade das que se mostram e representam em si mesmas. As imagens que se representam em si mesmas, ou são de pintura ou de escultura. As de pintura fazem-se com muitos debuxos, muitas cores, muitas sombras, muitos claros, muitos escuros; as de escultura com muito bater, muito cavar, muito polir, muitos cheios, muitos vazios; e umas e outras com muita arte, muita aplicação, muito trabalho. Pelo contrário, as imagens que se representam no espelho, elas se pintam sem tinta e se entalham sem ferro, e aparecem perfeitas em um momento, sem mais trabalho ou artifício que uma reflexão natural. Pois por isso as da majestade se representam no espelho, porque a majestade, e o poder, e a ostentação e execução dele é muito fácil; porém, as da bondade, que são as do bem mandar, e bem obrar, e bem fazer a todos, representam-se nas outras imagens, ou pintadas ou esculpidas, porque estas são muito dificultosas e trabalhosas, e que requerem muita arte, muita sabedoria, muita proporção, muita regra. As imagens de escultura fazem-se tirando; as de pintura, pondo; para este tirar é necessário muito desinteresse; para este pôr e acrescentar muita igualdade; e para uma coisa e outra, muita prudência, muita justiça, muita inteireza, muita constância, e outras grandes virtudes, que mais facilmente faltam todas do que se acham juntas.

Nas duas imagens de Júpiter e Mercúrio, que se atribuíram aos dois apóstolos, temos o exemplo de tudo. A imagem de Júpiter pintava-se com um raio na mão; a de Mercúrio, com um báculo entre duas serpentes. E aqui se via bem quão fácil é uma representação e quão dificultosa outra. Fulminar raios, estremecer o mundo com trovões, escalar torres, derrubar casas, matar homens, fender de alto a baixo cedros, ciprestes, enzinhas, e todas as outras violências e danos que causam os raios, tudo é muito fácil ao poder, em quem abusar dele. Porém, meter o bastão entre serpentes discordes e venenosas, e fazer que não se mordam nem se espedacem; domar ferezas, amansar rebeldias e reduzir a que vivam conforme a razão os que, por natureza e costume, não têm uso dela, esta é a dificuldade grande em toda a parte e, na terra em que estamos, maior que em nenhuma outra. Menos há de cinquenta anos que nesta terra se não conhecia o nome de rei, nem se tinha ouvido o de lei; e que dificuldade será fazer obedecer e guardar nela as leis dos reis? Desde o mesmo tempo se sustentam os que a conquistaram, não dos pastos de animais domésticos, senão da caça e montaria de homens; e que dificuldade será ainda maior manter em paz e justiça os que só se mantêm da guerra injusta? Esta é, pois, a primeira dificuldade geral deste governo, mas esta a obrigação e ofício dos que nele representam a imagem do César.

§ IV

A segunda dificuldade que mais ainda impede e quase impossibilita a boa representação destas imagens é que as imagens e o César estão muito distantes. Quando responderam a Cristo que aquela imagem era do César, o César estava em Roma, e a imagem em Jerusalém. Que será onde o César e o rei está na Europa, e as imagens na América? O rei em um mundo, e os que o representam em outro? Até Deus se temeu destes longes, não porque não esteja em toda a parte e veja tudo, mas porque vê sem ser visto. Assim o mandou notificar ao mundo pelo Profeta Jeremias: Cuidais que eu sou Deus só de perto, e não de longe? (Jr 23,23). — Enganai-vos, porque ainda que no céu tenho a minha corte, tanto assisto na terra como no céu: "Não encho eu o céu e a terra?" (Ibid. 24). — Houve, contudo, homens tão ignorantes que, interpretando mal o verso de Davi: "O mais alto dos céus é para o Senhor, mas a terra deu aos filhos dos homens" (Sl 113,16) — cuidaram que, porque Deus pusera a sua corte no céu, demitira de si o domínio da terra, e o dera aos homens. Não creio que os que governam as conquistas cuidem o mesmo, mas é certo que muitos as dominam tão despoticamente como se o cuidarem. Tão senhores se fazem delas, como se elas e eles não tiveram outro senhor. Tanto atrevimento lhes dá estar o príncipe longe, o recurso longe, o remédio longe, e até a verdade, não só escurecida, mas oprimida dos mesmos longes! A rainha Sabá chamava bem-aventurados os que serviam a el-rei Salomão em sua presença. E desta bem-aventurança se privam em tempos de tão bons e tão justos reis, como os nossos, os que, por serviço seu e de Deus, se expõem, não só às inclemências dos climas, que é muito menos, mas às fúrias dos longes, e a ver e chorar de perto as perdas temporais e eternas, de que eles são causa.

Diz a parábola do Evangelho que partiu um rei para muito longe a conquistar um novo reino; e entretanto, deixou encomendada a sua fazenda a três criados para que negociassem com ela. Destes três criados um não negociou, mas não roubou, e os dois deram tão boa conta da sua negociação, que dobraram o cabedal do rei, e mereceram dele grandes mercês. Ditoso tempo em que, de três criados de que fez confiança um rei, servindo não à sua vista, senão muito longe dele, os dois lhe acrescentaram a fazenda em dobro, e o menos diligente, posto que a não acrescentou, nem um ceitil furtou dela. Achar-se-á hoje um par e meio de criados semelhantes a estes? Nem em três, nem em trinta, nem em trezentos. E qual a razão? O mesmo texto a deu narrativamente, em bem clara prova de que imos dizendo. Diz o texto que foi o rei muito longe do seu reino a conquistar outro, mas para tornar outra vez: "Foi para um país muito distante tomar posse de um reino, para depois voltar" (Lc 19,12). — Quando os reis vão do seu reino às conquistas, e das conquistas tornam ao reino, ainda que as conquistas estejam muito longe, aqueles longes têm depois os seus pertos e por isso os criados na ausência servem com tal respeito, ou tal medo, que na presença dão boa conta de si. Porém, quando os reis não vão às conquistas, ou elas são tão remotas que não podem lá ir, como os longes sempre são longes, quão longe está o rei dos criados tão longe se põem eles das suas obrigações. Quando o rei vai do reino às conquistas e das conquistas torna ao reino, é rei do reino e mais das conquistas, mas quando o rei fica no reino, e às conquistas manda só criados, os criados são os reinos das conquistas, e não o rei. O rei fá-los suas imagens, e eles fazem-se reis.

E quem lhes dá estes azos, ou estas asas, senão aquelas que os levam e põem tão longe? De Roma a Jerusalém ainda tinham algum vigor os respeitos do César: "Tu, se livras a este, não és amigo do César" (Jo 19,12). — Mas de Lisboa à Índia e ao Brasil, com todo o mar Oceano em meio? A fé, a obrigação, a obediência, o respeito, tudo se esfria, tudo se mareia, tudo referve. Vendo-se tão longe de quem os manda, como lá podem o que querem, não se contentam com querer o que podem. Levam os poderes de imagens e tomam as onipotências de Césares; e não de Augustos ou Trajanos, para conservação e aumento da monarquia, mas de Tibérios, de Calígulas, de Neros, destruidores dela³, para que nos não admiremos das ruínas da nossa, nem lhes busquemos outra causa. Por que perdeu Adão, com o paraíso, a monarquia do universo? Porque se não contentou com ser imagem de Deus, mas quis ser como o mesmo Deus que o fizera sua imagem. A tentação com que o fez apostatar o demônio foi com lhe dizer que seria como Deus. Mas se Adão já era como Deus, pois era sua imagem, que lhe prometeu demais o demônio naquele "Sereis como uns deuses" (Gn 3,5)? O equívoco do "como" foi verdadeiramente diabólico. Adão, enquanto imagem de Deus, já era como Deus na representação; mas não era como Deus na soberania; e isto é o que lhe prometeu o demônio. E como Adão se não contentou de ser como Deus só na representação, que era o que tinha por imagem, e quis ser como Deus na soberania, que era o que lhe vedava a obediência e o preceito, por isso quebrou o preceito e negou a obediência a Deus. E isto que fez Adão na Ásia é o que fazem na mesma Ásia e na nossa América os que, não se contentando com ser imagens dos reis, excedem tão exorbitantemente toda a medida e proporção de imagens, como agora veremos.

§ V

Antes de haver no mundo a arte da pintura — que começou depois do incêndio de Troia — diz Plínio que se retratavam os homens cada um pela sua sombra. Punha-se o homem em pé, fazia sombra com o corpo interposto à luz do sol, e aquela sombra, cortada pela mesma medida, era a sua imagem. E como se podia conhecer a imagem, se não tinha feições por onde se distinguisse? Diz o mesmo Plínio que, para se conhecer, lhe escreviam ao pé o nome de quem era: "Traçava-se a sombra do homem por suas linhas, por isso era costume dar nome aos que fossem pintados"[4]. — Faziam-se os retratos naquela rudeza da arte, como em Portugal os que chamam ricos feitios, nos quais as imagens se não conheceriam pela figura, se o não dissesse o rótulo. E é lástima que, proibindo Alexandre que ninguém pudesse pintar a sua imagem senão Apeles, cá nos apareçam algumas figuras tão dessemelhantes dos soberanos originais que mais parecem ricos feitios que verdadeiras imagens do que há de crer a nossa fé que representam. Mas ainda tinham outra maior impropriedade as imagens cortadas pela medida da sombra, porque, segundo o lugar em que estivesse o sol, seriam, sem nenhuma proporção, muito maiores que os mesmos a quem representavam. E isto é o que se vê, como eu dizia, na Ásia, e na América, e nas Índias Orientais, onde nasce o sol, e nas Ocidentais, onde se põe. Não pode haver semelhança mais própria. A sombra, quando o sol está no zênite, é muito pequenina, e toda se vos mete debaixo dos pés; mas, quando o sol está no oriente, ou no ocaso, essa mesma sombra se estende tão imensamente que mal cabe dentro dos horizontes. Assim nem mais nem menos os que pretendem e alcançam os governos ultramarinos. Lá, onde o sol está no Zênite, não só se metem estas sombras debaixo dos pés do príncipe, senão também dos de seus ministros. Mas quando chegam àquelas Índias, onde nasce o sol, ou a estas, onde se põe, crescem tanto as mesmas sombras que excedem muito a medida dos mesmos reis, de que são imagens.

É coisa muito notável, e que porventura não tendes advertido, quanto excedeu a medida de Nabucodonosor à grandeza daquela imagem, que ele mandou fazer, depois que viu em sonhos a da sua estátua. Diz a História Sagrada que tinha de altura ou comprimento sessenta côvados: "Fez o rei Nabucodonosor uma estátua de ouro que tinha sessenta côvados de altura" (Dn 3,1). Agora pergunto: e quanto vinha a ser maior a grandeza desta imagem que a estatura do mesmo rei, a quem representava? Segundo as regras de Vitrúvio e a simetria e proporções de um corpo humano, o dedo menor da mão, a que vulgarmente chamamos meminho, contém a décima oitava parte do mesmo corpo. E que se segue daqui? Coisa verdadeiramente não sei se mais para admirar, se para rir. Segue-se que todo Nabucodonosor cabia dentro do dedo meminho da sua imagem. Já não é grande a insolência de Roboão em dizer que era mais grosso o seu dedo meminho que el-rei Salomão, seu pai, pela cintura. Mas qual será a daqueles vassalos que, sendo somente imagens dos seus reis, se fazem tanto maiores que eles cá onde o sol se põe, ou lá onde o sol nasce, quanto é o excesso imenso com que a sombra se estende, sem outra medida, sem outra proporção nem outro limite, mais que o que no mar ou na terra fecha os horizontes. A imagem de Nabuco era de ouro, as suas são de sombra; mas, como as artes que vêm ou vão exercitar são as da sólida e verdadeira alquimia, eles sabem converter essa sombra em ouro, e fazer-se melhor adorar que o mesmo Nabuco. A imagem de Nabuco para os seus adoradores não tinha prêmios, e para os que não adoravam tinha fornalhas. Lá e cá não é assim. Os que adoram e os que não adoram, todos ardem, porque todos, por diversos modos, ficam abrasados e consumidos.

Ainda resta a maior dor e o maior escândalo. E qual é? É que, quando estas imagens tornam para donde vieram, são tais as bulas de canonização que levam consigo, que merecem ser colocadas sobre os altares. Oh! quem lhes pusera também diante as insígnias dos seus milagres! Vede que Xavieres da Índia e que Anchietas do Brasil! E o pior é que, se algum os não imitou, nem teve imitadores, esse é recebido sem aplauso e está sepultado sem culto. Mas não deixemos em silêncio os milagres dos aplaudidos. Nesses famosos santuários da Europa, onde se veneram imagens milagrosas, ali se veem penduradas as mortalhas, as muletas, as cadeias, as amarras, os pés, os braços, os olhos, as línguas, os corações dos que protestam naqueles votos dever-lhes miraculosamente todos estes benefícios. Deixadas, pois, as outras terras mais remotas, que também podem testemunhar neste caso, vós que me ouvis, que direis da vossa? Que milagres vistes nos já mortos? — que não falo, nem quero que faleis nos vivos. — E quais seriam as merecidas insígnias ou troféus dos mesmos milagres, com que a verdade sem lisonja, e a memória ainda com horror, lhes adornaria as sepulturas? Também ali se veriam mortalhas, não de poucos que ressuscitassem, mas de infinitos e sem-número a quem tiraram a vida. Também se veriam cadeias, não dos que libertaram do cativeiro, mas das nações e povos inteiros que, sendo livres, fizeram cativos. Também se veriam amarras, não dos navios que salvaram, mas dos que fizeram naufragar e perder, sendo eles no mar e na terra a maior tormenta. Também se veriam muletas, não dos estropiados que sarassem, mas dos que, sendo ricos e abastados, os deixaram mendigando por portas e sem remédio. Também se veriam braços e pés dos que, sendo poderosos, só porque o eram, os enfraqueceu, derrubou e oprimiu o seu injusto poder, sem mais razão que a violência. Também se veriam finalmente os olhos que fizeram cegar com lágrimas e os corações que afogaram em tristeza, em lástimas e desesperações, e as línguas que emudeceram sem poderem falar, nem dar um ai, por lhes não ser lícito clamar à terra, nem ainda gemer ao céu. Estes e outros são os milagres daquelas canonizadas imagens que, chegando aqui despidas e toscas, tornaram estofadas de brocado e ouro; e pintadas com as falsas cores com que enganaram a fama, por ela são recebidas em andores e frequentadas com romarias.

§ VI

Até agora tenho representado aos nossos novos governadores e naturais o que não devem imitar nos estranhos. Nem creio lhes será dificultosa a abominação de tão perniciosos exemplos, não só como experimentados em todos, mas também como feridos e magoados. Saibam, porém, que neles, como naturais, concorre outra terceira dificuldade, que nos estranhos não tem lugar. Por quê? Porque, ainda que uns e outros são imagens, eles são imagens com as raízes na terra. As imagens, não só são obra dos estatuários e pintores, senão também dos jardineiros. Uma das coisas mais curiosas que se vê nos jardins onde as terras se cultivam mais primorosamente que nesta nossa, são várias figuras de murta ou de outras plantas, formadas com tal artifício, proporção e viveza de membros que, tirada a cor verde, em tudo o mais se não distinguem do natural que representam. Mas esta mesma representação é muito dificultosa de conservar. As outras imagens, ou sejam fundidas em metal, ou esculpidas em pedra, ou entalhadas em madeira, ou pintadas nos quadros, ou tecidas nos tapizes, sem mais diligência nem cuidado, sempre conservam e representam a figura que lhes deu o artífice. Porém, as que são formadas de plantas, como têm as raízes na terra, donde recebem o humor, crescendo naturalmente os ramos, facilmente se descompõem e se fazem monstros. Isto mesmo sucede ou pode suceder aos que têm o governo da sua própria pátria, e não por outra razão ou fundamento, senão porque têm as raízes na terra. Ali têm os parentes, ali os amigos, ali os inimigos, ali os interesses da fazenda, da família, da pessoa; e qualquer destes humores ou respeitos, e muito mais todos juntos, podem descompor de tal sorte a imagem e representação de quem governa, que nem aparência lhe fique do que deve ser, e em tudo obre e seja o contrário do que é obrigado. Se o humor das raízes lhe brotar pelos olhos, não poderá ver as coisas, nem ainda olhar para elas sem paixão, que é a que troca as cores às mesmas coisas, e faz que se vejam umas por outras. Se lhe tomar e ocupar os ouvidos, não ouvirá as informações com a cautela com que as deve examinar, ou ficará tão surdo que as não ouça, ainda que sejam clamores. Se lhe rebentar pela boca, mandará o que deve proibir e proibirá o que deve mandar, e as suas ordens serão desordens, e as suas sentenças agravos. Finalmente, se sair e vicejar pelos braços e pelas mãos, que são as extremidades mais perigosas e onde se experimentam maiores excessos, estenderá os braços aonde não chega a sua jurisdição e meterá a mão e encherá as mãos do que não deve tocar.

Por certo que, se os que tomaram sobre si estes encargos se aconselharam, não digo comigo, senão com as mesmas plantas que têm as raízes na terra, ainda que os governos foram de maior suposição e autoridade, os não haviam de aceitar. O primeiro apólogo que se escreveu no mundo — que é fábula com significação verdadeira — foi aquele que refere a Sagrada Escritura no capítulo nono dos Juízes. Quiseram — diz — as árvores fazer um rei que as governasse, e foram oferecer o governo à oliveira, a qual se escusou, dizendo que não queria deixar o seu óleo, com que se ungem os homens e se alumiam os deuses. Ouvida a escusa, foram à figueira, e também a figueira não quis aceitar, dizendo que os seus figos eram muito doces, e que não queria deixar a sua doçura. Em terceiro lugar foram à vide, a qual disse que as suas uvas, comidas, eram o sabor e, bebidas, a alegria do mundo, e a quem tinha tão rico patrimônio, não lhe convinha deixá-lo para se meter em governos. De sorte que assim andava o governo universal das árvores, como de porta em porta, sem haver quem o quisesse. Mas o que eu noto nestas escusas é que todas convieram em uma só razão e a mesma, que era não querer cada uma deixar os seus frutos. E houve alguém que dissesse ou propusesse tal coisa a estas árvores? Houve alguém que dissesse à oliveira que havia de deixar as suas azeitonas, nem à figueira os seus figos, nem à vide as suas uvas? Ninguém. Somente lhes disseram e propuseram que quisessem aceitar o governo. Pois, se isso foi só o que lhes disseram e ofereceram, e ninguém lhes falou em haverem de deixar os seus frutos, por que se escusaram todas com os não quererem deixar? Porque entenderam, sem terem entendimento, que quem aceita o governo de outros, só há de tratar deles, e não de si, e que, se não deixa totalmente o interesse, a conveniência, a utilidade, e qualquer outro gênero de bem particular e próprio, não pode tratar do comum.

Saibamos agora, e não de outrem senão das mesmas árvores, se este bom governo, do modo que elas o entenderam, se pode conseguir e exercitar com as raízes em terra? Assim as que o ofereceram como as que o não aceitaram, todas concordam que não. Que disseram as que ofereceram o governo? Disseram a cada uma das outras: "Vinde, e governai-nos" (Jz 9,12). — Vinde? Logo, se elas haviam de ir, haviam-se de arrancar do lugar onde estavam e deixar as suas raízes. E cada uma das que não aceitaram, que respondeu? Respondeu que não podia ir, porque, movendo-se, havia de deixar as suas raízes, e sem raízes não podia dar fruto: "Acaso posso eu deixar o meu óleo, para vir a ser superior às outras árvores?" (Jz 9,9). — De maneira que governar, e governar bem, não pode ser com as raízes na terra. Governar mal, e para destruição do bem comum, isso sim. E na mesma história o temos, que ainda vai por diante. Vendo as árvores que as três a que tinham oferecido o governo o não quiseram aceitar, diz o texto que se foram ter com o espinheiro e lhe fizeram a mesma oferta. E que respondeu o espinheiro? É resposta muito digna de ponderação. A proposta das árvores foi a mesma: "Vem, e serás o nosso rei" (Ibid. 14) — e ele respondeu, não só como espinheiro, senão como espinhado: "Se verdadeiramente me dais o império, vinde todas deitar-vos a meus pés e pôr-vos à minha sombra, e se porém não quiserdes sairá tal fogo do espinheiro que abrase os cedros do Líbano" (Jz 9,15). — Não sei se reparais na diferença. As árvores que lhe ofereceram o governo disseram-lhe: "vem" — e ele disse-lhes: "vinde". — Não sou eu o que hei de deixar as minhas raízes, senão vós as vossas. — Em conclusão, que quem há de governar bem deixa as suas raízes, e quem governa mal arranca as dos súditos, e só trata de conservar as suas.

§ VII

Esta é a particular dificuldade e o grande perigo em que estão de se não conformarem com o soberano original, que representam, as imagens que têm as raízes na terra. É necessário, para se conservarem nesta nova representação e para governarem como devem, que se apartem das suas próprias raízes. Olhai para todas as varas, desde a maior à menor, com que se governa a república. Aquelas varas não tiveram também suas raízes? Sim, tiveram. Mas para governarem e terem jurisdição, todas foram primeiro cortadas das mesmas raízes, e por isso todas são varas secas. Que remédio, logo, para que as novas varas que nos governam, tendo como têm as raízes na terra, conservem a imagem do César que representam? O melhor e antecipado remédio houvera sido escusarem-se, como fizeram as árvores bem entendidas; mas a escusa já não tem lugar. O receio de poderem ser como o espinheiro, que prometeu sombras e ameaçou raios, também me não dá cuidado, porque todos conhecemos a moderação e modéstia dos que aceitaram o governo. Mas porque os mesmos governos antes costumam mudar as condições dos homens que conservá-las, o mais seguro meio de todos seria cortar as raízes. E quando a resolução de algum fosse tão animosa que assim o fizesse, eu me atrevia a lhe prometer, da parte de Deus, que nem por isso lhe fariam falta. A vara de Arão não tinha raízes na terra, e contudo reverdeceu, floresceu, e deu em meio dia o fruto que as raízes lhe não podiam dar em menos de um ano. Mas deixados os milagres a Deus e recolhendo-nos aos limites da natureza, só vos aconselho que façais, com toda a aplicação, o que pode a diligência e a indústria. Que faz o jardineiro para conservar a representação das suas imagens, por mais que tenham as raízes na terra? Traz sempre os olhos postos na figura que representam, e contra todo o ímpeto do humor que as mesmas raízes naturalmente comunicam à planta, já endireitando, já dobrando, já ligando, já decotando, conserva nelas a imagem tão proporcionada, inteira e sem mudança, como se a tivera lavrado em mármore ou fundido em bronze.

Tudo isto é necessário a quem há de retratar ou transfigurar em si, não outra nem menor ou menos sagrada imagem que a da mesma pessoa real, a quem representa. Há de endireitar, há de dobrar, há de ligar, há de cortar; e como? Há de endireitar a intenção, tendo-a sempre muito reta de servir só a Deus e ao rei. Há de dobrar a vontade, para que sempre se incline e siga o juízo e ditames da verdadeira razão. Há de ligar e atar o apetite que, junto com o poder, é muito violento e rebelde, para que se não desenfreie. E finalmente, se algum destes afetos quiser brotar no que não é decente a tão soberana representação, decotá-lo logo e cortá-lo, para que a não descomponha; e, se acaso se sente por dentro, não apareça fora. A figura que haveis de trazer sempre diante dos olhos, é o mesmo rei de quem sois imagem e não como ausente, senão como presente, nem como invisível, senão como visto. Mas como pode isto ser, se ele está tão distante? Muito facilmente, se não tirardes os olhos do seu regimento, no qual vereis ao mesmo rei tão natural e vivamente retratado em sua própria figura, como se a tivéreis presente. Dir-me-eis que no vosso regimento ledes sim as palavras e firma do rei, mas não lhe vedes a figura. Ora, abri melhor os olhos, e logo a vereis; mas é necessário levantar o pensamento. S. Paulo diz que o Verbo Eterno é a figura da própria substância do Pai: "O qual, sendo o resplendor da glória, e a figura da sua substância" (Hb 1,3). — E que é ou quer dizer o Verbo? É e quer dizer a palavra. Pois, a palavra de Deus é "a figura da sua própria substância"? — Sim. Porque toda a substância, e todo o seu ser imprimiu e exprimiu Deus na sua palavra, como própria, natural e perfeitíssima figura de si mesmo. E assim como Deus imprime e exprime a sua figura na sua palavra, assim os reis, que são os deuses da terra, se imprimem e estampam nas suas. De maneira que quem lê as palavras, a firma e as ordens do rei nos seus regimentos, vê a própria figura do rei, ou vê ao rei em sua própria figura. Nunca o pincel de Apeles retratou tão felizmente a Alexandre, e o representou aos olhos tão próprio e tão vivo, como os reis no que escrevem e ordenam se retratam ou reproduzem a si mesmos: "O sábio atrai a si a estima com as suas palavras" (Eclo 20,29) — diz o Espírito Santo. Mas, ouçamos a um rei.

No tempo em que os godos dominaram a Itália, um dos reis que tiveram a fortuna de escrever com a pena de Cassiodoro, despachando seus regimentos a alguns ministros ausentes, que nunca o tinham visto, diz assim: "Recebei o espelho do coração, o espelho da vontade, de modo que aqueles que não me conhecem, me reconheçam pela qualidade dos costumes"[5]. Quando chegarem a vossas mãos estas minhas letras, recebei-as como um espelho do meu coração, da minha vontade e de mim mesmo das quais, pois, me não conheceis pelo rosto, me conhecereis pelo ânimo. — Notai agora o que acrescenta com juízo verdadeiramente real, e discrição e agudeza mais que de rei: "Nesta correspondência considerai o que aos presentes está oculto; por isso a minha ausência não vos é prejudicial, uma vez que é mais útil conhecer espiritualmente do que corporalmente". Folgai — diz — de me ver antes no que vos escrevo, que em minha própria pessoa, entendendo que vedes melhor do que os que na minha corte estão presentes, porque vereis o que eles não veem, e sabereis de mim o que eu lhes encubro a eles: assim que por este modo nenhum dano recebereis da minha ausência, nem a minha presença vos fará falta, porque na presença, como os demais, ver-me-eis o rosto, e na ausência, pelo que vos ordeno, ver-me-eis a alma. — Mas não deixemos sem ponderação chamar o rei às suas ordens escritas espelhos de si mesmo: "Recebei o espelho do coração, o espelho da vontade". — A mais perfeita figura que inventou a natureza, e não pode imitar a arte, é a que se vê no espelho. Porque o que se vê nas cores da pintura, ou no vulto das estátuas, é só uma semelhança e representação da pessoa; porém, no espelho não se vê semelhança ou representação, senão a mesma pessoa, por reflexão das espécies. O espelho não é outra coisa que um impedimento das espécies com que vemos, o qual as não deixa passar, e tornam para os olhos. E assim como o espelho, sendo impedimento da vista, por meio da reflexão melhora a mesma vista, assim na ausência, que também é impedimento da vista, por meio da escritura fica a mesma vista melhorada. Sem escritura é a ausência impedimento, com escritura é espelho. Este espelho, pois, dos reis, em que mais vivamente se representa a sua mesma pessoa que na sua própria figura, é o que hão de trazer sempre diante dos olhos os que tem por obrigação e ofício ser imagens do rei. Entendendo que, enquanto observarem as ordens do seu regimento, serão imagens do César; e pelo contrário, no ponto em que se não conformarem com elas, perderão a semelhança, a figura e o ser de imagens suas.

Perguntam os teólogos se Adão pela desobediência perdeu o ser que tinha de imagem de Deus? E respondem geralmente que não, porque não perdeu a memória entendimento e vontade, em que consistia a semelhança de Deus trino e um, a que o mesmo Deus o tinha criado. Mas esta resposta tem necessidade de distinção. O mesmo homem de dois modos era imagem de Deus: um como imagem natural, outro como imagem política. Enquanto criatura racional, com a soberania do livre alvedrio em três potências, era imagem que naturalmente representava a Deus, a qual de nenhum modo podia perder, porque nela consistia a sua própria essência. Porém, enquanto senhor do mundo, com o governo de todos os animais, era loco tenente do mesmo Deus e a imagem política sua, e esta não só a podia perder Adão, senão que de fato a perdeu. Mas quando, e como? Tinha-lhe Deus dado por regimento que guardasse o paraíso, e que nem ele nem sua mulher comessem do fruto da árvore vedada. E enquanto Adão guardou este regimento — que não se sabe ao certo por quanto tempo foi — conservou inteiramente em si esta segunda imagem de Deus, sendo venerado e reconhecido por senhor, e obedecido no ar, no mar e na terra de tudo quanto vivia nestes três elementos. Porém, depois que faltou à observância do mesmo regimento, antes o quebrantou em tudo, não guardando o paraíso, porque deixou entrar nele a serpente, nem se abstendo da árvore proibida, porque consentiu que Eva comesse, comendo também ele; logo perdeu a imagem em que representava a Deus politicamente, e os animais, que já não viam nem reconheciam nele a imagem que tinha perdido, por instinto natural se rebelaram e lhe negaram obediência.

Vistes — diz elegantemente neste passo S. Crisóstomo — vistes a sujeição com que o vosso cão vos reconhece, a prontidão com que chamado acode, o amor com que vos segue e o alvoroço natural com que, vindo de fora, vos sai a receber e a saltos vos festeja; e, pelo contrário, se vos disfarçastes e cobristes o rosto com uma máscara, esse mesmo cão, ladrando, remete a vós, e como estranho ou inimigo, dá rebate contra vós em vossa própria casa? Pois isto mesmo sucedeu a Adão com todos os animais, depois que, desobedecendo, mudou a figura e perdeu a imagem de Deus, que era o caráter visível do domínio do universo que nele tinha delegado. Tanto vai de guardarem ou não guardarem o regimento e ordens do supremo príncipe os que ele substituiu em seu lugar, para que, como imagens suas, o representem. Eu não me queixo das imagens emascaradas, porque sei muito bem as cores com que honesta e modestamente se sabem tingir e fingir, enquanto assim lhes importa as suas pretensões; mas a minha queixa, e de todos, é que depois que se veem feitas, ou enfeitadas em imagens, então tiram a máscara, e mostram descobertamente o que eram e sempre foram. Assim que não há outro meio certo e seguro de se conservarem na inteira representação de imagens do César os que, por mercê e autoridade sua, têm esse nome, senão a verdadeira e exata observância de suas ordens, e verem-se, comporem-se e retratarem-se em seus regimentos como em espelhos.

§ VIII

O dito até aqui basta — quando não sobeje — para que os nossos novamente eleitos tenham entendido o modo com que podem e devem satisfazer as obrigações de imagens do César, em que, sem outro exemplo, se veem de presente constituídos, que era o primeiro ponto da nossa proposta. O segundo pertence aos súditos e vassalos do mesmo César, e é como devem obedecer e reverenciar as mesmas imagens, em que todas as dificuldades que no primeiro discurso apontamos estão facilitadas, e por isso será este muito breve.

Primeiramente, nos súditos não ocorre a dificuldade do acerto na indiferença ou resolução do que se há de obrar, porque esta só pertence a quem manda, e não a quem só deve obedecer, sendo privilégio singular da obediência que, podendo errar quem manda, e errando muitas vezes, só o que obedece, ainda seguindo esses mesmos erros, sempre acerta. Do mesmo modo não estão expostos os súditos àquela terrível tentação em que mete as imagens dos Césares o estar longe deles; porque, se as imagens que os representam estão longe, os que se devem conformar com elas, ainda que elas sejam disformes, sempre as têm à vista. Finalmente, o serem imagens que têm as raízes na terra, tão fora está de ser inconveniente, que é o que mais convém a toda a república. Os que nasceram ou se criaram na mesma terra, como as qualidades de cada uma são diferentes, e diferentes os climas e influências do céu que nelas dominam, e conhecem as inclinações e costumes, ou bons ou viciosos, dos que as habitam, e de tudo têm larga experiência, assim podem suavemente promover o bem, assim sabem os meios eficazes e mais provados com que se pode obviar o mal. E de todas estas propriedades e notícias, não só importantes, mas totalmente necessárias, carecem os que vêm de novo, e de fora, sem lhes valer, como inexpertos, nenhuma ciência, discurso ou juízo, por agudo e bem instruído que seja. Adão e Eva tinham ciência infusa, e, sabendo, como não podiam ignorar, que as cobras não falavam, por informação de uma delas, tendo-os Deus posto no paraíso para governarem o mundo, o mundo e o paraíso tudo perderam em poucas horas.

Pelo contrário, quis Deus acudir ao perigo de se perder totalmente, em que o povo de Israel estava no Egito; e a quem escolheu para esta grande empresa de o conservar e livrar de tão poderosos inimigos? A pessoa que escolheu foi a de Moisés, o qual, posto que vestido de peles e com um cajado na mão guardava ovelhas em um deserto, não tinha menos que quarenta anos de vida e experiência do mesmo Egito. No Egito nascera, entre os egípcios se criara e nas escolas do Egito aprendera quanto eles sabiam; e por isso, não com outros instrumentos, senão com o mesmo cajado, venceu todas as dificuldades, e conseguiu felizmente a empresa, obrando os maiores milagres que jamais tinha visto nem viu o mundo. Então queremos que remedeie os cativeiros do Egito e faça milagres no Egito quem nunca viu o Egito. O profeta Habacuc, quando Deus lhe mandou que fosse a Babilônia socorrer a Daniel, que estava no lago dos leões, prudentissimamente se escusou, dizendo que nunca vira a Babilônia, nem sabia onde estava tal lago: "Eu nunca vi Babilônia, e não sei onde é a cova" (Dn 14,34). — E, se foi a Babilônia e tornou à Judeia, e fez em meio dia pelo ar o que um diligente caminheiro não pudera em meio ano, foi porque o mesmo anjo que lhe deu o recado da parte de Deus, o levou e trouxe, e lhe mostrou o que nunca vira, e ensinou o que não sabia. Suposto, pois, que os que vêm de mil léguas a esta nossa terra, tão nova para eles como Babilônia para o profeta, nem trazem, nem são trazidos de anjos, em suprimento das experiências que não têm, e quando começam a decorar os primeiros rudimentos delas, se voltam outra vez para onde vieram, muito melhor providos estão hoje os lugares que eles haviam de ocupar nos que, com tanta capacidade de conhecimento, juízo, talento e verdadeiro amor da mesma terra, a cultivaram como própria e não desfrutaram como alheia. E quando do seu cuidado e trabalho colham algum fruto, este, quando menos, ficará onde nasceu, que é o mesmo que semear-se de novo, e não dá-lo à terra para que o leve o mar.

Todas estas razões de conveniência e utilidade persuadem no presente governo a pronta sujeição e alegre obediência dos súditos, respeitando estas novas imagens do César com tanto maior propensão e vontade quanto mais têm de naturais, domésticas e suas. Mas é tal a protérvia da condição humana, e vício tão próprio da pátria que, por serem naturais, domésticas e suas as mesmas imagens, em vez de conciliarem maior veneração, obediência e respeito, degeneram em desprezo, desobediência e rebeldia. Assim lhes sucedeu a Saul e Davi, sendo ambos eleitos por Deus, e os mais dignos do governo da sua pátria. Uns obedeceram, outros se rebelaram, e em alguns durou a rebeldia não menos que sete anos inteiros, até que a experiência do seu erro os sujeitou à razão. E se buscarmos as raízes a este vício, acharemos que todo ele nasce da igualdade das pessoas, presumindo cada um que a ele se devia a eleição do lugar e a preferência. A eleição do sumo sacerdócio na pessoa de Arão foi tão mal recebida de muitos, que Datã, Abiron e Coré levantaram tal tumulto no povo que, para Deus o sossegar e castigar os rebeldes, se abriu subitamente a terra, e vivos foram sepultados no inferno, com todas suas casas e famílias, e abrasados com fogo do céu mais de catorze mil homens que seguiram a mesma rebelião. E por que a seguiram? Porque muitos deles eram iguais e parentes de Arão, e não sofriam que lhes fosse preferido. Mas tanto sente Deus e tão severamente castiga a cegueira de semelhantes ambições, tendo dado por lei ao mesmo povo que, quando em algum tempo o houvessem de eleger quem os governasse a todos, não fosse outrem, senão de seus irmãos, e de nenhum modo homem estranho: "Não poderás fazer rei homem de outra nação, que não seja teu irmão" (Dt 17,15). — Finalmente, se como diz Cristo, Senhor nosso, o bom pastor é aquele que conhece as suas ovelhas, e as suas ovelhas o conhecem a ele: "Eu sou o bom pastor, e eu conheço as minhas ovelhas, e as que são minhas me conhecem a mim" (Jo 10,14) — como as poderá governar e encaminhar bem o estranho — e mais se for mercenário — que nem ele as conhece a elas, nem elas a ele?

§ IX

Mas, contra tudo isto se levanta aquela política, mais seguida pelo costume que aprovada pelos exemplos, a qual tem persuadido ao mundo que só olhe ou se deixe cegar do resplendor das imagens, sem advertir que a representação em que elas consistem, posta em qualquer matéria, sempre é a mesma. Quem verdadeiramente crê em Cristo, tanto o adora em um crucifixo de ouro como em outro de chumbo. Querem, contudo, os lisonjeiros e os lisonjeados que só se devam os governos e só sejam aptos para eles os nomes pomposos e apelidos ilustres, como se as ações e feitos honrosos se não hajam de esperar com maior razão daqueles que querem adquirir a honra que dos que cuidam e dizem que já a têm. O mesmo lustre dos ilustres lhes tira o temor e os enche ou incha de imunidades, que lhes dão confiança para grandes ousadias, e das ousadias grandes nascem maiores ruínas. O mais ilustre dos elementos, o mais alto por lugar e o mais nobre por qualidade, é o fogo, e dele se acendem os raios no céu e se ateiam os incêndios na terra. O seu natural onde chega é levantar fumaças e fazer cinzas, e não é acomodado instrumento para edificar e conservar cidades o que costuma abrasar Troias. Os outros elementos servem-nos de graça, e só o fogo à nossa custa, porque, para servir, há de ter que queimar e, se não queima, não serve. Tal é a luz do mais ilustre elemento, e tal muitas vezes o governo dos mais ilustres. Não era ilustre Davi, e foi ilustríssimo seu filho Salomão; e o reino que sustentou e amplificou o que não era ilustre, perdeu e desbaratou o ilustríssimo.

No apólogo que referimos da Escritura Sagrada, em que as árvores buscaram e elegeram quem as governasse, é muito para notar que aquelas a que ofereceram o governo foram a oliveira, a figueira e a vide, sem entrar outra nos pelouros desta eleição. Reparai agora nos apelidos de figueira, vide e oliveira, que todos são honrados, mas da nobreza do meio. E por que não fizeram as árvores este mesmo oferecimento aos cedros, às palmas e aos ciprestes? Não são estas árvores entre todas as mais altas, as mais celebradas, as mais ilustres? Pois, por que não entraram em consideração para querer a verde e florente república das plantas que elas a governassem? Por isso mesmo: porque eram as mais altas e as mais ilustres. O alto e o ilustre é bom para o bizarro e ostentoso, mas não para o útil e necessário. As árvores, não as fez Deus para bandeiras dos ventos, senão para sustento dos homens.

Que importa que a sua altura ou altiveza seja muita, se o seu fruto é pouco? A quem sustentaram jamais os cedros, as palmas ou os ciprestes? Pelo contrário, a figueira é a que saboreia o mundo, a oliveira a que o alumia, a vide a que o alegra, e todas entre as plantas as que mais o sustentam. O que diz a Escritura das outras três árvores altíssimas e ilustríssimas é que todas buscam a sua exaltação nos montes mais levantados: "Elevei-me como o cedro do Líbano, e como o cipreste do Monte Sião; cresci como a palmeira de Cades" (Eclo 24,17s). — Honrem-se embora com essas árvores os seus montes, que os nossos vales não hão mister quem procure a sua exaltação, senão quem trate do nosso remédio. Os cedros, as palmas e os ciprestes são os gigantes das árvores, e o que trouxeram os gigantes à terra não foi menos que o dilúvio. Oh! que duro seria o governo daquele soberbo triunvirato: no forte do cedro, inflexível; no rugoso da palma, áspero, e no funesto do cipreste, triste! Porém, o das outras árvores de meã estatura seria igual, seria moderado, seria suave, que por isso todas alegraram a sua doçura. E isto é, pelas mesmas razões, o que devemos esperar do nosso.

Sendo, pois, tão particulares as conveniências do novo governo nas imagens que temos presentes do nosso felicíssimo César, que Deus guarde, seja também nova e mais exata que nunca a sujeição, respeito e reverência com que todos os vassalos da mesma majestade os venerem e obedeçam, não só como se a real pessoa estivera presente, senão, em certo modo, ainda muito mais. Tenho observado, assim no céu como na terra, que mais estimam os supremos monarcas os obséquios que se fazem a suas imagens que a suas próprias pessoas. Lembra-me haver lido em S. Agostinho, no livro dos seus Comentários sobre os salmos, que, residindo em Roma no tempo em que ainda não estava desterrada de todo a idolatria, se admirava muito de que os homens fossem ao templo do sol, de que hoje se veem não pequenos vestígios, e que ali de dia, e não de noite, adorassem a imagem do mesmo sol com as costas muitas vezes voltadas a ele! Pois, se tinham o sol presente, por que não adoravam ao sol, senão à sua imagem? Porque entendeu a religião ou superstição dos romanos, governada pelos primores da sua própria política, que muito maior majestade era do monarca dos planetas ser venerado de tão longe em sua imagem do que adorado em si mesmo, posto que visto. Ao menos assim é certo que o julgou a soberania de Nabucodonosor, quando se reputava em sua soberania não só senhor, mas Deus de todo o mundo. Fez aquela estátua de ouro de tão desmedida grandeza, como sabemos, e com as fornalhas acesas contra os que a não adorassem, mandou que ao som de trombetas todos dobrassem os joelhos diante dela. Pois, se Nabucodonosor estava presente, por que não mandou que o adorassem a ele, senão à sua estátua? Porque era maior ostentação e glória da sua, que chamava onipotência, ser venerado e adorado na imagem que o representava que em sua própria pessoa.

Só em uma circunstância obrou Nabuco como desconfiado, que foi em fazer a mesma imagem de ouro. — Faze-a, rei, de pedra, e serão as suas adorações para ela muito mais reverentes e para ti muito mais gloriosas. Na estátua de ouro pode parecer que adoram a matéria, e não a forma, o preço do metal, e não a representação da imagem. Onde a matéria das imagens é menos preciosa, ali está a fé e a reverência mais fina. E esta é a fineza do nosso caso, adorando, respeitando e obedecendo o original soberano do nosso César, não nas imagens de ouro, que até agora cá se mandavam, senão nos mármores naturais e domésticos da nossa mesma terra. Se o efeito for qual se espera, e eu me estou prometendo desta mudança da mão do Altíssimo, o presente governo será tão aceito a Deus e ao rei, que Sua Majestade o confirme e faça perpétuo, com menos despesa sua, com grandes utilidades nossas e com tão conhecidas melhoras e aumento do serviço real e divino que, com suma paz, quietação e concórdia se verifique em todo este Estado o que Cristo respondeu à pergunta que hoje lhe fizeram no Evangelho, isto é, "que a Deus se dê o de Deus, e o de César a César".

SERMÃO DE

Nossa Senhora da Graça

*Orago da Igreja Matriz da cidade do Pará, cuja festa
se celebra no dia da Assunção da mesma Senhora.*

"Maria escolheu a melhor parte."
(Lc 10,42)

    Vieira nos dá o local e a ocasião deste sermão: *Orago da Igreja Matriz da cidade do Pará, cuja festa se celebra no dia da Assunção da mesma Senhora.* Uma vez nomeado Superior, Vieira percorre o vasto território do norte brasileiro. Hoje está em Belém. É dia da festa da Assunção, fim da vida temporal e início da vida gloriosa de Maria, que tem o título de "da graça", porque só naquele dia se acabou de consumar a Graça em toda a sua grandeza. As dificuldades de concordar o texto evangélico com a festa: à graça ou à glória cabe ser a ótima parte? A graça e a glória excedem os bens naturais, e a graça, porque envolve consigo a glória, parece que deve ser escolhida antes que a glória. Pela definição de uma e outra, a preferência cabe também à graça: a graça consiste em amar e ser amado de Deus. E quem negará a vantagem a este amor infinitamente desigual? A graça nos faz filhos de Deus, e a glória herdeiros: a graça não só nos dá o nome, senão o ser do que o nome significa. Melhor é a graça que a glória, porque pior é não querer amar a Deus (é sempre gravíssimo pecado), que é o oposto da graça, que não querer ver a Deus (pode ser lícito e meritório), que é o oposto da glória. Apresenta, ainda, outras razões pelas quais se dá preferência à graça, bem como a imensidade da graça de Maria. Conclusão: elejamos a graça a exemplo de Maria.

§ I

Grande dia, grande festa, grande Evangelho, e grande dificuldade também a de concordar com propriedade e verdade o concurso destas três obrigações. O dia é grande, porque é aquele formoso dia em que a Virgem Maria, depois de pagar o tributo à morte, como verdadeira filha de Adão, ressuscitando logo como verdadeira Mãe de Deus, subiu ao céu a gozar para sempre a glória de sua vista. A festa é grande, porque é da Senhora da Graça, título desta igreja matriz, a primeira e maior de uma tão dilatada província e cabeça de todas. O Evangelho é grande, porque nele, debaixo dos misteriosos nomes de Marta e Maria, se representam as duas vidas, ativa e contemplativa, em cujo complexo se contém e compreende toda a perfeição evangélica. E é finalmente, grande a dificuldade de concordar o concurso destas três obrigações, porque sendo a glória o fim, e a graça o meio de a conseguir, antepor a graça à glória e o meio ao fim, não só parece dissonância, senão desordem manifesta, e por que, aplicando o Evangelho a melhor eleição e a melhor parte à glória da Senhora, em vez de celebrar a mesma glória no dia de sua Assunção, trocá-la pelo título da Graça também parece impropriedade, por lhe não dar o nome de injustiça.

O motivo que tiveram os antigos fundadores para que, havendo levantado este templo debaixo do título da Senhora da Graça, unissem a celebridade do mesmo título ao dia da gloriosa Assunção da mesma Senhora, não consta nem ficou em memória. Mas nesta que parece sem-razão e impropriedade acho eu três grandes propriedades e adequadas razões. A primeira, porque a graça é o direito por onde se deve aos justos a glória; a segunda, porque a glória se distribui a cada medida da graça; a terceira, porque quando acaba de se aperfeiçoar a graça, então se começa a possuir a glória. E como o dia em que se cerrou o direito, em que se igualou a medida e em que se consumou a perfeição da graça imensa da Mãe de Deus foi o mesmo dia da sua gloriosa Assunção, e não em diferentes horas ou momentos daquele dia, senão na mesma hora e no mesmo momento em que acabou de consumar a imensidade da graça, começou a Senhora a gozar a imensidade da glória, não só foi piedade e devoção particular, senão justiça que neste dia fosse celebrada, como é, com título de Senhora da Graça. Tanto assim que em nenhum outro dia ou festa da Virgem, Senhora nossa, se lhe pode dar própria e cabalmente o título da Graça, senão neste. E por quê? Porque em todos os outros dias sempre a sua graça ia crescendo; neste só chegou ao sumo grau de sua grandeza, e se viu toda junta e consumada. No dia da conceição foi a Senhora concebida em graça, mas essa graça cresceu desde a conceição até o nascimento, desde o nascimento até à apresentação no Templo, e desde a apresentação no Templo até à encarnação. No dia da Encarnação esteve a Senhora cheia de graça, mas essa graça foi crescendo até à visitação, da visitação até o parto, do parto até a purificação, da purificação até a morte e ressurreição e ascensão de seu Filho, e por tantos anos depois, em que viveu neste mundo, sempre cresceu mais e mais até o último instante da vida. Logo, em nenhum outro dia, senão no último da mesma vida, que foi o mesmo dia da Assunção da Senhora, se podia e devia celebrar própria e cabalmente a sua graça, porque só naquele dia se acabou de consumar a mesma Graça em toda sua perfeição e grandeza. E isto é o que faz esta nossa igreja.

Mas porque a graça da Virgem Maria foi consumada no dia em que acabou a vida temporal e a glória da mesma Senhora, também foi consumada no dia em que começou a eterna, para entrar na altíssima questão, que se não pode evitar nestes termos e neste dia, entre a graça e glória da mesma Senhora, ambas consumadas, e para resolver a qual pertence, conforme o nosso tema, a eleição da melhor parte: "Maria escolheu a melhor parte" — peçamos à mesma Senhora da Glória e da Graça nos assista de tal modo com sua graça que a mereçamos ver na sua glória. *Ave Maria.*

§ II

"Maria escolheu a melhor parte." Ocupada Maria com toda a sua atenção em ouvir as palavras de seu e nosso divino Mestre, assentada a seus sagrados pés, e ocupada também Marta, com todo o seu cuidado, nas prevenções e polícias da mesa em que havia de servir e regalar a tão soberano hóspede, Maria, entendendo que ainda em lei de cortesia era maior obrigação a da sua assistência, e Marta, queixosa de que sua irmã a deixasse só, respondeu o Senhor à queixa de uma e acudiu pelo silêncio de outra, pronunciando, como oráculo divino, que Maria escolhera a melhor parte: "Maria escolheu a melhor parte". — Esta história tomada em alegoria, por não ter Evangelho próprio, aplica a Igreja Católica à presente solenidade da gloriosa Assunção da Virgem Senhora nossa. Não comparando Maria — a Madalena — a Marta, mas preferindo Maria — a Mãe de Deus — a toda a corte celestial, anjos e homens, divide a glória do céu em duas partes, uma que compreende todos os bem-aventurados, outra que unicamente pertence a Maria, e esta canta e apregoa que não só é melhor de qualquer modo, senão em grau superlativo ótima: "Escolheu a melhor parte".

Por este modo se concorda muito acomodadamente o Evangelho com a glória da Virgem, Senhora nossa; mas a segunda dificuldade, que reservamos para este lugar, não consiste em concordar o Evangelho com a sua glória, senão com a sua graça. E que seria se eu dissesse que muito mais propriamente se concordam o mesmo Evangelho e as mesmas palavras com o título da Graça que com o da Glória da mesma Senhora? Assim o digo, e assim o provo. Porque tudo o que Maria adquiriu aos pés de Cristo, e as melhoras em que foi preferida à sua irmã, historial, literal e propriamente eram da graça, e não da glória. Confirma-se do mesmo texto, o qual diz que Maria estava ouvindo ao Senhor: "Ouvia a sua palavra" (Lc 10,39). — Não diz que via, senão que ouvia, e ouvir, que é o sentido da fé, pertence a esta vida, onde a alma se melhora pela graça, e não à outra, em que se beatifica pela vista. Logo, quanto à concórdia do Evangelho com o título, muito melhor concordado o temos com o título da graça que com o da glória. Porque à glória só se atribui em parábola e por acomodação, e da graça fala historial, própria e naturalmente.

Só resta a comparação de uma parte boa e outra melhor, e a vantagem de quem conseguiu a ótima: "Escolheu a melhor parte". — Na comparação literal, Maria Madalena foi preferida a Marta na melhoria da graça; na comparação alegórica, Maria, Mãe de Deus, foi preferida a todos os bem-aventurados na melhoria da glória. Porém, na comparação nossa, e desta igreja particular, em que a festejamos debaixo do título da Graça, no mesmo dia em que a Igreja universal a celebra debaixo do título da Glória, quando a comparada não pode ser senão a mesma Senhora consigo, nem a comparação pode ser outra, senão entre a mesma graça e a mesma glória, a qual destes dois títulos havemos de dar a preferência, e de qual havemos de dizer "Maria escolheu a melhor parte": de Maria enquanto Senhora da graça, ou de Maria enquanto Senhora da glória? Este será o altíssimo ponto do nosso discurso. E posto que ambos os títulos na Mãe de Deus sejam imensos, para maior glória da mesma Senhora daremos a preferência ao título da sua Graça. Oh! se a mesma Senhora da Graça nos assistisse com a sua, para penetrarmos ou nos deixarmos bem penetrar desta verdade!

§ III

Para demonstração e inteligência dela — que não é fácil ainda aos maiores entendimentos — havemos de supor que, assim a graça como a glória, são bens sobrenaturais. E se me perguntardes — como deveis perguntar, ou todos, ou quase todos — que coisa é bem sobrenatural, haveis de saber que é um bem o qual na nobreza, no preço e na dignidade excede a todos os bens da natureza, assim visíveis, como invisíveis. E para que declaremos este excesso com algum exemplo, será como um diamante comparado com as pedras da rua? Será como o sol comparado com a sombra? Será como um homem comparado com uma formiga? Será como um serafim comparado com uma borboleta? Não. Porque a pedra e o diamante, o sol e a sombra, o homem e a formiga, o serafim e a borboleta, tudo são coisas naturais e criadas por Deus enquanto autor da natureza; e como são naturais, nenhuma delas tem comparação com o que é sobrenatural. Tanto assim que, se Deus criasse, como pode, outros mil mundos mais perfeitos que este, e povoados de criaturas muito mais nobres e excelentes, sempre o sobrenatural as excederia incomparavelmente, porque é grau muito superior a tudo o que compreende em si a esfera da natureza. E tais são a graça e a glória, que só se podem comparar entre si, como nós as comparamos nesta nossa questão.

Digo, pois, ou torno a dizer, que havendo de fazer escolha entre a glória e a graça, conforme o nosso tema: "Maria escolheu a melhor parte" — antes devemos escolher a graça que a glória. E isto não por uma razão, senão por muitas. Seja a primeira, porque a graça envolve consigo a glória, e ainda que possa haver graça sem glória, não pode haver glória sem graça. A graça é fundamento da glória, e a glória é consequência da graça; a graça a ninguém é devida, e a glória é devida a todo o que está em graça. Diz o apóstolo S. Pedro que na graça, que é a forma com que Deus nos faz participantes da natureza divina, nos deu as maiores e mais preciosas promessas. Este é o sentido daquelas palavras: "Pelo qual nos comunicou as mui grandes e preciosas graças que tinha prometido, para que por elas sejais feitos participantes da natureza divina" (2Pd 1,4). — De sorte que na dádiva nos deu Deus a dádiva e mais as promessas. Mas se as promessas são de futuro, e a dádiva de presente, como nos deu as promessas na dádiva? Porque as promessas futuras são a glória e bem-aventurança, que havemos de gozar no céu; a dádiva presente é a graça de que já gozamos na terra; e porque na graça se envolve a glória e bem-aventurança, que lhe é devida, por isso quando nos deu a dádiva, nos deu juntamente as promessas: "Deu-nos uma promessa muitíssimo preciosa".

Assim declaram este famoso lugar de S. Pedro os mais doutos e mais literais expositores; mas eu tenho outro melhor expositor que todos eles, o real profeta: (Sl 83,12). Porque Deus ama a misericórdia e a verdade, por isso dará a graça e mais a glória. — Reparemos muito naquele: "porque". Pois, por que Deus ama a misericórdia e a verdade, por que Deus é misericordioso e verdadeiro, essa é a razão, ou essas são as razões por que há de dar a graça e mais a glória? Sim. A graça, porque é misericordioso, e a glória, porque é verdadeiro. Como a graça com que Deus nos perdoa os pecados, e nos reconcilia consigo, a ninguém é devida, toda é liberalidade e dádiva de sua misericórdia; porém, a glória, como Deus a tem prometido a todo o que estiver em graça, pertence à sua verdade porque, como verdadeiro, não pode faltar ao que tem prometido. Excelentemente Santo Agostinho: "Ele que concedeu a misericórdia, assegura a verdade, deu-nos a indulgência, dará a coroa. É doador da indulgência, devedor da coroa"[1]. O mesmo Deus — diz Agostinho — que na graça nos mostrou a sua misericórdia, na glória nos mostrará a sua verdade. Na graça a sua misericórdia, porque nos deu a indulgência, que não devia; e na glória a sua verdade, porque nos dará a coroa de que se fez devedor: "É doador da indulgência, devedor da coroa" — e o modo com que se fez devedor não é porque recebesse de nós alguma coisa que nos haja de pagar, mas porque ele nos prometeu o que não pode deixar de cumprir: "O Senhor se fez devedor, não recebendo, mas prometendo. Não se diz: dá o que recebeste, mas dá o que prometeste". — E como nos arquivos da graça estão depositados os créditos da glória, vede se se deve antes escolher a graça que a glória, pois a graça e a glória tudo pertence à graça.

Por esta conexão infalível da graça com a glória chamou S. Paulo bem-aventurada à esperança com que nesta vida esperamos a mesma glória: "Aguardando a esperança bem-aventurada, e a vinda gloriosa do grande Deus" (Tt 2,13). — Mas para que nos não enganemos com esta esperança, como com as demais que tanto costumam enganar, é necessário advertir que há uma grande diferença entre os fundamentos dela. O lugar da esperança é entre a fé e a caridade: se a esperança se funda somente na fé, não é verdadeiramente bem-aventurada, porque tem a bem-aventurança duvidosa; mas se se funda na caridade, que é a graça, então é certamente bem-aventurada, e sem nenhuma dúvida, porque lhe não pode Deus negar a bem-aventurança e glória que espera: "Aguardando a esperança bem-aventurada, e a vinda gloriosa do grande Deus".

§ IV

A segunda razão por que mais se deve escolher a graça que a glória é tirada da definição e essência de uma e outra. A graça consiste em amar e ser amado de Deus; a glória, em ver ao mesmo Deus; e posto que o ver a Deus seja a maior felicidade, quem negará a vantagem à correspondência do amor infinitamente desigual, mas recíprocas, do homem para com Deus e de Deus para com o homem? A verdade desta soberaníssima correspondência o mesmo Deus a fez de fé quando disse: "Eu amo aos que me amam" (Pr 8,17). — Mas, ainda compreendo o ver a Deus só com o amar a Deus de nossa parte, nenhum entendimento haverá justo e desinteressado que não escolha antes o amar. E se não, tomemos por juízes aos que mais veem e mais amam a Deus, que são os serafins. Ao lado do trono de Deus no céu viu o profeta Isaías dois serafins, os quais com duas asas cobriam os olhos, e com outras duas cobriam o peito: "Com duas asas cobriam a sua face, e com duas voavam" (Is 6,2). Todos os anjos veem e amam a Deus, e quanto mais veem mais amam; e quanto mais veem, e mais amam, mais alto e mais eminente lugar tem cada um na sua jerarquia. Pois, se os serafins, segundo esta ordem, assim como têm o supremo lugar na suprema jerarquia, assim são os que mais veem e mais amam a Deus, como se mostraram ao profeta com os olhos cobertos para não ver, e só com o peito aberto para saber? Para amar, digo, e para mais amar, porque o movimento das asas — não sendo para voar, porque estavam firmes — mais era para tolerar o incêndio do amor, como dizem uns intérpretes, ou para mais o excitar e acender, como dizem outros[2]. Pois, se tanto amam, e tanto e tão ardentemente estão amando, como parece que apagam com umas asas o mesmo que acendem com outras, e como negam ao mesmo amor a vista do objeto amado?

Duas respostas tem esta bem fundada dúvida. A primeira, que cobriam os olhos para não ver, quando abriam o peito para amar, sendo o objeto da vista e do amor o mesmo Deus, porque mais se prezam os serafins, e mais estimam na felicidade suprema do seu estado a singularidade do amor que a preeminência do ver. Por isso, como nota S. Dionísio Areopagita[3], a denominação do entendimento, que são os olhos com que se vê a Deus, a deixaram aos querubins, que estão um grau mais abaixo, e tomaram para si a antonomásia do incêndio com que se abrasam no amor do mesmo Deus, chamando-se serafins, que quer dizer os ardentes. A segunda razão, e muito mais alta, é que fecham os olhos quando abrem o peito porque têm por maior fineza e mais digna do mais perfeito amor o amar sem ver do que amar vendo. É o que encareceu S. Pedro nos primeiros professores do Cristianismo, dizendo que, sem ver a Deus, o amavam: "Ao qual vós amais, posto que o não vistes" (1Pd 1,8). — E é a diferença verdadeiramente seráfica com que amam na terra os bem-aventurados da graça, e no céu, os da glória. Os da glória amam a Deus, mas vendo-o; os da graça também o amam, mas sem o ver.

E se esta vantagem têm enquanto somente amam a Deus, que é uma parte da graça, que será enquanto amam a Deus e são amados de Deus, em que consiste toda? Esta recíproca correspondência de amor entre Deus e o homem que está em graça declarou a alma dos Cantares, quando disse: "Deus é o meu amado, e eu sou a amada de Deus" (Ct 2,16). — E sendo Deus quem é por sua infinita grandeza e soberania, e sendo o homem quem é — ou quem não é — por sua vileza e baixeza, em respeito de Deus também infinita, quem haverá que não estranhe e se assombre desta confiança e igualdade de falar: "Ele o meu amado, e eu a sua amada"? — S. Bernardo, comentando estas duas palavras, não duvidou de chamar a cada uma delas insolente, e a ambas insolentíssimas: "Palavra insolente, eu a sua amada, e não menos insolente, ele o meu amado, a não ser que é mais insolente para cada um o seja ao mesmo tempo"[4]. — Mas a alma que isto disse era uma alma que estava em graça, e é tanta a alteza a que a mesma graça levanta a alma, não só enquanto ama, senão enquanto ama e juntamente é amada de Deus, que o que podia parecer insolência da parte do homem, da parte de Deus é justa condescendência, tratando-se com tal familiaridade Deus com o homem, e o homem com Deus, como se foram iguais: "Como se igualmente se sentissem e se referissem" — como nota o mesmo S. Bernardo. Comparai-me agora o amar a Deus no céu por razão da vista com este ser amado de Deus na terra por razão da graça. Os bem-aventurados no céu dirão que, porque veem a Deus, amam necessariamente a Deus; e nós diremos na terra que, porque estamos em graça de Deus, somos amados necessariamente de Deus. Sobre esta minha proposição cabia melhor ainda a censura de insolente, se não fora de fé, como é. Se a vista de Deus necessita aos bem-aventurados a amar a Deus, também a graça necessita a Deus a amar ao homem. A vista necessita aos bem-aventurados a amar a Deus, por que não podem deixar nem cessar de amar a Deus; e a graça necessita a Deus a amar ao homem, porque não pode Deus deixar nem cessar de amar ao homem que está em graça.

§ V

A terceira razão ou vantagem por que, prescindindo a graça da glória — que é o sentido em que falamos — se deve antes escolher a graça, é porque a graça faz ao homem filho de Deus, a glória herdeiro. Se os homens conheceram o que encerra este nome, filho de Deus, e como a graça não só nos dá o nome, senão o ser do que o nome significa, que diferentemente estimariam em si e reverenciariam nos outros este nascimento infinitamente mais que real! Se nascer de Filipe em Espanha, ou de Luís em França, ou de Ferdinando em Alemanha se tem com razão pela maior fortuna, qual será a daqueles dos quais se diz com verdade: "Não nasceram do sangue, mas de Deus" (Jo 1,13)? — Os outros nascimentos estimam-se pelo sangue; o dos filhos de Deus por não sangue. Mas a causa de os homens não fazerem deste altíssimo nascimento a estimação que merece é porque não conhecem a Deus. Se não conhecem o pai, como hão de estimar os filhos? Assim o ponderou com profundíssimo pensamento o evangelista S. João: "Vede quão grande caridade nos tem concedido o Pai: que fôssemos chamados filhos de Deus. Por isso o mundo não nos conhece, porque não o conhece" (1Jo 3,1). Vede o que chegou a nos dar a imensa caridade do Eterno Pai, um dom tão excelente e sobre-humano, e um foro tão chegado à sua própria divindade, que não só nos chamemos filhos de Deus, mas que verdadeiramente o sejamos. — E se o mundo não estima como devia aos que somos filhos deste Pai, é porque o não conhece a ele: "Por isso o mundo não nos conhece, porque não o conhece". — Como se dissera a Águia dos evangelistas: Eu sou desprezado, porque o mundo conhece o Zebedeu, de quem sou filho por natureza, e não me estima como devera, porque não conhece a Deus, de quem sou filho por graça.

Notai o que diz e não diz S. João. Parece que havia de dizer que o mundo não nos estima por que não conhece que somos filhos de Deus; mas não diz assim, senão que o mundo não nos estima, porque não conhece a Deus, de quem somos filhos: "Por isso o mundo não nos conhece, porque não o conhece". — De sorte que, porque o mundo nos não conhece por filhos de Deus, segue que não conhece a Deus? Sim. E a razão é por que presume e faz conceito de Deus não como de Deus, senão como de homem. O homem só perfilha e faz herdeiro ao servo quando não tem filho próprio. Assim disse Abraão a Deus que, suposto não ter filho, seria seu herdeiro Eliezer, seu servo: "Eu morrerei sem filhos, e Eliezer, meu escravo, virá a ser meu herdeiro" (Gn 15,2s). — E depois que Deus deu a Abraão um filho, que foi Isac, disse Sara, sua mulher, que lançasse fora a Ismael, filho da escrava, porque não havia de ser herdeiro com seu filho: "Deita fora esta escrava com seu filho, porque o filho da escrava não será herdeiro com meu filho Isac" (Gn 21,10). — Isto é o que fazem os homens, e o mesmo presume e cuida de Deus quem o não conhece: "Porque não conhece". — Como Deus tem filho próprio e natural, igual em tudo a si mesmo, e nós os homens somos servos, cuida o mundo ignorante que não havia de fazer Deus aos servos herdeiros com o filho. Mas é tanto pelo contrário que, para que os servos fossem herdeiros com o filho, sendo servos por natureza os fez primeiro filhos por graça. Expressamente S. Paulo: "Porque o mesmo Espírito dá testemunho ao nosso espírito de que somos filhos de Deus. E se somos filhos, também herdeiros; herdeiros verdadeiramente de Deus, e coerdeiros de Cristo, se é que todavia nós padecemos com ele, para que sejamos também com ele glorificados" (Rm 8,16).

Nesta última palavra "Com ele nos glorificamos", e na palavra "coerdeiros" declara o apóstolo que, assim como a graça nos faz filhos, assim a glória nos faz herdeiros, para que nós agora vejamos se nos havemos de prezar mais de herdeiros que de filhos, e se havemos de estimar mais a herança ou o nascimento. Cá, onde os pais são homens, pode suceder, e sucede muitas vezes, ser o nascimento tão baixo e tão vil, e a herança tão copiosa e tão rica, que se despreze o nascimento e se estime a herança; mas onde o pai é Deus, tão infinito na nobreza como na essência, ainda que seja a glória a que nos faz herdeiros, claro está que sempre havemos de estimar, não só mais, senão infinitamente mais a graça que nos faz filhos. Esse foi o erro e o acerto daqueles dois filhos do pai que representava a Deus, um louco, outro sisudo. O louco, que era o pródigo, em vida do pai pediu que lhe desse a sua herança, porque estimava mais o ser herdeiro que filho; porém o sisudo, que era o irmão mais velho, deixou-se ficar sempre na casa do pai, sem falar, nem se lembrar da herança, porque tanto menos estimava a herança que o nascimento, como se fora só filho, e não herdeiro. E isto é o que deve fazer todo aquele que com juízo maduro e inteiro, comparar a graça e a glória.

§ VI

A quarta razão desta preferência, é tão sutil e bem arguida como seu autor. — Aquilo é melhor — diz Escoto[5] — cujo oposto é pior; o oposto da glória, que consiste em ver a Deus, é não ver a Deus; o oposto da graça, que consiste em amar a Deus, é não amar a Deus: logo, melhor é a graça que a glória, porque pior é não amar a Deus, que é o oposto da graça, que não ver a Deus, que é o oposto da glória. E que seja pior não amar a Deus que não ver a Deus é manifesto, porque não querer ver a Deus, não só pode ser lícito, senão meritório; e querer não amar a Deus, não só é sempre pecado, e gravíssimo pecado, mas não é possível motivo que o faça tolerável ou lícito.

No Testamento Velho e Novo temos dois famosos exemplos desta teologia nos dois maiores heróis da caridade, Moisés e Paulo. Determinado Deus a acabar de uma vez com o povo de Israel pela idolatria do bezerro, opôs-se Moisés a esta determinação que Deus lhe revelara, dizendo: "Ou vós, Senhor, haveis de perdoar ao povo este pecado, ou se não fazei o que vos peço: riscai-me do vosso livro" (Ex 32,31s). — Este livro, como consta de muitos lugares da Escritura, é o livro em que estão escritos os que são predestinados para a glória. Mas paremos aqui e vamos a S. Paulo. S. Paulo, declarando o grande sentimento que tinha de ver como os da sua nação não queriam crer em Cristo, e se precipitavam obstinadamente à perpétua condenação, diz que por eles desejava fazer um tal sacrifício de si mesmo a Deus, que Deus o privasse eternamente da glória, que consiste na sua vista, contanto que a mesma glória, de que ele se privava, a houvessem eles de gozar crendo em Cristo. Isto é o que querem dizer aquelas animosas palavras: "Porque eu mesmo desejara ser anátema por Cristo, por amor de meus irmãos, que são do mesmo sangue que eu segundo a carne" (Rm 9,3). E assim entendem este texto, e o de Moisés, S. João Crisóstomo, Teofilato, Ecumênio, Ruperto, Cassiano, Orígenes, S. Bernardo[6], e entre teólogos e intérpretes é a sentença mais literal e comum.

Antes porém que cerremos este ponto, não quero passar em silêncio uma advertência muito necessária a esta nossa terra. Os que só estimam o que se vê com os olhos, quando veem que se embarcam para estas partes, ou outras, povoadas de gentios, os ministros evangélicos, não se podem persuadir senão que os traz ou leva a elas algum motivo de interesses temporais. E certo que para desfazer este engano bastava a consideração que fazia um homem muito bem entendido, quando se embarcava de Roma para os desterros do ponto Euxino: "Olha donde vás, e para onde". — Esses cujos intentos tão grosseiramente julgais, vede donde vêm e para onde, e considerai — ainda temporalmente — o que lá deixam e o que cá acham. Mas a razão porque avaliais tão baixamente os riscos dos mares, as incomodidades das terras e a estranheza dos climas a que expõem a vida é porque não conheceis, como eles, o valor das almas. Parece-vos que fazia bem Moisés e que fazia bem S. Paulo em quererem trocar a glória e bem-aventurança do céu pela salvação das almas de seus próximos? Não creio que seja tão rude a vossa fé que digais que faziam mal. Pois muito menos é trocar Portugal, que o céu, e querer salvar as almas próprias e mais as alheias, que levar a ver a Deus as alheias, à custa de o não ver por toda a eternidade. E isto é o que fazia, não só depois de Cristo S. Paulo, senão antes de Cristo Moisés.

Agora pergunto: estes dois homens tão valentes e tão deliberados que assim se resolviam a não ver a Deus, supunham também, com o ímpeto e fervor da mesma resolução que o não haviam de amar? "De nenhum modo!" Porque, assim como por um motivo tão pio, e de tanta caridade, seria ação não só lícita, mas heroica, oferecer-se a não ver a Deus, assim seria não só ilícita, mas ímpia, querer-se expor a o não amar. Antes, é certo que quanto mais renunciavam à vista de Deus pelo amor do próximo, tanto mais fortes raízes lançavam no amor do mesmo Deus. Ouçamos a eloquência de Crisóstomo, arguindo neste caso a S. Paulo: "E bem, Paulo, não sois vós aquele que já dissestes que nenhuma coisa vos separaria do amor de Cristo?" (Rm 8,35). Não sois aquele que queríeis que a vossa alma se desatasse do vosso corpo para estar sempre com ele? Pois, como agora quereis carecer de o gozar e ver por toda a eternidade? — Antes, por isso mesmo, responde em nome de S. Paulo o mesmo Crisóstomo. — "Porque eu amo muito a Cristo, por isso me quero privar de o ver e gozar, para que em lugar de mim, que sou um só, o vejam e gozem muitos e, segundo o meu desejo, o amem e louvem todos".[7] — E quanto fosse agradável a Deus este excesso de caridade, assim em S. Paulo como em Moisés, posto que a nenhum deles aceitou o oferecimento, se viu bem nas mercês com que depois honrou a um e a outro, fazendo geralmente, e para com todos, tal diferença entre a sua graça e a sua glória, que a quem não quer a sua graça castiga-o com o privar da glória, e a quem por semelhante motivo não quiser a sua glória, premia-o com lhe aumentar a graça.

§ VII

*M*ui dilatada coisa seria se houvéssemos de ponderar, como até agora, as outras razões desta diferença, mas porque não é bem que totalmente fiquem em silêncio, de corrida as irei apontando. Seja a quinta, que por conservar a graça, não só é lícito e louvável renunciar à glória do céu, senão também querer antes padecer as penas do inferno. Isto não pretendeu Moisés nem S. Paulo, mas é resolução famosa de Santo Anselmo, e à qual no mesmo caso está obrigado todo o cristão: "Se de uma parte" — diz Anselmo — "se me pusesse o pecado, e da outra o inferno, com todo o seu horror, e me fosse necessário escolher um dos dois, antes me havia de lançar logo no inferno que admitir em mim o pecado"[8]. Mais: e se fosse possível — como de potência absoluta não repugna — ver um homem a Deus no céu, estando em pecado, qual seria no tal caso mais ditoso: este homem ou Anselmo? Não há dúvida que Anselmo, porque Anselmo no inferno conservava a graça, ainda que padecia as penas dos condenados; e o outro no céu, posto que via Deus, em que consiste a glória dos bem-aventurados, não estava em graça.

Mais ainda: e não supondo casos extraordinários, senão o que de fato está sempre obrando Deus no céu e na terra, no céu sempre Deus está comunicando a sua vista aos que depois da morte são dignos da glória, e na terra sempre está comunicando a sua graça aos vivos que se dispõem para ela. E por que modo, ou com que diferença de autoridade e honra comunica Deus a uns e outros a sua vista e a sua graça? Bendita seja a divina bondade, nunca nas demonstrações mais divina! Aqueles a quem comunica a sua glória, leva-os ao céu, e dá-lhes lugar na sua corte; porém àqueles a quem comunica a sua graça, vem ele em pessoa a dar-lha, e fá-los morada sua. Se imos ao céu, moramos com Deus, mas se estamos em graça, não só mora Deus conosco, senão em nós. E para que em nada seja menor esta assistência pessoal de Deus em nós que a vista do mesmo Deus nos que estão na glória, concordam os teólogos que, para ser verdadeiramente bem-aventurado o que vê a Deus, não basta só ver ao Pai, ou ao Filho, ou ao Espírito Santo, mas é necessário ver todas as três pessoas divinas, porque só deste modo é ver a Deus como ele é: "Então nós outros o veremos bem como ele é" (1Jo 3,2). — Pois, assim como no céu os bem-aventurados da vista não só veem uma pessoa da Trindade, senão todas três, assim na terra os bem-aventurados da graça, não só têm dentro em si o Pai, ou o Filho, ou o Espírito Santo, senão todo Deus trino e um em todas as pessoas. E isto com tanta diferença e vantagem quanta vai de objeto a morador. É texto expresso do mesmo Cristo: "Se alguém me ama, guardará a minha palavra, e nós viremos a ele, e faremos nele morada" (Jo 14,23). — "O que me ama" — eis aí a graça; "e nós viremos a ele" — eis aí as três pessoas divinas; "e faremos nele morada" — eis aí a morada perpétua e assistência permanente.

Mais, outra vez, posto que, depois do que acabamos de dizer, pareça que não pode haver mais. E a razão desta nova diferença ou vantagem é que a glória que havemos de gozar no céu pela vista já a possuímos na terra pela graça. Escrevendo o Apóstolo S. Pedro aos novos cristãos do Ponto, Galácia, Capadócia, Ásia e Bitínia, aonde, sendo Sumo Pontífice e Vigário de Cristo, tinha ido pregar a fé — para que vejais outra vez quão alto ministério é o da conversão dos gentios, tão pouco conhecido da gente rude — diz estas notáveis palavras: "Bendito seja o Deus e Pai de nosso Senhor Jesus Cristo, que, segundo a sua grande misericórdia, nos regenerou para uma herança incorruptível, incontaminável e que se não pode murchar, guardada nos céus e em nós"[9]. — Quer dizer: "Bendito seja Deus, Pai de nosso Senhor Jesus Cristo, o qual pela graça do Batismo nos gerou segunda vez para a glória incorrutível e perpétua, que está guardada no céu e em nós" (1Pd 1,3s). — Nestas duas últimas palavras — "no céu e em vós" — está o maravilhoso desta sentença. Que a glória esteja guardada no céu, bem se entende, porque o céu é o lugar da glória, e no céu é que a havemos de gozar, mas, se aqueles com quem falava S. Pedro estavam na terra, como nós estamos, por que lhes diz que essa mesma glória não só está guardada no céu, senão neles mesmos, e em nós: "Guardada no céu e em vós"? — Por que acabava de lhes lembrar que estavam gerados segunda vez pela graça do batismo, como nós estamos, e essa mesma glória, que depois havemos de gozar no céu pela vista, já agora a possuímos na terra pela graça. De sorte que o cristão que está em graça, quando vai ao céu, não só leva o direito para a glória consigo, senão a posse da mesma glória em si. Por isso não diz que está guardada para nós, senão em nós: "no céu e em vós". — Veja agora cada um se escolheria antes a posse do bem, ou presente ou futura, ou dentro em si ou fora.

§ VIII

Mais ainda. Diz S. João Crisóstomo que, "assim como não havemos de temer o inferno por horror das penas, senão por ter ofendido a Deus e perdido sua graça, assim não havemos de desejar o céu principalmente por amor da glória, senão por gozar da mesma graça e amar ao mesmo Deus eternamente"[10]. — De maneira que o amor e desejo bem ordenado da glória, não há de ser por amor da glória, senão por amor da graça. É erro em que caiu Moisés, mas de que logo se emendou no mesmo ato com admirável retratação de palavras. Tinha Deus dito a Moisés que estava em sua graça: "Tu achaste graça diante de mim" (Ex 33,12). — E sobre esta suposição de estar em sua graça instou Moisés, dizendo: — "Pois, Senhor, se já estou em vossa graça, concedei-me a vista de vosso rosto, para que esteja em vossa graça" (Ex 33,13). Quem haverá que não veja e note nestas palavras como Moisés, no mesmo ato de as pronunciar, trocou a ordem com que as começou a dizer e com que acabou? Quando começou, ordenou a graça de Deus para a vista de Deus: "Se já estou em vossa graça, concedei-me a vista de vosso rosto" — e quando acabou, ordenou a mesma vista de Deus para a mesma graça de Deus: "Concedei-me a vista de vosso rosto, para que esteja em vossa graça". — Pois a mesma graça, nas primeiras palavras, é meio para alcançar a vista de Deus, e logo a mesma vista de Deus, nas segundas palavras, é meio para alcançar a mesma graça? Sim, porque assim emendou Moisés e melhorou o seu desejo. Ordenar a graça para a glória e fazer a glória fim da graça, bom desejo é; mas ordenar a glória para a graça, e fazer a graça fim da glória, é muito melhor desejo. Por quê? Porque a graça antes da glória está perigosa, e depois da glória está segura. E posto que é bom desejo querer a graça para gozar a glória, muito melhor desejo, e muito mais alto pensamento, é desejar a glória por segurar a graça. O primeiro fez Moisés, com menos consideração, quando disse: "Se já estou em vossa graça, concedei-me a vista de vosso rosto" — e o segundo, com muito mais fino e prudente juízo, dizendo: "Concedei-me a vista de vosso rosto, para que esteja em vossa graça".

Finalmente, seja a última razão de escolher antes a graça que a glória, a esterilidade da mesma glória e a fecundidade da mesma graça. A glória no céu é uma felicidade grande, mas felicidade que não cresce, porque uma glória não causa outra glória; porém, a graça na terra é uma felicidade ou uma bem-aventurança que sempre cresce, porque sempre uma graça está produzindo outra graça. Depois que o evangelista S. João declarou a glória de Cristo pela superabundância de graça de que estava cheio: "E nós vimos a sua glória, como de Filho unigênito do Pai, cheio de graça e de verdade" (Jo 1,14) — diz que desta enchente, como de fonte perene, recebemos todos a graça, e não uma só graça, senão uma sobre outra, sempre mais e mais, que isso quer dizer: "E todos nós participamos da sua plenitude, e recebemos graça por graça" (Ibid. 16). — Onde se deve muito notar que, tendo falado na glória e graça de Cristo, só da graça diz que recebemos por graça, e graça sobre graça, e da glória não, porque no céu não dá Deus glória por glória, ou uma glória sobre outra. Este privilégio e esta prerrogativa é só da graça. E quão superior seja por isso mesmo à glória do céu, em nenhum outro dos que muito cresceram na graça o podemos ver melhor que no mesmo S. João. Viu S. João no seu Apocalipse a Deus assentado em trono de majestade, e que o assistiam em roda do trono quatro animais misteriosos, todos cheios de olhos, o primeiro semelhante a leão, o segundo a bezerro, o terceiro a homem, o quarto a águia. Ninguém ignora que nestes quatro animais eram representados os quatro evangelistas — S. Marcos no leão, S. Lucas no bezerro, S. Mateus no homem, S. João na águia — e todos cheios de olhos — "diante e atrás" — porque todos na parte posterior tinham as notícias da divindade, e na anterior as da humanidade de Cristo, de quem escreveram. Vindo, pois, a S. João, dá-lhe o texto o quarto lugar, e diz que só ele voava: "E o quarto animal era semelhante a uma águia voando" (Ap 4,7). — Pois, se S. João, entre todos os evangelista foi o que mais altamente escreveu, por que se lhe dá o último lugar? E se todos os outros animais tinham asas, por que se diz que só ele voava? Primeiramente dá-se a S. João o último lugar, porque ele escreveu depois dos outros evangelistas, e não menos que trinta anos depois, havendo outros tantos que S. Mateus, S. Marcos e S. Lucas eram já mortos. Mas daqui mesmo se acrescenta mais a segunda dúvida porque, se os outros três evangelistas estavam já no céu vendo a Deus, como voava ele só estando na terra? Por isso mesmo. Porque os outros estavam gozando na glória, donde se não sobe, e S. João estava merecendo na graça, onde sempre se cresce. Eu vos prometo, diz S. Bernardo, que se Deus desse licença aos bem-aventurados que o estão vendo no céu para virem à terra a merecer e crescer a maior graça, que todos aceitariam este partido, deixando a glória, para depois voarem à mesma glória mais cheios de graça. Logo, se a escolha se faria no céu, onde se não pode fazer, por que se não fará na terra? Em S. João não foi eleição sua; mas é certo que ele foi o mais amado e, quando os menos amados viam, ele voava.

§ IX

Até aqui temos visto as razões por que, comparada a glória com a graça, se deve escolher antes a graça que a glória. E se alguém cuidar que não falamos até agora no que principalmente devíamos falar, que é a Virgem Senhora nossa da Graça, cuja festa celebramos, digo que o que até agora disse, assim como foram prerrogativas da graça, assim foram excelências da Senhora debaixo do mesmo título. S. Tomás, com seu mestre Alberto Magno, distinguem na graça da Virgem Maria três estados de perfeição: o primeiro, desde o princípio de sua Conceição, a que chamam de suficiência; o segundo, desde o ponto em que concebeu o Verbo Eterno, a que chamam de abundância; o terceiro, por todo o tempo da vida até a morte, a que chamam de excelência singular. Por todas as razões, pois, que referimos, muito melhor e mais altamente entendidas, comparando-se a Senhora consigo mesma, como aquela singularíssima alma que, sobre todas as criaturas, amou e foi amada de Deus, também não pode deixar de estimar mais a graça que a glória, pois no mesmo amor recíproco consiste a graça. Estimou mais a graça que a glória, não por assegurar no céu a mesma graça, em que fora confirmada desde o instante de sua Conceição, mas por aumentar mais e mais o amor que lá se iguala com a vista por toda a eternidade. Batalhava no coração da Mãe de Deus o mesmo amor, por uma parte, com o desejo de mais depressa o ver, e por outra com a razão de mais o amar eternamente, e porque este motivo foi o vencedor, por isso escolheu como melhor parte a da graça: "Maria escolheu a melhor parte".

Naquelas palavras: "Amado da minha alma, aponta-me onde é que tu apascentas o teu gado, onde te encostas pelo meio-dia" (Ct 1,6) — manifestou o amor da Senhora quanto desejava ver a Deus no meio-dia da glória; e a resposta foi que mais convinha por então que, na ausência de seu Filho, ficasse apascentando o seu rebanho: "Vai em seguimento das pisadas dos teus rebanhos, e apascenta os teus cabritos ao pé das cabanas dos pastores" (Ibid. 7). — Assim o fez a Senhora, sendo dali por diante o oráculo de toda a Igreja e mestra dos mesmos apóstolos, não só em Jerusalém e na Judeia, mas peregrinando a outras partes do mundo. Durou, não digo este desterro da glória, mas esta ausência de seu Filho, não menos que vinte e quatro anos depois que ele tinha subido ao céu, como prova o cardeal Barônio[11] fundado no testemunho irrefragável de S. Dionísio Areopagita, até que finalmente, em tal dia como hoje, foi chamada a benditíssima Mãe a receber da mão de seu Filho e gozar por toda a eternidade a coroa imensa da glória que tinha merecido a sua graça. E digo que foi chamada, por que assim o declaram as vozes de toda a Santíssima Trindade, não em comum, mas distintamente repetidas por cada uma das divinas pessoas: "Vem, esposa minha, vem do Líbano, vem: serás coroada" (Ct 4,8). — O Pai disse: "Vem" — chamando-a como Filha; o Filho disse: "Vem" chamando-a como Mãe; o Espírito Santo disse: "Vem" chamando-a como Esposa. Mas, se toda a Santíssima Trindade, e cada uma das divinas pessoas por si e por tão particulares motivos desejava ver a Virgem Maria no trono da glória, onde também como Filha visse o Pai, como Mãe o Filho e como Esposa o Espírito Santo, e a mesma Senhora suspirava por este dia com tão ardentes desejos e violentíssimas saudades que elas e o amor lhe romperam os laços da vida e lhe desataram a alma, como as mesmas pessoas divinas, que podem quanto querem, não só permitiram, mas quiseram que a mesma alma santíssima continuasse neste mundo privada do céu e da glória, e padecesse seu amor este largo martírio por tantos anos? Aqui vereis quão verdadeira é a doutrina de todo o nosso discurso e as razões dele. Assentou no Consistório da Santíssima Trindade o Pai que a sua Filha, o Filho que a sua Mãe e o Espírito Santo que a sua Esposa se lhe dilatasse a vista de Deus e a glória por espaço de vinte e quatro anos, para que em todo este tempo merecesse mais e mais, e crescesse na graça porque, computados tantos anos de glória com outros tantos de graça, não só por eleição da mesma Senhora, senão por decreto de todas as pessoas divinas lhe convinha e importava mais o crescer na graça que o gozar a glória. — "Dilataste por tanto tempo a assunção dela até a glória para que mais merecesse" — diz S. Pedro Damião[12].

§ X

Mas quem poderá declarar quais foram os aumentos de graça com que a Virgem Maria — em todo este tempo mais propriamente Senhora da Graça — acumulou uma sobre outra as imensidades da sua? S. Epifânio disse: "A graça da Santa Virgem é imensa"[13]; S. Boaventura: "Certamente foi imensa a graça pela qual foi plenificada"[14]; e Santo Anselmo: "O que mais poderia dizer, Senhora, começando a considerar a imensidade de tua graça, glória e felicidade, faltam os sentidos e a língua se cala"[15]. — Estes santos, com palavras claras e expressas, apregoam por imensa a graça da Virgem Maria, e S. João Damasceno, S. Jerônimo, S. Efrém, S. Bernardo, S. Inácio Mártir, S. Pedro Veronense[16], e quase todos os santos dizem o mesmo, com termos não de menor expressão, mas de mais profunda inteligência, que por isso não repito. Só quisera que todos os que me ouvis fosseis teólogos, para a demonstração dos aumentos de graça a que a Senhora cresceu nestes últimos anos de sua santíssima vida. Procurarei, porém, de os reduzir às regras de outra ciência mais vulgar e mais prática, pela qual, já que nenhum entendimento humano pode compreender esta imensidade, ao menos de algum modo a possamos todos conjecturar.

Todos sabeis aquele modo de conta que vulgarmente se chama ao galarim, em que tudo o que se possui e precede em um número se dobra no seguinte. Supondo, pois, com a mais assentada teologia — em que ela não está pouco obrigada ao doutíssimo Soares de nossa Companhia[17] — que os atos do amor e caridade da Virgem Santíssima, os quais todos eram perfeitíssimos, condignamente mereciam outro tanto aumento de graça qual era o que tinham em si, e por isso uns sobre outros sempre mais e mais iam dobrando a mesma graça, façamos agora a conta aos graus de graça que a Senhora podia adquirir em um só dia, e para que a conta proceda com toda a clareza, não pressuponhamos na alma da mesma Virgem mais que um grau de graça, nem consideremos que fazia em cada quarto de hora mais que um ato de caridade. Isto posto, no primeiro quarto de hora, e pelo primeiro ato de caridade, dobrou a Senhora o merecimento, e mereceu dois graus de graça; no segundo quarto mereceu quatro; no terceiro, oito; no quarto, dezesseis; no quinto, trinta e dois; no sexto, sessenta e quatro; no sétimo, cento e vinte oito; no oitavo, duzentos e cinquenta e seis; no nono, quinhentos e doze; no décimo, mil e vinte e quatro. De sorte que em dez quartos de hora, e com dez atos de caridade, mereceu a Senhora e cresceu a mil e vinte quatro graus de graça. Agora faça cada um devagar em sua casa a conta que resta em todos os quartos de hora de um dia, que são noventa e seis porque, ainda que, segundo a forçosa lei da humanidade, alguns quartos da noite ocupasse o brevíssimo sono os sentidos exteriores da Virgem, esse sono não interrompia as ações da alma, que sempre vigiava, amava e merecia: "Durmo, mas o meu coração vigia" (Ct 5,1). — Mas porque, entretanto, não fique cortado o fio e suspensa a demonstração da nossa conta, eu a resumirei brevissimamente, repetindo só as somas de dez em dez quartos.

Nos vinte quartos de hora daquele dia tinham crescido os graus da graça da Senhora a número de quinhentos e vinte e quatro mil e duzentos e oitenta e oito. Em trinta, a quinhentos e trinta e sete contos, quinhentos e setenta e quatro mil novecentos e doze. Em quarenta, a mil e trezentos e setenta e seis milhões, setenta e seis contos, setecentos e trinta e cinco mil quatrocentos e oitenta e oito. Em cinquenta, a um conto, quatrocentos e nove mil duzentos e vinte milhões, cento e setenta e sete contos, setecentos e setenta e nove mil setecentos e doze. Em sessenta, a três milhões de milhões, duzentos e onze contos, quarenta e um mil setecentos e trinta e cinco milhões, e quarenta e seis contos quatrocentos e trinta e sete mil e oitocentos e oitenta e oito. Em setenta, a sete mil e duzentos e vinte e quatro milhões de milhões, duzentos e treze contos, quatrocentos e setenta e três mil quinhentos e dezessete milhões e trezentos e quatro contos, setecentos e noventa e quatro mil seiscentos e vinte e quatro. Em oitenta, a seis contos trezentos e oitenta e cinco mil quatrocentos e vinte e dois milhões de milhões, e cento e noventa e seis contos, oitocentos e oitenta e dois mil e cento e oitenta e oito milhões, cento e sete contos, e cento e trinta e quatro mil e novecentos e setenta e seis. Em noventa e seis, finalmente, faz a soma dos quatrocentos e treze mil, quatrocentos e setenta e cinco contos, quarenta e oito mil quatrocentos e quarenta e nove milhões de milhões, seiscentos e setenta e um contos, noventa mil milhões, e trezentos e noventa e sete contos, setecentos e oitenta e sete mil cento e trinta e seis, que é o último quarto de hora de um dia natural.

Demonstrada esta imensidade de graça adquirida pela Virgem, Senhora nossa, em um só dia, cuidareis sem dúvida todos, e estareis esperando que eu tire por consequência as imensidades da mesma graça a que a mesma Senhora cresceria no compridíssimo espaço de tantos dias, meses e anos, quantos se contaram desde a Ascensão de seu Filho até a sua gloriosa Assunção. Mas não digo nem direi tal coisa, porque seria diminuir e apoucar muito, e fazer grande agravo à mesma graça. As duas suposições que fiz na conta deste dia foram só ordenadas à clareza e evidência da mesma conta, e fingidas como por exemplo com dois efeitos contrários à manifesta evidência da verdadeira suposição. Supus que a Senhora, no primeiro quarto daquele dia, tivesse um só grau de graça, e esta suposição foi fingida, porque no dia da Ascensão de Cristo tinha a Senhora tão inumeráveis graus de graça quanta desde o instante de sua puríssima Conceição tinha adquirido em trinta e quatro anos da vida de seu Filho e quarenta e oito da sua. Supus, em segundo lugar, que em cada quarto de hora fazia a Senhora somente um ato de caridade e amor de Deus, sendo estes atos tantos quantas eram as respirações da mesma Senhora, cuja memória, entendimento e vontade, nem por um momento se divertia da atentíssima contemplação do divino objeto, com que sua alma inseparavelmente estava sempre unida, amando-o de dia e de noite sem cessar, com mais intentos e eficazes afetos que os serafins da glória. Isto é o que então não supus para a clareza da conta e o que agora suponho para a consequência e conjectura da graça, na qual, como em um pego ou abismo sem fundo, afogados e perdidos todos os números da aritmética, só resta ao discurso e entendimento humano o pasmo, e à língua o silêncio e confissão de que a graça de Maria é incompreensível.

Quem somente soube achar paralelo à graça da Mãe de Deus foi o antiquíssimo Andrés Cretense, o qual a comparou com o inefável mistério da humanidade do Filho, a que chama infinitas vezes infinitamente infinito. As suas palavras são estas: "Se alguma coisa que nos supera, a graça de Deus nela operou, ninguém se admire ao contemplar o mistério novo e inefável que nela foi concluído livre de toda infinidade, infinitas vezes infinitamente"[18]. — Notem-se muito estes novos e últimos termos "livre de toda infinidade, infinitas vezes infinitamente". — Foi o mistério de Deus feito homem infinito sobre toda a infinidade — "livre de toda infinidade" — porque foi infinito "infinitas vezes" — e infinito "infinitamente". — E nesta infinidade ou infinidades só se pareceu com ele a graça da Mãe infinitamente infinita — "aquilo que a graça de Deus nela operou, infinitas vezes infinitamente". — E como a imensa grandeza do infinito só a pode compreender entendimento infinito, qual é unicamente o de Deus, por isso conclui S. Bernardino, falando da perfeição da graça da Senhora neste mesmo dia, que "o conhecimento dela só está reservado para Deus"[19].

No dia da Assunção, desceu o mesmo Filho de Deus a honrar o triunfo de sua Mãe, acompanhado de toda a corte do céu, anjos e santos, os quais admirados diziam: "Quem é esta, que sobe do deserto, não só cheia, mas inundando delícias, sustentada do seu amado?" (Ct 8,5). — O seu amado é o bendito Filho, primeiro motivo daquela admiração, o qual, para maior majestade do triunfo, quis ele ser em pessoa o que levasse de braço a sua Mãe. As delícias ou inundação de delícias, que juntamente admiravam, e das quais não só ia cheia, mas como de fonte redundante manavam e enchiam tudo, não podendo ser as da glória para onde começava a subir, eram sem dúvida as da graça, que na terra e na vida tão imensamente tinha adquirido. Assim comenta este lugar o doutíssimo Cardeal Hailgrino: "Diz-se que afluíam delícias de graças e de virtudes e que ela se apoiava sobre a graça do amado"[20]. — Mas o que eu sobretudo admiro nos mesmos admiradores é que em tal dia e em tal concurso chamem à terra deserto: "Quem é esta, que sobe do deserto?". — Se toda a corte do céu tinha descido com o seu Príncipe à terra, se, despovoado o mesmo céu, todo naquele dia estava junto na terra, donde começava a marchar o triunfo, como se chama deserto? Porque tanto que apareceu a gloriosa triunfante revestida das imensidades de sua graça, maiores na grandeza que todas as delícias que até então se tinham gozado na glória, tudo quanto tinha descido do céu à terra desapareceu à sua vista. Excelentemente S. Pedro Damião: "Brilhando naquela luz inacessível, obscurecia a dignidade de um e outro espírito, a ponto de serem como se não fossem, e em sua comparação, nem pudessem ou devessem aparecer"[21]. — Que região mais povoada — é comparação do mesmo santo — que região mais povoada que o céu de noite? Tantos planetas, tantas constelações, tanta multidão de estrelas maiores e menores sem número, mas em aparecendo o sol, o mesmo céu subitamente ficou um deserto, porque tudo à vista dele se sumiu e desapareceu, e só ele aparece. — O mesmo sucedeu a todas as jerarquias do céu neste dia. Por grandes e inumeráveis não cabiam na terra; mas, tanto que abalou o triunfo e apareceram os soberanos resplendores da graça, ou da Senhora da Graça, tudo o mais desapareceu e ficou um deserto: "Quem é esta, que sobe do deserto?" — porque todas essas jerarquias em sua presença "eram como se não foram" — e porque todas, "em sua comparação, nem podiam nem deviam aparecer"; — só apareceu e só se fez menção do seu amado — "apoiada sobre seu amado" —, que é nova confirmação desta mesma verdade, porque, junta com a graça de Maria, só a de seu Filho avulta e aparece, por ser graça de homem-Deus, abaixo do qual, como diz Santo Anselmo, nenhuma se pode considerar nem entender maior que a de sua Mãe: "Abaixo de Deus, maior do que ela não se pode entender"²². — E isto baste, finalmente, para que todos celebremos e confessemos, com os aplausos das vozes, com os afetos dos corações e com os júbilos e parabéns de toda a alma, que Maria, enquanto Senhora da Graça, ainda em comparação da sua mesma glória escolheu a melhor parte: "Maria escolheu a melhor parte".

§ XI

Isto posto — para que não falte o fim de tão largo discurso, quando o temos acabado — perguntara eu a todos os que me ouviram, se fariam esta mesma eleição, se a têm feito até agora, ou se a determinam fazer? De ninguém creio, se é cristão e tem fé, que não faria a mesma eleição, estimando mais a graça de Deus que a mesma glória, como fez, com a maior luz de todas as luzes do Espírito Santo, sua soberana Esposa, Maria, Senhora nossa, bastando para isso, quando não houvera tantas razões, como vimos, ser eleição e resolução sua. E digo, se é cristão e tem fé, porque o contrário seria não dar crédito às Escrituras Sagradas que alegamos não imitar nem venerar os exemplos dos maiores santos de um e outro testamento, Moisés e S. Paulo, e cerrar as portas da própria casa a toda a Santíssima Trindade, que em todas as três Pessoas, como ouvistes da boca do mesmo Cristo, vem fazer morada na alma que está em graça. Se quando três anjos, em figura das três pessoas divinas, foram ser hóspedes de Abraão, ele os não recebera e agasalhara com tantas demonstrações de cortesia e amor, antes os lançara de sua casa, quem se não assombraria de tal descomedimento? Pois, o mesmo e muito maior é o que fazem a Deus os que não aceitam a sua graça ou se despedem dela, não dando com as portas na cara a três anjos, senão verdadeiramente às três Pessoas da Santíssima Trindade, ao Pai, ao Filho e ao Espírito Santo. Só quem não tem fé, como dizia, não tremerá de ouvir e imaginar um tão horrendo sacrilégio. Então prezem-se os que isto fazem de ser devotos da Senhora da Graça, e de ter dedicado a sua Igreja e posto a sua pátria debaixo do título e proteção da mesma graça. Como a graça consiste em amar e ser amado de Deus, só quem de todo o coração estima mais a sua amizade que a sua mesma vista pode afirmar com verdade que faria a mesma eleição que fez a Senhora da Graça.

Mas, passando à segunda pergunta, respondei-me se fizestes esta eleição até agora? Oh! valha-me Deus, que confusão e que angústias serão as vossas, quando no dia do Juízo se vos fizer esta mesma pergunta! O lume da razão natural, sem chegar aos preceitos da lei de Deus, está ditando a todo homem que, entre o bem e o mal, deve eleger o bem, e entre o bom e o melhor, eleger o melhor. Vejamos agora nos vossos pensamentos, nas vossas palavras e nas vossas obras, que todas ali hão de aparecer publicamente, que é o que escolhestes: a graça ou o pecado? Nos pensamentos o pecado, nas palavras o pecado, nas obras o pecado, e sempre e em tudo, ou quase tudo, o pecado, com perpétuo esquecimento, e não só esquecimento, mas desprezo da graça. E por quê? Nas obras, por um apetite irracional ou por um vilíssimo interesse; nas palavras, por uma murmuração da vida alheia ou por um ímpeto da ira; nos pensamentos, por uma representação do desejo vão e, talvez, por uma quimera, não só fingida, mas impossível. E é possível que por isso se troque, se venda e se perca a graça de Deus, e sobretudo que, sentindo-se tanto outras, que não merecem nome de perdas, só as da graça se não sintam! Verdadeiramente que não sei onde está a nossa fé nem o nosso entendimento! O que só sei é que semelhante insensibilidade só se acha em almas que estão destinadas para o inferno e já nesta vida merecem o ódio de Deus, como Esaú: "E aborreci a Esaú" (Ml 1,3). — Vendeu Esaú o seu morgado a Jacó por um apetite tão vil, e um gosto tão grosseiro e tão breve, como sabemos, e pondera a Escritura Sagrada que, depois de fazer esta venda se apartou dali: "Dando-se-lhe pouco de ter vendido o seu direito de primogenitura" (Gn 25,34) — sem fazer caso do que tinha feito nem pesar o que tinha vendido. Assim acontece aos que perdem a graça de Deus, e muito mais se a vendem por alguma coisa de seu gosto. Por qualquer outra perda se entristecem, e por esta e com esta tão fora estão de se entristecer, que antes se alegram: "Alegram-se depois de terem feito o mal" (Pr 2,14).

Aos que até agora fizeram tão má e tão errada eleição como esta, só peço que tomem a balança na mão e pesem o que Esaú não pesou. Dizei-me: quais são as coisas neste mundo pelas quais os homens costumam perder ou vender a graça de Deus? Geralmente — diz S. João Evangelista — são, ou desejo de riquezas, ou desejo de honras, ou desejo de gostos e deleites dos sentidos. Ponde-me agora tudo isto em uma parte da balança, e da outra um só grau de graça, e vede qual pesa mais. Ponde todo o ouro, toda a prata, todas as pérolas e pedras preciosas, que geram o mar e a terra, e um grão de graça, não só pesa mais sem nenhuma comparação, mas o mesmo seria se toda a terra fosse ouro, e todas as pedras, diamantes. Acrescentai mais à balança todas as honras, todas as dignidades, todos os cetros e coroas, todas as mitras e tiaras, e tudo quanto estima a ambição humana, e nenhum pendor faz em respeito de um só grau de graça, como também o não faria, ainda que Deus levantasse um novo império, no qual um homem dominasse a todos os homens e a todos os anjos. Finalmente, sobre as riquezas e honras acumulem-se todos os gostos, todas as delícias, todos os prazeres, não só quantos se gozaram e podem gozar neste mundo, senão também os que se perderam no paraíso terreal, e para que vos não admireis de que pese muito mais um grão de graça, sabei que ainda é mais digno de se apetecer que tudo quanto gozam e quanto hão de gozar por toda a eternidade, com a vista clara de Deus, todos os bem-aventurados do céu; e sendo isto assim, pode haver maior loucura que, por uma onça de interesse, por um pontinho de honra, e por um instante de gosto, perder, não um só grão de graça de Deus, senão toda a sua graça?

Mas, para que acabemos de pesar o que ainda não está pesado, tornemos ao morgado de Esaú. O morgado que Esaú vendeu era o temporal, que ele herdou de seu pai Isac, o qual, indo a ser sacrificado, não chegou a derramar o sangue; o morgado que nós vendemos é o sobrenatural e da graça, do qual o Filho de Deus nos fez herdeiros, tendo-o comprado com todo o sangue que derramou na cruz. E este preço infinito é o que nós tão vil, tão ímpia e tão sacrilegamente desprezamos. Dizei-me, se quando na Missa se levantou o sangue de Cristo no cálix, houvesse algum que, em vez de o adorar e bater nos peitos, lhe voltasse o rosto, lhe fechasse os olhos, e com o gesto de ambas as mãos o rejeitasse e lançasse de si, quem haveria que não abominasse tal homem e, se pudesse, o queimasse logo? Pois isto é o que fazeis, sem o entender, todas as vezes que desprezais a graça de Deus. Ouvi ao mesmo Cristo como já se queixava deste desprezo por boca do profeta: "Pensaram em rejeitar o meu preço" (Sl 61,5). Chegaram os homens a tal extremo de cegueira e maldade — diz Cristo — que entraram em pensamento de rejeitar e desprezar o meu preço. — Ah! Senhor, que os mesmos que creem em vós, e se chamam cristãos, não só chegaram a entrar em tão abominável pensamento, mas com os pensamentos, com as palavras, com as obras, e com tudo o que cuidam e fazem, desprezam e dão por nada este vosso preço! Nota aqui Hugo Cardeal que em tudo o que se vende ou compra não há um só preço, senão dois. Um o preço da coisa comprada, outro o preço daquilo com que se compra: "O que se compra e com que se compra". — Estes são os dois preços que despreza todo aquele que peca, e vende ou troca pelo pecado a graça de Deus. Um o preço da graça, que Cristo nos comprou com seu sangue, e outro o preço do mesmo sangue, com que nos comprou a graça. E se me perguntais até onde chega este desprezo, tremo de o dizer, mas é bem que o ouçais e saibais. Chega este desprezo não só a desprezar de qualquer modo a graça de Deus e o sangue de Cristo, mas a meter debaixo dos pés, e pisar a mesma graça, e o mesmo sangue, e o mesmo Filho de Deus. São palavras expressas e tremendas do Apóstolo S. Paulo: "O que pisar aos pés o Filho de Deus, e tiver em conta de profano o sangue do testamento em que foi santificado, e que ultrajar o espírito da graça" (Hb 10,29) — vede se fala nomeadamente da graça, nomeadamente do sangue e nomeadamente de Cristo. Da graça, a que faz tão grande injúria: "e que ultrajar o espírito da graça"; — do sangue, que reputa por digno de ser abominado: "e tiver em conta de profano o sangue do testamento"; — e do mesmo Cristo, com expressão e reflexão de ser Filho de Deus, o qual pisa e mete debaixo dos pés: "O que pisar aos pés o Filho de Deus".

Chegada a verdade e evidência do nosso discurso a este extremo de impiedade e horror, que se não pudera crer nem imaginar se não fora de fé, bem creio que não haverá alma tão perdida, nem consciência tão desesperada que, conhecendo o erro e cegueira em que até agora a sofreu a paciência e misericórdia divina, sem a deitar mil vezes no inferno, como pondera o mesmo S. Paulo, e como um tal desprezo do sangue de Cristo e do preço do mesmo sangue merecia, bem creio, digo, que ninguém haverá que não tenha mudado de resolução e, com verdadeiro arrependimento e dor do passado, a não tenha feito muito firme de antepor a graça de Deus a tudo quanto pode ter ou desejar neste mundo, enquanto no mesmo mundo, exceto só a sua graça, lhe pode dar o mesmo Deus. E para que isto não fique só em bons propósitos, que podem esquecer e tornar a ser vencidos do mau costume, acabo com declarar a todos, e lhes protestar da parte do mesmo Deus, sob pena de salvar ou não salvar, o que devem fazer.

Tudo se reduz a três pontos, e muito breves, para que vos fiquem na memória. O primeiro, que logo e sem dilação o que estiver em pecado se ponha em graça de Deus por meio do Sacramento da Penitência, fazendo tão exato e tão fiel exame e confissão de toda a vida passada, como se aquela fosse a última para ir dar conta à divina justiça. O segundo, um total e firmíssimo propósito de conservar a mesma graça e perseverar nela, sem fazer caso de fazenda, honra ou qualquer outro interesse e conveniência humana, e com resolução de antes padecer mil mortes que cometer um pecado mortal. Terceiro, não só conservar a mesma graça, mas procurar com todo o cuidado de a aumentar com o exercício contrário de virtudes e obras cristãs, com observância dos preceitos divinos, com a frequência dos Sacramentos, com a oração, com a esmola, com o jejum e mortificação de todas as paixões da carne, com amor dos inimigos, com o perdão das injúrias, com a paciência dos trabalhos e conformidade com a vontade de Deus em todas as coisas que nesta miserável vida ordinariamente são adversas; e como dantes com os pensamentos, palavras e obras ofendia ao mesmo Deus, assim daqui por diante as ordene todas com reta intenção a seu divino serviço e aumento de sua graça, na qual, tão brevemente como vimos, pode adquirir e multiplicar muito grandes tesouros, e recuperar em poucos dias de verdadeira contrição e amor de Deus tudo o que esperdiçou e perdeu em toda a vida passada.

E porque, deliberada e reduzida a alma a este segundo e felicíssimo estado, é certo que não se descuidará o demônio em procurar de a derrubar dele com tentações, aqui entra o patrocínio e amparo da Senhora da Graça e seu santíssimo nome, terrível sobre todos ao mesmo demônio, nomeando-a e invocando-a muitas vezes no mesmo conflito, e dizendo: "Maria Mãe da graça, Maria Mãe da misericórdia, vós, que só podeis fortalecer a nossa fraqueza, nos defendei deste cruel inimigo".

Assim prostrados diante de vosso soberano acatamento, como trono da graça, vos pedimos unicamente esta, que vós estimastes sobre todas. E confiadamente, Senhora, vos fazemos esta petição, debaixo da promessa do vosso apóstolo: "Cheguemo-nos pois confiadamente ao trono da graça, a fim de alcançar misericórdia e de achar graça, para sermos socorridos em tempo oportuno" (Hb 4,16). — Graça e misericórdia nos promete debaixo do vosso amparo. E como nos pode faltar a graça ou a misericórdia, sendo vós "Maria, Mãe da graça e Mãe da misericórdia"? Como Mãe da graça, não só tendes abundantíssima graça para vós, senão para vossos filhos, que somos os pecadores. O mesmo anjo que vos saudou dizendo: "Cheia de graça" — acrescentou logo: "O Espírito Santo descerá sobre ti" (Lc 1,35) — porque não só fostes cheia de graça, se não sobrecheia, como diz vosso devoto S. Bernardo: "Cheia para vós, e para nós sobrecheia", com que destas superabundâncias de graça não podeis deixar de partir liberalmente conosco como "Mãe da graça". — E muito menos o devemos desconfiar de vossa misericórdia, como Mãe de misericórdia, pois temos razão de vos pedir ou demandar a mesma graça, não só de misericórdia, senão de justiça. O mesmo anjo vos disse: "que vós achastes a graça junto de Deus" (Lc 1,30). — Quem acha o perdido tem obrigação de o restituir a quem o perdeu; e se Eva nos perdeu a graça, vós, como reparadora de todas as suas perdas, a deveis não só por misericórdia, senão por justiça e por restituição a seus filhos. O mesmo inimigo, que a ela tentou e venceu, nos tenta também a nós e nos pretende vencer; pelo que, Senhora da Graça, a vós vos pertence defender-nos de suas tentações e astúcias: "Vós nos protegeis do inimigo". — E não só vos dizemos: "Vós nos protegeis do inimigo", mas, para que esta proteção seja perpétua e segura até a morte, acrescentamos: "E na hora da morte acolhei-nos". — Este ditoso dia, Senhora, foi aquele em que, pagando como filha de Adão o tributo à morte, na mesma hora em que começou a vossa glória se consumou a vossa graça; pelo que, Senhora da Glória e da Graça, por vossa santíssima morte nos concedei para a nossa uma tal hora em que, acabando esta miserável vida em graça, na eterna e felicíssima possamos acompanhar vossa glória.

SERMÃO DE

S. João Evangelista

Festa do Príncipe D. Teodósio, na Capela Real, ano 1644.

❦

"Voltando Pedro, viu que o seguia
aquele discípulo que Jesus amava."
(Jo 21,20)

Hoje Vieira nos dá também a data e a ocasião do sermão: Festa do Príncipe D. Teodósio, na Capela Real, no ano de 1644. Neste ano foi nomeado Pregador Régio, sendo o Príncipe o herdeiro. São João Evangelista é o discípulo amado de Cristo e por isso é obrigação do príncipe ser amante do Evangelista, por ser herança de D. Teodósio, seu avô. Pelas boas partes que em S. João se acham para valido: o ofício dos evangelistas é dizer verdade, assim os validos hão de ter o dizer verdade por ofício. A maior prova de amar é falar verdade. S. João foi um valido que ficou assim, isto é, como dantes: isso é singularidade. Ficar logo de outra maneira, isso acontece a todos: a fortuna faz os validos. S. João fez do segredo ignorância: nem quis dizer os segredos, nem quis dizer que lhe disseram. S. João quis a graça por amor da graça: quem conquista a graça pela graça contenta-se com o coração. S. João fez muitas coisas grandes sem Cristo visivelmente presente; Cristo não fez as maiores coisas sem João. Em S. João, tem o Príncipe valido para devoção e valedor para a necessidade.

§ I

Cuidava eu que só dos que seguem ao mundo havia venturosos e desgraçados. Também na santidade há fortuna. S. João Batista foi desgraçado com reis, S. João Evangelista foi venturoso com príncipes. S. João Batista foi desgraçado com reis, porque um rei o fez nascer em uma montanha, e outro rei o fez morrer em um cárcere. S. João Evangelista foi venturoso com príncipes, porque o príncipe do céu e o príncipe da Igreja, ambos andam em competência neste Evangelho sobre o qual se lhe há de mostrar mais afeiçoado. Fez Cristo a S. Pedro príncipe universal da sua Igreja, e, apontando S. Pedro para S. João, disse: "Senhor, e este que?" (Ibid. 21). — Senhor, se a mim me dais o pontificado, se a mim me entregais as chaves do céu, aos merecimentos de João, que lhe haveis de dar? — Que responderia Cristo a S. Pedro? "Eu quero que ele fique assim até que eu venha; que tens tu com isso?" (Ibid. 22). Se eu quero que João se fique assim, quem vos mete, Pedro, a vós nisso? — Quem vos fez procurador de João? "Que tens tu com isso?" Notável resposta de Cristo e notável proposta de Pedro! Cristo e Pedro ambos parece que estão queixosos pelo que haviam de estar agradecidos. Na repartição dos lugares sentem-se as dignidades que se dão aos outros; nos negócios dos amigos sente-se que haja descuidados, mas não que haja cuidadosos. Pois, se Cristo era amigo de João, e Pedro estava feito pontífice, por que se mostra sentido Pedro da dignidade que lhe dava Cristo? Por que se mostra sentido Cristo do cuidado que mostrava Pedro? Os sentimentos eram diversos, mas a causa era a mesma. Sentiam-se ambos, porque ambos amavam muito a S. João. Pedro sentia-se da dignidade que lhe dava Cristo, porque, como Pedro amava muito a João, queria a dignidade para ele, não para si; Cristo sentia-se do cuidado que mostrava Pedro, porque, como Cristo amava mais que todos a João, não queria que houvesse quem se mostrasse mais cuidadoso que ele. — Onde está João, dizia Pedro, por que me hão de dar o pontificado a mim? "Senhor, e este quê" — Onde estou eu, dizia Cristo, por que há de ter outrem cuidado de João? "Que tens tu com isso?" — De maneira que o príncipe da Igreja e o príncipe da Glória andavam ambos em competência sobre qual havia de amar mais a S. João, porque ser amante do Evangelista amado ou é destino ou é obrigação dos maiores príncipes.

Tão qualificada, Senhor, e tão autorizada como isto tem V. A. a devoção do seu amado Evangelista S. João, autorizada com os cuidados do príncipe da Igreja, e mais autorizada com as emulações do príncipe da glória. Contudo, Senhor, eu, quando considero a V. A. príncipe de Portugal, não deixo de ter meus escrúpulos nesta devoção. S. João foi o valido de Cristo, e um príncipe de Portugal, logo em seus primeiros anos, afeiçoado a validos! Devoção a valido, ainda que santo, em um príncipe! Escrupulosa devoção! Lá diziam os israelitas a Deus que lhe não haviam de chamar Baalim, que quer dizer Senhor meu, porque, ainda que Baalim era nome de Deus, equivocava-se com Baal, que era nome do ídolo. Pois, se o nome do ídolo, ainda que posto em Deus, era perigoso, o nome de valido, ainda que posto em S. João, por que o não será? Valido, ainda que seja S. João, é valido; e afeição a valido no nosso príncipe! Pois, por certo, senhor, que não são esses os exemplos que V. A. vê. Não é essa a doutrina com que V. A. é criada. Quanto mais que, havendo de haver valido, parece que não havia de ser S. João. Os validos inventaram-se para os príncipes descansarem neles, e S. João era um valido de quem diz o evangelista: "que esteve encostado sobre o peito de seu Senhor" (Jo 21,20). — Lindo talento de valido! Em vez de o príncipe descansar nele, ele descansa no príncipe!

§ II

Com isto se representar assim, eu acho duas razões muito forçosas para o príncipe N. S. se afeiçoar a este grande valido de Cristo. A primeira, pelas partes do valido; a segunda, pela autoridade de quem o inculcou. Quis el-rei Atalarico tomar por seu valido a Tolonico, patrício romano, e escreveu-lhe assim em uma epístola, que é a nona do livro 8 de Cassiodoro: "Para responder aos cuidados de nosso tempo inicial, pareceu-me servir-me de ti homem prudentíssimo e que consta ter sido louvavelmente ligado ao senhor nosso avô"[1]. Quero-vos por companheiro no governo destes meus primeiros anos — diz Atalarico a Tolonico[2] — por duas razões: porque tendes prudência para o ser, e porque o fostes primeiro do senhor Teodorico, meu avô: "e que consta ter sido louvavelmente ligado ao senhor nosso avô". — Estas mesmas são as razões que o príncipe, que Deus guarde, tem para ser tão afeiçoado a este grande valido de Cristo. A primeira, porque tem grandes partes para o ser; a segunda, porque o foi primeiro do sereníssimo D. Teodósio, seu avô[3]: "e também por ter sido louvavelmente ligado ao senhor nosso avô". — Sendo S. A. de muito menos anos, sonhou que lhe aparecia o senhor D. Teodósio que lhe encomendava muito que fosse grande devoto de S. João Evangelista, de quem ele toda a vida fora devotíssimo.

Não foi esta a vez primeira que felicidades de S. João tiveram princípio em sonhos. Este sonho misterioso foi o princípio desta devoção, e esta herança divina foi a que deixou a um tal neto um tal avô.

Já outra vez, ao pé da cruz, foi S. João Evangelista deixado em herança e, a meu ver, este é um dos grandes louvores do discípulo amado: ser um amigo de quem se pode testar. Um dos grandes escândalos que tenho do mundo é por que se não há de testar dos amigos? Na morte testam os homens de todos os seus bens, e por essa mesma razão parece que haviam de testar dos amigos em primeiro lugar porque, entre todos os bens, nenhum bem há maior que os amigos, e entre todas as coisas nossas, nenhuma é mais nossa que os amigos. Pois, se os amigos são os nossos maiores bens e os bens mais nossos, por que não testamos deles? A razão é esta: porque os bens de que testam e podem testar os homens são aqueles que permanecem depois da morte, e os amigos, ainda que sejam os nossos maiores bens, são bens que se acabam com a vida. O maior amigo permanece até à morte; depois da morte ninguém é amigo. Morreu Lázaro, estando Cristo ausente, e é muito de reparar o modo com que Cristo, Senhor nosso, deu esta nova aos apóstolos. A primeira vez disse: "Lázaro, nosso amigo, dorme" (Jo 11,11). — Daí a pouco explicou-se mais, e disse: "Lázaro é morto" (Jo 11,14). — Notável diferença! Quando Cristo diz que Lázaro dorme, chama-lhe amigo nosso: "Lázaro, nosso amigo, dorme" — quando diz que Lázaro é morto, não lhe chama amigo: "Lázaro é morto". — Pois, se lhe chama amigo quando disse que dormia, por que não lhe chama amigo quando disse que morrera? Por que quando disse que dormia supunha-o vivo, que o dormir em rigor é de quem vive; quando disse que morrera declarava-o morto, e o nome de amigo acaba-se com a vida; depois da morte ninguém é amigo. Lázaro vivo é amigo: "Lázaro, nosso amigo, dorme". — Lázaro morto é Lázaro: "Lázaro é morto". — E como as amizades humanas são bens que não permanecem depois da morte, por isso os homens não testam destes bens; por isso, se não deixam os amigos em testamento. Só S. João Evangelista foi exceção desta regra, como de todas. Fez Cristo seu testamento na hora da morte, e a principal herança de que testou foi S. João: "Mulher, eis aí teu filho" (Jo 19,26). — Sabia que o amor do seu amado não se havia de acabar com a vida; por isso foi a herança principal de seu testamento.

No Sacramento da Eucaristia consagrou Cristo igualmente seu corpo e sangue; mas no modo da consagração reparo eu em uma diferença grande. À consagração do cálix chamou-lhe Cristo testamento: "Este cálix é o Novo Testamento em meu sangue" (Lc 22,20) — à consagração do corpo não lhe chamou testamento: "Este é o meu corpo" (Ibid. 19) — e não disse mais. Pois, se Cristo chama testamento ao sangue, por que não chama testamento ao corpo? E se testou do sangue, por que não testou do corpo? A razão muito a nosso intento é esta: porque as finezas do corpo de Cristo acabaram com a morte; as finezas do sangue de Cristo, ainda depois da morte perseveraram. O corpo de Cristo concorreu à redenção padecendo; o sangue de Cristo concorreu à redenção derramando-se: pois, por isso testou Cristo de seu sangue, e não testou de seu corpo, porque o corpo depois da morte não padeceu; o sangue depois da morte ainda se derramou: "Saiu sangue" (Jo 19,34). — Essa foi a causa por que advertidamente o evangelista, falando da lança, não disse que ferira, senão que abrira: "Abriu-lhe o lado" (Ibid.) — porque a lançada não foi ferida para o corpo, foi porta para o sangue; não foi ferida para o corpo, porque o corpo não a sentiu; foi porta para o sangue porque o sangue saiu por ela: "Saiu sangue". — E como no corpo de morto não havia sentimento para padecer, e no sangue depois da morte ainda havia impulsos para sair, por isso testou Cristo de seu sangue e não de seu corpo: "Este cálix é o Novo Testamento em meu sangue". — Ó! divino João, que bem mostrais ser sangue de Cristo na fineza de vossa amizade! Não se acabaram vossas finezas com a morte; antes, depois que Cristo morreu por vós, morrestes vós mais por ele; por isso testou de vós vosso Mestre; por isso testaram de vós nossos príncipes.

Ora, eu me pus a considerar, em razão de herdeiro, a qual devia mais o príncipe, que Deus guarde, se a el-rei, nosso Senhor, se ao Senhor D. Teodósio? Enquanto herdeiro del-rei, nosso senhor, a herança é o reino de Portugal; enquanto herdeiro do Senhor D. Teodósio, a herança é S. João Evangelista. Pois a qual deve mais S. A. em razão de herdeiro? Não há dúvida, Senhor, que em razão de herdeiro deve V. A. mais ao senhor D. Teodósio que a el-rei nosso Senhor. Provo em próprios termos. Quando Cristo fez o seu testamento na cruz teve duas coisas de que testar: testou do reino, e testou de S. João. Saibamos: e a quem deixou estes dois legados? O reino deixou-o a Dimas; S. João deixou-o a sua Mãe. — Pois, como assim, Senhor, parece que se haviam de trocar os legados: o discípulo bastava deixá-lo a um amigo; o reino convinha deixá-lo à Mãe. Pois, por que deixa o discípulo à Mãe, e o reino a Dimas? Porque a quem Cristo amava mais era bem que deixasse o melhor legado. E com o reino de Cristo ser o melhor do mundo, à Mãe, a quem amava mais, deixou a João; a Dimas, a quem amava menos, deixou o reino, porque muito menor herança era o reino do que João. Santo Ambrósio expressa extremamente: "À Mãe disse: Eis o teu filho; ao ladrão disse: hoje estarás comigo no paraíso — julgando apreciar mais os deveres da piedade do que aquilo que o reino do céu oferecia"[4]. À Mãe, a quem amava mais, deu a João; a Dimas, a quem amava menos, deu o reino, porque, pondo em fiel balança, de uma parte o reino do céu, de outra parte a João, entendeu Cristo que dava mais à sua Mãe em lhe dar a João, do que a Dimas em lhe dar o reino: "Julgando apreciar mais os deveres da piedade do que aquilo que o reino do céu oferecia". — E se S. João, sem lisonja, é melhor herança que o reino do céu, sem ingratidão podemos dizer que é melhor herança também que o nosso de Portugal.

Esta é a primeira razão, e mui justificada, que S. A. tem para ser mui afeto ao grande valido de Cristo, por ser herança do Senhor D. Teodósio, seu avô. A segunda é pelas boas partes que em S. João se acham para valido, como agora veremos.

§ III

A primeira boa parte que eu reconheço em S. João para valido é ser evangelista. Os validos hão de ser evangelistas. O ofício dos evangelistas é dizer verdade, e os validos hão de ter o dizer verdade por ofício. Alguns homens têm havido evangelistas, muitos homens têm havido validos, mas valido e evangelista juntamente, só S. João o foi. A razão ou sem-razão disto é porque os que são validos não querem ser evangelistas, e os que são evangelistas não chegam a ser validos. Só em S. João se ajuntaram estas duas propriedades, das quais se compõe a maior prerrogativa sua. Sabeis qual é a mais singular prerrogativa do evangelista amado? É ser amado sendo evangelista. Reparo eu muito no nosso Evangelho em uma coisa em que não vejo reparar: "E nós sabemos que é verdadeiro o seu testemunho" (Jo 21,24); diz S. João, por fim de seu Evangelho, que tudo o que diz nele é verdade. Ociosa advertência ao que parece, por certo. Leiam se todos os evangelistas, e nenhum se achará que fizesse semelhante advertência. Pois se os outros evangelistas não dizem que é verdade o que escreveram, por que diz S. João que é verdade o que escreveu? Não tinha igual autoridade? Não era evangelista como os demais? Sim, era, mas era evangelista amado; e porque o amor podia fazer suspeitosa a verdade, advertiu que, ainda que era amado, era verdadeiro: "O discípulo a quem Jesus amava; e nós sabemos que é verdadeiro o seu testemunho". — Ordinariamente, nas corte dos príncipes, os que contrafazem a verdade são os que granjeiam o amor. Na corte de Cristo não é assim: os que têm por profissão ser verdadeiros são os que têm por prêmio ser amados. Oh! que grande glória de Cristo! Oh! que grande glória de João! Grande glória de Cristo, que o seu amado seja um evangelista; grande glória de João, que, sendo evangelista, seja o amado! Mas isto não se acha em toda a parte: só na corte do céu e na de Portugal; só no príncipe da Glória e no nosso príncipe. O que importa, Senhor, é que seja sempre assim. Os amados sejam só os evangelistas, e quem não for evangelista não seja amado.

E qual é a razão por que os evangelistas devem ser os amados? A razão é evidente: porque o maior merecimento para ser amado é amar, e a maior prova de amar é falar verdade. Perguntou Dalila a Sansão, por três vezes, em que parte tinha vinculada sua fortaleza e que remédio podia haver para ser vencido? Respondeu Sansão a primeira vez que se o atassem fortemente com nervos; a segunda vez, que se o atassem com cordas; a terceira vez, que se o atassem com os cabelos; mas de todas as três vezes rompeu ele com facilidade as ataduras. E que faria Dalila, vendo-se assim enganada? Queixou-se muito de Sansão, disse que sabia de certo que a não amava e fez-lhe este argumento: "Como dizes tu, Sansão, que me amas, se me mentiste três vezes?" (Jz 16,15). — Bem tirada consequência: mentiste-me, logo não me amas. A consequência é clara, porque amar é entregar o coração, mentir é encobri-lo. Bem se segue logo que quem não fala verdade não ama, porque, como há de entregar o coração quem o encobre? De maneira que da verdade de cada um pode julgar o príncipe o seu amor, com advertência porém, que não deve esperar, como Dalila, pela terceira mentira: "Se me mentiste três vezes?". — Pela primeira falsidade em que o vassalo for achado, há de cair logo da graça do príncipe, e cair para sempre. Parece demasiado rigor, porque a graça de Deus não se perde por qualquer mentira: bem pode um homem não falar verdade, e mais ficar em graça de Deus. Contudo, no príncipe não é bem que seja assim. Por quê? Porque para Deus, que conhece os corações, bem pode haver mentiras veniais; mas para quem os não conhece, todas é bem que sejam mortais, e que por todas se perca a graça. A graça consiste no amor: quem não fala verdade, não ama. Logo, onde se prova o desamor, bem é que se perca a graça. Perca-se a graça onde se provar o desamor, que é a mentira; ganhe-se a graça onde só se provar o amor, que é a

verdade, e andem juntos, como em S. João, o título de evangelista com o de amado.

Não sou amigo de deixar dúvidas na minha doutrina. Todos me estão pondo contra esta uma grande instância. S. Mateus, S. Marcos, S. Lucas também foram evangelistas; contudo, não alcançaram privilégios de amados: logo, S. João não foi amado por ser evangelista e, se foi amado por evangelista, qual é a maior razão? A maior razão é esta: porque S. João Evangelista, como notou S. Jerônimo, disse no seu Evangelho muitas coisas que os outros evangelistas deixaram de dizer; e dizer as verdades que os outros dizem não é ação que mereça singular amor, mas dizer as verdades que os outros deixam de dizer, quem isto faz merece ser singularmente amado. As verdades que disse S. Mateus disse-as S. Marcos, disse-as S. Lucas; as verdades que disse S. Marcos, disse-as S. Lucas, disse-as S. Mateus; as verdades que disse S. Lucas, disse-as S. Mateus, disse-as S. Marcos; mas muitas verdades que disse S. João não as disse S. Mateus, nem S. Marcos, nem S. Lucas: ele só as disse. E quem sabe dizer as verdades que todos os outros calam, ele só merece ser mais amado que todos. Não há de ser o amado quem cala as verdades que os outros dizem, senão quem diz as verdades que os outros calam. Assim o fez S. João, e por isso foi o singularmente amado: "Discípulo a quem Jesus amava".

§ IV

A segunda qualidade de valido que teve S. João, e a que eu admiro muito neste grande santo, é ser um valido que ficou assim: "Quero que fique assim". — Perguntou S. Pedro a Cristo: "Senhor, e este de quê?". Senhor, se a mim me fazeis príncipe da vossa Igreja, S. João, o vosso valido, que há de ser? Respondeu o Senhor: "Quero que fique assim". — Esta é, a meu ver, uma das grandes excelências do evangelista: ser um valido que ficou assim. Ser valido, e ficar logo de outra maneira, isso acontece a todos; mas ser valido, e ficar assim como dantes, é singularidade de S. João. S. Pedro, que media a S. João pelos outros validos, imaginava que havia de crescer muito com o valimento: "E este o quê?" — Mas S. João, que se media consigo, ficou-se assim como dantes era: "Quero que fique assim".

Uma das circunstâncias em que reparo muito na criação do mundo é formar Deus a Eva do lado de Adão. Não a pudera formar da cabeça, para que fora entendida? Não a pudera formar das mãos, para que fora executiva? Não a pudera formar dos pés, para que fora diligente? Pois por que a forma do lado? Porque o lado de Adão era a parte mais acomodada para o que Deus pretendia. Deus, de uma pequena parte de Adão, queria fazer subitamente uma Eva que fosse tão grande como ele; pois por isso a formou do lado, e não doutra parte, porque é propriedade dos lados crescer muito em pouco tempo. Ainda agora costa, é já Eva? Ainda agora uma parte tão pequena do lado de Adão, e já tão grande, como o mesmo todo de que era parte? Sim, porque a costa era parte do lado de Adão. Adão era príncipe universal de todo o criado, e não há coisa que mais cresça, nem mais depressa, que os lados dos príncipes. Veja-se em José com el-rei Faraó; veja-se em Amã com el-rei Assuero; veja-se em Daniel com el-rei Dario. E que, sendo tão natural o crescer nos lados dos príncipes, que S. João, que era o lado do maior príncipe do mundo, não tratasse de acrescentamento e se deixasse ficar assim: "Quero que fique assim"? Grande excelência do evangelista!

Três coisas há neste mundo que sempre crescem e nunca ficam assim: uma faz a natureza, outra faz a graça, outra faz a fortuna. A natureza, as palmas; a graça, os santos; a fortuna, os validos. A estatura da alma santa, diziam as outras almas suas companheiras que era semelhante à palma: "A tua estatura é assemelhada a uma palmeira" (Ct 7,7). — E por que mais à palma que a outro corpo bizarro e vistoso, de quantos criou nos campos a natureza? Por que todas as outras árvores, ainda que sejam os cedros mais gigantes do Líbano, têm limite no crescer e termo na estatura; só a palma não, sempre cresce. Tais são as almas dos santos. Como a virtude não tem termo, como a perfeição não tem limite, sempre estão crescendo na virtude, sempre estão subindo na perfeição, sempre se estão renovando e melhorando — "De claridade em claridade" (2Cor 3,18) — como diz S. Paulo. — Esta é a estatura das palmas alentadas pela natureza, esta é a estatura dos santos inspirados pela graça, e esta a estatura dos validos assoprados pela fortuna. Estatura que, por mais crescida e por mais remontada até as nuvens que a vejamos, sempre cresce mais e mais. E se não lembrai-vos dos três que agora dizia. Deu Jacó por bênção a José que crescesse sempre: "José, filho que cresce, filho que se aumenta" (Gn 49,22). — E onde se cumpriu esta bênção? Na privança e valimento de Faraó. Amã grão privado de Assuero, até o dia em que acabou, cresceu; e porque não teve mais para onde crescer, acabou. Pareceu desgraça e foi natureza, que assim acontece à palma, ou crescer ou acabar. Daniel, na privança de Dario, tendo subido a ser um dos três supremos príncipes de toda a monarquia, ainda o rei queria que crescesse mais, e que fosse ele só sobre todos: "Ora, o rei cuidava em o estabelecer sobre todo o reino". (Dn 6,4). — Ofenderam-se os grandes de tanto crescer, e o remédio que inventaram para que não crescesse mais Daniel, foi buscarem-lhe ocasião com que o tirassem do lado do rei. Não é frase só da nossa língua, senão do mesmo texto sagrado: "Motivo por que os príncipes e os sátrapas buscavam ocasião de o acusar em coisa que tocasse com o rei" (Ibid.). — Do lado o queriam tirar, porque do lado lhe vinha o crescer. Não sei que influências tem o lado do príncipe, que em todo este elemento em que vivemos, não há parte tão fértil e tão fecunda como aqueles dois pés de terra: tudo ali se dá, tudo ali medra, tudo ali cresce. Crescem os parentes, os amigos, os criados; crescem as honras, os postos, os títulos: cresce a casa, a fazenda, o regalo; cresce o poder, o domínio, o respeito, a adoração, e, sobretudo, cresce a estatura dos mesmos adorados. Ontem pigmeus, hoje homens, amanhã gigantes, o outro dia colossos. Pesa-me desta última comparação, porque quando lhes acrescentei a grandeza, lhe tirei a alma. Não assim o maior valido do maior príncipe, S. João: "Quero que fique assim". — Sempre ficou na mesma estatura, sempre se conservou do mesmo tamanho, e nem aparências de maioria lhe granjeou o lado.

Levantou-se questão entre os apóstolos "qual deles fosse maior?" (Lc 22,24). — Esta questão, a meu juízo, foi o maior louvor de S. João. Que seja S. João sem questão o valido, e que ainda esteja em questão quem é o maior! Grande louvor de valido! Naquela mesma hora e naquele mesmo lugar em que se levantou a questão, que foi à mesa da Ceia, tinha Cristo feito pública entrega do seu lado a S. João, e naquela mesma hora, e naquela mesma mesa se tinha S. Pedro valido de sua valia, para saber por ele o segredo do traidor, e ele o tinha perguntado a Cristo. Pois, se o valimento de S. João estava tão declarado, se o lado do seu príncipe lhe estava tão publicamente entregue todo, e só a ele, como duvidam ainda os apóstolos e contendem sobre qual dos doze é o maior? Não está claro que o maior entre todos é João? Assim havia de ser, se João não fora um valido que ficou assim. Era S. João tanto do seu tamanho sempre, tão medido com a sua estatura e tão igual só consigo que, por mais que cresciam os valimentos, ele sempre se ficava assim como dantes era: na valia era, sem contenda, o maior, mas na maioria, como os demais: "qual deles fosse maior". — E notai que a contenda, em rigor não foi sobre quem era o maior, senão sobre "Quem o parecia". — E tinha crescido e medrado tão pouco S. João com o seu valimento, que todos os outros apóstolos não só podiam pleitear com ele a maioria, senão ainda as aparências. De sorte que no cume da sua privança, e no mais subido e remontado do seu valimento, não só não era maior, mas nem o parecia: "Quem o parecia". — Só isto é ficar assim.

Mas neste ficar assim de S. João, quem ficou mais acreditado, o lado ou o valido? Eu cuido que ambos. Assim como nos validos, que não ficam assim, tanto é o descrédito dos validos como o dos lados, assim neste grande valido, que ficou assim, tão acreditado ficou o lado como o valido. Não fiava tão delgado como isto a mãe de S. João e, fiada no sangue que corre pelas veias, pediu a Cristo para cada um de seus filhos um dos lados, e uma das maiores cadeiras do reino: "Dize que estes meus dois filhos se assentem no teu reino, um à tua direita e outro à tua esquerda" (Mt 20,21). — Não deferiu Cristo por então, mas a seu tempo de a metade desta petição fez dois despachos: deu um lado a S. João e deu uma cadeira a

S. Pedro. Pois, se a mãe pedia para S. João a cadeira e mais o lado, por que lhe não deu Cristo o lado e mais a cadeira? E já que lhe não quis dar ambas as coisas que pedia, senão uma só, por que lhe não deu a cadeira, senão o lado? Deu-lhe o lado, e não a cadeira, para acreditar o lado; e deu-lhe o lado, sem a cadeira, para acreditar a S. João. Se Cristo, amando a S. João mais que a todos, lhe não dera o lado, senão a cadeira, mostrava que estimava mais a cadeira que o lado, e era desacreditar o lado: e se lhe desse o lado e a cadeira juntamente, mostrava que S. João não só estimava e queria o lado, senão também a cadeira: e era desacreditar a S. João. Por isso lhe não deu a cadeira, senão o lado, e por isso lhe deu o lado sem a cadeira. Querer antes a cadeira que o lado é afrontar o valido; querer o lado e não querer a cadeira, é honra do valido e mais do lado. Isto é o que ninguém faz, isto é o que fez João, e isto o que Cristo queria: que fosse seu valido S. João, e que, sendo valido seu, se ficasse assim: "quero que ele fique assim".

§ V

A terceira qualidade admirável que resplandece no Evangelista foi ser um valido que fez do segredo ignorância. Um dos argumentos de seu valimento, que S. João alega neste Evangelho, foi perguntar a Cristo: "Quem era o que o havia de entregar?" (Jo 21,20). — Respondeu-lhe o Senhor que era Judas, e acrescenta o evangelista que "Isto ninguém o soube dos que estavam à mesa". (Jo 13,28). — Logo não o soube o mesmo S. João, que era um dos que estavam a ela. É consequência de Santo Agostinho. Pois, se Cristo o disse a S. João, como é possível que S. João o não soubesse? Claro está que o soube. Pois, se o soube S. João, como diz que o não soube: "Isto ninguém o soube"? — A razão é esta: porque o que Cristo disse a S. João, disse-lho em segredo, e S. João o que sabe em segredo não o sabe. Nos outros homens o saber em segredo é saber: em S. João o saber em segredo é ignorar: "Ninguém o soube". — Nenhum segredo é segredo perfeito senão o que passa a ser ignorância, porque o segredo que se sabe pode-se dizer; o que se ignora, não se pode manifestar. Esta é a causa de os homens comumente não saberem guardar segredos, porque encomendam o segredo à memória, sendo que o haviam de encomendar ao esquecimento. O segredo encomendado à memória corre perigo; o segredo encomendado ao esquecimento está seguro. A razão é porque o segredo encomendado à memória é cautela, e o que se guarda com cautela pode-se perder; o segredo encomendado ao esquecimento é ignorância, e o que se ignora totalmente não se pode manifestar. Logo, o perfeito segredo é só o que chega a ser ignorância, e tal era o de S. João: "Isto ninguém o soube dos que estavam à mesa". — Busquei prova a este pensamento, e só em um Homem-Deus a achei.

Fala Cristo da incerteza do dia do Juízo, e diz assim: "O dia do Juízo ninguém o sabe: nem os anjos, nem o mesmo Filho do homem" (Mc 13,32). — Este texto é um dos mais dificultosos que tem o Testamento Novo, tão dificultoso que se cansaram nele todos os quatro doutores da Igreja contra a heresia dos arianos. Dizer Cristo que nem o mesmo Cristo sabe quando há de ser o dia do Juízo: notável proposição! Cristo enquanto Deus, sabe quando há de ser o dia do Juízo, porque a ciência divina é comum e igual em todas as três divinas pessoas; Cristo enquanto homem também sabe quando há de ser o dia do Juízo, porque, ainda que a ciência de Cristo enquanto homem não é infinita, é universal e perfeitíssima, e conhece todos os futuros e decretos divinos. Pois, se Cristo enquanto Deus e enquanto homem sabe quando há de ser o dia do Juízo, por que diz que o não sabe: "O dia do Juízo ninguém o sabe, nem o Filho"? — A exposição deste passo mais recebida de todos os doutores é esta: porque, ainda que o Filho de Deus sabia muito bem quando havia de ser o dia do Juízo, sabia-o de maneira que não queria revelar este segredo aos apóstolos, e nas pessoas divinas, como Cristo, o saber em segredo é ignorar. S. Hilário: "O que o Filho do homem não sabe, ele o cala porque é segredo"[5]. O que Cristo chama ignorância do dia do Juízo, não é ignorância, é segredo — mas chama-se o segredo ignorância, porque nas pessoas divinas o encobrir é como o ignorar. O mesmo passou em S. João — que dele e de Deus falam com o mesmo estilo os evangelistas: — quis dizer que encobrira, e disse que ignorara: "Isto ninguém o soube dos que estavam à mesa".

Ainda não está encarecido o fino do segredo de S. João. Tornemos ao nosso texto: "Que estivera reclinado sobre o peito do Senhor, e lhe perguntara: Senhor, quem é o que te há de entregar?" (Jo 21,20). — Diz S. João que viu S. Pedro aquele discípulo amado do Senhor, o qual na ceia esteve reclinado sobre seu peito, e lhe perguntou quem era o traidor. Reparo. Parece que S. João não havia de dizer que era aquele que perguntou a Cristo quem era o traidor, senão que era aquele a quem Cristo disse quem era o traidor. Fundo a dúvida, porque o intento de S. João era provar que ele era o amado de Cristo, e o amor de Cristo para com S. João não se prova com S. João perguntar o segredo a Cristo, senão com Cristo revelar o segredo a S. João. Pois, se Cristo revelou o segredo a S. João, por que não diz S. João que Cristo lhe revelou o segredo? Por que diz somente que ele lho perguntou: "Senhor, quem é o que te há de entregar"? — Não se podia subir a mais em matéria de segredo. Foi tão escrupuloso valido em matérias de segredo S. João que nem quis dizer os segredos que lhe disseram, nem quis dizer que lhe disseram segredos. Que os perguntara, sim; que lhos disseram, não. Não dizer um homem o segredo que sabe é muito; mas não dizer que sabe o segredo é muito mais. Por quê? Porque não dizer o segredo que sabe é guardar segredo às coisas; mas não dizer que sabe o segredo é guardar segredo ao segredo. A vista de S. Paulo se verá melhor esta fineza de S. João. A S. Paulo arrebatou-o Deus ao terceiro céu, e revelou-lhe grandes segredos: "Ouvi segredos que se não podem contar" (2Cor 12,4). — Ora, vede quanto vai de S. Paulo a S. João. S. Paulo não disse os segredos que ouvira, mas disse que ouvira segredos: "Ouvi segredos que se não podem contar". — S. João não disse os segredos que lhe disseram, nem disse que lhe disseram segredos; que os perguntara só disse: "Senhor, quem é o que te há de entregar?". — S. Paulo guardou segredo às coisas, porque não disse as revelações, mas não guardou segredo ao segredo, porque disse que lhas revelaram. S. João guardou segredo às coisas, porque não disse quem era o traidor, e guardou segredo ao segredo, porque não disse que lhe descobriram quem era. Que muito, logo, que sendo tão secretário S. João, fosse tão valido! "O discípulo a quem Jesus amava. E disse: Senhor, quem é o que te há de entregar?"

§ VI

A quarta e última boa parte que admiro em S. João é ser valido que quis a graça por amor da graça. Logo me explicarei mais. No Sacramento da Eucaristia deixou Cristo as fontes de sua graça, mas é muito de reparar que não quis Cristo que ficasse ali a substância do pão. Fundo o reparo. Menos milagres eram necessários para estar o corpo de Cristo e a substância de pão juntamente que para estar o corpo de Cristo sem a substância de pão. Pois, se com menos milagres se podia fazer cabalmente o mistério, Deus, que sempre acurta de milagres, por que não quis que ficasse a substância do pão no Sacramento? Eu não vos direi a verdadeira razão, mas dir-vos-ei uma moralidade muito verdadeira. Todos os Sacramentos são instrumentos da graça, e este de mais graça que todos; e não quis Cristo que a graça se desse junta com o pão, nem que o pão andasse junto com a graça. O maior abuso e o maior risco que tem a graça dos príncipes, é andarem o pão e a graça juntos. Se no altar se dera o pão a moios, ainda que não fora consagrado, muitas comunhões se haviam de fazer por amor do pão que se não fazem por amor da graça. Querer a graça por amor da graça é devoção; querer a graça por amor do pão é fome. Por isso há tantos faminotos, ou tantos esfaimados da graça. Todos querem ser cheios de graça, mas não de graça vazia: "A graça de Deus não tem sido vã em mim" (1Cor 15,10) — dizia S. Paulo, em bem mais honrado sentido. A graça há de ser para vós encherdes as obrigações da graça, e não para a graça vos encher a vós, ou vós vos encherdes com ela. Então seria a graça menos custosa a quem a dá e mais bem avaliada em quem a logra. Por isso Cristo não quis que o pão andasse junto com a graça. Mas porque os onipotentes do mundo não fazem esta separação como puderam, sem grande milagre, chegou a graça a transubstanciar-se tanto no pão, que ninguém busca já a graça por amor da graça, senão a graça por amor do pão; e pela medida do pão, ou pelo pão sem medida, se avalia a graça. Por que tem hoje mais pão que todos quem ontem não tinha um pão? Porque está mais na graça que todos. Oh! que grosseria tão grande! Mas que bem acudiu Cristo a este inconveniente! No mesmo Sacramento, ainda que não está pão quanto à substância, está pão quanto aos acidentes; porém a graça não se mede com o pão. Muitas vezes quem comunga uma hóstia muito grande leva pouca graça e quem comunga uma partícula muito pequena leva muita graça, para que entendam os homens que a graça não se deve medir com o pão.

Oh! que bem governado andaria o mundo, se víssemos pobres de pão os que vemos ricos da graça! Mas só na de Deus é isto: na graça dos homens, querem eles que seja de outra maneira. Ninguém teve mais graça com o seu príncipe que Davi com Jônatas. E qual foi a prova dessa graça? O texto sagrado diz: "Despojou-se Jônatas de seus vestidos, e deu-os a Davi" (1Rs 18,4). — De sorte que a prova da graça do príncipe são os despojos: "Despojou-se". — Notável coisa! Que cuidem os homens que não tem a graça do príncipe, senão quem lhe leva até os vestidos! E que tenha a graça despojos, como se fora guerra! Os despojos são sinais de haver vencido ao inimigo; e que a graça dos amigos dos príncipes tenha os mesmos sinais! Por isso eu temo que este modo de conquistar a graça é fazer guerra: só quem faz guerra quer despojos. Quem conquista a graça pela graça contenta-se com o coração. Veja-se no nosso Evangelista. Conquistou a graça de Cristo; e veio-se a rematar a conquista em quê? Em lhe render Cristo o coração: "Reclinou-se sobre o seu peito". — Muito estimou S. João o coração do seu príncipe; mas estimou-o, porque se lhe rendeu e não porque lhe rendia. O coração do príncipe há-se de estimar pelo rendimento e não pelas rendas; há-se de estimar nele o rendido, e não o rendoso. Só S. João soube estimar a graça do príncipe como se há de estimar: a graça por amor da graça, e nada mais.

Três ou quatro vezes fala S. João em si neste Evangelho, e sempre se chama aquele discípulo; nunca se chama João: "aquele discípulo". Pois, por que se não chama S. João pelo seu nome? Apertemos a dúvida. S. João neste Evangelho fala em Cristo, fala em Pedro e fala em si: a Cristo chama-lhe Cristo, a Pedro chama-lhe Pedro, mas a si não se chama João. Pois se a Cristo chama Cristo, e a Pedro Pedro, a João por que lhe não chama João? A razão é porque João quer dizer graça; e amou S. João a graça tanto por amor de si mesma, que nem o nome de graça quis ter com ela. Os que amam a graça dos príncipes mais desinteressadamente, ao menos querem com a graça o nome, querem com a graça as vozes; mas S. João amou a graça do seu príncipe tão finamente desinteressado, que quis a graça ainda sem o nome, quis a graça ainda sem as vozes. Por isso calou o nome de João, porque era nome de graça. A graça por amor da graça: este é o timbre do Evangelista.

O mais fino amor da graça consente consigo outro amor, que é amor à graça por amor da glória. Só S. João passou adiante, e até do amor da glória quis separar o amor da graça. Moisés dizia a Deus: "Se encontrei graça aos vossos olhos, mostrai-me o vosso rosto" (Ex 33,13) — em que consiste a glória. — E S. João, que dizia? "Vimos a sua glória, como glória do Unigênito do Pai, cheio de graça" (Jo 1,14). — De sorte que Moisés amava a graça de Deus como graça de um Deus cheio de glória; e S. João amava a glória de Deus como glória de um Deus cheio de graça. Vai muito de uma consideração à outra, porque amar a graça por amor da glória é querer gozar o prêmio; amar a glória por amor da graça é querer segurar o amor. Qual é a melhor coisa que tem a bem-aventurança? A melhor coisa que tem a bem-aventurança, não é o gozar a glória, é o segurar a graça, porque os bem-aventurados não podem perder a graça de Deus; e isto é o que considerava S. João. Moisés considerava a graça como penhor da glória; S. João considerava a glória como seguro da graça. O amor de Moisés era interessado, porque ordenava a graça à glória, encaminhava o amor à vista. O amor de S. João era fino e puro, porque queria a graça por amor da graça, queria amar sem atenção a ver.

Daqui se entenderá um mistério grande e nunca assaz entendido do nosso Evangelho? "Aquele discípulo que Jesus amava, que ao tempo da ceia estivera até reclinado sobre o peito do Senhor" (Jo 21,20). — Encarece S. João o amor que havia entre ele e Cristo, e para prova desse amor diz que adormeceu sobre o peito do Senhor. Boa prova de amor, por certo! Amar é desvelo, adormecer é descuido. Pois, como pode ser que o descuido seja prova de desvelo e que o adormecer seja prova do amar? Adormeceu, logo amou: é boa consequência esta? Sim, porque S. João adormeceu com o peito reclinado sobre o peito de Cristo, e não pode haver mais fino nem mais provado amor que aquele que entrega o coração e fecha os olhos. Entregar o coração com os olhos abertos é querer a vista por prêmio do amor; entregar o coração com os olhos fechados é não querer no amor nem o prêmio da vista. Donde se infere claramente que teve mais perfeita circunstância o amor de S. João que o amor dos bem-aventurados, porque os bem-aventurados amam com os olhos abertos; S. João amou com os olhos fechados. Os bem-aventurados amam com as satisfações da vista; S. João ama sem os interesses de ver. Se é boa a minha consequência, digam-no os mesmos serafins da glória. Via Isaías os dois serafins que assistem ao trono de Deus, e diz que "com duas asas voavam, e com outras duas cobriam o rosto" (Is 6,2). — Pois, se todos os anjos estão sempre vendo a Deus, como cobriam estes serafins os olhos? É que como os serafins no céu são por antonomásia os amantes, queriam, ao menos na representação, oferecer a Deus um amor mais fino que o dos outros espíritos bem-aventurados. E amor mais fino que o amor dos bem-aventurados é abrir o coração e fechar os olhos: "Com duas voavam": eis aí o coração aberto; "Com duas velavam": eis aí os olhos fechados. Os outros Bem-aventurados amam com o coração aberto e com os olhos abertos; mas os Serafins, que os vencem no amor, amam com o coração aberto e com os olhos fechados. Bem assim como S. João, de quem aprenderam esta fineza: "O discípulo a quem Jesus amava, que reclinou sobre o peito do Senhor".

§ VII

E como em S. João havia tantas qualidades de amante e tão grandes partes de valido, que muito que o amasse tanto o príncipe da glória, Cristo, que muito que o amasse tanto o príncipe da Igreja, Pedro! Para que acabemos por onde começamos, o maior encarecimento que se pode dizer de um valido é o que disse Cúrcio de Epaminondas, privado de Alexandre Magno: "Ele fez muito grandes coisas sem o rei, e o rei sem ele nenhuma grande coisa fez"[6]. Foi tão grande homem Epaminondas que, sendo valido de Alexandre Magno, ele fez muito grandes coisas sem Alexandre; Alexandre nenhuma coisa grande fez sem ele. — Outro tanto podemos dizer de S. João, com toda a propriedade: sendo valido, não de Alexandre, mas do mesmo Cristo, João fez muitas coisas grandes sem Cristo visivelmente presente; Cristo não fez as maiores coisas sem João. S. João sem Cristo venceu os tormentos de Roma, sem Cristo bebeu os venenos de Éfeso, sem Cristo padeceu os desterros de Patmos, sem Cristo converteu e reduziu a Cristo a Ásia, sem Cristo ensinou a todo o mundo e propagou a lei do amor de Cristo. Grandes coisas fez S. João sem Cristo: "Ele fez muito grandes coisas sem o rei". — Pelo contrário, Cristo sem São João apenas fez coisa grande. Fez Cristo o primeiro milagre nas bodas, e aí estava S. João. Ressuscitou Cristo a filha do Príncipe da Sinagoga, e levou consigo a S. João. Instituiu Cristo o Santíssimo Sacramento da Eucaristia, que foi a maior de suas maravilhas, e tinha a S. João sobre o peito. Transfigurou-se Cristo no Tabor, e S. João assistiu naquela glória. Derramou sangue Cristo no Horto, e S. João acompanhou-o naquela pena. Enfim, remiu Cristo o mundo morrendo na cruz, e não teve outrem a seu lado, senão S. João: "E o rei sem ele nenhuma grande coisa fez".

E se isto sucedeu ao Príncipe da glória, que muito que ao Príncipe da Igreja acontecesse o mesmo? Arrojou-se S. Pedro ao mar para buscar a seu Mestre, mas S. João foi o que lhe mostrou a Cristo. Quis saber S. Pedro na ceia quem era o traidor, mas S. João foi o que perguntou. Atreveu-se S. Pedro a entrar no átrio do pontífice, mas S. João foi o que o introduziu. Resolveu-se S. Pedro a reconhecer a sepultura de Cristo, mas S. João foi o que o guiou. De maneira que o Príncipe da glória e o Príncipe da Igreja, ambos se valiam de S. João, mas com esta diferença: o Príncipe da glória valia-se de S. João como de valido, o Príncipe da Igreja valia-se de S. João como de valedor. E o nosso Príncipe, como? Por ambos os títulos. Tem V. A., Senhor, em S. João, valido e valedor: valido para a devoção, valedor para a necessidade. Restituiu Deus a V. A. a seus reinos em tempo que é necessário defendê-los com a espada na mão. Deu a fortuna a V. A. por competidor um príncipe Baltasar, tão poderoso como o de Babilônia. Mas sabida coisa é que bastaram três dedos com uma pena para fazer tremer a Baltasar. Oh! que acomodada empresa para o nosso príncipe! Três dedos de S. João, com uma pena e uma letra que diga: "Contra Baltasar é bastante". — Com amor e entendimento tudo se acaba. Esta pena é da fênix do amor, esta pena é da águia dos entendimentos. Com esta pena se escreverá a sentença de uma demanda tão justa; com esta pena se confirmarão as escrituras de nossa conservação; com esta pena se farão autênticos os vaticínios, que tão gloriosamente falam da coroa de V. A. neste feliz reinado. Finalmente — que finalmente aqui vem a parar tudo — com esta pena, que é de um evangelista que tem por nome graça — se firmarão a V. A., depois de cumpridíssimos anos, os decretos da glória.

SERMÃO DA
Segunda Dominga da Quaresma

❧

"Tomou Jesus consigo a Pedro, e a Tiago, e a João, e os levou à parte,
a um monte alto, e transfigurou-se diante deles."
(Mt 17,1s)

No domingo da Transfiguração, início da Quaresma, Vieira põe um monte, o da tentação, à vista do outro, o da Transfiguração, comparando as glórias do mundo com as glórias do céu. A luz do sol pura e sem mancha desse dia, que é tanto para cada um como para todos, e que toda se goza junta e não por partes, mostrará as diferenças de umas e outras glórias. Os bens do mundo são misturados com males e os do céu são sem mistura: a mesma natureza o ensina e os exemplos de Salomão e Carlos V e das Escrituras o confirmam, por um lado, e os santos Agostinho e Boaventura, por outro. Dos bens do mundo, quando muito, logra cada um os seus; no céu logra cada um os seus e mais os de todos: antes de haver meu e teu, havia amor; depois, acabou o amor. Entesourai para vós no céu: o sacramento da Eucaristia é penhor e figura da glória. No céu há ver e gozar a Deus (glória essencial) e há gozar-se da mesma glória dos que veem a Deus. A fé e o entendimento onde estão?

§ I

Às portas quase da Terra de Promissão, mandou Moisés apregoar em dois montes altos e opostos — com vozes que todo o exército imenso dos filhos de Israel, estendido pelos campos, milagrosamente ouvia — em um, chamado Garizim, as felicidades dos que guardassem a lei de Deus, e em outro, que se chamava Hebel, as maldições e desgraças dos que a não guardassem. Tais se me afiguram nesta entrada da Quaresma os dois montes, também muito altos, e não só opostos mas totalmente contrários, cuja história evangélica neste domingo, e no passado, nos representou e representa a Igreja. No primeiro monte o demônio, que ainda se chamava príncipe deste mundo, "mostrou a Cristo todos os reinos do mesmo mundo, e todas as suas glórias" (Mt 4,8). — No segundo, Cristo, verdadeiro rei e Senhor do céu, mostrou a alguns discípulos seus mais familiares, não todo o reino, nem toda a glória do mesmo céu, porque não eram capazes de a ver os olhos humanos, mas alguma parte dela: "E transfigurou-se diante deles" (Mt 17,2). — Oh! quanto vai de monte a monte! Oh! quanto vai de reinos a reino! Oh! quanto vai de glórias a glória! Também um destes montes, e com mais razão, se podia chamar o das felicidades, e outro o das maldições. E também está bradando o pregão, em cada um deles, que as felicidades estão guardadas para os que guardarem a lei de Deus, a que Cristo transfigurado nos anima com a vista da glória do céu; e as maldições, do mesmo modo, estão aparelhadas para os que desprezam e quebrantam a mesma lei, a que o demônio tentador nos incita com a falsa aparência das glórias do mundo.

Como ambos estes montes são de glória, posto que tão diversas, a cada um deles responde a sua assunção. Ao primeiro, "Tomou-o o diabo" (Mt 4,5); ao segundo, "Tomou Jesus consigo a Pedro, e a Tiago, e a João" (Mt 17,1). — É certo que bastava ser uma assunção do diabo, e outra assunção de Jesus, para todos amarem e desejarem a assunção de Jesus, e abominarem e renegarem da assunção do diabo. Mas que é o que vemos? O caminho do Monte Tabor, por onde se vai à glória do céu, deserto, e quase sem haver quem o pise; e a estrada do outro monte sem nome, por onde se vai às glórias do mundo, cheia e rebentando de gente de todos os estados, ainda daqueles que professam o desprezo do mesmo mundo! Lá disse Davi que todo o homem que tem fé e entendimento, o que faz muito de propósito neste vale de lágrimas é dispor a sua ascensão: "Dispôs ascensões no seu coração, neste vale de lágrimas, no lugar que Deus destinou para si" (Sl 83,6s). — Pois, se todos desejamos, e esperamos que a nossa ascensão e assunção seja para gozar eternamente as verdadeiras felicidades da bem-aventurança, como deixamos o caminho do monte por onde Cristo nos guia à glória do céu, e seguimos com tanta ânsia e contenda, não digo já a estrada, senão os precipícios, por onde o demônio, debaixo do falso nome de glórias do mundo, nos leva às maldições do inferno?

Ora, eu com a graça divina quisera hoje desfazer esta cegueira, que tantas almas tem enganado e perdido, as quais nesta vida a não conheceram, e agora sem nenhum remédio a choram. A este fim porei um monte à vista do outro monte e umas glórias à vista da outra glória: o monte da tentação à vista do monte da Transfiguração, e as glórias do mundo à vista da glória do céu, comparando, não bens com males, senão bens com bens. Por este meio, mais clara e manifestamente que por nenhum outro, se verá a diferença dos falsos aos verdadeiros; e já que os nossos entendimentos e vontades andam tão enganados, ao menos nos desenganarão os olhos. A luz da divina graça se sirva de no-los abrir e alumiar por intercessão da cheia de graça: *Ave Maria*.

§ II

Posto o monte da tentação, com as glórias do mundo, à vista do monte da Transfiguração, com a glória do céu, quem nos mostrará a diferença dos bens que se prometeram no primeiro monte e se prometem no segundo, senão quem se achou em ambos, tentado em um e transfigurado no outro? Esta mesma dúvida tiveram muitos, que refere Davi, os quais perguntavam: — "Muitos dizem: Quem nos mostrará os bens?" (Sl 4,6). — E responde o mesmo profeta que o lume do rosto do Senhor no-los mostraria: "Gravado está, Senhor, sobre nós o lume do teu rosto" (Sl 4,7). — Nunca o rosto de Cristo, Senhor nosso, esteve mais alumiado e mais luminoso que neste dia de sua Transfiguração, em que "resplandeceu o seu rosto como o sol" (Mt 17,2). — E em sinal de que logo aqui se viram os bens, disse S. Pedro em nome de todos, "Bom é que nós estejamos aqui" (Mt 17,4). — Sendo, pois, o lume do rosto de Cristo o que nos há de mostrar os bens, e sendo o lume do mesmo rosto como o do sol, três coisas acho no lume do sol que, tão claramente como a luz do mesmo sol, nos podem mostrar a grande diferença que há entre os bens da glória do céu e os que também se chamam bens das chamadas glórias do mundo. O lume do sol é puro e sem mancha; é tanto para cada um como para todos; e todo se goza junto, e não por partes. Nestas três propriedades, pois, do lume do sol, nos mostrará o rosto de Cristo três diferenças dos bens do céu aos do mundo, que também serão os três pontos do nosso discurso. No primeiro veremos que os bens do mundo são bens com mistura de males, e só os bens do céu são puros e sem mistura; no segundo, que dos bens do mundo, quando muito, logra cada um os seus, e nos bens do céu logra cada um os seus, e mais os de todos; no terceiro, que os bens do mundo, se chegam a se gozar todos, é sucessivamente e por partes; porém, os bens do céu sempre, todos e juntamente. Prometi que tudo isto veríamos com os olhos, e posto que a matéria de alguns destes pontos seja superior a todos os sentidos, a luz da Transfiguração a fará tão clara como o mesmo sol.

§ III

Diz a primeira diferença da nossa proposta que todos os bens do mundo são bens com mistura de males, e só os bens do céu bens puros e sem mistura. E assim é. Quando Deus, nosso Senhor, fabricou este grande edifício do universo, dividiu-o em três partes: uma na terra, que é este mundo em que vivemos; outra debaixo da terra, que é o inferno; outra acima da terra, que é o céu: e em todas estas três regiões repartiu os bens e os males, mas com grande justiça e diferença. No inferno há só males, sem bens; no céu há só bens, sem males; na terra há bens e males juntamente. E por que razão? No inferno há só males, porque há só maus; no céu há só bens, porque há só bons; e na terra, onde andam de mistura os bons com os maus, era justo que andassem também misturados os bens e os males.

A primeira mestra desta verdade é a mesma natureza em tudo o que criou para o homem. No maior mimo dos sentidos, que é a

Rosa, cercando-a de espinhos, nos deixou, diz S. Ambrósio, um claro e desenganado espelho desta deliciosa e dolorosa mistura: "O espinho circunda a graça da flor, como que mostrando em espelho a vida humana, a qual muitas fere a suavidade da existência com os espinhos dos cuidados que lhe são próprios"[1]. A mesma consideração seguiu e adiantou Boécio, o qual, ajuntando ao exemplo da beleza o da doçura, cantou ou chorou elegantemente: "O espinho arma a rosa e as abelhas defendem o mel"[2]. — E assim como não há nesta vida rosa sem espinho nem mel sem abelha, assim não há pérola sem lodo, nem ouro sem fezes, nem prata sem liga, nem céu sem nuvem, nem sol sem sombra, nem lume sem fumo, nem triaga sem veneno, nem monte sem vale, nem quantidade sem peso, nem enchente sem minguante, nem trigo sem palha, nem carne sem osso, nem peixe sem espinha, nem fruta, por saborosa que seja, sem caroço ou casca que deitar fora. No mesmo tempo, de que se compõe a nossa vida, não há verão sem inverno, nem dia sem noite. E nesta mesma semelhança é tanta a diferença que, para haver verão e inverno, é necessário um ano, e para haver noite e dia, são necessárias vinte e quatro horas, mas para haver mal e bem, basta um só momento.

Os gentios sem fé, ensinados só da experiência, disseram que Deus tinha dois tanques, um de mel, outro de fel, e que nenhuma coisa mandava aos homens que não viesse passada por ambos, e que esta era a causa por que em todas as que chegavam à terra vinha a doçura do bem misturada com a amargura do mal. Não puderam falar mais ao certo se tiveram lido a Davi. Diz o real profeta que Deus tem na mão um cálix, pelo qual dá de beber aos homens, cheio de vinho puro e misturado: "Na mão do Senhor está o cálix de vinho puro, cheio de uma mistura" (Sl 74,9). — Repara e pergunta Santo Agostinho: "Como puro, se misturado?"[3]. — Se o vinho era puro, como era misturado, e, se era misturado, como era puro? Porque não há bem natural, e deste mundo, ainda que dado pela mão de Deus, por mais puro e defecado que seja, que não traga em si e consigo alguma mistura de mal. O vinho é aquele cordial simples, medicado pela natureza para alegrar o coração humano; mas não há alegria ou causa de alegria, tão contrária e alheia de toda a tristeza que não dê que penar ao coração. Se ri, o riso será misturado com dor; se gosta, o gosto será metido entre pesares. Assim o deixou em provérbio Salomão, de presente como experimentado, e de futuro como profeta: "O riso será misturado com a dor, e aos fins do gosto sucede a tristeza" (Pr 14,13).

E, pois, nomeamos o mais sábio de todos os homens e o mais opulento e delicioso de todos os reis, ele nos dirá o verdadeiro conceito que fez, e nós devemos fazer, dos bens do mundo. Eu me resolvi — diz Salomão — a me dar a todas as delícias e gozar todos os bens desta vida: "Eu disse no meu coração: Irei, e engolfar-me-ei em delícias, e gozarei de toda a casta de bens" (Ecl 2,1). — Com este pressuposto, querendo, podendo e sabendo fazer quanto quisesse, porque ninguém pode tanto, nem quis mais, nem soube melhor que Salomão, vede o que faria? Fabricou um palácio real em Jerusalém que, depois do templo que ele edificara, foi o segundo milagre; no monte Líbano traçou vários retiros e casas de prazer, em que de mais de se ver junto todo o raro e curioso do mundo, a amenidade dos jardins, a frescura das fontes, a espessura dos bosques, a caça e montaria de aves e feras, e até as sombras no verão e os sóis no inverno excediam com a arte a natureza; o trono de marfim em que dava audiência, e a carroça chamada *ferculo*, em que passeava, eram de tal arquitetura e preço, que faz particular descrição deles a Escritura; às galas de Salomão o mesmo Cristo lhes chamou glória; os tesouros de ouro e prata que ajuntou eram imensos; os gados maiores e menores, que naquele tempo também eram riquezas dos reis, não tinham número; os cavalos estavam repartidos em quarenta mil presépios; a suntuosidade da mesa, para a qual concorriam diversas províncias, e a majestade, grandeza e ordem dos oficiais e ministros, com que era servido, foi a que encheu de pasmo a rainha Sabá; as baixelas e vasos eram de ouro, as músicas de vozes esquisitas de ambos os sexos, e os cheiros e aromas com que tudo rescendia quanto cria e exala o Oriente. Não falo na qualidade e gentileza das damas, filhas de príncipes, e escolhidas em diferentes nações, entre as quais só as que tinham nome e estado de rainhas eram sessenta, servidas todas com aparato e magnificência real. Tudo isto gozava Salomão em suma paz e com igual fama, sem inimigo ou receio que lhe desse cuidado, e em tudo se empregava com tal aplicação e excesso, que ele mesmo confessa de si que nenhuma coisa viram seus olhos, nem inventaram seus pensamentos, nem apeteceram seus desejos que lhes negasse: "E não neguei aos meus olhos coisa alguma de todas quantas eles desejaram, nem proibi ao meu coração que gozasse de todo o prazer" (Ecl 2,10). — Estando, pois, nestas felicidades de Salomão não só recopilados mas estendidos todos os bens do mundo, saibamos por fim que conceito fez deles. Ele o diz, e em bem poucas palavras: "Voltando os olhos a tudo quanto minhas mãos tinham feito, e aos trabalhos nos quais debalde suara, vi em todos eles vaidade e aflição de ânimo" (Ecl 2,11). Voltando os olhos a tudo quanto tinha feito, em que debalde tinha trabalhado e suado — feito, diz, e trabalhado e suado, e não gozado, porque tudo o que gozou foi "debalde" — e o que vi e achei em tudo é que tudo é "vaidade e aflição de ânimo". — Logo, se todos os bens do mundo são vaidade, como podem ser verdadeiros bens? E já que lhes concedemos o nome de bens, se todos causam aflição do ânimo, como podem ser bens sem mistura de males?

Mas porque não cuide alguém que do tempo de Salomão para cá terão mudado os bens do mundo ou melhorado de natureza, ouçamos outro grande oráculo, quase de nossos dias. Quando o imperador Carlos Quinto fez aquela grande ação, em que teve poucos a quem imitar e terá menos imitadores, de renunciar o império, dando as causas desta retirada depois de tantas vitórias, confessou com lágrimas, diante de todo o senado de Bruxelas, que a principal, ou uma das principais, fora "porque em todo o tempo" — diz — "de minha vida", depois que pus na cabeça a coroa, "nem um só quarto de hora tive de pura e verdadeira alegria, senão sempre misturada com cuidados, aflições e dores"[4]. — E se esta triste mistura experimentaram nas maiores felicidades do mundo, entre os reis, Salomão, e entre os imperadores, Carlos, que poderão dizer das suas particulares ainda os mais bem vistos da fortuna?

§ IV

Grandes foram as que sonhou José, e saíram-lhe tão verdadeiros os sonhos que, de vendido e escravo se viu vice-rei do Egito, e com tal autoridade e poderes que só no nome e na coroa o precedia o rei. Tudo governava, tudo mandava José, tudo lhe obedecia, com nunca vista nem esperada felicidade; mas onde? No Egito. Ninguém é nem pode ser feliz com a alma noutra parte. O corpo, o poder e a dignidade estavam no Egito; a alma, o amor e a saudade andavam peregrinando em Canaã, com que toda aquela aparência dos maiores bens da fortuna vinham a ser suplício e desterro. No Egito vivo, na pátria morto; no Egito aplaudido, na pátria chorado; no Egito dando de comer ao mundo, na pátria comido das feras; no Egito tudo, na pátria nada. Ainda que José não fora levado ao Egito para escravo, senão para vice-rei, igualmente ia vendido, porque muito melhor fortuna era para ele estar em casa de Jacó, sendo o filho mais mimoso do pai, que na corte e no palácio de Faraó, sendo o primeiro ministro e o mais valido do rei. Abra os olhos o mundo, e não se contente com ver os homens por fora; penetre-os também e considere-os por dentro, e achará que andam nele tão contrapesados os males com os bens que, ainda em comparação dos maiores, se pode pôr em balança se pesam mais os males.

De José foi pai Jacó, também assaz ditoso. A que Jacó teve pela maior ventura de sua vida foi quando, ao cabo de tantos anos de servir, alcançou por prêmio a companhia de Raquel. Se o que muito se deseja muito se preza, se o por que muito se trabalha muito se estima, nenhum gosto, nenhuma alegria teria jamais quem tanto amava que se igualasse com esta. Mas vede quão pensionados dá o mundo os gostos e bens desta vida. A felicidade foi uma, as pensões foram três, e todas assaz pesadas: a esterilidade da mesma Raquel, os enganos de Labão e os ciúmes de Lia. Por mais amadas e por mais pretendidas que sejam as que chamamos venturas, todas no cabo são Raquéis. Não há Raquel que não tenha o seu Labão e a sua Lia. Se Raquel agrada, Labão molesta, se Raquel dá gosto, Lia dá pena. Quanto mais que, para molestar e dar pena, basta-lhe a Raquel ser Raquel. Lede a História Sagrada, e achareis que foi tão mal acondicionada aquela formosura, que era necessário todo o amor de Jacó para aturar e sofrer seus antojos. Muito mais trabalho lhe deu depois do que tinha trabalhado por ela antes. Tão travados andam nesta vida os gostos com os desgostos, tão misturados os males com os bens. Se Raquel tem bom rosto, tem má condição; se Lia tem boa condição, tem mau rosto: e não há bem nenhum tão inteiro que possa encher os olhos e mais o coração.

Estendei a vista ou o pensamento por todas as coisas do mundo, e vereis que não achais uma só instância nem um só exemplo contrário a esta verdade. Muito estimam os homens a gentileza, muito estimam o valor, muito estimam o entendimento; mas perguntem os formosos a Absalão, os valentes a Davi, os entendidos a Aquitofel, que pensão pagou o primeiro à sua gentileza, o segundo ao seu valor e o terceiro ao seu entendimento. Era Absalão tão galhardo mancebo que do pé até o cabelo da cabeça, como fala a Escritura, nenhum pintou a natureza mais belo. As damas lhe compravam os cabelos a peso de ouro, e dos mesmos cabelos lhe teceu a morte o laço com que, pendurado dos ramos de um carvalho, acabou infamemente a vida, passado pelos peitos com três lanças. E esta foi a pensão que pagou Absalão à sua gentileza. Era tão valente Davi que, tremendo todo o exército de Israel à vista do gigante Golias, ele só, e desarmado, aceitou o desafio, e, derribado a seus pés, com a sua própria espada lhe cortou a cabeça. Mas foi tal a inveja e ódio que desde aquela hora lhe cobrou el-rei Saul, que mais de uma vez, com a lança que trazia na mão por cetro, o quis pregar a uma parede. De maneira que lhe foi necessário a Davi homiziar-se pela morte do gigante como se matara um hebreu, e fugir da sua vitória, como se fora delito. E esta foi a pensão que pagou Davi ao seu valor. Era tão entendido Aquitofel, e tão prudentes e sábios seus conselhos que, por testemunho do texto sagrado se ouviam como oráculos do mesmo Deus. Seguiu as partes de Absalão, quando se rebelou contra seu pai, aconselhou-o como lhe convinha, e porque o moço fatal não quis seguir senão o que já o levava ao precipício, foi tal a sua desesperação que, atando a banda ao pescoço e a uma trave, se afogou a si mesmo. E esta foi a pensão que pagou Aquitofel ao seu entendimento. Fiai-vos lá de entendimentos, fazei lá caso de valentias, e prezai-vos de gentilezas! Têm os males tão viciados e corrompidos os bens, que a gentileza é o laço, o valor delito e o entendimento loucura.

Mas para que é irmos buscar exemplos ao Testamento Velho, se no Novo e no nosso Evangelho temos o maior de todos? Transfigurou-se Cristo no Tabor, apareceram ali Moisés e Elias, e quando parece que haviam de dar o parabém ao Senhor da glória com que o viam naquele monte, o em que lhe falaram foi da morte que havia de padecer no do Calvário: "Falavam da sua saída deste mundo, que havia de cumprir em Jerusalém" (Lc 9,31). — Pode haver prática mais alheia da ocasião que esta? Quando o rosto de Cristo está resplandecente como o sol, então lhe falam no eclipse? Quando as suas roupas estão brancas como a neve, então lhe falam nos lutos? E no dia que tem mais alegre na sua vida, então lhe falam na morte? Sim. Porque não há alegria neste mundo tão privilegiada que não pague pensão à tristeza. Até no monte Tabor, até na pessoa de Cristo, até no milagre da Transfiguração, por mais soberanos que sejam os bens, uma vez que tocaram na terra, não pode haver gosto sem pesar, nem glória sem pena. Tanto assim que, se faltar o motivo na presença do que é, havê-lo-á na memória do que há de ser: transfigurado agora, mas crucificado depois. E sendo a Transfiguração, como logo disse o mesmo Cristo, parecida com a Ressurreição e não com a morte, virão dois homens do outro mundo, que misturem a morte com a Transfiguração, e confundam o Calvário com o Tabor.

Seja, pois, a conclusão destas experiências e desenganos do mundo fazermos tão pouco caso dos seus chamados bens, pela mistura que sempre trazem de males, como se verdadeiramente foram puros males sem nenhuma composição ou temperamento de bens. É doutrina que, despedindo-se do mundo o Redentor dele, nos deixou estampada com seu exemplo no mesmo monte Calvário. Duas vezes no Calvário deram fel a Cristo, uma antes, outra depois de crucificado. Antes de crucificado, quando lhe deram vinho misturado com fel: "E lhe deram a beber vinho misturado com fel" (Mt 27,34) — depois de crucificado quando, dizendo na cruz que tinha sede, lhe deram fel e vinagre: "Deram-me na minha comida fel, e na minha sede me deram a beber vinagre" (Sl 68,22). — E como se houve o Senhor em um e outro caso? Em ambos provou uma e outra bebida, e em ambos a não quis beber. Assim o referem da primeira e da segunda os evangelistas, pelas mesmas palavras: "Tendo-o provado, não o quis beber" (Mt 27,34). — Na primeira bebida é certo que ia o amargo do fel moderado com o doce do vinho; e na segunda ia o mesmo fel, não moderado, senão exasperado com o azedo do vinagre. Pois, se o fel ia tão diferentemente temperado em uma e outra bebida, por que igualmente as rejeitou o Senhor ambas, sem nenhuma diferença? Porque na primeira o vinho misturado com o fel e o doce com o amargo, era o bem misturado com o mal; na segunda, o fel junto com o vinagre, era um mal sobre outro mal, sem nenhuma mistura de bem; e provando Cristo e reprovando igualmente uma e outra bebida, quis nos deixar por doutrina e por exemplo, na confusão dos bens e males de que se compõe este mundo, que tanto devemos desprezar e aborrecer o bem misturado com o mal, como se o bem e o mal tudo fora mal, sem nenhuma mistura de bem. Em ambas as bebidas ia fel, em uma juntamente com vinho, em outra juntamente com vinagre, que é vinho corrupto; e é tal a corrupção que causa nos bens a companhia e mistura dos males, que o bem misturado com o mal se converte totalmente em mal, e perde todo o ser que tinha de bem. Façamos, pois, de todos os chamados bens deste mundo a estimação e conceito que eles merecem: indigno, qualquer que seja, de ser amado como bem, senão abominado e aborrecido como verdadeiro e puro mal e, pela mistura que tem de doce, ainda mais abominado e mais aborrecido, como mais falso e enganoso.

§ V

Só os bens daquela pátria celestial, só os bens daquela Terra de Promissão da glória, só os bens daquele Tabor da bem-aventurança, só aqueles unicamente se podem chamar bens, porque só são bens sem mistura de nenhum mal. É o céu como o Templo de Salomão, em que nunca se ouviu golpe de martelo, porque lá, como diz o evangelista profeta, não há coisa que cause dor ou pena, nem tire da boca um ai; e são os moradores do mesmo céu como as estrelas fixas do firmamento, onde não chegam fumos dos vapores da terra que as ofusquem, gozando todos em suma paz a pátria do sumo bem, que não seria sumo, nem bem, se não excluísse todo o mal, por mínimo que seja. E por isso só os bens naturais da mesma pátria são puros, sinceros e perfeitamente bens, sem corrupção, contrariedade, nem mistura de mal.

Entre todas as plantas do paraíso Terreal houve duas árvores mais insignes e de que só sabemos o nome, que foram a árvore da ciência e a árvore da vida. Mas a da ciência continha dois contrários, a da vida não; porque a ciência era do bem e juntamente do mal, que é o contrário do bem, e a da vida era da vida somente, e não da vida e da morte, que é o contrário da vida. Pois, se ambas eram árvores do paraíso, por que havia nelas esta grande diferença? Porque também o paraíso não era absolutamente paraíso, senão paraíso terreal, e por isso uma das suas plantas era parecida às delícias da terra, e outra semelhante às do céu. A parecida à terra era a da ciência do bem e do mal, porque na terra sempre o mal anda misturado com o bem; e a semelhante às do céu era de vida sem morte, porque no céu todo o bem é puro e sincero, sem mistura nem companhia de mal. Assim o diz S. João descrevendo a Jerusalém da glória, e não dá outra razão desta diferença de coisas, senão serem umas as segundas, que são as do céu, e outras as primeiras, que são ou foram as deste mundo: "E não haverá mais morte, nem haverá mais choro, nem mais dor, porque as primeiras coisas são passadas" (Ap 21,4).

Para prova dos bens deste mundo, sempre misturados com os males, tomei por testemunha a natureza, e para prova dos bens do céu, puros e sem mistura, tomemos por testemunha a arte. A arte, para purificar o ouro, como ele é o mais precioso metal, aplica-lhe também o mais eficaz e poderoso elemento, que é o do fogo: "O ouro, que é acrisolado com o fogo" (1Pd 1,7). — Ali o purga e alimpa das fezes, ali o prova e lhe apura a fineza dos quilates, e então se reputa entre nós por ouro puríssimo. Mas, para que se veja o nosso engano, ponhamos esse mesmo ouro no céu. Diz S. João que as ruas da cidade do céu são de ouro limpo: "E a praça da cidade, de ouro puro" (Ap 21,21). — E se perguntarmos, esta limpeza e pureza do ouro do céu, em que consiste? Depois de dizer "ouro puro", acrescenta: "como vidro transparente" (Ibid.), que é puro e limpo, por que é diáfano e transparente como vidro. — Logo, se o ouro então é puro e limpo, quando chega a sua fineza a ser diáfana e transparente como o vidro, bem se segue que o nosso ouro crasso, espesso, opaco, e que nenhuma coisa tem de diáfano nem transparente, por mais que nos lisonjeie com a sua cor e nós nos enganemos com ele, de nenhum modo é ouro limpo e puro. De maneira que, comparado o ouro da terra, que os reis põem sobre a cabeça, com o ouro do céu, que os bem-aventurados trazem debaixo dos pés: "a praça dele" — todo o da terra está penetrado de fezes e cheios de escória, posto que nós a não vejamos, e só o do céu é puro e limpo: "ouro puro". — Sobretudo, se pedirmos ao mesmo evangelista, que nos diga com que ingredientes se purifica tanto este ouro do céu, responde que só como entrar no mesmo céu: "Não entrará nela coisa alguma contaminada" (Ap 21,27). — E como aquela é a natureza do céu e esta a da terra, a mesma diferença de ouro a ouro nos ensina que, assim como na terra não pode haver bem que careça da mistura de mal, assim todos os do céu são puros e sem mistura.

Se quereis saber de mim — dizia pregando Santo Agostinho — o que há no céu, não vos posso dizer o que há sem dizer também o que não há: "No céu há tudo o que quiserdes, e só não há o que não quiserdes"[5]. — Logo, parece que o céu é feito pela medida da nossa vontade? Não. A nossa vontade é a feita pela medida do céu. E por quê? Porque o objeto da nossa vontade, enquanto quer, é o bem, e o objeto da mesma vontade, enquanto não quer, é o mal; e como tudo o que há no céu é o bem, e o que não há no céu é só o mal, por isso há no céu tudo o que quisermos, e só não há o que não quisermos. Se nos bens do mundo houvera esta separação, também na terra pudera o homem querer e gozar o bem sem o mal; mas por mais que queira não pode, porque sempre o mal anda não só junto, senão penetrado e inseparável do bem. E para que acabemos de conhecer a sutileza com que os mesmos chamados bens nos lisonjeiam e alegram, e com falsas aparências de gosto disfarçam o mal que sempre levam consigo, levemo-los nós ao exame do céu, e lá se descobrirá o seu engano.

Diz o mesmo evangelista S. João — o qual é força que tornemos a ouvir, suposto que S. Paulo, que também viu o céu, nos não quis dizer nada. — Diz, pois, o evangelista, tão notável no que diz como nas palavras com que o diz, que a todos os que deste mundo passam ao céu "lhes enxuga Deus os olhos de toda a lágrima" (Ap 7,17). — E que quer dizer toda a lágrima? Quer dizer todo o gênero de lágrimas como aguda e literalmente comenta S. Ambrósio — porque neste mundo não só há lágrimas de dor e tristeza, senão também lágrimas de gosto e alegria; e assim de umas como de outras enxuga Deus os olhos dos que vão ao céu. As palavras do grande doutor da Igreja são estas: "Enxuga Deus toda lágrima, pois a tristeza muitas vezes as produz, e também muitas vezes a alegria e o gosto"[6]. — Mas que as lágrimas da tristeza e da dor não tenham lugar no céu, bem está, porém, as lágrimas da alegria e do gosto, e mais as do grande gosto e as da grande alegria, que só a grande alegria e o grande gosto fazem rebentar os olhos em lágrimas, por que se não hão de admitir no céu? Porque todas essas lágrimas foram deste mundo. E lágrimas deste mundo, ainda que fossem de alegria e grande alegria, nunca podiam ser de pura alegria, e ainda que fossem de gosto e grande gosto nunca podiam ser de puro gosto, porque no mundo não há gosto sem mistura de pesar, nem alegria sem mistura de tristeza; e semelhantes misturas de nenhum modo têm lugar no céu, onde as alegrias e os gostos, como todos os outros bens, são puros e sem mistura de mal. A alegria no céu é sem tristeza, o gosto é sem pesar, o descanso é sem trabalho, a segurança é sem receio, o sossego sem sobressalto, a paz sem perturbação, a honra sem agravo, a riqueza sem cuidado, a fartura sem fastio, a grandeza sem inveja, a abundância sem míngua, a companhia sem emulação, a amizade sem cautela, a saúde sem enfermidade, a vida sem temor da morte, enfim, todos os bens puros e sem mistura de mal, e por isso verdadeiros bens. Ó bem-aventurados do céu, olhai lá de cima cá para este mundo, e tende nova glória acidental dos bens que gozais, não digo em comparação dos males, senão dos bens que nós padecemos!

Mas, confirme-nos esta corrente de bens sem males um compêndio e semelhantes atributos, com exclusão cada um do seu contrário, os quais reduz S. Boaventura a número de doze, como outros tantos frutos da bem-aventurança: "O primeiro é saúde sem enfermidade; o segundo é juventude sem velhice; o terceiro é saciedade sem fastio; o quarto é liberdade sem servidão; o quinto é beleza sem deformidade; o sexto é impassibilidade sem dor; o sétimo é abundância sem indigência; o oitavo é paz sem perturbação; o nono é segurança sem temor; o décimo é conhecimento sem ignorância; o décimo primeiro é glória sem ignomínia; e o décimo segundo é alegria sem tristeza"[7]. — Até aqui o Doutor Seráfico, o qual nestas doze prerrogativas de bens sem males nos descreveu um inefável zodíaco de glórias, o qual todos os bem-aventurados, não nos doze meses do ano, nem nas doze horas do dia, mas sempre, e sem cessar, estão correndo e gozando imovelmente no círculo sem fim da eternidade. Ditosos eles que gozam tanto bem, e nós também ditosos, se nos dispusermos a o não perder.

§ VI

A segunda diferença da nossa proposta é que dos bens do mundo, quando muito, logra cada um os seus; dos bens do céu, e no céu, logra cada um os seus e mais os de todos. Disse quando muito, porque muitas vezes não basta que os bens deste mundo sejam nossos, para que o mesmo mundo no-los deixe lograr. Sua era de Nabot a vinha, e não só sua por todos os direitos humanos, mas por distribuição e doação divina, e por mais que ele a quis lograr e defender, bastou que el-rei Acab tivesse apetite de plantar no mesmo sítio, não um bosque ou um jardim, senão "uma horta de verduras populares" (3Rs 21,2) — para que em adulações do mesmo rei lhe fosse tirada por justiça a vinha e mais a vida. Sua era de Mifiboset a herança de seu pai Saul, em que vivia privadamente, quando tinha direito para aspirar à coroa; e bastou o falso testemunho de um criado infiel para que, acusado falsamente de crime de lesa-majestade, lhe fosse confiscada a mesma herança, e ainda depois de conhecida a verdade se lhe não restituísse. Sua era a fazenda do pai de famílias do Evangelho, encomendada a um feitor, para que arrecadasse as rendas dos que a cultivavam, e não bastou que constasse por escritos o que cada um devia, para que o mesmo feitor não roubasse grande parte das mesmas rendas com tal astúcia, que nem demandar o pode o Senhor, e, em vez de o acusar, o louvou. Mas que muito que a cobiça e infidelidade alheia nos não deixe lograr os bens deste mundo, por mais que sejam nossos, se nós mesmos, sem outro inimigo ou ladrão, bastamos, e por nossa vontade, para nos despojar deles! Pôs Deus a Adão no paraíso com obrigação de que "o cultivasse e guardasse" (Gn 2,15) — e esta segunda parte, quando menos, parece que não tinha lugar naquele estado. Outro homem de quem Adão houvesse de guardar o paraíso não o havia no mundo. Para os animais também não era necessária a guarda, porque todos, por instinto natural e sujeição inviolável, o obedeciam: logo, de quem havia de guardar Adão o paraíso? De quem o não guardou. Havia-o de guardar de si mesmo, e porque Adão o não guardou de Adão, sendo os bens que possuía todos os do mundo, ele mesmo, e só ele se despojou de todos, sem haver outro que lhe impedisse o lográ-los.

Dando a razão desta diferença entre os bens do mundo e os do céu, S. João Crisóstomo diz em uma palavra que é porque no mundo há meu e teu, e no céu não: "Onde não existe meu e teu, fria esta palavra"[8]. — Antes parece que porque no mundo há meu e teu, por isso havia de lograr cada um o seu pacificamente e sem contenda: eu o meu, porque é meu, e vós o vosso, porque é vosso. Mas não é assim. Eu para lograr o meu hei-me de guardar de vós; e vós, para lograr o vosso, haveis-vos de guardar de mim. Por isso chama o santo ao meu e teu, com elegância verdadeiramente áurea, palavra fria: "meu e teu, fria esta palavra". — E que frieza ou frialdade é esta do meu e teu? É tal frieza e tal frialdade que não há amor no mundo tão ardente por natureza, e tão intenso por obrigação, que logo não esfrie. Em havendo meu e teu não há amor de amigo para amigo, nem amor de irmão para irmão, nem amor de filho para pai, nem amor de pai para filho, nem amor de próximo, por mais religioso que seja, para outro próximo, nem amor do mesmo Deus para Deus. Antes de haver meu e teu havia amor, porque eu amava-vos a vós, e vós a mim; mas tanto que o meu e teu se meteu de permeio, e se atravessou entre nós, logo se acabou o amor, porque vós já me não amais a mim, senão o meu, nem eu vos amo a vós, senão o vosso. No princípio do mundo, como gravemente pondera Sêneca, por que não havia guerras? Porque usavam os homens da terra como do céu. O sol, a lua, as estrelas e o uso da sua luz é comum a todos; e assim era a terra no princípio; porém, depois que a terra se dividiu em diferentes senhores, logo houve guerras e batalhas e se acabou a paz, porque houve meu e teu.

Que direi dos meios e dos remédios, das indústrias, das artes e instrumentos que os homens têm inventado para que cada um pudesse possuir e lograr o seu segura e quietamente, mas sem proveito? Para guardar a casa inventaram as portas e as fechaduras; mas pela mesma abertura por onde entra a chave deixa também aberta a entrada para a gazua. Para assinalar os limites de cada um, inventaram os marcos; e para guardar a vinha e o pomar, inventaram os valados, as silvas, as sebes e as paredes de pedra ligada ou solta; mas tudo isto se rompe e se escala. Para guardar as cidades inventaram os muros, os fossos, as torres, os baluartes, as fortalezas, os presídios, a artilharia, a pólvora; mas não há cidade tão forte que, por bateria ou por assalto, ou minada por debaixo da terra, ou pelo ar, se não expugne e renda. Para guardar os reinos e os impérios inventaram as armadas por mar e os exércitos por terra, tantos mil soldados a pé, tantos mil a cavalo, com tanta ordem e disciplina, com tanta variedade de armas, com tantos artifícios e máquinas bélicas; mas nenhum destes aparatos tão estrondosos e formidáveis têm bastado, nem para que os assírios guardassem o seu império dos persas, nem os persas o seu dos gregos, nem os gregos o seu dos romanos, nem os romanos finalmente, o seu daqueles a quem o tinham tomado, tornando a ser vencidos dos mesmos que tinham vencido e dominado. Mais inventaram e fizeram os homens a este mesmo fim de conservar cada um o seu. Inventaram e firmaram leis, levantaram tribunais, constituíram magistrados, deram varas às chamadas justiças, com tanta multidão de ministros maiores e menores, e foi com efeito tão contrário que, em vez de desterrarem os ladrões, os meteram das portas a dentro, e em vez de os extinguirem, os multiplicaram, e os que furtavam com medo e com rebuço, furtam debaixo de provisões e com imunidade. O solicitador com a diligência, o escrivão com a pena, a testemunha com o juramento, o advogado com a alegação, o julgador com a sentença, e até o beleguim com a chuça, todos foram ordenados para conservarem a cada um no seu, e todos por diferentes modos vivem do vosso.

§ VII

Esta é uma das razões a qual o divino Mestre, Cristo, Senhor nosso, nos alega para que façamos os nossos tesouros dos bens do céu, e no céu, e não dos bens do mundo, e na terra, porque na terra há ladrões, e no céu não: "Não queirais entesourar para vós tesouros na terra, onde a ferrugem, e a traça os consome, e onde os ladrões os desenterram e roubam. Mas entesourai para vós no céu, onde não os consome a ferrugem nem a traça, e onde os ladrões não os desenterram nem roubam" (Mt 6,19s). — Nas quais palavras se deve notar muito que não só nos aconselha e manda o Senhor que guardemos os nossos bens dos ladrões da cobiça, senão também dos ladrões da natureza: "onde a ferrugem e a traça os consome". — Os bens deste mundo, como são corruptíveis, ainda que não haja ladrão que os furte, eles mesmos se nos roubam, porque as roupas por preciosas que sejam, come-as a polilha, que nasce das mesmas roupas, e os metais, ainda que sejam ouro e prata, rói-os a ferrugem, que nasce dos mesmos metais. Porém, os bens do céu, que são incorruptíveis, nem deles se pode gerar vício de corrupção que os gaste, nem a lima surda do tempo, que tudo consome, lhe pode meter o dente, porque a sua dureza é como a sua duração, e são bens eternos. Oh! quanto mais nos ensinou o divino Mestre nestas palavras, do que elas dizem! Quando não houvera corsários no mar, nem salteadores nos caminhos, nem ladrões públicos e secretos no povoado, quem há tão poderoso que possa conservar e lograr o que possui neste mundo contra os roubos inevitáveis da natureza? Que são todos os elementos, senão uns roubadores universais de tudo o que granjeia e trabalha o gênero humano? O fogo nos rouba com os incêndios, a água com as inundações, o ar com as tempestades, e a mesma terra com os exércitos inumeráveis de pragas que, como semeada com os dentes de Cadmo, nascem e se levantam dela para outra vez nos roubar o que nos tem dado. Ouçamos ao profeta Joel: "O gafanhoto comeu o que tinha ficado da lagarta; o pulgão comeu o que tinha ficado do gafanhoto; a ferrugem comeu o que tinha ficado do pulgão" (Jl 1,4). — Vieram — diz Joel — quatro pragas sucessivas à terra, uma sobre a outra. E que fizeram? Totalmente devastaram a mesma terra, sem perdoar a quanto ela dá cultivada, ou espontaneamente cria e sem cultura. O que deixou a lagarta comeu o gafanhoto, o que deixou o gafanhoto comeu o pulgão, e o que deixou o pulgão comeu a ferrugem. De sorte que, para serem despojados os homens dos maiores bens e mais necessários à vida, quais são aqueles de que ela se sustenta, não depende a sua perda e desgraça das hostilidades e roubos dos sabeus e dos caldeus, que destruíram as terras, os gados e as herdades de Jó, mas bastam só as pragas naturais da mesma terra corrupta, para que em um momento fique tão pobre como Jó qualquer que fosse tão rico e abundante como ele. Tudo o que nasce na terra, o sol e a chuva o cria: mas o mesmo sol, se é demasiado, o queima, e a mesma chuva, se é muito continuada, o afoga, para que acabemos de nos desenganar da pouca firmeza ou segurança que pode haver nos bens que não são do céu, pois as mesmas causas que os dão os tiram, e as mesmas que os produzem os matam.

E como ficam baldados, ainda sem chegar a este caso, os cuidados, os trabalhos e os suores dos que toda a vida e todo o amor empregam em adquirir e aumentar os chamados bens deste mundo se, no mesmo tempo em que cuidam que são seus, não sabem para quem trabalham. É ponderação do grande rei e profeta Davi, triste verdadeiramente e digna de quebrar as mãos e os ânimos a todos os que debaixo desta ignorância se cansam. Adquirem, ajuntam, "entesouram, e não sabem para quem" (Sl 38, 7). — Cuidam que é para si o que chamam seu, e não é seu, nem para si, porque é para outrem, e talvez para o maior inimigo. Assim lhe aconteceu àquele rico a quem o Evangelho canoniza com o nome não só de néscio, mas de "estólido". — Dava o parabém à sua alma pelos muitos bens que tinha juntos para muitos anos: "Alma minha, tu tens muitos bens para largos anos" (Lc 12,19). — E sendo mandado sair deste mundo naquela mesma noite, a pergunta que lhe fizeram foi: "E o que ajuntaste, de quem serão?" (Lc 12,20). E todos esses bens que ajuntaste e chamas bens, cujos serão? — O trabalho foi teu, e os bens serão de quem não sabes. Não assim os bens do céu, diz o mesmo profeta. — "Porque comerás dos trabalhos das tuas mãos, bem-aventurado és, e te irá bem" (Sl 127,2). Vós trabalhareis nesta vida, mas na outra sereis bem-aventurados, porque comereis o fruto dos vossos trabalhos, ou "os mesmos trabalhos de vossas mãos". — Aquele foi canonizado por néscio, e este por bem-aventurado, porque só os que trabalham pelos bens do céu sabem de certo que trabalham para si, e para o que é e há de ser seu eternamente.

§ VIII

Mas concedamos ou finjamos que houve um homem tão mimoso da fortuna que todos os bens que possui deste mundo, ou herdados ou adquiridos, os logrou pacificamente, sem que a inveja dos iguais nem a potência dos maiores lhe inquietasse a posse ou duvidasse o domínio: que felicidade é a deste homem? Primeiramente, com ser fingida e não usada, se os bens são poucos, não deve de estar contente; e, se são muitos, quem duvida que ainda deseja mais, sendo certo que em um e outro caso mais vem a padecer que a lograr o que tem? Mas, se por graça especial de Deus é esse homem tão moderado e tão senhor de seus apetites que com o seu pouco, ou seu muito, se dá por satisfeito, possui e logra mais alguma coisa que o seu? Não. Pois, esta é a diferença que há entre os bens do céu e os do mundo. Os do mundo, quando muito, e por milagre, tanto da natureza como da fortuna logra cada um os seus; os do céu não só logra cada um os seus, senão também os de todos. Oh! se entendêssemos bem este ponto, que pouco caso faríamos dos bens da terra! Arrependido o Filho Pródigo do mal aconselhado que havia sido em sua vida passada, veio buscar outra vez a casa do pai, e, lançado a seus pés, lhe disse: "Pai meu, eu em vossa presença pequei contra o céu" (Lc 15,18). — Os pecados que se condenam no Pródigo todos foram cometidos na ausência do pai, e muito longe dele: "Em uma região longínqua" (Ibid. 13); que pecado foi logo este de que principalmente se acusa, cometido em presença do pai, e contra o céu? O único pecado que cometeu o Pródigo em presença do pai foi pedir que lhe desse em vida a parte da herança que lhe tocava, porque queria lograr o seu: "Pai, dá-me a parte da fazenda que me toca" (Lc 15,12). — E este pecado cometido "em presença do pai" — confessa o filho arrependido que foi "pecado contra o céu"? Sim, porque pedir só a sua parte, e querer lograr somente o seu, foi igualar o céu com a terra. Na terra, quando muito, logra cada um a porção dos bens que tocam a cada um: "Dá-me a parte da herança que me cabe" — e quem é filho do pai do céu, e criado para o céu, contentar-se só com o seu, é injúria, é agravo, é pecado grande que comete contra o mesmo céu, porque no céu não só logra cada um o seu, senão o de todos. No mesmo caso o temos.

Estranhando o filho mais velho as festas com que o pai celebrava a restituição e vinda do mais moço, as palavras com que o consolou foram estas: "Filho, vós sempre estais comigo, e tudo quanto tenho é vosso" (Lc 15,31). — Neste tudo repara muito Santo Agostinho, porque, tendo o pai outro filho, e o Pródigo outro irmão, como podia o pai dizer a um deles que tudo o que tinha era seu? "O que significa que tudo é vosso, como se não fosse também do irmão?"[9] — Nem obsta que um dos filhos nunca saísse da casa do pai, e o outro fora dela vivesse tão perdidamente, porque já estava arrependido dessa mesma vida; e onde o pai é Deus, tanto direito tem à herança dos seus bens os arrependidos como os inocentes. Assim que a dúvida toda está onde a põe Agostinho, que é no "tudo": "Tudo meu é vosso". — Pois, se os herdeiros e os irmãos eram dois, como diz o pai que tudo era de um irmão, sendo também do outro? Porque falou como pai do céu e dos bens do céu, onde tudo é de todos, e tudo de cada um: "Assim os filhos perfeitos e imortais têm tudo, de modo que cada coisa é de todos e todas as coisas são de cada um" — responde elegante e doutamente o mesmo Santo Agostinho. Neste mundo, onde os homens são mortais e os bens também mortais, cada um logra somente o seu; porém no céu, onde os homens e os bens são imortais, cada um logra o de todos, e todos o de cada um. — O pecador arrependido logra a glória do inocente que nunca pecou, e o inocente, que nunca pecou, logra a do pecador arrependido; e nem o inocente, por inocente, exclui o pecador, nem o pecador, por pecador, desmerece o que logra o inocente, mas todos gozam o de cada um, e cada um o de todos: "de modo que cada coisa é de todos e todas as coisas são de cada um".

Haverá, porventura, na terra algum exemplo que nos declare esta recíproca e total comunicação, tão total e toda em todos, como total e toda em cada um? Nunca houve nem podia haver tal exemplo ou semelhança na terra, mas só a houve depois que desceu do céu. E qual é? O diviníssimo Sacramento: "Pão que desceu do céu" (Jo 6,59). — O diviníssimo Sacramento é penhor da glória e figura da glória. Uma e outra coisa nos ensina a Igreja: penhor da glória: "Dá-nos o penhor da glória futura" — figura da glória: "A qual é prefigurada na comunhão do teu precioso corpo e sangue". — O penhor, para ser penhor, não é necessário que tenha a semelhança, senão o preço e valor do que assegura. Assim vemos que a baixela ou tapeçaria é penhor de tanta quantia quanta se nos fia debaixo dela; e isto mesmo tem o valor e preço infinito do Sacramento, enquanto penhor da glória. Mas, para ser figura da glória, não basta só o valor e o preço, senão também a semelhança, porque sem semelhança não pode haver figura. Logo, se o Sacramento, em que não vemos a Deus, é figura da glória, que consiste em ver a Deus, onde está esta figura e esta semelhança? Admiravelmente o dizem as mesmas palavras da Igreja: "… que a recepção temporal do teu precioso corpo e sangue prefigura". — Note-se muito a palavra "recepção": não consiste a figura e semelhança do Sacramento com a glória no que recebemos, posto que seja o mesmo Deus, mas consiste no modo com que o recebemos: "A recepção temporal prefigura". — E por quê? Porque, assim como no Sacramento tanto recebe um como todos, e tanto recebem todos como cada um, assim na glória tanto logram todos como cada um, e tanto cada um como todos. Cá na terra, como há a divisão de meu a teu, cada um logra os seus bens, mas não participa os dos outros; porém, no céu os próprios e os dos outros tanto são comuns de todos como particulares de cada um, porque lá não tem lugar esta divisão.

Daqui se entenderá o fundamento por que S. Pedro no Tabor foi notado pelos dois evangelistas S. Marcos e S. Lucas com uma censura tão pesada como "de não saber o que disse" (Lc 9,33). — O que disse S. Pedro foi "que fizessem ali três tabernáculos, um para Cristo, outro para Moisés, outro para Elias" (Mt 17,4). — E em que esteve o erro ou desacerto digno de tão notável e declarada censura? Esteve em que, sendo o Tabor não só um retrato da glória do céu, senão uma participação própria e verdadeira do que nela se goza, quis S. Pedro introduzir e estabelecer no Tabor uma coisa tão imprópria e alheia da mesma glória, como teu, e teu: "outro para Moisés, outro para Elias". — Excelentemente S. Pascásio: "O erro em questão está em que imagina fazer três tabernáculos, um e particular de Jesus, outro para Moisés e outro para Elias, como se um tabernáculo não os abrigasse, ou como se não pudessem estar juntos em um"[10]. — S. Pedro, como desinteressado, não quis introduzir na glória o meu e o nosso, porque não disse que faria tabernáculo para si nem para os companheiros, e até aqui não errou calando; porém, tanto que falou e disse "um para ti", não parando ali, mas querendo dividir os tabernáculos e fazer outro para Moisés e outro para Elias, como se todos não coubessem no mesmo tabernáculo, ou o mesmo tabernáculo não fosse capaz de todos, aqui e nesta divisão é que esteve o seu erro, porque na glória do céu, que o Tabor representava, o tabernáculo de Moisés é de Elias, e o de Elias é de Moisés, e o de Moisés e Elias é de Cristo, e o de Cristo é de Moisés, e é de Elias, e é de Pedro, e é de João, e é de Diogo, sem excluir a ninguém, mas comunicando-se, não só universalmente a todos, senão particularmente cada um.

§ IX

Contra esta doutrina, porém, posto que tão provada, me parece que estão replicando, não só os doutos e indoutos da terra, senão também os bem-aventurados do mesmo céu. Os doutos, porque muitas vezes leram no Evangelho: "Então dará a cada um a paga segundo as suas obras" (Mt 16,27). — "Com a medida com que medirdes aos mais, vos medirão a vós" (Mc 4,24); e em S. Paulo: "Aquele que semeia pouco também segará pouco, e aquele que semeia em abundância também segará em abundância" (2Cor 9,6). — "E cada um receberá a sua recompensa particular segundo o seu trabalho" (1Cor 3,8). — Os indoutos, porque também muitas vezes têm ouvido, na interpretação destes textos, que os prêmios do céu se hão de distribuir a cada um por justiça, e que a medida lá do gozar há de ser a mesma que cá foi do servir, e que quem semeia pouco colherá pouco, e quem muito, muito, e que a paga que há de receber o trabalhador há de ser conforme o seu trabalho. Os bem-aventurados finalmente, porque é certo que no céu há muitos diferentes graus da glória, como foram diferentes na terra os da graça, e que assim como cá por fora vemos que no mesmo céu uma é a claridade do sol, outra a da lua, outra a das estrelas: "Uma é a claridade das estrelas. E ainda há diferença de estrela a estrela na claridade" (1Cor 15,41) — assim lá por dentro há maiores e menores dignidades, maiores e menores coroas, maiores e menores lumes da vista de Deus, e na mesma bem-aventurança, maiores e menores participações, ou, como diz S. Paulo, pesos dela. Pois, se bem-aventurados na glória, e as glórias dos bem-aventurados não são iguais, como pode ser primeiramente que em tanta desigualdade do que possuem estejam todos igualmente contentes, e que, sendo o que cada um possui próprio de cada um, gozem todos igualmente o de cada um, e cada um igualmente o de todos?

Para declaração deste que parece enigma havemos de supor que no céu há ver e gozar a Deus, em que consiste a glória essencial, e há gozar-se da mesma glória dos que veem a Deus e o gozam, que são duas coisas muito diversas. Na glória que consiste em ver e gozar a Deus, ainda que alguns possam ser iguais, há muitos graus de diferença e excesso, segundo o maior ou menor merecimento de cada um. Mas nesta mesma diferença, posto que desigual, todos respectivamente, e cada um, estão igualmente contentes, porque nenhum quer ou deseja mais do que tem, fundando-se a igualdade do mesmo contentamento na medida da própria capacidade e na proporção da justiça com que se veem premiados. Cá, onde todos apetecemos ser maiores, não se entende isto, mas facilmente se pode compreender por várias semelhanças. Levai ao mar três vasos, um grande, outro muito maior, outro muito pequeno, enchei-os todos; neste caso, o vaso menor tem menos água, o grande tem mais, e o maior muito mais e, contudo, nesta mesma desigualdade nenhum admite nem pode admitir mais do que tem, porque cada um, segundo a sua capacidade, está igualmente cheio. Tem um pai três filhos, um menino, outro moço, outro já homem feito; vestiu a todos da mesma tela, e qual está mais contente? Porventura o que levou mais côvados? De nenhum modo. E se não, trocai os vestidos, e vereis se quer algum o do outro. Mas cada um se contenta igualmente do seu, porque é o que lhe vem mais justo e mais proporcionado à sua estatura. O mesmo passa nos bem-aventurados do céu, porque assim como a glória da vista clara de Deus os enche por dentro, assim os veste por fora. Nem obsta a capacidade maior ou menor do merecimento, nem a estatura mais ou menos alta da dignidade para alterar ou diminuir a igualdade desta satisfação e contentamento de cada um no seu estado, porque, como bem declara com outra semelhança Santo Agostinho, também a cabeça é mais nobre que a mão, e a mão mais nobre que o pé, e nem por isso o pé deseja ser mão, nem a mão deseja ser a cabeça, nem a cabeça deseja ser coração, porque assim o pede a natureza das partes e a harmonia do todo[11]. E se esta união, conformidade e ordem se acha em um corpo natural e corruptível, qual será a do corpo celestial daquela soberana e sobrenatural república, onde a vontade do mesmo Deus que o beatifica é a alma que o informa?

E quanto à segunda parte da objeção, em que parece dificultoso gozar-se cada um das glórias de todos, e gozarem-se todos da glória de cada um, assim como satisfizemos à primeira dificuldade com a proporção da justiça, assim respondo à segunda com a extensão da caridade. O céu é uma república imensa, mas onde todos se amam, e está lá a caridade tanto no auge da sua perfeição, que todos e cada um amam tanto a qualquer outro como a si mesmo. Donde se segue que, ainda que os graus da glória sejam desiguais, segundo o merecimento de cada um, a alegria e o gosto dessa mesma glória ou glórias é igual em todos, porque todos as estimam como próprias, e cada um como sua. Expressamente S. Lourenço Justiniano: "É tão grande a virtude que nos reúne naquela pátria celeste que mesmo aquilo que alguém não recebeu para si é motivo de júbilo como se o tivesse recebido no outro. Uma só será para todos a bem-aventurança da alegria, embora não seja para todos uma só a bem-aventurança da glória"[12]. — Note-se muito a palavra "bem-aventurança da alegria", em que o santo distingue na mesma bem-aventurança duas bem-aventuranças, uma da glória, outra da alegria: a da glória é particular e determinada, porque consiste na vista de Deus, que se mede com o merecimento e graça desta vida; porém, a da alegria não tem termo nem limite, por que é imensa, e sem medida, segundo a extensão da caridade, a qual, compreendendo e abraçando a todos, se alegra e goza da glória de todos e cada um como se fora própria. E este como se fora própria não quer dizer que não tem nem possui cada um a glória dos outros, porque verdadeiramente a tem e possui, diz o santo, não em si, mas nos que ama como a si mesmo: "mesmo aquilo que alguém não recebeu para si é motivo de júbilo como se o tivesse recebido no outro". — Esta mesma razão é de Santo Agostinho, de S. Boaventura, de Santo Anselmo e de todos[13].

E para que o uso ou abuso da pouca caridade deste mundo nos não escureça a inteligência desta verdade, com dois exemplos deste mesmo mundo a quero declarar, um singular, em S. Paulo, outro universal, em todos os homens. Era tão imensa a caridade de S. Paulo, que ele padecia os males de todos os homens, e nenhum mal temporal ou espiritual sucedia neste mundo que não acrescentasse nova e particular matéria ao fogo em que ardia o seu coração: "Quem enferma, que eu não enferme? Quem se escandaliza, que eu me não abrase?" (2Cor 11,29). — Assim como todo o peso da redondeza da terra pesa e carrega para o centro, assim todas as enfermidades, todas as dores, todas as penas, todos os trabalhos, todas as aflições e tribulações, misérias, pobrezas, tristezas, angústias, infortúnios, desgraças; enfim, todos os males do gênero humano carregavam de toda a parte sobre o coração de Paulo, adoecendo ele de todos e com todos: "Quem enferma, que eu não enferme?". — E assim como no mesmo centro está o fogo do inferno, em que ardem os condenados pagando as penas das culpas que cometeram nesta vida, assim ardia no coração de Paulo o fogo da caridade, tão forte e intensamente que todos os escândalos e culpas que de novo se cometiam, não só o atormentavam de qualquer modo, mas verdadeiramente o abrasavam e queimavam: Quem se escandaliza, que eu me não abrase?". — E, se a caridade de Paulo o fazia padecer os males de todos, sendo mais natural à natureza humana gozar-se dos bens que padecer os males, quem duvida que a caridade de qualquer bem-aventurado, a qual no céu é mais perfeita que a dos maiores santos na terra, excite, afeiçoe e obrigue naturalmente, e sem milagre, a cada um a que se alegre e goze dos bens de todos?

E se não — para que cada um se persuada pelo que experimenta em si mesmo — pergunto a todos os que sois pais ou mães: Não é certo que os pais e as mães tanto amam e estimam os bens de seus filhos como os próprios? Até as feras mais feras, se se lhes fizer esta pergunta, responderão que sim. E eu acrescento que não será verdadeiro pai nem verdadeira mãe o que não estimar menos os seus bens que os de seus filhos. Por isso os cortesãos de Jerusalém, quando Davi renunciou à coroa em seu filho Salomão, a lisonja com que beijaram a mão ao mesmo Davi, foi dizendo todos a uma voz, e com o mesmo conceito, que Deus fizesse o trono e reino do filho maior e mais feliz ainda que o do pai. E por isso a mãe de Nero, tendo ouvido de um oráculo que, se chegasse a ser imperador seu filho, a havia de matar, respondeu: "Mate-me embora, contanto que seja imperador". — Assim estimou mais a Mãe a honra e império do Filho que a vida própria. E se a estes extremos se estende o amor natural da terra, que será o sobrenatural do céu? É tão grande ou, por falar mais propriamente, é tão perfeito, tão puro e tão sobre-humano o amor com que todos os bem-aventurados reciprocamente se amam que, se o amor de todos os pais e mães, quantos houve desde o princípio do mundo e haverá até o fim, se unisse em um só amor, comparado este com o amor do menor bem-aventurado do céu, não só o não igualaria, mas nem pareceria amor. Vede agora, conclui S. Boaventura, quão imensa será a glória dos que assim se amam, sendo eles infinitos, e a glória de cada um as glórias de todos!

Ó bem-aventurados vós, e bem-aventuradas, não digo a vossa, senão as vossas bem-aventuranças! Lá está gozando esta verdade quem a disse na primeira palavra que escreveu. A primeira palavra do primeiro Salmo de Davi é: "Bem-aventurado o homem" (Sl 1,1). — E qual é a bem-aventurança que o faz e lhe dá o nome de bem-aventurado? Não é uma, nem só muitas, senão todas as bem-aventuranças de todos os bem-aventurados, porque todas as bem-aventuranças de todos concorrem a fazer bem-aventurado a cada um. Assim o declara expressamente o mesmo texto original hebraico em que Davi escreveu, o qual, tem em lugar de "Bem-aventurado homem. Bem-aventuranças do homem". E se cada um pela sua glória particular é perfeitissimamente bem-aventurado e glorioso, que será pelas glórias e bem-aventuranças de todos? Pela sua glória bem-aventurado cada um pelo que ele mereceu, e pelas glórias de todos, sobre bem-aventurado, também pelo que eles mereceram. Excesso verdadeiramente de comunicação de bens, que pudera parecer injusto, se a glória não fora prêmio da graça. De vós, pois, e de todos vós, ó felicíssimos habitadores dessa pátria celestial, de vós e a vós se pode dizer com razão: "Outros trabalharam, e vós entrastes no seu trabalho" (Jo 4,38), que os outros mereceram e trabalharam, e vós gozais os frutos de seus trabalhos, pois gozais o que eles mereceram e vós não merecestes.

Vós — ponderem os da terra bem o que digo — vós não fostes patriarcas, e gozais a glória dos patriarcas: vós não fostes profetas, e gozais a glória dos profetas; vós não fostes apóstolos, e gozais a glória dos apóstolos; vós não padecestes martírio, e gozais a glória dos mártires; vós não fostes doutores, nem ensinastes, e gozais a glória dos doutores; vós não vivestes nos desertos, e gozais a glória dos anacoretas; vós não professastes continência, e gozais a glória das virgens; vós fostes pecadores, e talvez grandes pecadores, e gozais a glória dos inocentes; vós finalmente sois homens com corpo, e não espíritos, e gozais as glórias de todas as jerarquias dos anjos. Assim o discorre e contrapõe admiravelmente o Serafim dos doutores da Igreja, S. Boaventura, posto que com a ordem mudada, mas com o mesmo sentido: "Aí a virgem gozará como mérito da santa viuvez; aí a viúva exultará pelo casto privilégio da virgindade; aí o confessor se alegrará com o triunfo do mártir; aí o mártir tripudiará sobre o prêmio dos confessores; aí o profeta louvará a piedosa conversação dos patriarcas; aí o patriarca exaltará a fé dos profetas; aí os apóstolos e os anjos se alegrarão com o mérito de todos os inferiores; aí todos os inferiores se alegrarão com a glória e coroa dos superiores"[14].

§ X

Faltava-nos agora o terceiro ponto da nossa proposta, e mostrar como tudo isto se goza no céu, não sucessivamente, senão por junto, reduzindo toda a eternidade a um instante, e estendendo esse mesmo instante por toda a eternidade. Sendo, porém, forçoso acomodar à brevidade do tempo, e supondo que bastam as demonstrações destes dois discursos para fundar sobre elas uma grande resolução, acabo com fazer a todos os que ouviram uma só pergunta: Credes isto que ouvistes, ou não? Quem crê o primeiro e segundo ponto, é cristão; quem não crê o segundo, é gentio; mas, ou sejais gentios, ou cristãos, se totalmente não tendes perdido o entendimento e o juízo, não podeis deixar de estar persuadidos do que ouvistes, ou a desprezar a falsidade de uns bens, ou a desejar juntamente a verdade dos outros.

O gentio não sabe que a alma é imortal, nem crê que há outra vida. E, contudo, se lerdes os livros de todos os gentios, nenhum achareis, nem filósofo, nem orador, nem poeta, que só com o lume da razão e experiência do que veem os olhos não condene o amor ou cobiça dos chamados bens deste mundo, e não louve o desprezo deles. Gentio houve que, reduzindo a dinheiro um grande patrimônio que possuía, o lançou no mar, dizendo: "Melhor é que eu te afogue, do que tu me percas". Deixo os risos de Diógenes[15] que, metido na sua cuba, zombava dos Alexandres e suas riquezas. — Deixo a sobriedade dos Sócrates, dos Sênecas, dos Epitetos, e só me admira e deve envergonhar a todo cristão o exemplo do mesmo Epicuro neste conhecimento, sendo ele e a sua seita a que mais professava as delícias: "Se tiveres menos gostos, também terás menos dores" — dizia o cômico gentio, e falando com gentios[16]. — E porque na mistura dos falsos e enganosos bens dividiam o bem do mal, e o contrapesavam o que tinham de gosto com o que causavam de dor, antes queriam não padecer a parte do verdadeiro mal que gozar a do falso bem.

Não seria louco o que pela doçura da bebida tragasse juntamente o veneno? Esta, pois, era a razão e a evidência com que, sem fé nem conhecimento da outra vida, se desenganavam os gentios, e uns pelo peso se descarregavam dos falsos bens, outros pelo desprezo os metiam debaixo dos pés.

E se assim os tratava o gentio, que não temia deles que o levassem ao inferno, nem lhe impedissem o céu, que deve resolver e gozar o cristão, que não só reconhece nos bens do mundo a vaidade do presente, senão também, e muito mais, o perigo do futuro? Será bem que por um instante de gosto me arrisque eu a uma eternidade de pena, e por uma apreensão de bem misturado com tantos males perca a glória da vista de Deus e o gozar, não só a minha bem-aventurança, senão a de todos os bem-aventurados? Ó fé, ó entendimento, onde estás? Mas o certo é que nem entendimento temos, pois não fazemos o que fizeram e entenderam tantos gentios, nem fé, senão morta, e sem ação vital, pois ela nos não move a viver como cristãos. Se o queremos ser, e emendar o deslumbramento desta tão enorme cegueira, eu não vejo outro remédio que nos abra os olhos senão tornar pelos mesmos passos destes nossos dois discursos aos dois montes donde eles saíram. Oh! que duas estações tão próprias de um tempo tão santo como do da quaresma! Uma ao monte da tentação, outra ao monte da transfiguração; uma ao monte onde o demônio mostrou a Cristo as glórias do mundo, outra onde Cristo mostrou aos apóstolos a glória do céu. Olhai e notai bem quanto vai de monte a monte: vede e considerai bem quanto vai de glórias a glória. Naquele monte estão os males sobredoirados com nome de bens; neste estão os bens sem sombra nem aparência de mal. Ali está o falso, aqui o verdadeiro; ali o duvidoso, aqui o certo; ali o momentâneo, aqui o eterno; ali o que vai parar no fogo do inferno, aqui o que nos leva a ser bem-aventurados no céu. Vede, vede, e considerai bem o que deveis escolher, porque qual for a vossa eleição nesta vida tal será a vossa remuneração na outra: ou padecendo sem fim todas as maldições com o demônio, ou gozando na eternidade todas as felicidades com Cristo.

SERMÃO DE

Santa Bárbara

∽

"O reino dos céus é semelhante a um tesouro escondido no campo, que, quando um homem o acha, o esconde, e, pelo gosto que sente de o achar, vai e vende tudo o que tem, e compra aquele campo."
(Mt 13,44)

Filha única de um senhor nobilíssimo, com todos os dotes da natureza e da graça, consagrou-se a Deus na flor da idade. Afinal, foi degolada por mão do próprio pai. Seus dois tesouros: um para si, o da coroa eterna, e outro para nós, o do perpétuo socorro com que nos ajuda. É governadora, protetora e defensora do fogo.

E quando lhe deu Deus a investidura deste império? Pelos dois raios fatais, pouco depois de sua morte: Marciano, presidente, e Dióscoro, o pai.

Qual foi o preço justo com que ela, e ela só, comprou esse domínio? Pelo martírio singularíssimo. A jurisdição e o império dela se acrescentaram com os fogos artificiais, em particular, na artilharia do mar e da terra.

Vieira faz a comparação entre Elias e Santa Bárbara e a advertência final aos artilheiros: nenhum homem se deve já fiar das próprias forças.

§ I

Assim como há uns homens que nasceram só para si, e outros que nasceram para si e para a república, e por isso são os mais beneméritos do gênero humano e celebrados da fama, assim há uns santos que foram escolhidos só para louvar a Deus, e outros para louvar a Deus e favorecer e ajudar aos homens. E sendo esta segunda prerrogativa tão parecida ao mesmo Deus, que não nasceu para si senão para nós, e tão semelhante aos anjos, que juntamente veem a Deus no céu e nos guardam na terra, se fizermos comparação no mesmo gênero entre todos os santos e santas, facilmente acharemos que não só igualou mas excedeu a todos. Quem? A gloriosa Santa Bárbara, a cuja proteção e memória, com tanto estrondo e abalo dos elementos, se dedica este alegre dia.

Nas palavras que propus, diz Cristo, Mestre divino e Senhor nosso, que é semelhante o reino do céu a um tesouro escondido no campo, o qual, como o achasse um homem venturoso, se foi logo a vender quanto tinha, para comprar o campo e se fazer senhor do tesouro. Para inteligência de que tesouro escondido fosse este, é necessário saber primeiro qual seja o reino do céu que Cristo chama semelhante a ele: "O reino dos céus é semelhante a um tesouro escondido no campo". — S. Gregório Papa adverte aqui doutamente que o reino do céu nas divinas letras se divide ou distingue em dois reinos: um eterno, outro temporal; um futuro, outro presente; um na Igreja triunfante, que descansa em paz no céu, outro na guerreira e militante, que ainda trabalha e peleja na terra. Daqui se segue que, assim como há dois reinos semelhantes ao tesouro escondido, assim há dois tesouros escondidos semelhantes a um e outro reino, e estes são os dois tesouros que Santa Bárbara comprou com o preço de quanto tinha: "Vende tudo o que tem, e compra aquele campo" (Mt 13,44).

Tinha Santa Bárbara, como filha única e herdeira de Dióscoro, seu pai, senhor nobilíssimo da cidade de Nicomédia, um riquíssimo patrimônio dos bens que chamam da fortuna. Tinha mais outro mais precioso e mais rico, que era o de todos os dotes da natureza e graça, formosura, discrição, honestidade, e as demais virtudes por onde o desejo e emulação de todos os grandes a procuravam por esposa. E tendo já consagrado tudo isto a Deus na flor da idade, até a liberdade e a vida lhe sacrificou a sua fé e o seu amor: a liberdade em um dilatado martírio, presa por muito tempo e aferrolhada em um castelo, e a vida em outro martírio, mais breve, mas muito mais cruel, sendo variamente atormentada com todos os gêneros de tiranias e, finalmente, degolada com a maior de todas, por mão de seu próprio pai.

Este foi o preço verdadeiramente de tudo quanto possuía com que Bárbara comprou os dois tesouros, um para si, outro para nós. Para si, o da eterna coroa que goza em paz na Igreja triunfante do céu; para nós, o do perpétuo socorro com que nos ajuda a batalhar e vencer na militante da terra. Deste, que é o que hoje vimos reconhecer diante de seus altares em perpétua ação de graças, é o de que tratarei somente. Confessando porém primeiro, que para publicar os poderes e louvores de Santa Bárbara, assim como os trovões da artilharia são mudos, assim as vozes mais polidas dos pregadores e toda a nossa eloquência é bárbara. *Ave Maria*.

§ II

"O reino dos céus é semelhante a um tesouro escondido."

Uma das coisas admiráveis que fez e tem Deus neste mundo, e de que sua sabedoria e grandeza muito se preza, são os seus tesouros escondidos. "Porventura" — diz Deus a Jó — "entraste tu nos meus tesouros da neve, ou viste os meus tesouros da saraiva, os quais eu tenho guardado para o tempo dos inimigos e para o dia da guerra e da batalha?" (Jó 38,22s). — Porventura pode até agora a especulação dos filósofos descobrir a origem e verdadeiras causas dos ventos, tão inconstantes e leves eles, e tão encontrados nas suas opiniões, como o norte e o sul? Mas por isso o desenganou Davi, que só Deus, que criou os ventos, lhes conhece o nascimento e os tira, quando e como é servido, do secreto de seus tesouros: "Que produz os ventos dos seus tesouros" (Sl 134,7). — Não é menor maravilha que, não crescendo a superfície do mar um dedo, com todas as correntes dos rios que nele desaguam, sejam tais as inundações do mesmo mar que tenham afogado cidades e sepultado províncias inteiras. Mas todos estes dilúvios particulares, sem serem ajudados do céu nem das nuvens, os tem depositado Deus nos ocultos e profundos abismos dos seus tesouros: "Ele põe os abismos em tesouros" (Sl 32,7). — Finalmente, destes mesmos tesouros escondidos tinha já profetizado Jacó: "Chuparão como leite as riquezas do mar, e os tesouros escondidos nas areias" (Dt 33,19).

De maneira que na terra, na água, no ar, como em diferentes e vastíssimos campos, tem Deus escondidos seus tesouros. Mas nenhum destes, com serem tão grandes e tão vários, é o que o mesmo Deus descobriu a Santa Bárbara, e de que ela, com os cabedais de seu merecimento se fez senhora. O maior, o mais nobre, o mais maravilhoso e o mais escondido tesouro do universo é o quarto elemento, o fogo. É tão escondido, que Pitágoras e outros, que refere Santo Agostinho, porque não vemos a esfera do fogo, o negaram totalmente. Os lugares em que a natureza colocou os elementos ocupam todo o espaço que se estende desde o centro do mundo até o céu. A terra ao redor do centro, a água sobre a terra, o ar sobre a água, o fogo sobre o ar, até o côncavo da lua ou do empíreo. Mas se a esfera do fogo é tão imensa, e o fogo naturalmente luminoso, como a não vemos ao menos de noite? Logo sinal é — inferiam estes autores — que o fogo não tem esfera. Mas, sendo evidente por outras demonstrações que a perfeição do universo não podia carecer deste tesouro, o que deviam inferir, como nós dizemos, é que se não vê por ser tesouro escondido. E porque o não possam contradizer filósofos nem matemáticos, leiam-se as primeiras palavras com que a Escritura Sagrada descreve a criação do mundo, e acharemos nelas expressamente a terra, a água, o ar, mas o fogo não: "A terra, porém, era vã e vazia, e o Espírito de Deus era levado sobre as águas" (Gn 1,2). — "A terra porém": eis aí a terra; "sobre as águas": eis aí a água; "o Espírito do Senhor": eis aí o ar. E por que razão Moisés, assim como fez menção dos outros três elementos, a não fez também do quarto? Se fez menção da terra, da água e do ar, por que a não fez também do fogo? Porque Moisés, como notam S. Basílio, S. João Damasceno e Beda, só falou das coisas manifestas, e que se veem. E assim como calou a criação dos anjos, porque são invisíveis, assim não falou do fogo elementar, porque está escondido a nossos olhos.

Este tesouro, pois, tão propriamente escondido, é o que Deus descobriu e de que deu o domínio a Santa Bárbara, fazendo-a governadora, protetora e defensora do fogo. Ó gloriosa filha de Eva, maior senhora que a primeira mulher, ainda no estado da inocência e na felicidade do paraíso! O maior poder, ou poderes, que nunca Deus deu a algum homem foi a Adão. E que poderes lhe deu? Sobre a terra, sobre a água, sobre o ar: "Para que presida aos peixes do mar, às aves do céu, às bestas e a toda a terra" (Gn, 1,26). — Tudo o que se move neste mundo, ou andando na terra, ou nadando na água, ou voando no ar, será sujeito a teu império. Mas assim como Deus deu a Adão o domínio dos três elementos inferiores, o do quarto e supremo, por que lho não deu? Se ao império da terra ajuntou o da água, e ao da água o do ar, ao do ar, por que não ajuntou também o do fogo? Porque esse reservou-o Deus para si. Lede os profetas, que são os que, vivendo na terra, só podiam entrar e ver a corte do céu, e achareis que todo o aparato da majestade de Deus é fogo, e tudo quanto decreta e executa, por instrumentos de fogo. Se está assentado, o seu trono é de fogo: "O seu trono era de chamas de fogo" (Dn 7,9); — se sai a passear como em carroça, as rodas são de fogo: "As rodas deste trono um fogo aceso" (Ibid.); se leva diante a sua guarda real, os archeiros são de fogo: "Fogo irá diante dele" (Sl 96,3). — Para qualquer parte que volte o rosto, saem dele chamas de fogo: "Saiu fogo ardendo de seu rosto" (Sl 17,9); — se olha, é com olhos de fogo: "Os seus olhos pareciam uma como chama de fogo" (Ap 1,14); se ouve, com ouvidos de fogo: "O Deus que ouvirá mandando fogo" (3Rs 18,24); se fala, com vozes de fogo: "Tu ouviste as suas palavras do meio do fogo" (Dt 4,36). — E até o mesmo Deus se cria vulgarmente que era fogo: "Nosso Deus é um fogo devorante" (Ibid. 24). — Isto é o que viram os profetas no céu, e também o viu todo o povo na terra, quando Deus desceu a lhe dar a lei no Monte Sinai: "De todo o monte saíam e subiam nuvens espessas de fumo, porque Deus tinha descido sobre ele em fogo" (Ex 19,18). — Tudo o que se ouvia eram trovões, tudo o que se via, relâmpagos: "Eis senão quando começaram a ouvir-se trovões e a fuzilar relâmpagos" (Ex 19,16). — Até os gentios, por estes efeitos, ao seu Júpiter chamaram tonante, e lhe deram por armas os raios, cantando os seus poetas do falso Deus o mesmo, nem mais nem menos, que Davi afirmou do verdadeiro: "O Senhor trovejou desde o céu, e o Altíssimo fez ouvir a sua voz, e caíram pedra e carvões de fogo" (Sl 17,14). — E este é, como dizia, o império e governo do quarto e supremo elemento que Deus reservou para si, e tendo-o negado a Adão, e não concedido a algum de tantos famosos heróis que passaram em tantos séculos, o delegou finalmente em Santa Bárbara, sujeitando a esfera do fogo, e seus prodigiosos e temerosos efeitos, ao arbítrio de seus poderes, e o socorro e remédio deles à invocação de seu nome.

§ III

E se perguntardes quando lhe deu Deus a investidura deste império, ou a posse deste governo, e de que modo, respondo que por meio de dois raios fatais, pouco depois da morte da mesma santa. Concorreram para a morte ou para o triunfo de Bárbara dois bárbaros, um menor, outro maior tirano, ambos cruelíssimos. O primeiro tirano, e menor, foi Marciano, que martirizou o corpo inocente e virginal da santa com os mais esquisitos tormentos; o segundo tirano, e maior, foi Dióscoro, seu pai, que com entranhas mais feras que as das mesmas feras, desembainhou a espada e lhe cortou a cabeça. Que faria à vista deste espetáculo o fogo, que com instinto oculto e mais que natural já sentia naqueles sagrados e coroados despojos, e já começava a reconhecer a nova sujeição e obediência que depois de Deus lhe devia? Rasgam-se no mesmo tempo as nuvens, ouvem-se dois temerosos trovões, disparam-se furiosamente dois raios, os quais, derrubando, abrasando e consumindo os dois tiranos, em um momento os desfizeram em cinzas. Ah! miseráveis idólatras e tiranos impiíssimos, que se no mesmo tempo em que os dois relâmpagos vos feriram os olhos, invocásseis o nome da mesma vítima a quem tirastes a vida, ela sem dúvida vos livraria da morte! Mas nem os tiranos cegos souberam conhecer onde tinham o seu remédio, nem os mesmos raios, que nesta execução começavam já a professar o culto e veneração de Bárbara, esperaram seu império ou consentimento para vingar suas injúrias, porque não obravam como causas naturais, por próprio impulso, mas guiados por destino oculto e entendimento superior que os governava.

E para que vejamos quão entendidamente serviram a Santa Bárbara, e sem esperar sua obediência lhe obedeceram, compararemos estes dois raios sem uso de razão com outros dois raios racionais e de grande entendimento. Aos dois irmãos S. Tiago e S. João mudou-lhes Cristo o nome, ou acrescentou-lho, chamando-lhes raios: "Tiago, filho de Zebedeu, e João, irmão de Tiago, aos quais ele deu o nome de Boanerges, que quer dizer filhos do trovão" (Mc 3,17). — "Boanerges" propriamente quer dizer filhos do trovão, e porque do trovão nasce o raio, "boanerges" em frase hebreia ou siríaca, qual era a vulgar daquele tempo, significa raios. E que fizeram estes dois raios tão entendidos? Negando os samaritanos a Cristo a entrada da sua cidade, quiseram ambos castigar este desprezo e vingar esta injúria de seu Mestre, fazendo como raios que descesse fogo do céu e abrasasse os samaritanos; mas este fogo, este zelo e este pensamento tão bravo e tão bizarro tudo ficou no ar: por quê? Porque consultaram e pediram licença a Cristo: "Senhor, queres tu que digamos que desça fogo do céu, e que os consuma" (Lc 9,54)? Respondeu o Senhor que ele não viera ao mundo a matar homens, senão salvá-los, e que eles, como seus discípulos, haviam de perdoar as injúrias, e não vingá-las. O mesmo havia de responder Santa Bárbara, se os nossos dois raios a consultaram ou lhe pediram seu consentimento, para vingar as suas injúrias, e matar e abrasar os tiranos. Mas eles, sendo raios sem entendimento, entenderam melhor o caso. Há casos em que, por pedir licença, se perdem as mais gloriosas ações. Notou discretamente S. João Crisóstomo que, se a Madalena pedira licença a Cristo para lhe derramar uma vez aos pés, outra sobre a cabeça os seus preciosos unguentos — que eram as águas de Córdova ou de Âmbar daquele tempo — como este regalo fosse tão contrário à mortificação que o Senhor professava, claro está que lhe não havia de conceder a licença. Mas o mesmo Senhor, que não havia de conceder a licença pedida, depois que a Madalena, sem a pedir, lhe fez aquele obséquio, não só defendeu a obra, mas a aprovou e louvou: "No que fez, me fez uma boa obra" (Mt 26,10). — O mesmo havia de suceder aos dois raios do apostolado, se eles abrasaram os samaritanos, como justamente mereciam. Mas o que eles, sendo tão entendidos, não entenderam nem fizeram, fizeram sem entendimento os nossos raios, porque eram governados por outra inteligência mais alta.

No caso da prisão de Cristo, S. Pedro, sem pedir licença, tirou pela espada, investiu os inimigos e começou a cortar orelhas; os outros discípulos, pelo contrário, chegaram-se ao Senhor e pediram licença: "Senhor, firamo-los à espada?" (Lc 22,49). — E quem se mostrou mais fiel servo, mais valente e mais zeloso da vida e da honra do seu Senhor? Não há dúvida de que Pedro, e como tal o louvam todos os santos. Entre os outros discípulos também se achavam os dois "Boanerges", os dois raios, mas quem se portou como raio foi Pedro, porque essa é a bizarra natureza dos raios, ferir e executar primeiro, e depois protestar a sua sujeição e obediência. É texto excelente no livro de Jó: "Porventura, envias os raios, e vão, e ao voltarem dizem: Aqui estamos?" (Jó 38,35). Porventura — diz Deus a Jó — são tais os teus poderes, como os meus, que despidas do céu os raios, e eles depois de executarem tornem a ti, e te digam: Aqui estamos prontos para obedecer o que nos mandares? — Caetano, demasiadamente sutil neste passo, disse que estão aqui as palavras trocadas, e que primeiro se haviam de apresentar os raios obedientes, e dizer "Aqui estamos", e depois executar o que lhes mandassem. Mas com razão é rejeitada de todos esta sutileza, como alheia do texto e da condição do raio, porque os raios, depois de qualificarem a sua obediência com a execução, então é que a protestam com dizerem: aqui estamos: "vão, e ao voltarem dizem: Aqui estamos". Isto é o que fizeram os dois raios vingadores das injúrias de Santa Bárbara, começando a protestação e reconhecimento da sua obediência e sujeição à santa pela antecipada execução do que deviam à sua honra, sem esperar o mandado ou licença do seu império. "E esta expressão é própria dos servos mais obsequiosos" — diz com S. Gregório Papa o doutíssimo Pineda[1].

§ IV

Temos visto como Santa Bárbara dominou o mais escondido tesouro da natureza, que é o fogo, e como Deus lhe sujeitou as mais violentas e temerosas partes ou efeitos dele, que são os raios. Dizendo, porém, o Evangelho que os tesouros de que fala ninguém os alcança de graça, senão comprados, e comprados com tudo quanto possui: "Vende tudo o que tem, e compra aquele campo" (Mt 13,44) — segue-se que vejamos qual foi o preço proporcionado e justo com que a nossa santa, e ela só, comprou e mereceu este extraordinário domínio. É questão curiosa e não fácil. Para inteligência dela, havemos de supor que estes tesouros, quaisquer que sejam, ou os compram os santos por mão própria, ou por mão alheia. Os confessores compram por mão própria, com as virtudes e boas obras que eles por si mesmo exercitam; os mártires compram por mão alheia, com os tormentos e crueldades que lhes fazem padecer os tiranos. Mas daqui parece que se segue que esta singular prerrogativa de Santa Bárbara, qualquer outra virgem e mártir a mereceu igualmente, porque deu o mesmo preço. A mesma natureza parece também que confirma este direito em duas exceções ou limitações com que produz os raios. Não só os poetas, que merecem pouco crédito, mas os autores da história natural, como Plínio e os mais, excetuam da jurisdição dos raios, entre as aves, a águia e, entre as árvores, o louro. E assim como a águia e o louro não são dominados, senão predominantes ao raio, assim à virgem e à mártir parece que é devido este predomínio: à virgem, enquanto mártir, como à águia, pela coroa; e à mártir, enquanto virgem, como ao louro, pela lauréola. Que causa há logo, ou que razão de diferença entre tantas virgens e mártires, para que a singular prerrogativa deste domínio a desse a divina justiça, como prêmio de seu merecimento, unicamente a Santa Bárbara?

A razão manifesta é porque o martírio de Santa Bárbara, entre todas e todos os mártires, foi o mais violento e furioso de quantos se padeceram a mãos dos tiranos. Os outros mártires padeceram a mãos dos Neros e dos Diocleciános; Santa Bárbara a mãos de seu próprio pai, gênero de martírio, pela atrocidade desta circunstância, não só singular e inaudito, mas não imaginável. Soube Dióscoro que sua filha era cristã, e porque nenhum meio lhe bastou de promessas ou ameaças, de benevolência ou rigor, com que a pudesse apartar da fé, primeiramente a entregou ao presidente Marciano, debaixo de juramento que todos os tormentos e gêneros de martírios, quantos até então se tinham inventado, os havia de experimentar e executar nela; e assim o jurou e se fez. Os ecúleos, as catastas[2], os escorpiões e pentes de ferro, as lâminas ardentes, os chumbos derretidos, os peitos cortados, os dentes e voracidade das feras, tudo se experimentou em Bárbara, não havendo parte sã e de que não corresse sangue em todo o delicado corpo, e ferindo-se já não o corpo, senão as feridas umas sobre outras. Vencido, pois, Marciano, e vendo esgotados em vão todos seus tormentos, pronunciou finalmente a última sentença, e mandou aos verdugos que cortassem a cabeça a Bárbara. — Os verdugos? — replicou o pai — isso não. Eu sou, e com estas mãos, o que lhe hei de tirar a vida. — Isto disse desembainhando a espada e, descarregando-a com toda a força na garganta inocente, com um golpe lhe apartou a cabeça dos ombros. Oh! espetáculo, oh! portento de desumanidade, nunca visto, como dizia, nem ouvido, nem imaginado!

Um só pai lemos nas Escrituras que tirasse a vida a sua filha, que foi Jefté, em cumprimento de um voto que tinha feito a Deus. Mas que comparação tem aquele caso com este? Aquele foi um excesso de religião, este um prodígio de crueldade. Ali o pai era sacerdote; aqui sacrílego, ímpio e blasfemo. Um sacrificava a filha amada a Deus; outro a filha aborrecida aos ídolos. Um derretendo-se-lhe as entranhas de compaixão como cera; outro com o coração mais duro que os mármores. Um correndo-lhe dos olhos lágrimas de piedade e amor; outro vomitando pela boca labaredas de ódio e ira. Um derramando o sangue da filha como próprio; outro não só como alheio, mas como do maior inimigo. Um tremendo-lhe a mão da espada; outro triunfando de a ver tingir na púrpura que lhe saíra das veias. Um matando a quem desejava a vida; outro tirando-a a quem a tinha dado. Um com o maior exemplo da fé; outro com o maior escândalo e horror da natureza. Enfim, ambos pais e ambas filhas, mas com tal diferença em um e outro espetáculo que, vendo o sacrifício de Jefté, choravam de lástima mulheres e homens, e à vista do parricídio de Dióscoro pasmavam e estavam atônitos os leões e os tigres. E como o martírio de Bárbara foi o mais violento e furioso de todos os martírios, por isso mereceu com ele o domínio do mais violento e furioso de todos os elementos.

Comparai-me o pai de Bárbara, na violência e fúria desta sua ação, com o fogo, e vereis quão parecidos e semelhantes são um e outro. Notou advertidamente Sêneca que é natural da violência e eficácia do fogo "não consentir que as coisas sejam o que são"[3]. — Era Dióscoro pai de Bárbara, mas a violência e fúria ou, por melhor dizer, o fogo da sua tirania não consentiu que fosse o que era. Era pai, e deixou de ser pai. Mas assim havia de ser ou deixar de ser o que era, para mais propriamente ser como o fogo. Entre todos os elementos só o fogo não é pai: todos os outros geram e são fecundos;

só o fogo é estéril e não gera. Essa é a propriedade da etimologia com que os latinos sabiamente lhe chamaram *ignis*. Compõe-se o nome de *ignis* de *in* e de *gigno*, como se disseram, *non gignens*, isto é, "o que não gera", porque as salamandras, que alguns lhe perfilham, são fábula. Mais fizeram. Para guardar perpetuamente o fogo, que chamavam sagrado, instituíram a religião das virgens vestais. E por que razão virgens? Para que elas e o fogo, a quem guardavam, fossem semelhantes: ele por natureza, e elas por instituto, sem geração. Ouçamos ao autor do seu ritual no livro dos Fastos:

> "Não se deve, contudo, ver em Vesta
> mais que a chama personificada,
> pois jamais nasceu corpo algum da chama.
> De direito, pois, é virgem a que nem recebe nem deixa semente"[4].

E como o pai de Bárbara, sendo pai por natureza, deixou de ser pai por tirania e, tendo-a verdadeiramente gerado, lhe tirou tão cruelmente a vida como se a não gerara, em perpétua memória deste portento da desumanidade lhe deu justamente Deus o domínio do elemento que só não é pai nem gera; e assim como ela padeceu a violência e fúria do mais violento e furioso de todos os martírios, assim dominasse a violência e fúria do mais violento e furioso de todos os elementos.

E se a singularidade do martírio de Santa Bárbara mereceu este domínio comum sobre o fogo, não foi menos devido à causa do mesmo martírio o domínio e império particular sobre as partes mais violentas e furiosas do mesmo fogo, que são os raios. Quando o pai já cruel encerrou a santa naquela torre, mandou que se abrissem nela duas janelas, e como depois visse abertas três, e soubesse da mesma filha que ela tinha acrescentado a terceira em honra da Trindade do verdadeiro Deus trino e uno, que adorava, esta fé e protestação constante foi a causa do seu martírio. Vamos agora ao mistério e proporção do prêmio com que Deus o remunerou. Em todas as coisas que Deus criou, como marca ou caráter próprio — a modo dos grandes artífices — imprimiu alguns vestígios do seu soberano ser, trino e um, posto que muitos os não conheçam, como disse Davi: "E não serão conhecidos os teus vestígios" (Sl 76,20). — Mas entre todas as criaturas irracionais, nenhuma traz mais impresso e expresso em si este caráter que o raio, o qual é um tridente de fogo dividido em três pontas, e por isso chamado trino ou trissulco. "Pai e senhor dos deuses, cuja destra está armada com um raio de três pontas"[5] — diz Ovídio; e Sêneca: "Deus se faz patente como autor do raio de três pontas"[6]. — Por outra parte, a mais natural hostilidade dos raios — que sempre buscam o mais alto — é combater e escalar as torres. Tanto assim que em alguns lugares de Itália, que refere Plínio, "foi vedado no tempo da guerra levantarem-se torres, porque todas batiam e destruíam os raios"[7]. — E como a causa do martírio de Santa Bárbara foi a fé e protestação da Santíssima Trindade, esculpida ou declarada nas três janelas da sua torre, para que o prêmio fosse proporcionado, não só ao martírio, senão também à causa, em memória da Trindade deu-lhe o domínio dos raios, que representam a mesma Trindade nas suas três pontas, e em memória da torre fê-la tutelar das torres e dos castelos, para que as guarde e defenda dos mesmos raios.

§ V

Para bem vos sejam, todo-poderoso e todo-piedoso Deus — que me não quero congratular neste caso com a nossa e vossa santa, senão com a vossa infinita bondade. Para bem vos sejam estes mesmos poderes que comunicastes à vossa grande serva e defensora nossa, para que tenha a vossa misericórdia quem modere os rigores de vossa justiça, e quando a vossa mão armada de raios queira fulminar o mundo, ou vos tenha mão no braço, ou os apague e divirta, antes de chegarem à terra.

É tal a bondade de Deus — o qual ainda quando mais irado se não esquece de sua misericórdia — que, quando quer castigar os homens, o que mais sente é não haver algum que se lhe oponha e lhe resista. Esta é a queixa que faz por boca de Isaías no Capítulo cinquenta e nove, onde o profeta descreve ao mesmo Deus irado contra os cativos de Babilônia, e armado de justiça, de zelo, de indignação e vingança para os castigar e destruir como inimigos: "Vestiu-se desta sua justiça como de uma couraça, e o capacete da salvação assentou na sua cabeça; pôs sobre si vestidos de vingança, e cobriu-se de zelo como de um manto. Assim como quem se prepara para tomar vingança, como para retribuir a seus contrários e corresponder a seus inimigos" (Is 59,17s). — Estas eram as armas de que Deus já estava vestido de ponto em branco para executar o castigo naqueles homens. E a sua queixa no meio desta mesma deliberação, qual era? Bendita seja tal bondade e tal amor! "E viu que não há varão, e ficou perplexo, por não haver quem se opusesse" (Ibid. 16). — Assim, provocado de sua justiça, assim irado, assim armado, assim deliberado a castigar, e já com os instrumentos da vingança nas mãos, o que Deus mais sentia, o que mais o magoava, o que mais o afligia, e quase desesperava — que tudo isso significa "e ficou perplexo", enfim, o de que só se queixava o bom Senhor é de não haver um homem que se opusesse e contrariasse a sua mesma deliberação, e acudisse pelos que queria castigar, e rogasse e intercedesse por eles e, com eficácia de razões, como Moisés, o persuadisse a perdoar, ou lutando com ele, como Jacó, à força de braços e a braços o reduzisse e rendesse.

A mesma queixa fez outra vez Deus pelo profeta Ezequiel, dizendo: "Não subistes pela frente" — ou, como lê o original hebreu; "Vós não subistes pelas brechas abertas, nem vos opusestes como um muro em defensa da casa de Israel, para que vos tivésseis firmes no combate no dia do Senhor" (Ez 13,5). — Foi o caso que tinha Deus sitiado a cidade de Jerusalém com o exército dos caldeus, para a castigar e destruir, e tendo já aberto brechas para o assalto real — que isso quer dizer "brechas abertas" — queixa-se Deus de que os cercados não fizessem contramuros às mesmas brechas: "Nem vos opusestes como um muro" — e não saíssem a defender fortemente a entrada dos inimigos. Pois, se o sitiador era Deus, e o exército de Deus e de Deus havia de ser a vitória e o castigo: "no dia do Senhor" — por que se queixa o mesmo Deus de não haver quem se lhe opusesse e resistisse: "Não subistes pela frente. Nem vos opusestes como um muro"? — Porque sendo a condição de Deus não condenar, senão perdoar, não assolar, senão consolar, não matar, senão dar vida, quando, a mais não poder, toma as armas para nos castigar, o que mais deseja e estima é achar quem lhe resista e o obrigue a embainhar a espada. Por isso, quando dá semelhantes poderes contra si ou sobre si mesmo a Bárbara, não a ela, nem a nós, senão ao mesmo Deus dou eu o parabém porque, se dantes dizia: "Não há um varão que ocorra" — e se queixava de não ter um homem que se lhe opusesse, já agora terá uma mulher que o vença e o desarme.

As mais temerosas e formidáveis armas de Deus são os trovões e os raios: "Do Senhor tremerão seus inimigos, e ele trovejará sobre eles dos céus" (1Rs 2,10). — Armado destas armas nos pinta Davi ao mesmo Deus, com tal horror de palavras, que até pintado faz tremer: "A terra se comoveu e estremeceu; os fundamentos dos montes foram agitados e abalados, porque se irou contra eles. O fumo de seus narizes se elevou ao alto, e fogo devorador sairá da sua boca: por ele serão acesos carvões. Abaixou os céus, e desceu, e há escuridade debaixo de seus pés. Pelo esplendor da sua presença se acenderam carvões de fogo. O Senhor trovejará do céu, e o Altíssimo fará soar a sua voz. Disparou setas e dissipou-os, raios e consumiu-os. E apareceram as profundidades do mar, e descobriram-se os fundamentos da terra, pelas ameaças do Senhor, pelo sopro do espírito do seu furor" (2Rs 22,8-10. 13-16). — Não há língua que possa declarar a prosopopeia tremenda desta descrição, senão emudecendo. Inclinará Deus os céus, e avizinhar-se-á mais à terra para castigar seus habitadores; debaixo dos pés trará um remoinho de nuvens negras, escuras e caliginosas; das ventas lhe sairão fumos espessos de ira, de indignação, de furor; da boca, como de fornalha ardente, exalará um vulcão de fogo tragador, que tudo acenda em brasas e converta em carvões; atroará os ouvidos atônitos com os brados medonhos de sua voz, que são os trovões; cegará a vista com o fuzilar dos relâmpagos alternadamente acesos, abrindo-se e tornando-se a cerrar o céu temerosamente fendido; disparará finalmente as suas setas, que são os raios e coriscos; abalar-se-ão os montes, retumbarão os vales, afundar-se-ão até os abismos os mares, descobrir-se-á o centro da terra e aparecerão revoltos os fundamentos do mundo. — E no meio desta confusão, assombro, terror e desmaio, quais estarão os corações dos homens, e que será deles? — "Consumi-los-á Deus", diz Davi. — Mas isto se entende do tempo em que Davi escreveu, muitos séculos antes de haver na terra a gloriosa defensora destas baterias e destes tiros do céu, até então invencíveis. Porém, depois que no mundo foi conhecido aquele nome sagrado, ou o sagrado daquele nome, por mais que as nuvens se rasguem em trovões, se acendam em relâmpagos e se desfaçam em raios — Santa Bárbara! — em se invocando e soando este poderoso e portentoso nome, os trovões, os relâmpagos, os raios, tudo se dissipou, e aqueles estrondos, medos e ameaços do céu, não só pararam sem efeito e se desfizeram sem dano, mas donde a terra temia ser abrasada, se viu regada, porque os raios se resolveram em rios, e o fogo se converteu em água: "Converteu os raios em chuva" (Sl 134,7).

Eu não quero nem posso dizer que depois que no mundo houve Santa Bárbara os raios não fossem nocivos aos homens, ou assombrando-os só com o ar, ou tirando-lhes a vida e fazendo-os em cinza com o fogo, pois estão cheias as histórias de mortes notáveis de grandes personagens feridas e despedaçadas com raios. Mas o que só quero dizer é que, de pessoa que invocasse a Santa Bárbara, e algum raio a ofendesse, nenhuma história há nem, como logo direi, a pode haver. Sêneca, nas questões naturais, depois de disputar sobre a origem e formação dos raios, conclui com uma sentença verdadeiramente estoica: "Antes quero não temer o raio que conhecê-lo". — Tu, Lucílio, "ensina aos outros como os raios se fazem; eu para mim só quisera saber como se não temam"[8]. — E se perguntarmos ao mesmo Sêneca como se podem não temer os raios, responde que não temendo a morte. Só quem não teme a morte não teme o raio. E não bastará falando gentilicamente, encomendar-se um homem aos deuses? Absolutamente não. Porque os raios, diz ele, uns são fatais e necessários, e estes de nenhum modo se podem evitar; outros são contingentes e arbitrários, e só para estes podem aproveitar as orações e os votos: "Alguns foram retidos pelos deuses imortais de tal modo que se tornem benéficos se forem elevadas preces e votos aos deuses"[9]. — Até aqui Sêneca, como grande filósofo, mas sem fé. Para nós, porém, que sabemos que não há fado mais que a Providência Divina, sempre livre e toda poderosa, digo que nenhum raio poderá fazer mal a quem se encomendar a Santa Bárbara. E por quê? Porque assim o prometeu Deus à mesma santa. Antes de oferecer a garganta à espada do tirano, fez Bárbara oração a Deus que a todos os que a tomassem por intercessora concedesse sua divina Majestade o que pedissem: e no mesmo ponto se ouviu uma voz do céu que dizia: — Assim será como desejas. — Logo, nenhum raio pode ferir a quem tomar por intercessora a Santa Bárbara. A consequência é evidente. Porque aquela voz que se ouviu do céu foi voz de Deus, e o raio que sai do trovão também é voz de Deus, como diz Jó: "Trovejará Deus com a sua voz" (Jó 37,5). — Logo, esta segunda voz de Deus é força que se conforme com aquela primeira, também de Deus, porque não seriam vozes da suma verdade se uma contrariasse a outra.

§ VI

Até aqui temos visto quais são os poderes e domínio de Santa Bárbara sobre o fogo natural, e contra os mais violentos e furiosos partos dele, quais são os raios. Mas de trezentos anos a esta parte tem crescido muito mais a jurisdição e império da mesma santa sobre o elemento do fogo. Até o ano de Cristo mil trezentos e quarenta e quatro o campo em que dominava Santa Bárbara: "Adquiriu aquele campo" — era a região do ar, com os seus relâmpagos e raios, e com todos os outros meteoros ardentes que nele acende o fogo, em que também entram os vastíssimos corpos e formidáveis incêndios dos cometas. Este universal domínio, como governadora e protetora, exercitou a nossa santa por espaço mais de mil anos, que tantos se contaram desde o seu martírio até o ano já referido de mil trezentos e quarenta e quatro. E faço aqui esta distinção de tempos e de poderes porque neste ano se acrescentou à mesma santa, sobre a jurisdição do fogo elementar e natural, a dos fogos artificiais, cujos prodigiosos excessos, que cada dia vemos crescer mais e mais com novos horrores da natureza, então tiveram seu princípio[10]. — Com razão clamam as Escrituras que das partes setentrionais e do norte sairia todo o mal. Assim se viu na Germânia, porque dela saiu naqueles anos, para peste universal do gênero humano, a fatal invenção da pólvora, sendo seu descobridor Bertoldo Negro, o que já trazia no apelido a cor que havia de ter o seu infernal invento. O primeiro profeta que profetizou os males que no setentrião haviam de ter sua origem foi Jeremias, quando em figura de uma caldeira ardente: "Eu vejo uma panela incendiada" (Jr 1,13) — viu o incêndio com que Nabuzardão havia de abrasar a Jerusalém. E verdadeiramente que as suas palavras muito mais naturalmente se podem entender do incêndio com que Bertoldo abrasou o mundo: "Do aquilão se estenderá o mal sobre todos os habitantes da terra" (Ibid. 14). — Aquele fogo abrasou somente os habitadores de Jerusalém; este tem abrasado e consumido a todas as nações do mundo. E dele se diz com maior propriedade: "se revelou o mal" — que o mal se abriria e descobriria, porque até então estava encerrado e oculto nos segredos da natureza, e quando se inventou então se descobriu: "se revelou".

Os primeiros que se acham haver usado da artilharia pelo artifício da pólvora — ao menos na Europa — foram os mouros contra os cristãos na batalha de Algezira, em Espanha. De maneira que, bem advertida a cronologia dos tempos, no mesmo século, e quase pelos mesmos anos, tiveram seu infausto nascimento as maiores duas pestes do mundo: a pólvora e o Império Otomano. E parece que assim estava profetizada uma e outra muitos séculos antes por Daniel no capítulo sétimo. Fala ali o profeta dos quatro mais famosos impérios do mundo, e com grande especialidade das três partes do romano que lhe havia de roubar e dominar o turco na Ásia, na Europa e na África, chamando ao mesmo turco "Pequeno chifre" (Dn 7,8) pela baixeza de seus princípios. E na mesma ordem da narração, diz que viu a Deus assentado no trono de sua majestade, e que da boca lhe saía um rio de fogo arrebatado: "Um rio de fogo, e arrebatado, saía de diante dele, isto da sua boca". — E que rio de fogo nomeadamente arrebatado e furioso é este, senão o da pólvora, inventada no mesmo tempo do império turquesco, como logo nota o mesmo profeta: "Eu olhava atentamente, por causa do estrépito das arrogantes palavras que este corno proferia" (Ibid. 11)? — Era o autor deste invento de profissão religioso, ao qual, como bem diz Espondano, fora melhor que, no tempo em que fazia aquelas experiências, se estivesse encomendando a Deus, mas permite o mesmo Deus semelhantes invenções, assim para castigo dos maus como para glória e exaltação de seus santos. Primeiramente saía este rio de fogo da boca de Deus, porque não só as coisas naturais são efeitos da sua boca e da sua voz: "Ele disse, e foram feitas as coisas" — senão também as artificiais quando querendo, ou permitindo, dispõe sua providência que se façam. Este rio, pois, do fogo arrebatado e furioso da pólvora, se dividiu logo em tantos canais, uns maiores, outros menores, quantos são os canos de ferro ou bronze por onde o mesmo fogo furiosamente rebenta, e por isso se chamam bocas de fogo. Na cavalaria, as pistolas e as carabinas; nos infantes, os mosquetes e os arcabuzes; nos exércitos e nos muros das cidades, os canhões e as culebrinas. E todos estes instrumentos, e os que os manejam, ficaram desde então sujeitos ao império e debaixo da proteção de Santa Bárbara.

Vede quanto se aumentou o seu domínio com o invento da pólvora na multidão, na variedade, na força, nos efeitos, e ainda na facilidade dos tiros e máquinas de fogo a que preside. Para se gerar um raio é necessário que as terras não sejam extremamente frias, que por isso na Cítia são raríssimos: é necessário que o tempo seja estio, ou outono; que as nuvens sejam espessas e úmidas; que as exalações sejam secas e cálidas; que o movimento ou anteparístesis as acenda; que a rotura por onde sai seja pela parte inferior, e não pela de cima; e que a matéria seja crassa e pingue, por que se não dissipe ou apague o fogo antes que chegue à terra. Tudo isto é necessário para formar um raio na região do ar. Na terra, porém, quão pouco basta? Basta que aos que têm o supremo poder lhes suba à cabeça um vaporzinho, ou de cobiça, ou de ambição, ou de inveja, ou de ódio, ou somente de vaidade e glória, para que contra uma fortaleza ou sobre uma cidade, chova tanta multidão de raios quantas são as pedras das suas muralhas. Os raios que caem do céu em muitos anos são contados; os que se fulminam da terra, na bateria ou defesa de uma praça, não têm conto. Ainda quando os do céu se não contentam com ferir os montes, ou com se empregar nas feras e nas enzinhas, ou só com meter medo aos homens, raro é o raio que seja réu mais que de um homicídio. Mas os que saem de uma peça de artilharia, se o não vistes, ouvi o estrago que fazem. Na batalha naval entre os cesarianos e franceses, na ribeira de Salerno, matou uma bala de artilharia quarenta cesarianos; na batalha campal dos alemães contra os espanhóis, junto a Ravena, matou outra peça com um só tiro mais de cinquenta alemães; na guerra de Alberto César contra os polacos, em Boêmia, não dizem as histórias de qual das partes, mas afirmam que uma só bala matou oitenta soldados.

Que semelhança têm com a sombra disto as balistas, as terebras, os aríetes, as catapultas, e todos os outros instrumentos bélicos, que com tanta força de engenho inventaram primeiro os gregos, depois os romanos, e com tanta força de braços não conseguiram em muito tempo e trabalho o que faz em um momento uma mão com um bota-fogo? Muitos houve que quiseram imitar os raios, que a gentilidade chamava de Júpiter, em que foi tão famosa a arrogância de Sulmão, rei de Elide, vivendo, como é fabuloso, no inferno, o castigo de seu atrevimento. Virgílio lhe chama louco, porque quis imitar o raio, que não é imitável:

"Néscio, o que os nimbos e o não imitável raio
No ar, fingiste com a corrida dos cavalos velozes"[11].

Mas se a sua musa adivinhara que do mesmo inferno havia de sair a pólvora, de nenhum modo dera ao raio o nome de inimitável, pois a nossa artilharia, não só o imita, mas vence. Todo o aparato e fábrica estrondosa de um raio, a que se reduz no ar? A uma nuvem, a um relâmpago, a um trovão e ao mesmo raio. E tudo isto se vê e experimenta com vantagem no tiro de uma peça. O fumo é a nuvem, o fogo o relâmpago, o estrondo o trovão, a bala o raio. E digo com vantagem, porque a nuvem acabou no primeiro parto, e em se rompendo se desfez e desvaneceu, e a peça inteira e sólida dura anos e séculos, disparando e lançando de si, no mesmo dia e na mesma hora, não só um, senão muitos raios. Pouco há dissemos que o fogo natural era estéril e não gerava; mas depois que o artificial se ajuntou com a pólvora, em todo o gênero de viventes tem filhos de fogo. Animais de fogo nos camelos, serpentes de fogo nos basiliscos, aves de fogo nos falcões, e em todos os outros instrumentos sulfúreos, homens de fogo. Homens de fogo na artilharia, homens de fogo nas bombas, homens de fogo nas granadas, homens de fogo nos petardos, homens de fogo nos trabucos, homens de fogo nas minas e, assim sobre a terra como debaixo dela, homens de fogo, que nele e dele vivem.

§ VII

Tão necessário é ao intrépido e temeroso ofício da artilharia — que tudo isto compreende — o patrocínio de Santa Bárbara na terra. E passando da terra ao mar, bem se deixa ver quanto mais importante será, e quanto mais admirável e milagroso, defendendo aos que pelejam com os mesmos instrumentos de fogo, metidos em um lenho e sobre as ondas. Averiguada conclusão é entre os Mestres de uma e outra milícia que, comparada a da terra com a do mar, esta é muito mais trabalhosa e perigosa. Na terra peleja contra vós um elemento, no mar todos quatro; na terra tendes para onde vos, retirar, no navio estais preso e não tendes outra retirada que lançando-vos ao mesmo mar. Na terra ajudam uns esquadrões a outros esquadrões, e uns terços a outros terços; no mar estais com os companheiros à vista, e nem eles muitas vezes vos podem socorrer a vós, nem vós a eles. E quanto ao exercício da artilharia, na terra borneais a vossa peça coberto de um parapeito de pedra de cinco pés ou de uma trincheira de faxina de dezoito; no mar detrás de uma tábua de três dedos. Na terra corre a artilharia sobre uma esplanada firme e segura; no mar sobre um convés sempre inquieto, e também inquieto, da parte contrária, o ponto a que se nivela o tiro. Os gregos chamaram à peça de artilharia bombarda, pelo boato; os latinos *tormentum*, pelo que atormenta o corpo oposto que fere; eu na terra chamara-lhe tormento, e no mar tormenta "Fogo, enxofre e tempestades" (Sl 10,7). — Grande ciência geométrica é necessária para, entre dois pontos inconstantes, tirar uma linha certamente reta, qual há de seguir a bala para se empregar com efeito. Mas tudo isto pode fazer o sábio artilheiro náutico, com maiores estragos do inimigo, dos que acima referimos, conseguindo com um só tiro, por ser no mar, o que não pode suceder na terra. Explicar-me-ei com um exemplo famoso da sagrada Escritura.

Por ocasião do testamento de Davi, faz a Escritura um catálogo dos seus mais insignes capitães, que é a melhor e mais preciosa herança que um rei pode deixar a seu filho, como bem o experimentou Filipe II nos que herdou de Carlos. Começa pois o catálogo: "Estes são os nomes dos valentes de Davi" (2Rs 23,8). — Eram estes valentes trinta, escolhidos entre todo o exército, os quais se chamavam os trinta fortes de Israel; nestes trinta eram escolhidos três, os quais se chamavam os três fortes, e destes três era escolhido um, o qual não se chamava o fortíssimo, senão o sapientíssimo. As palavras notáveis do texto são estas: "Está assentado na cadeira o príncipe sapientíssimo entre três, o qual de um ímpeto matou oitocentos, e é como o bichinho sem força que rói as raízes da árvore". — Três dúvidas não vulgares tem este texto. Se este primeiro e mais afamado capitão de Davi matou oitocentos, como os podia matar de um só ímpeto: "de um ímpeto matou oitocentos"? — E se não só entre os trinta, senão entre os três fortes de Israel, era ele o mais forte, por que não se chama o fortíssimo, senão sapientíssimo: "sapientíssimo entre três"? Finalmente, se aquela sua grande façanha a declara a Escritura por uma comparação, por que se compara a um bichinho sem força, que rói as raízes da árvore: "é como o bichinho sem força que rói as raízes da árvore"? — Deixada a interpretação literal desta história, que não é fácil, eu, que só a referi e tomei por exemplo, digo que nela está admiravelmente retratado quanto pode obrar o sábio artilheiro com um só tiro, não na terra, senão no mar. Atirando a uma capitânia, ou a outra grande nau de guerra, se lhe penetrar com a bala o paiol da pólvora, ou lhe romper outra parte vital, como algumas vezes tem acontecido, sem dúvida a deitará a pique com um só tiro, e no tal caso de um só ímpeto matará oitocentos e ainda mais homens: "de um ímpeto matou oitocentos". — E por uma vitória tão notável, que nome ou fama alcançará o artilheiro? Não nome ou fama de fortíssimo, senão de sapientíssimo, porque aquela ação não foi obra das forças do seu braço, senão da ciência prática da geometria militar, com que governou tão acertadamente o tiro, e por isso sapientíssimo na arte: "sapientíssimo entre três." — Finalmente, para tirar a admiração de um tão grande estrago executado por um instrumento sem forças, traz a Escritura a comparação do bichinho, que sem elas roeu as raízes da árvore, porque, alojados muitos homens debaixo de uma grande árvore, se ela, por lhe faltarem as raízes, caiu subitamente sobre eles, a todos oprimiu e acabou de um só golpe, não sendo a causa principal de tamanha ruína a grandeza e peso da árvore, senão o bichinho que lhe roeu a raiz: "é como o bichinho sem força que rói as raízes da árvore".

Por este singular exemplo se vê quanto mais poderosa é a artilharia no mar que na terra, ajudando-se e dando-se a mão o elemento da água com o do fogo. Já antigamente tinham feito a mesma companhia entre si estes dois elementos contra Faraó, no Egito: "A pedra e o fogo caíam a um mesmo tempo misturados" (Ex 9,24) — e a mesma fazem naturalmente em todas as batalhas ou conflitos navais. O fogo queima, a água afoga, o fogo mata, a água sepulta. Mas se tanto é o estrago que faz e pode fazer uma peça de artilharia nas naus inimigas, daqui se deve fazer reflexão — como a fazia Agamenão no incêndio de Troia — que o mesmo fará nas nossas, se não tivermos alguma mais poderosa proteção que nos defenda e livre. Verdadeiramente que é tão pia e cristã, como bem entendida arquitetura, aquela com que em todas as naus de guerra, que são cidades nadantes, a casa que os hereges e outros menos devotos chamam praça de armas, nós como templos pequenos a dedicamos a Santa Bárbara, e a fundamos sobre os armazéns mais secretos, em que a pólvora vai guardada. Como se dissera a nossa fé ou a nossa confiança, com os olhos na vigilância de tão soberana protetora: "Não deixa minar a sua casa" (Mt 24,43). — Para mim não são necessários outros milagres de Santa Bárbara mais que este tão universal e tão contínuo em todos os vasos de guerra, prenhes de mais aparelhados incêndios que o cavalo troiano.

Vendo Moisés nos desertos de Madiã que a sarça ardia e não se queimava, disse: "Quero ir ver este grande milagre" (Ex 3,3). — O milagre consistia em que, estando o fogo tão vizinho à sarça, ela, contudo, sem o admitir em si, estivesse tão verde que, como bem disse Filo Hebreu, mais parecia que a sarça queimava o fogo que o fogo a sarça; e que, em vez de o mesmo fogo a abrasar, a regava para que mais reverdecesse. Por isso Moisés, não só lhe chamou milagre, mas grande: "este grande milagre". — E não seria grande nem milagre se a fome e voracidade do fogo não fosse qual é. O mistério com que os antigos fingiram a Vulcano, deus do fogo, manco e arrimado a um bordão, é porque só o fogo, entre todos os elementos, necessita de matéria em que se sustente. A terra, a água, o ar sustentam-se e conservam-se em si mesmos; o fogo, se não tiver em que se sustente, apaga-se e morre. Assim se apagou nas alâmpadas das virgens néscias pela falta de óleo. E desta mesma necessidade de comer para se sustentar nasce ao fogo aquela voracidade com que tão facilmente se ateia, e tanto mais quanto a matéria é mais disposta. Suposto isto, quem não terá por milagre e contínuos milagres de Santa Bárbara, principalmente nas naus de guerra, em que perpetuamente se conserva o fogo, e muitos fogos, abster-se ele de se atear em matérias tão dispostas, como as dos mesmos corpos navais? Pode haver matéria mais disposta e mais gulosa para o fogo que tábuas secas, breu, alcatrão, sebo, estopa e pólvora, e tudo isto assoprado dos ventos e em perpétuo moto, que por si mesmo é causa do calor, e o calor do fogo? Se as nuvens úmidas e frias naturalmente produzem fogo por anteparístesis, como não obra os mesmos efeitos em matérias tão dispostas todo o elemento da água que as rodeia, por natureza mais úmido e mais frio? Mas para que são argumentos onde as mesmas maravilhas se demonstram melhor nas experiências da vista do que as pode considerar ou arguir o discurso? Ponde-vos no galeão S. Domingos, Capitânia Real de nossa armada nas quatro batalhas navais de Pernambuco, sustentando a bataria de trinta e cinco naus holandesas, e que é o que se via dentro e fora em toda aquela formosa e temerosa fortaleza nos quatro dias destes conflitos? Jogava o galeão sessenta meios canhões de bronze em duas cobertas; tinha guarnecidas por um e outro bordo o convés, os castelos de popa e proa, as duas varandas e as gáveas com seiscentos mosqueteiros. E sendo um Etna que lentamente se movia, vomitando labaredas e raios de ferro e chumbo por tantas bocas maiores e menores, dando todos e recebendo pólvora, carregando e descarregando pólvora, e tendo nas mesmas mãos os morrões com duas mechas acesas, ou os bota-fogos fincados junto aos cartuchos, e que, bastando qualquer faísca para excitar um total incêndio e voar em um momento toda aquela máquina, que entre tanta confusão e vizinhança de pólvora e fogo estivesse o galeão tremulando as suas bandeiras, tão seguro e senhor do campo como uma rocha batida só das ondas e não das balas, quem negará que supria ali a vigilância e patrocínio de Santa Bárbara o que nenhuma providência humana pudera evitar?

§ VIII

Sobre este conhecimento e reconhecimento, que vivas e louvores deve toda a milícia católica, assim no mar como na terra, à sua grande protetora? E que documentos darei eu aos oficiais maiores e melhores da nobilíssima arte de artilharia, seus súditos e devotos? Para o triunfo de Santa Bárbara se me oferecia a carroça de Elias, por ser de fogo; mas posto que tão singular entre todas as que viu com admiração o mundo, porque de nenhum modo iguala a pompa e majestade que é devida às vitórias da nossa santa, só nos servirá para notar no mesmo fogo a diferença como servem as sombras e os opostos para mais ilustrar os contrários. Descrevendo a Escritura o modo com que Elias, arrebatado da terra, se apartou de Eliseu, diz que foi em uma carroça por que tiravam cavalos, e que a carroça e os cavalos tudo era de fogo: "Eis que um carro de fogo e uns cavalos de fogo os separaram um do outro" (4Rs 2,11). — E sendo que o texto sagrado nos dá neste lugar a razão por que triunfou Elias pelo ar em carroça de fogo, podendo ser antes de nuvens mais vistosamente douradas com os raios do sol, de outros lugares da mesma Escritura tiram os santos padres a verdadeira causa. Estando Elias retirado em um monte, mandou-o chamar el-rei Ocosias por um capitão de infantaria, acompanhado de cinquenta soldados, o qual lhe deu o recado do rei com estas palavras: "Homem de Deus, diz el-rei que desçais logo e lhe vades falar" (4Rs 1,11). — E que responderia Elias? "Se sou homem de Deus, desça o fogo do céu que te abrase a ti e aos teus cinquenta". — Assim o disse e assim se cumpriu logo: desceu subitamente fogo do céu, que abrasou e consumiu o capitão e os soldados. Sabido o caso por el-rei, mandou outro capitão com outra companhia do mesmo número; e como este desse o recado com igual comedimento, a resposta de Elias foi como a primeira, e o capitão e os soldados todos foram abrasados com fogo do céu em um momento. Tal era o império que Deus tinha dado a Elias sobre o fogo, de que ele usava tão despoticamente! E esta foi a razão por que o mesmo fogo, como sujeito e súdito seu, se converteu em carroça e cavalos para o levar em triunfo: "O fogo reverencia a Elias como seu imperador, e a ele, como súdito, rende-lhe homenagem" — diz, com S. Crisóstomo e os outros intérpretes literais, Cornélio[12].

Combinemos agora fogo com fogo, império com império, e Bárbara com Elias. A Elias e a Bárbara deu Deus o império do fogo; mas com que diferente majestade exercita um e outro o mesmo império? Elias manda ao fogo que queime, e Bárbara que não queime; Elias manda-lhe que abrase homens, e Bárbara que os não toque; obedecendo porém o fogo a Elias, queima e abrasa como fogo que é; mas, obedecendo a Bárbara, como se perdera a própria natureza, quase deixa de ser o que é por não faltar ao que deve. Da parte de Elias parece que é igual o poder no império, mas da parte de Bárbara mostra que é muito maior na obediência. Se quando Daniel foi lançado no lago dos leões eles o comeram, não era maravilha; mas que, famintos e com o pasto à vista, refreassem a própria voracidade, a sua abstinência era a que provava o milagre: e daquilo é o que fazia Elias nos homens que dava a comer ao fogo, isto o que faz Bárbara nos que livra dos incêndios. Verdadeiramente era galante a consequência com que Elias fazia descer o fogo do céu! "Se sou homem de Deus, desça fogo do céu que te abrase". — Basta que o sinal de ser de Deus era abrasar e consumir homens! Para bem parece que havia de dizer: — Se sou de Deus, eu rogarei a Deus por ti, eu te guardarei, eu te defenderei — isto é com que prova a nossa santa ser mais propriamente de Deus. Elias, imperando ao fogo, mostrava que era de Deus, mas de Deus vingador, de Deus rigoroso, de Deus severo; e Bárbara no mesmo império mostra também que é de Deus; mas de Deus perdoador, de Deus piedoso, de Deus benigno, enfim de Deus no de que mais se preza Deus.

Não há dúvida que, na comparação de império a império, o uso e exercício dele foi muito mais humano e benéfico, e por isso mais divino, em Santa Bárbara que em Elias. E passando a comparação de fogo a fogo, assim como no que domina Santa Bárbara descobriremos uma grande novidade, assim na combinação do mesmo domínio subiremos com a verdade onde só pode chegar o encarecimento, e de nenhum modo passar a imaginação.

Já dissemos, com a opinião comum dos historiadores, quem e quando foi o primeiro inventor da pólvora. Mas se bem se lerem e entenderem as Escrituras, acharemos que quatro mil anos antes a tinha já inventado Deus, no fogo artificial que choveu sobre Sodoma. Que fosse artificial e não natural aquele fogo consta das palavras com que Moisés refere a mesma história, dizendo que o Senhor choveu do céu enxofre e fogo feito pelo mesmo Senhor: "Fez pois o Senhor da parte do Senhor chover sobre Sodoma enxofre e fogo vindo do céu" (Gn 19,24) — onde é muito novo e digno de se notar aquele termo "o Senhor da parte do Senhor", para declarar, como advertem todos os intérpretes, que tal gênero de fogo não foi efeito das causas naturais, mas da arte e sabedoria divina, a qual não cria nada de novo, mas das coisas já criadas, compondo-as e unindo-as entre si, produz efeitos novos e maravilhosos qual foi aquele fogo verdadeiramente artificial. Mas que o artifício fosse o mesmo da pólvora, não basta este só texto para o provar, porque só faz menção do enxofre: "Fogo e enxofre". — Temos, porém, outro em que o mesmo Moisés no Deuteronômio torna a descrever o mesmo fogo, e diz expressamente que era composto de enxofre e salitre, que são os dois ingredientes da pólvora: "Com enxofre e com ardor de sal, à semelhança da ruína de Sodoma" (Dt 29,23). — Deste fogo, pois, e do primeiro incêndio que causou no mundo a pólvora, livrou Deus a Lot. Mas por meio de quem? Não só de dois anjos, mas esses representadores de duas pessoas divinas, porque eram dois dos três que apareceram a Abraão no vale de Mambré — bem assim como o anjo que livrou aos três meninos da fornalha de Babilônia representava a segunda pessoa da Trindade, o Filho: "E o aspecto do quarto é semelhante ao do Filho de Deus" (Dn 3,92). — E quando Deus, para livrar a um homem qual era Lot do primeiro incêndio da pólvora, comete esta diligência a dois anjos, e esses representadores de duas pessoas divinas, vede qual é o império, o domínio e a jurisdição de Santa Bárbara, pois a ela só encarregou Deus o cuidado e superintendência universal de livrar e defender a todos os homens, assim na terra como no mar, do fogo e incêndios da mesma pólvora!

Fabriquem, pois, os serafins, que são espíritos também de fogo, novo carro triunfal a Santa Bárbara, melhor e mais glorioso que o de Elias, diante do qual não sejam levadas em urnas tristes e funestas as cinzas de homens abrasados e mortos, mas vivos, dando vivas à soberana protetora todos aqueles — número sem número — que livrou do fogo e dos incêndios. E o nosso insigne capitão do mar e da guerra, que hoje com tanto aparato e grandeza celebra a mesma triunfadora, leve como nobilíssima parte dos seus triunfos, rodando em carretas douradas, os canhões ganhados em tantas e tão famosas vitórias, com os quais, melhor que com colunas de bronze, se honram as portadas de sua ilustríssima casa, digno sucessor daquele imortal herói, que como Marte da pátria, a defendeu na guerra, e como pai, cerradas as portas de Jano, a deixou vitoriosa em paz.

§ IX

E a vós — animosos ministros de Vulcano, que continuamente exercitais o perigoso manejo do fogo, nos maiores e mais arriscados instrumentos da vossa arte — o que só vos digo por fim é que não deixeis de vos aproveitar de uma só coisa boa que trouxe ao mundo o uso e invento da pólvora. Das víboras não só se tira veneno, senão também triaga. E que coisa boa trouxe ao mundo a pólvora? Um desengano universal, de que nenhum homem se deve já fiar das suas próprias forças. Antigamente havia Aquiles, havia Hércules, havia Sansões; depois que a pólvora veio ao mundo acabou-se a valentia dos braços. Um pigmeu com duas onças de pólvora pode derrubar o maior gigante. Que fundamento cuidais teve a filosofia simbólica das fábulas, para fingir que os gigantes fizeram guerra ao céu e quiseram apear de seu trono a Júpiter, senão porque entenderam e quiseram declarar aqueles sábios que os homens que se fiam em suas grandes forças não temem a Deus nem o veneram, como se não dependeram dele. Ouvi a arrogância sacrílega e blasfema com que falava um destes, chamado Mesêncio: "O meu Deus é o meu braço e a minha lança". — Por certo, soberbíssimo capitão, que não havíeis de falar tão confiadamente, se fora em tempo que o menor soldadinho do exército contrário vos pudera responder com uma boca de fogo. Este é, pois, o desengano que trouxe ao mundo a pólvora, para que todo o homem, e muito mais os que vivem na guerra e da guerra, se persuadam que só Deus lhes pode conservar a vida, e não o seu braço nem a sua espada. Assim o dizia Davi, aquele soldado tão esforçado e tão forçoso, que com as mãos desarmadas escalava ursos e afogava leões: "A minha espada não me salvará" (Sl 43,7).

Sirva, pois, a pólvora, que sempre trazeis nas mãos, de vos lembrar o perigo em que igualmente trazeis a vida, vivendo de maneira que seja agradável a Deus, de quem por tão ordinários acidentes está mais dependente que a dos outros homens. E valendo-vos da poderosa intercessão da vossa vigilantíssima protetora, a gloriosa Santa Bárbara, de cuja devoção e invocação vos prometo, por fim, o que a mesma santa tem provado ao mundo com vários exemplos. Ainda os que estão ardendo no meio das labaredas, invocando o seu nome, se ele lhes não salva totalmente a vida temporal, ao menos lha sustenta quanto baste, para que, recebidos os sacramentos, alcancem a eterna.

SERMÃO DO

Sábado antes da Dominga de Ramos

Na Igreja de Nossa Senhora do Desterro, Bahia, ano de 1634.

"Os príncipes dos sacerdotes assentaram matar também a Lázaro, porque muitos por causa dele se retiravam dos judeus, e criam em Jesus. E no dia seguinte uma grande multidão de povo, que tinha vindo à festa, ouvindo dizer que Jesus vinha a Jerusalém, tomaram ramos de palmas, e saíram a recebê-lo."
(Jo 12,10.11ss)

No final deste ano Vieira será ordenado sacerdote. No domingo que abre a Semana Santa, Vieira sobe ao púlpito. Tem vinte e seis anos. O evangelho de S. João, antes de testemunhar o triunfo de Jesus na Cidade Santa, apresenta a consulta dos príncipes dos sacerdotes e sua decisão: a morte de Jesus e também a de Lázaro. "O caso é que tudo neste caso é inveja". Os exemplos de Saul e de Davi. Por que condenam a Lázaro? Culpa, não a teve nem a pôde ter. O exemplo dos filhos de José. Não se executar a morte de Lázaro foi a primeira pena dos juízes: ficaram os intentos e com eles uma morte interior que se sente muito fortemente. A entrada triunfal de Jesus por Jerusalém foi a segunda pena dos juízes: tormento de cruz. Quiseram crucificá-lo e ele os crucificou. Vieira volta-se no fim à igreja em que se faz a celebração: a de Nossa Senhora do Desterro, e aplica ao desterro do menino Jesus no Egito as mesmas causas, a inveja e o ódio, e as mesmas consequências. Levantem-se as palmas nas mãos em sinal da vitória.

§ I

O tema é grande, mas o sermão será pequeno. São as palavras do Evangelista S. João aos doze capítulos de sua História Sagrada. Querem dizer: Fizeram consulta os príncipes dos sacerdotes. — Quando logo encontrei com este princípio, fiz esta consideração. Consulta, os príncipes dos sacerdotes! Sem dúvida que sairão dela grandes bens à república: é gente eclesiástica, e pelo conseguinte, douta e santa; que se pode esperar de uma consulta sua, senão coisas de grande glória de Deus e grandes bens dos homens? Assim o imaginava eu, mas enganei-me. Contra Deus e contra os homens sim. O que saiu da consulta foi que em todo o caso morresse Cristo, como no dia dantes se tinha decretado; isso quer dizer aquele "também" — "matar também a Lázaro" — como interpretam os doutores; e não só que dessem a morte a Cristo, senão que também tirassem a vida a Lázaro, a quem o Senhor pouco antes tinha ressuscitado: "matar também a Lázaro". — Há juízos mais apaixonados? Há sentença mais enorme? Ora, ouçamos as causas que alegam, e admirar-nos-emos muito mais. — Morra — dizem — Cristo, porque faz milagres, porque dá saúde a enfermos e vida a mortos, porque é amado; porque é estimado, porque é seguido; e morra Lázaro, porque sendo ressuscitado por virtude de Cristo, é causa de o amarem, de o estimarem, de o seguirem: "Porque muitos por causa dele se retiravam dos judeus, e criam em Jesus". — Honrado crime! Tudo isto passou como hoje. — "E no dia seguinte"— porém ao outro dia, diz o evangelista que entrou o Príncipe da glória a cavalo por Jerusalém triunfando — dentro porém dos limites de sua modéstia e humildade — servindo-lhe de pomposo acompanhamento a multidão infinita do povo, que com palmas e aclamações, devoto o seguia: "Uma grande multidão de povo, que tinha vindo à festa, tomaram ramos de palmas, e saíram a recebê-lo" (Jo 12,12s). — Até aqui a letra do nosso tema. O que temos que ver é uma causa crime, sentenciada, apelada, revogada. Do primeiro tribunal sairão culpados os inocentes; do segundo sairão condenados os juízes. Pouco disto parece que está no tema, mas tudo tiraremos dele. Não o mostro logo, por não gastar dois tempos. Peçamos a graça.

§ II

Dizia Platão que os que julgam ou governam era bem que dormissem sobre as resoluções que tomassem. Parecia-lhe ao grande filósofo que o juízo consultado com os travesseiros era força que saísse mais repousado. Assim aconteceu aos nossos juízes do Evangelho, os príncipes dos sacerdotes: dormiram sobre a resolução que ontem tomaram de tirar a vida a Cristo, porém, hoje acordaram em conselho com um conselho tão desacordado como foi confirmarem uma sentença a mais injusta, a mais bárbara, a mais sacrílega que nunca se deu nem há de dar no mundo. Perguntara eu a suas senhorias dos príncipes dos sacerdotes: — E bem, Senhores, fazer milagres, ressuscitar mortos, ser estimado, ser querido, que culpa é, ou contra que lei? No Êxodo, no Levítico, no Deuteronômio, que são os cânones por onde vos governais, não há texto que tal proíba: pois, ignorância? Seria afronta de um tribunal tão autorizado querer presumi-la nele. Deu a razão de tudo Eutímio, em duas palavras: "O caso é que tudo neste caso é inveja"[1]. Pois, já me não espanto que achassem os príncipes dos sacerdotes na mesma bondade crimes, na mesma inocência culpas, no mesmo Cristo pecados, porque nos tribunais, ou públicos ou particulares, onde a inveja preside, as virtudes são pecados, os merecimentos são culpas, as obras ou boas qualidades, são crimes.

Estava Saul um dia muito melancolizado e triste, desejou que lhe buscassem algum bom músico, não sei se para se alegrar, se para se entristecer mais. Acudiu logo um dos cortesãos que o assistiam, dizendo que não podia sua majestade achar outro como Davi, porque além de grande músico, era mancebo muito valente, de grande inteligência nas matérias de guerra, cortesão, avisado, gentil-homem, e, sobretudo, muito virtuoso e temente a Deus: "Eis eu vi um dos filhos de Isaí, que sabe tocar harpa, e é muito forçoso, e homem guerreiro, e sisudo nas palavras, e de gentil presença, e o senhor é com ele" (1Rs 16,18). — Há mais panegírico que este? Parece-me que estão dizendo todos os que o ouviram que é grande coisa ter um amigo em palácio, e que este o devia ser mui verdadeiro de Davi, pois sabia fazer tão bons ofícios para com ele diante de el-rei. Tal é o mundo, que muitas vezes parecem finezas de amizade o que são ódios refinadíssimos. Dizem os doutores hebreus, como refere Nicolau de Lira, que este cortesão que aqui falou era Doeg, capital inimigo de Davi. Capital inimigo de Davi, e gasta tanta retórica em seus louvores? Capital inimigo de Davi, e de um fundamento tão leve, como ser músico, toma ocasião para fazer um aranzel tão largo de suas grandezas? Sim. Descobriu-lhe a tenção delicadamente um expositor grave, português, e de nossa Companhia: "Sabia que Saul era invejoso e que sofria incrivelmente com os louvores de outros; por isso louva a Davi diante de Saul para que este movido pelos estímulos da inveja mate Davi". — Sabia Doeg que era Saul grande êmulo de Davi, que o invejava muito, e como no juízo dos invejosos os merecimentos são culpas, e as excelentes qualidades delitos, louvou e engrandeceu a Davi diante de Saul, para que Saul, como fez, desse sentença de morte contra Davi. — Disse que era prudente, guerreiro, esforçado, gentil-homem, virtuoso e dotado de tantas outras boas partes; e quem bem entendesse toda esta ladainha de encômios e louvores, bem podia dizer por Davi: "Orai por ele". — Eram capítulos que contra ele se apresentavam ao rei, não menos que de lesa-majestade. Pareciam louvores, e eram acusações; pareciam abonos, e eram calúnias. Caluniado o inocente na sua virtude e acusado o benemérito nas suas boas obras, sem que à inocência se lhe desse defesa, nem ao merecimento lhe valessem embargos, porque era o juiz a inveja.

Que bem o entendeu assim o mesmo Davi! Dê-nos a confirmação quem nos deu a prova. Passou-se o perseguido mancebo para a corte de Aquis, rei e reino contrário ao de Saul, e que por isso parecia seguro. Ia só, desconhecido e disfarçado, mas como levava por companheira a sua fama, e esta nunca sabe guardar silêncio, começou a correr logo pela corte que era chegado o valente de Israel, o matador do Golias, aquele a quem as damas de Jerusalém compuseram a letra que então andava muito valida: "Saul matou mil, e Davi dez mil" (1Rs 21,11). Coisa maravilhosa a que se segue! Tanto que chegou aos ouvidos de Davi o que passava, diz a Escritura que começou a recear muito aparecer diante de Aquis: "Considerava Davi estas palavras no seu ânimo, e teve muito medo de Aquis" (Ibid. 12) — e a última resolução que tomou foi fugir dali e ir se meter em uma cova: "Saiu pois Davi dali, e se retirou para a cova de Odolão" (1Rs 22,1). — Pois Davi, que resolução é esta vossa? Que quer dizer irdes-vos fazer ermitão de um deserto, quando vos vedes tão acreditado em uma corte? Quando vos vedes com tanta fama diante do rei, para que fugis de sua presença? Entendia-o como prudente, obrava como experimentado. São os louvores no tribunal da inveja acusações: e porque Davi se viu tão louvado, homiziou-se. O ver-se louvado era ver-se acusado; o ver suas grandezas referidas era ver as suas culpas provadas; teve logo muita razão de se homiziar e fugir, tanto de si como de seus êmulos. Os sátrapas e primeiros ministros de Aquis eram mui picados de inveja contra os hebreus: e como havia de escapar deles, e viver na mesma corte Davi, criminoso das suas vitórias e réu da sua fama? Se se dissera de Davi que era um falsário, um perjuro, um adúltero, um homicida, um roubador do alheio, e outras baixezas, se as há ainda maiores, passeara Davi na corte e entrara muito confiado no palácio do rei, porque ali tem estes serviços prêmio ou, quando menos, passam sem castigo; porém, dizendo-se dele tantas virtudes, tantas grandezas, tantas façanhas, tantas excelências, andou como prudente em se homiziar, em fugir, por que todas essas excelências e grandezas eram crimes contra a pessoa e privados de Aquis, e delitos sem perdão contra as leis da inveja. Considero eu que há mandamentos da lei da inveja, assim como há mandamentos da lei de Deus. Os mandamentos da lei de Deus dizem: Não matarás, não furtarás, não levantarás falso testemunho; os mandamentos da lei da inveja dizem: Não serás honrado, não serás rico, não serás valente, não serás sábio, não serás bem disposto, e também dizem, não serás bom pregador; e se acaso Deus vos fez mercê que soubésseis pôr os pés por uma rua, que soubésseis apertar na mão uma espada, que fosseis discreto, generoso, ou rico, ou honrado, no mesmo ponto tivestes culpas no tribunal da inveja, porque pecastes contra os seus mandamentos. Por estas culpas esteve tão arriscado Davi, por estas foi hoje condenado seu filho, Cristo, que assim lhe chamaram as turbas no Evangelho: "Hosana ao filho de Davi" (Mt 21,9). — Era grande pregador, fazia muitos milagres, dava saúde a enfermos, ressuscitava mortos, e como estas excelências, ou estas culpas, estavam provadas com os aplausos, com as aclamações, com o amor e seguimento dos povos: "Muitos se retiravam dos judeus, e criam em Jesus" (Jo 12,11), confirmou-se o primeiro decreto e saiu a segunda sentença: que morra Cristo: "Para matar também a Lázaro, isto é, a Cristo e a Lázaro".

§ III

Bem está, ou mal está: porém, a Lázaro, por que o condenam? Não lhe neguemos sua defesa natural. Se o condenam, como dizem, porque o ressuscitou Cristo, que culpa é ser um homem ressuscitado? Tão longe esteve de culpa neste caso, que nem a teve em ato nem em potência; nem a teve, nem a pode ter. Curou Cristo um moço cego do seu nascimento, e perguntaram os discípulos, cuidando que excitavam uma questão de grande habilidade: "Senhor, por cujos pecados nasceu este moço cego: pelos seus, ou pelos de seus pais?" (Jo 9,2). Riem-se muito desta pergunta os expositores, e em particular Teofilato, porque, se o moço nascera cego por seus pecados, seguir-se-ia que pecara antes de nascer; e que maior disparate pode dizer-se ou imaginar, que ter um homem pecados antes de ter ser: ser pecador antes de ser homem? Não menos inocente que isto estava Lázaro. Estava morto, quando Cristo o ressuscitou, e por benefício do não ser estava impecável. Assim que podemos dizer dele, neste caso, o que de Euríalo disse seu grande amigo Niso: "Nem teve culpa, nem a pôde ter"[2] — inocente em ato e em potência. Mas, com ser assim, são tão linces os olhos da inveja que, nestes impossíveis de pecado descobriram e acharam culpas dignas de morte: "Para que matassem Lázaro". — E por quê? — eis aqui a culpa — "porque muitos por causa dele criam em Jesus". Porque muitos por causa ou por ocasião dele criam em Jesus.

Fizeram conselho sobre José seus irmãos; saiu dele que morresse, e quase com as mesmas palavras que temos no Evangelho, o refere a Escritura: "Cuidaram de matá-lo" (Gn 37,18). — Sabida a causa, era porque o amara Jacó particularmente, e além da samarra ou pelote do campo com que ia guardar as ovelhas como os demais, fizera-lhe o pai uma túnica ou pelote não sei de que estofazinha melhor: "uma túnica de várias cores" (Gn 37,3) — com que aparecia os dias de festa na aldeia menos pastor que os outros. Ah! quantos Josés destes há hoje no mundo! Invejados, murmurados, perseguidos: por quê? Porque lhes deu a fortuna com que trazer uma capa melhor que a vossa. Assim estava condenado o inocente moço, quando trouxe sua ventura por ali um mercador ismaelita, que prometeu por ele vinte reais, e os cobiçosos irmãos, que eram dez, por quatro vinténs, que cabiam a cada um, venderam a seu irmão e as suas consciências.

Tinham-lhe já despido a túnica, causa das invejas, e não tinha bem virado as costas José, quando os vendedores arremetem a ela e a começam a fazer ou desfazer em pedaços.

— Parai aí, ingratos irmãos, parai, e respondei-me, que quero arguir-vos: Não está já vendido José? Vossa cólera não está já vingada? Vossa fereza não está já satisfeita? Essa túnica, que culpa tem, ou que culpa pode ter? Por que a fazeis em pedaços? Bem sei que não haveis de ter boca para me responder, mas responderá por vós Ruperto Abade: "O sinal sem culpa da glória fraterna" — notai muito aquele "sem culpa" — "rasgaram o sinal sem culpa da glória fraterna; a ponto de nem a morte ou a venda saciarem a inveja"[3]. — Nenhuma culpa tinha a túnica de José, que mal a podia ter a seda ou lã insensível, sem vida, sem alma, sem vontade. Contudo, nesta incapacidade natural e neste impossível de culpa acharam uma os invejosos irmãos, e foi ser instrumento da glória de José: "O sinal da glória fraterna". — Era prenda da particular afeição de Jacó, era gala com que José se autorizava, com que luzia mais que os irmãos, com que granjeava respeito nos estranhos, e isto lhe bastou por culpa, para sem culpa a despedaçarem: "Rasgaram o sinal sem culpa". — Não sei se se pudera achar em toda a Escritura passo que mais ao vivo declarasse o que temos entre mãos. Nenhuma culpa tinha cometido Lázaro, antes, nem a podia ter quando o ressuscitou Cristo, como vimos; e nesta grande inocência, antes, nesta impecabilidade soube a inveja descobrir culpas, e culpas dignas de morte, que foram ser instrumento das glórias de Cristo: "Porque muitos por causa dele criam em Jesus". — Fora famosa, e mais que todas, a ressurreição de Lázaro, admirando-se e pasmando a gente de ver passar pelas ruas de Jerusalém o que tinham visto de quatro dias morto na sepultura; e como toda esta admiração redundava em fama e glória do ressuscitador, por ser instrumento da glória desta fama, condenam a Lázaro a perder a vida: "Para que matassem Lázaro". — Bem assim como a inveja dos irmãos de José, não contente com se vingar nele, passou a executar a vingança na túnica inocente: "a ponto de nem a morte ou a venda saciarem a inveja".

§ IV

Pronunciada contra Cristo e contra Lázaro esta tão injusta sentença, como a inocência quanto mais cala então alega melhor por si diante de Deus, serviu este silêncio de apelação ante seu divino tribunal. Não tardou muito o despacho — que no juízo do céu não há dilações — e o que saiu nele foram dois decretos contra os dois dos pontífices nesta maneira: o primeiro, que a sentença dada contra Lázaro se não executasse; que ficasse só em intentos: "Pensaram"; o segundo, que Cristo entrasse ao outro dia por Jerusalém triunfando, recebido com palmas e aclamado do povo: "Tomaram ramos de palmas, e saíram a recebê-lo". — Assim o diz o tema. Mas vejo que me arguem. Não tinha eu prometido ao princípio que na revogação das sentenças ficariam os juízes condenados? Onde estão estas condenações? Onde estão estas penas? Essa é a graça: serem-no e não o parecerem. Não se executar a morte de Lázaro foi a primeira pena; entrar Cristo por Jerusalém triunfando foi a segunda. Vejamos a primeira; logo passaremos à outra.

Estava Jó coberto de lepra, com as dores e trabalhos que tantas vezes se têm repetido nos púlpitos, e nunca assaz exagerado. Começa a queixar-se e dizer assim: "Os meus dias passaram, malograram-se os meus pensamentos, torturando o meu coração" (Jó 17,11). Passaram-se meus dias, e os contentamentos que neles tinha também se passa-ram, que para não durarem muito bastava serem meus: "Os meus dias"; alguns intentos que tive: "os meus pensamentos" — abortou-mos a fortuna, não chegaram a ter execução: "malograram-se" — e isto, diz Jó, é a maior pena que padeço, porque quantos foram então esses intentos, tantos verdugos tenho agora que me atormentam a alma, "torturando o meu coração". — Não acabo de me admirar que um homem que tanta razão tinha de saber avaliar tormentos saísse com semelhante queixa. — E bem, exemplo da paciência, tão mimoso andais vós da fortuna que de coisas tão poucas vos queixais tanto? Não tendes perdas de fazenda, mortes dos filhos, ruína da casa e do estado, dores, tristezas, desamparos, misérias, o corpo feito uma chaga viva; que têm que ver com tudo isto os intentos não executados, para só vos queixardes deles: "malograram-se os meus pensamentos"? — Falou como grande mestre de paciência. Tinha tomado os pulsos Jó a tudo o que é dor, a tudo o que é pena, a tudo o que é tormento; e porque achou que não há dor tão excessiva, pena tão cruel, tormento tão insofrível como um pensamento frustrado, um intento sem execução, por isso, tendo tanto de que se queixar, só se queixa de se frustrarem seus pensamentos, e de seus intentos se não executarem: "malograram-se os meus pensamentos". — Como era tão dificultoso o crédito deste encarecimento, não o quis fiar Jó dos expositores; ele se fez comentador de si mesmo no verso seguinte: "Se eu suportar, a minha casa será um inferno. Disse à podridão: és meu pai, e aos vermes: sois minha mãe e minha irmã" (Jó 17,13s). Não cuide alguém — diz — que são hipérboles ou exagerações fantásticas o que digo, porque de verdade é o tormento que padeço tão insofrível e tão desesperado que, se durar mais um pouco: "Se eu suportar" — bem me podem abrir a cova. O que os mortos sem padecer experimentam na sepultura, isso é o que executam em mim os meus pensamentos, porque não há corrupção que tanto penetre e desfaça, não há bichos que tanto comam e carcomam um cadáver como os mesmos pensamentos que estão mordendo o coração e roendo a alma; e o pior é que não acabam de matar, mas, matando-me, me estão gerando outra vez, como se foram meu pai e minha mãe, para mais penar: "Eu disse à podridão: Tu és meu pai; e aos vermes: Vós sois minha mãe e minha irmã" (Jó 17,14). — Comparemos agora o "meus pensamentos" de Jó com o "pensaram" dos nossos juízes, e veremos se ficaram condenados. Tiveram intentos de matar a Lázaro: "Pensaram em matar Lázaro" — ficaram esses intentos no ar, não chegaram a ter execução: "Os meus pensamentos se desvaneceram" (Ibid. 11) — e assim, não executados, foram os verdugos que lhes apertaram o garrote à alma: "Torturando o meu coração" — executando neles a sentença de Deus, sentença não menos que de morte e sepultura: "Se eu suportar, o sepulcro será a minha casa" (Ibid. 13).

Satisfaçamos agora aos curiosos. Suposto que foi a sentença de morte esta, e as de morte são tão várias, perguntar-me-ão que gênero de morte foi? O nome não lhe saberei eu dar, mas digo que é uma morte da casta daquelas que por mais penar não matam; uma morte interior, que se sabe sentir, mas não se sabe explicar, tão rigorosa, tão cruel que, se Deus mandara pendurar de um pau todos estes príncipes dos sacerdotes contra os foros de sua dignidade, muito mais benigna e piedosa fora a sentença. Deu Aquitofel um conselho a Absalão, com que sem dúvida ficaria desbaratado seu pai Davi, contra quem o ingrato filho se levantara; não o aceitou Absalão, por permissão do céu, e tomou outro bem diferente, que lhe deu Cusai. Tanto que Aquitofel viu isto — ouvi um caso raro e espantoso — põe-se a cavalo, "parte-se para sua casa, faz seu testamento, deita um laço a uma trave, enforca-se" (2Rs 17,23). — Muitas questões se podem levantar sobre este caso. A dos canonistas bem à mão está, e é se se havia de enterrar este homem em sagrado, ou não? A Escritura diz que "o enterraram na sepultura de seu pai" — mas isto não faz argumento, porque naqueles tempos nem as sepulturas estavam nas igrejas, nem havia ainda o capítulo *Placuit*[4] — e dado que uma e outra coisa fora, entre todos os santos e doutores que escreveram sobre o passo, só um rabino diz que não estava Aquitofel em seu juízo. Se assim — é agora entra a minha questão — se estava em seu juízo Aquitofel, como fez uma ação tão desassisada, como é enforcar-se um homem com suas próprias mãos? Disse-o a Sagrada Escritura, e é prova maravilhosa do nosso intento: "Vendo que não fora executado o seu conselho, partiu para sua casa e enforcou-se". — A única e total razão por que se enforcou Aquitofel, diz o texto, foi: "Porque viu que não fora executado seu conselho". — Quem dera crédito a tal causa, por mais doutores que o disseram, se o mesmo Espírito Santo o não afirmara? Tão cruel executor é um conselho não executado, tais dores, tais penas, tais tormentos causa na alma de quem o considera que, estando um homem em seu inteiro juízo, escolhendo, segundo as regras da prudência, do mal o menos, teve por melhor morrer a suas próprias mãos, agonizando em uma forca, que viver padecendo os rigores de um tormento tão desesperado. Assim o experimentou Aquitofel, e para que assim o experimentassem os invejosos pontífices, ordenou Deus que não chegasse a ter execução o conselho que entre si tomaram de tirar a vida a Lázaro, ficando neles esse mesmo conselho não executado por executor da mesma morte, ou porventura, de outra mais cruel que a que lhe determinavam dar: "Os príncipes dos sacerdotes pensaram matar também a Lázaro".

§ V

Condenados temos os juízes pela primeira sentença injustamente dada contra Lázaro. A injustiça da segunda, dada contra Cristo, era muito mais atroz; e para que o fosse também em a pena e o castigo, mandou Deus, como dizíamos, que entrasse o Senhor por Jerusalém triunfando: "Tomaram ramos de palmas, e saíram a recebê-lo" (Jo 12,13). — Funda-se o rigor desta pena em uma vilania da condição natural dos invejosos, com que mais sentem os bens alheios, e suas glórias, que os males e tormentos próprios. Entrou Cristo, Senhor nosso, um dia no Templo de Jerusalém, e vendo que se estavam ali vendendo pombas, cabritos, cordeiros, e ainda novilhos, indignado de tamanho desacato, toma as cordas com que vieram atados aqueles animais, faz delas uns como azorragues, começa a açoitar os que compravam e vendiam. Compras e vendas feitas na Igreja castiga-as Deus por sua própria mão, e não comete a outrem a execução de semelhantes delitos, sem reparar em sua autoridade. Mas cuidava eu que se agravariam muito estes homens de se verem tão áspera e tão baixamente tratados por Cristo, e que quando não chegassem a lhe pôr as mãos, ao menos o blasfemassem. Fui, porém, ver o texto, e achei que nenhuma má palavra disseram contra o Senhor, não o reconhecendo por tal. Comparando, pois, este passo com outros de sua vida, mui diferentes, faz esta ponderação S. João Crisóstomo. Se quando Cristo sarou o mudo, o acusaram por endemoninhado; se quando Cristo deu vista a um cego, o queriam apedrejar, se quando ressuscita a Lázaro, dão contra ele sentença de morte, como agora, que os açoita e os trata como escravos, nem sequer uma má palavra dizem contra Cristo? Como o não acusam, como o não apedrejam, como o não matam? Divinamente o Santo Padre: "Não percebeis a inveja incrível e como se irritavam mais com os benefícios concedidos aos outros"? Não vedes, diz Crisóstomo, a vilania destes invejosos, que mais se doíam dos bens alheios que dos males próprios?[5] — Sarar Cristo enfermos, dar vida a mortos, eram bens alheios: por isso o sentiam tanto que queriam apedrejar a Cristo e tirar-lhe a vida; açoitá-los Cristo a eles, e tratá-los como escravos, eram males próprios: por isso o sentiam tão pouco, que nem uma só má palavra disseram contra o mesmo Cristo. Mais. Os milagres que Cristo obrava eram fama e glória para Cristo; os açoites com que os castigava eram pena e afronta para eles; mas como era gente invejosa, mais sentiam a fama e glória de Cristo que as penas e afrontas suas, excesso verdadeiramente da inveja, não só admirável, mas incrível: "Inveja incrível". — Parecerá encarecimento a confirmação que hei de dar a este passo, mas tem bom fiador.

Ardia no inferno o rico avarento, e vendo dali o pobre Lázaro no seio de Abraão, disse assim: "Pai Abraão, tende compaixão de mim; mandai a Lázaro que molhe a ponta do dedo na água, e me venha refrigerar a língua" (Lc 16,24). — Não lhe deferiu Abraão o gosto, mas como da avareza é tão próprio o pedir como o não dar, tornou o avarento a fazer segunda petição: "Rogo-vos, pai, que o envieis à casa de meu pai, pois tenho cinco irmãos, e lhes testemunhe para que não venham parar neste lugar" (Ibid. 27s). Rogo-vos muito, pai Abraão, que ao menos mandeis a Lázaro à casa de meus irmãos, que lhes diga o que por cá passa, para que não se condenem. — Ou eu me engano, ou estas petições dizem uma coisa e pretendem outra. Se as labaredas do inferno são tão grandes como sabemos, e o avarento o sabia por experiência, como é possível que tivesse para si que as podia refrigerar tão pouca água quanta pode levar a ponta de um dedo? Mais. Se no inferno não pode haver caridade nem amor, que se lá o houvera não fora inferno, fora paraíso, como é possível que tivesse este condenado tanto amor para com seus irmãos, que lhes queira mandar pregadores da outra vida para que se convertam? Quanto mais que, para o refrigerar do incêndio, qualquer outro o podia fazer tão bem como Lázaro; e para pregar a seus irmãos, muitos outros o podiam fazer melhor que ele. Qual é logo a razão por que em uma e outra proposta sempre insiste unicamente em que vá Lázaro; em uma: "Enviai Lázaro" — em outra: "Rogo-vos que o envieis? — O caso é que nenhuma destas coisas pretendia o avarento, e todo o seu intento e teima era tirá-lo do seio de Abraão, e fazer que, ao menos por algum tempo, não gozasse o descanso em que o via. É sutileza de S. Pedro Crisólogo, e a razão, não só tão delicada, mas tão natural como sua: "O que o rico faz não é pela nova dor, mas pela antiga inveja, excita-se mais pelo ciúme do que pelo fogo". Sabeis — diz Crisólogo — por que busca o avarento tantas traças e invenções para que saia Lázaro, sequer por um breve espaço, do seio de Abraão?[6] É porque se está comendo de inveja, porque vê agora em tanta felicidade o que noutro tempo viu em tanta miséria: "excita-se mais pelo ciúme do que pelo fogo". — Aqui vai o sutil do pensamento. O avarento está no inferno, mas o inferno do avarento mais está no seio de Abraão que no mesmo inferno. Porque mais o atormenta no seio de Abraão o descanso e felicidade que ali está gozando Lázaro, que no fogo do inferno as mesmas chamas em que ele está ardendo. Pedia que saísse Lázaro do seu descanso, e que trouxesse água para o refrigerar; e o refrigério estava, não na água que havia de trazer, senão no descanso de que havia de sair. Como era invejoso, mais o abrasavam as glórias alheias, que via, que os infernos próprios, em que penava: "excita-se mais pelo ciúme do que pelo fogo". — Este foi o gênero de castigo a que a divina justiça condenou os injustos príncipes dos sacerdotes, mui conforme a quem eles eram. Eram invejosos, como vimos, e porque nenhuma pena os havia de atormentar tanto como as glórias de Cristo, entra o Senhor diante de seus olhos em Jerusalém, triunfando com uma universal aclamação de filho de Davi e rei de Israel, com um perpétuo victor nas bocas e nas mãos de todos: "Tomaram ramos de palmas, e saíram a recebê-lo". Bem pudera eu dizer que foi este maior castigo que se Deus lhes mandara dar cem açoites, como pelas ruas públicas os negociantes do Templo; bem pudera dizer que foi maior castigo que se os lançasse logo nas chamas do inferno, como o rico avarento; mas em parte quero ir menos rigoroso por ir mais próprio. Sabida coisa é que a pena que os juristas chamam *talionis* é entre todas a mais proporcionada. Digo, pois, que foi esta pena dos pontífices, pena e tormento de cruz. Eles quiseram crucificar a Cristo, e Cristo crucificou-os a eles. Não é meu o pensamento ou a sentença, senão do grande padre da Igreja, Santo Agostinho: "Quando tão grande multidão clamava Cristo seu rei, a inveja dos judeus sofria a crucificação

do espírito"⁷. Que vos parece que foi para os invejosos pontífices entrar Cristo por Jerusalém triunfante? Que vos parece que foi, diz Agostinho, senão crucificá-los? Aquelas aclamações do povo eram os pregões que iam diante publicando o delito de sua injustiça; aquelas palmas, que levavam nas mãos, eram as cruzes em que invisivelmente iam crucificados na alma: "a crucificação do espírito".
— Bem lembrados estareis da história de Amã, privado de el-rei Assuero. Mandou Amã levantar uma cruz para crucificar nela a Mardoqueu, só porque uma vez se não levantou passando ele. A tais soberbas e insolências chegam os privados de quem não sabe ser rei. Porém, trocou a fortuna as mãos, revogou-se a sentença em outro tribunal superior, e o crucificado foi o Amã. Assim aconteceu aos príncipes dos sacerdotes. Eles no seu tribunal quiseram crucificar a Cristo; porém o tribunal divino, em pena de sua injustiça, ordenou que neles se executasse a sua sentença, e que fossem eles os crucificados, não em uma só cruz, porque eram muitos, senão em tantas cruzes quantas foram as palmas do triunfo de Cristo: "Tomaram ramos de palmas, e saíram a recebê-lo".

§ VI

Tenho concluído com o Evangelho e satisfeito ao que prometi. Resta-me dar satisfação ao lugar em que estou, que é o do desterro, cuja devoção, neste sábado ferial, convocou a ele tão grande auditório. Considerei devagar que parte deste discurso lhe acomodaria. E porque nenhuma achava que lhe servisse, determinei fazer-me um acinte a mim mesmo, e acomodar-lho todo. Tudo quanto até aqui tenho dito foi uma representação do que passou no desterro de Cristo. Para inteligência desta consideração havemos de supor que os juízes que condenaram a Cristo à morte, quando o Eterno Pai lha comutou em desterro, não foi só Herodes, como parece, senão Herodes e juntamente o demônio. Provo: "Ajuntaram-se os reis da terra, e uniram-se em votos os príncipes contra Cristo" — diz Davi (Sl 2,2) — e não é pequena a dificuldade desta profecia. Se a entendemos da morte que Cristo com efeito padeceu, não houve então mais que um rei, que foi Herodes; se a entendemos da morte que lhe quiseram dar quando nascido, da mesma maneira não houve mais que um rei, que foi também Herodes — não já o mesmo, senão outro do mesmo nome, que um tirano que perseguiu inocentes, não havia de viver trinta e três anos. — Diz agora S. João Crisóstomo: "Porventura Herodes é muitos reis", Herodes é muitos príncipes? Claro está que não. Pois se é um só rei e um só príncipe, como diz Davi que se ajuntaram e se uniram reis e príncipes contra Cristo: "Ajuntaram-se os reis da terra, e uniram-se em votos os príncipes contra Cristo"? — A resposta do mesmo Santo Padre é o que eu dizia: "No rei Herodes mostrou também o rei do pecado"⁸. — Olhava Davi com os olhos proféticos, que veem o visível e o invisível, e por isso diz que se ajuntaram reis e príncipes contra Cristo, por que os que o condenaram à morte não foi só Herodes, senão Herodes e mais o demônio. Herodes rei de Judeia, o demônio rei do pecado; Herodes príncipe da terra, o demônio príncipe do inferno: "No rei Herodes mostrou também o rei do pecado". — E, se bem considerarmos o motivo que Herodes e o demônio tiveram para querer tirar a vida a Cristo e aos inocentes na ocasião de seu desterro, acharemos que é a mesma com que a inveja moveu os príncipes dos sacerdotes a querer matar, não só ao ressuscitador, senão também ao ressuscitado. Estes, porque viam a Cristo reconhecido e aclamado por rei de Israel e que muitos criam nele: "Porque muitos por causa dele se retiravam dos judeus, e criam em Jesus" — e Herodes, e com ele o demônio, porque já o começavam a ver em seu nascimento buscado e venerado dos reis do Oriente, e dentro da corte do mesmo Herodes aclamado por Messias e rei dos judeus: "Onde está o rei dos judeus que é nascido?" (Mt 2,2).

Vista a semelhança da condenação de Cristo no tribunal dos homens, segue-se ver a condenação dos juízes no tribunal de Deus com a mesma propriedade. A primeira pena a que Deus condenou os príncipes dos sacerdotes foi, como vimos, que ficassem frustrados os seus intentos; e tal foi também a de Herodes. Disse Herodes aos Magos: "Ide e interrogai diligentemente sobre o menino". Ide, informai-vos donde está esse Menino que dizeis; — "E quando o achardes, avisai-me, para que eu também o vá adorar" (Mt 2,8). — Isto pronunciava Herodes com a boca, e com o coração dizia: Ide, informai-me, que eu lhe tirarei a vida, e mil vidas — como tirou a tantos mil inocentes. — Mas que fez Deus? Ou por um anjo, ou por si mesmo avisou aos Magos que voltassem por outro caminho; e quando o tirano viu seus intentos frustrados: "Vendo que tinha sido iludido dos magos" (Ibid. 16) — diga-nos o mesmo S. João Crisóstomo qual ficou. São palavras que, se as mandáramos fazer de encomenda, não vieram mais medidas com o intento: "Considera que coisas Herodes provavelmente sofreu; certamente se sufocou dada a grandeza da indignação, ao se sentir iludido e escarnecido"[9]. A pena que Herodes sentiu, vendo suas traças desvanecidas e seus intentos frustrados, considere-o quem sabe que coisa é a inveja, que explicar-se com palavras não é possível. — Mil vezes quisera tomar um laço e enforcar-se — digno castigo daquela cabeça tão indignamente coroada — e é maravilha como a mesma dor colérica, que o fazia raivar, lhe não desse um nó na garganta e o afogasse. Lá disse a Escritura de Aquitofel: "Vendo que se não tinha seguido o seu conselho, foi para a sua casa, e se enforcou" (2Rs 17,23). — E da mesma maneira diz Crisóstomo de Herodes: "Vendo que os Magos o tinham iludido, se sufocou dada a grandeza da indignação". — E nós vejamos agora se é igual a condenação de Herodes com a dos príncipes dos sacerdotes. Eles condenados a ficarem os seus intentos só em intentos: "Os príncipes dos sacerdotes pensaram matar também a Lázaro", — e ele condenado a ficarem frustrados os seus e zombarem dele os Magos: "Vendo que os Magos o tinham iludido".

A segunda pena coube ao segundo juiz, o demônio, e foi ver entrar a Cristo triunfante no Egito, como os príncipes dos sacerdotes verem o seu triunfo por meio de Jerusalém. Pinta-nos isto maravilhosamente o profeta Isaías: "Subirá o Senhor e entrará pelo Egito levado como em carro triunfal em uma nuvem leve" (Is 19,1). — Esta nuvem leve — diz S. Ambrósio — é a Virgem Santíssima, Mãe do mesmo Senhor menino, que o levou em seus braços ao Egito: nuvem, porque ela é a que nos defende dos raios do sol de justiça; e leve, porque nela só, entre todas as criaturas, nunca houve peso de pecado. E que sucedeu ao demônio à vista deste triunfo? O mesmo profeta o diz: "E os ídolos do Egito tremem diante dele". E à vista desta entrada triunfante caíram derrubados por terra todos os ídolos do Egito. — Assim foi, porque assim como o desterrado Menino, tendo escapado das mãos de Herodes, ia entrando vivo e triunfante nos braços da Mãe pelas ruas do Egito, ao mesmo passo dentro dos templos, e derrubadas dos altares, iam caindo as imagens dos falsos deuses, em que o demônio era adorado, desfeitas em pó e em cinza.

É teologia certa que, quando Deus lançou do céu os anjos maus, uns foram parar no inferno, e outros ficaram nesta região do ar aos quais por isso chama S. Paulo "aéreas potestades". De sorte que neste mesmo lugar nos estão ouvindo muitos demônios, e queira Deus que sejam só os que se não veem. Dá razão deste conselho divino divinamente S. Bernardo: "O diabo recebeu para sua pena um lugar na atmosfera entre o céu e a terra para que veja e inveje, e seja atormentado pela mesma inveja"[10]. — Quer dizer: para maior tormento do demônio lhe deu Deus este cárcere livre do ar, elemento meio entre o céu e a terra, porque, vendo subir os homens da terra ao céu, e desta Igreja militante, onde os persegue, ir gozar da glória na triunfante, a vista e inveja deste triunfo lhe sirva de maior inferno aos que ficaram que aos que lá estão penando. — Já ouvimos a S. Pedro Crisólogo que menos pena davam ao rico avarento as labaredas do inferno, em que padecia, que as glórias que Lázaro gozava no seio de Abraão; e este foi o castigo, mais que do próprio inferno, a que Deus condenou o demônio no mesmo desterro com que livrou de suas mãos a seu Filho, para que, vendo-o entrar triunfante pelo Egito, penasse mais e se desfizesse de inveja, assim como se desfizeram os mármores e bronzes das imagens e simulacros em que era adorado: "E os ídolos do Egito tremem diante dele".

§ VII

Acabei. E suposto que tenho satisfeito ao Evangelho e ao lugar, alguma justiça parece que me fica para pedir ao auditório a mesma satisfação. No Evangelho temos a Cristo triunfante em Jerusalém; naquele altar temos a Cristo triunfante no Egito. Justo é, senhores, que entre também Cristo triunfando, ou pelo Egito ou pela Jerusalém de nossas almas. Que outra coisa é uma alma, onde está levantado altar a Vênus, ídolo da torpeza; onde se fazem sacrifícios a Marte, ídolo da vingança; onde é adorado Júpiter, ídolo da vaidade; que coisa é, digo, uma alma destas, senão um Egito idólatra? Entre, pois, Cristo triunfando pelo Egito desta alma: "E os ídolos do Egito tremem diante dele", e caiam e rendam-se a seus pés todos esses ídolos. Caia a torpeza, caia a vingança, caia a vaidade, e acabem-se idolatrias tão pouco cristãs. Que coisa é, por outro modo, uma alma onde reina a ambição, onde dá leis a inveja, onde manda tudo o ódio: que coisa é, torno a dizer, uma alma destas, senão uma Jerusalém depravada e perdida, e onde por ódio, por ambição e por inveja se dá sentença de morte contra o mesmo Cristo? Ora, pois, Jerusalém, Jerusalém: "Converte-te ao Senhor teu Deus"; acabem-se ódios, acabem-se invejas, acabem-se ambições; caiam todos esses vícios aos pés de Cristo e levantem-se palmas nas mãos em sinal da vitória: "Tomaram ramos de palmas, e saíram a recebê-lo".

Não duvido que o façam assim todos os que têm nome de cristãos, não movidos da eficácia de minhas razões, mas obrigados da santidade do tempo. Entramos na Semana Santa, em que nenhum cristão há de tão fraca fé e de tão fria piedade que se não lance rendido aos pés de Cristo. O que, porém, quisera eu encomendar e saber persuadir a todos é que nos não aconteça o que aconteceu aos que acompanharam a Cristo no seu triunfo. É advertência de S. Bernardo. Quando o Senhor ia passando pelas ruas de Jerusalém, tiravam muitos as capas dos ombros, para que o Senhor passasse por cima delas; porém, tanto que o mesmo Senhor tinha passado, tornava cada um a levantar a sua capa e pô-la outra vez aos ombros como dantes. O mesmo nos acontece a nós nesta semana. Despimos, ou parece que despimos, os maus hábitos de nossos vícios, lançamo-los aos pés de Cristo, para que passe por cima deles com a cruz às costas; porém, tanto que passou, tanto que se acabou a Semana Santa, e chegou a Páscoa, torna cada um aos mesmos vícios e a revestir-se deles, como se já não foram pecados. Oh! sepultemo-los para sempre com Cristo morto, e deixemos esses maus hábitos como Cristo deixou as mortalhas na sua sepultura. Façamos diante daquela Senhora uns propósitos e resoluções muito firmes, de ser perpétuos escravos seus e de seu benditíssimo Filho, seguindo-o e servindo-o sempre e em qualquer parte: ou no Egito, como desterrados deste mundo, ou em Jerusalém, como mortos ao mesmo mundo, não havendo trabalho ou felicidade, nem fortuna tão próspera ou adversa que nos aparte de seu serviço, de sua obediência, de seu amor e de sua graça, para que, vivendo e morrendo com ele e por ele, o acompanhemos na vida, onde não há morte, por toda a eternidade. Amém.

SERMÃO DE
S. João Batista

Em Lisboa, no Mosteiro de Nossa Senhora da Quietação.
Esteve o Santíssimo Sacramento exposto. Ano de 1644.

"Isabel, depois de cumprido o tempo dos nove meses, foi mãe de um filho.
E ouviram os seus vizinhos e parentes que o Senhor engrandecera com ela
a sua misericórdia, e se congratulavam com ela. E vieram circuncidar o menino,
e lhe queriam pôr o nome de seu pai, Zacarias. E respondendo sua mãe, disse:
De nenhuma sorte, mas será chamado João."
(Lc 1,57-60)

Um sermão diferente entre os publicados nestes sete volumes. Vieira o explica: na profissão da Senhora Madre Soror Maria da Cruz, filha do Excelentíssimo Duque de Medina Sidônia, Religiosa de S. Francisco, no mosteiro de Nossa Senhora da Quietação, das Flamengas, em Alcântara. E o chama de Sermão dos Impossíveis: o anjo anunciava que nada era impossível a Deus: a esterilidade e o parto. Hoje seis impossíveis foram vencidos: a corte com o deserto; a mocidade com o desengano; a grandeza com o desprezo; a inocência com o castigo; a vida com a morte; a clausura com a peregrinação. A festa será de São João, o dia será da esposa e o Evangelho se acomodará. As queixas dos parentes não têm razão: quando as obrigações de sangue se deixam por amor de Deus não é fazer ofensa, é fazer lisonja ao parentesco. Também as queixas dos vizinhos não têm razão: a escolha de um mosteiro de estrangeiras reuniu a clausura e a peregrinação — a clausura no lugar, a peregrinação na companhia.
Assim triunfa quem assim vence.

§ I

Senhor. No dia em que nasce a voz de Deus, justamente emudecem as vozes dos homens. Admirações emudecidas são a retórica deste dia: "E todos se encheram de assombro" (Ibid. 63) — pasmos e assombros são as eloquências desta ação: "E o temor se apoderou de todos os vizinhos deles" (Ibid. 65). — É dia hoje de falarem os corações e de calarem as línguas: por isso a língua de Zacarias emudeceu, por isso os corações dos montanheses falavam: "Conservavam no seu coração, dizendo" (Ibid. 66). — E se em qualquer dia do grande Batista é perigoso o falar, e os discursos mais discretos são os que se remetem ao silêncio, que será hoje no concurso de tantas obrigações, em que as causas do temor e os motivos da admiração se vêm tão crescidos? Se toda a razão dos assombros no nascimento do Batista era verem que dava Deus a uma alma a mão de amigo: "Porque a mão do Senhor era com ele" (Ibid.) — quanto mais deve assombrar hoje nossa admiração ver que dá Deus a outra alma a mão de esposo: "Porque a mão do Senhor era com ela"? Bem sei que disse Orígenes[1] que dar Deus a mão ao Batista foi desposar-se com sua alma; mas muito vai de desposório a desposório, porque vai muito de lugar a lugar. Desposar-se Deus nos desertos é coisa ordinária; mas desposar-se Deus nos palácios: Deus desposado no paço! Maravilha grande. É caso este em que acho contra mim todas as Escrituras.

Se lermos o profeta Oseias acharemos que, querendo Deus desposar-se com uma alma, disse que a levaria primeiro a um deserto: "Levá-la-ei à soledade, e lhe falarei ao coração" (Os 2,14). — Se lermos o profeta Jeremias, acharemos que, lembrando Deus a Jerusalém o tempo que com ela se desposara, advertiu que fora noutro deserto: "O amor dos teus desposórios, quando tu me seguiste no deserto" (Jr 2,2). — Se lermos os Cantares de Salomão, acharemos que os desposórios daquela alma, sobre todas querida de Deus, num deserto se trataram, noutro deserto se conseguiram: "Quem é esta que sobe pelo deserto?" (Ct 3,6) — diz no cap. III. "Quem é esta que sobe do deserto, firmada sobre o seu amado?" (Ct 8,5) — diz no cap. VIII. Mas para que é multiplicar Escrituras, se o mesmo Esposo, que está presente, nos pode escusar a prova? O mistério em que Deus mais propriamente se desposa com as almas é o Sacramento soberano da Eucaristia, porque nele — como gravemente notou Santo Agostinho[2] — por meio da união do corpo de Cristo se verifica entre Deus e o homem: "Serão dois numa carne" (Gn 2,24). — E se buscarmos os lugares em que Deus figurativamente celebrou estes desposórios, acharemos que os principais, assim no Velho como no Novo Testamento, foram desertos. A principal figura do Sacramento no Testamento Velho foi o maná: durou quarenta anos, e todos foram de deserto: "Nossos pais comeram o maná no deserto" (Jo 6,31). — A principal figura do Sacramento no Testamento Novo foi o milagre dos cinco pães e o milagre dos sete, e ambos sucederam no deserto: "Este lugar é deserto" (Mc 6,35), "e não têm que comer" (Mt 15,32). "Donde poderá alguém fartá-los de pão, aqui nesta solidão"? (Mc 8,4). Pois, qual é a razão — para que mais fundamente nos admiremos — qual é a razão por que se desposa Deus nos desertos sempre? Não é o Monarca universal do mundo, não é o príncipe eterno da glória? Pois, já que há de desposar-se desigualmente na terra, por que não busca esposa com menos desigualdade nas cortes e nos paços dos reis, senão nos desertos e nas soledades?

A razão é porque esposa, com as qualidades de que Deus se agrada, não se acha nos palácios acha-se nos desertos. O Sacramento nos fundou a dúvida, S. João nos fundará a resposta. Fez Cristo um panegírico do Batista — que de tão grande sujeito só Deus pode ser bastante orador — as palavras foram poucas, a substância muita, e começou o Senhor assim: "Que saístes vós a ver no deserto? Um homem vestido de roupas delicadas? Bem vedes que os que vestem roupas delicadas são os que assistem nos palácios dos reis" (Mt 11,7s). Sabeis quem é João, esse a quem todos saís a ver? — diz Cristo. — É um homem que vive no deserto; não é dos homens que vivem no paço. — Notável dizer! — Pois, Senhor, este é o tema que vós tomais para pregar do Batista? Quando quereis concluir que é o maior dos nascidos, fundais o sermão em que vive no deserto, e não vive no paço? Sim. Toda a perfeição resumida consiste, como dizem os teólogos, "em seguir e em fugir" — em seguir a virtude e em fugir ao vício. Por isso os preceitos eclesiásticos e divinos, uns são positivos, outros negativos: os positivos, que nos mandam seguir o bem, os negativos, que nos mandam fugir ao mal. Pois, para Cristo resumir a poucos fundamentos toda a perfeição do Batista, que fez? Disse que era um homem que seguia todo o bem, e que fugia de todo o mal. E para dizer que seguia todo o bem, disse que vivia no deserto; para dizer que fugia de todo o mal, disse que não vivia no paço. Explicou-lhe Cristo a vida pelo lugar, e para dizer quem era, disse onde morava. Ainda não digo bem. Para dizer quem era disse onde morava e onde não morava. Para dizer que era homem do céu, disse que morava no deserto; para dizer que não era homem da terra, disse que não morava no paço. E que, estando os paços dos Reis da terra tão mal reputados com Deus, que aquele Senhor, que só se desposava nos desertos, hoje o vejamos desposado em palácio! Maravilha grande!

Mas qual será a razão desta maravilha? Qual será a razão por que Deus, que só se desposava nos desertos, hoje se desposa no paço? A razão é porque o paço das rainhas de Portugal é paço com propriedades de deserto. Deus comumente desposa-se no deserto, porque não acha no deserto as condições do paço: hoje desposa-se no paço, porque achou no paço as condições do deserto. Quando a Jó, no meio de seus trabalhos, lhe parecia melhor a morte que a vida, entre as queixas que fazia dela, disse desta maneira: "E agora descansarei com os reis e cônsules, que edificam para si desertos" (Jó 3,13s). Se eu fora morto, estivera agora descansado entre os outros reis e príncipes que edificam desertos. — Notável modo de falar! "Com reis que edificam desertos!" Se dissera reis que edificam palácios, bem estava; mas reis que edificam desertos! Os desertos edificam-se? Antes, desfazendo edifícios é que se fazem desertos. Pois, que reis são estes que trocam os termos à arquitetura? Que reis são estes que edificam desertos? — São aqueles reis — diz S. Gregório Papa[3] — em cujos paços reais de tal maneira se contemporizam com a vaidade da terra, que se trata principalmente da verdade do céu; e paços onde se serve a Deus como nos ermos não são paços, são desertos: "Que edificam para si desertos". — Bem dito, que edificam, porque há duas maneiras de edificar, edificar por edifício e edificar por edificação. O edifício faz dos desertos palácios, a edificação faz dos palácios desertos. Um paço onde se serve a Deus é um deserto edificado. Paço onde só Deus se serve, e o mundo só se contemporiza, onde a clausura compete com a das religiões; onde as galas são dissimulação do cilício, onde a licença do galanteio, a liberdade dos saraus, e outras mal entendidas grandezas, são exercícios de espírito, onde sair do paço para o noviciado, mais é mudar de casa que de vida, este ermo cortesão não lhe chamem paço, chamem-lhe deserto: "Que edificam para si desertos". — Lá disse Sócrates do imperador Teodósio II[4], que fora tão religioso príncipe e tão reformador da casa real que convertera o paço em mosteiro: "Assim dispôs o Palácio que não se distinguisse de um mosteiro". — Esta conto eu entre as grandes felicidades do nosso príncipe, que Deus guarde, e a tenho ainda por maior que a do outro Teodósio. O outro Teodósio fê-la, o nosso achou-a; o outro criou esta reformação, o nosso cria-se nela. Oh! que grandes fundamentos para tão grandes esperanças! E como no paço de Portugal tem o céu tantas prerrogativas de deserto, que muito que Deus, costumado a se desposar nos desertos, o vejamos hoje desposado no paço! Cessem pois as admirações com as dos montanheses, rompa-se o silêncio com o de Zacarias, e comecemos a falar nesta ação, pois nos dá licença o pasmo: "E logo foi aberta a sua boca" (Lc 1,64).

§ II

Verdadeiramente que me vi embaraçado no concurso das obrigações de hoje, porque são todas tão grandes que cada uma pedia o sermão todo. Para não errar, aconselhei-me com o mesmo S. João Batista, e seguirei sua doutrina: "O que tem a esposa é o esposo; mas o amigo do esposo se enche de gosto" (Jo 3,29). — Eu sou amigo de Cristo — diz S. João — a esposa é do esposo, a festa é do amigo. — Assim seja. A festa será de S. João, o dia será da esposa, e o Evangelho se acomodará tanto a um e a outro que pareça que é de ambos. Vamos com ele, sem nos apartar um ponto.

"Isabel, depois de cumprido o tempo dos nove meses, foi mãe de um filho". — Aquela palavra "depois de cumprido o tempo", pareceu supérflua a alguns doutores antigos. Não estava claro que S. João havia de nascer como os outros homens, passado o tempo que a natureza limitou para o nascimento? Pois, por que diz uma coisa supérflua o evangelista que nasceu S. João depois de cumprido o tempo: "Isabel, depois de cumprido o tempo"? O Cardeal Toledo[5], e todos os literais, dizem que não foi supérflua esta advertência, senão mui necessária, suposta que em S. João se anteciparam tanto as leis da natureza que aos seis meses de concebido já tinha uso da razão. E quem antecipou o uso da razão tantos anos, podia-se cuidar que também antecipara o nascimento alguns meses. Pois, para que se soubesse, que não foi assim, diga o evangelista que nasceu S. João depois de cheio e cumprido o tempo: "Isabel, depois de cumprido o tempo". — Esta é a verdadeira inteligência deste texto; mas quanto mais verdadeira, tanto mais funda a minha dúvida. Que se diga que S. João nasceu cumprido o tempo porque não antecipou o nascimento, bem dito está; mas por que o não antecipou? Por que não antecipou o tempo do nascimento, assim como antecipou o tempo do uso da razão? O uso da razão, segundo as leis da natureza, havia de ser aos sete anos do nascimento, o nascimento aos nove meses da conceição. Pois, se antecipou o uso da razão tantos anos, por que não antecipou o nascimento alguns meses? Por que o nascimento pertence à vida da natureza, o uso da razão pertence à vida da graça; e nas matérias temporais, o que costuma fazer o tempo bem é que o faça o tempo; nas matérias espirituais, o que costuma fazer o tempo melhor é que o faça a razão. Para nascer ao mundo, faça o tempo o que há de fazer o tempo; para nascer a Deus, o que há de fazer o tempo faça-o a razão. Caminhava Cristo de Betânia para Jerusalém, viu no campo uma figueira muito copada, chegou, e como não achasse mais que folhas, amaldiçoou-a. E nota o evangelista S. Marcos — coisa muito digna de se notar — que não era tempo daquela árvore ter fruto: "Não era tempo de figos" (Mc 11,13). — Pois, valha-me Deus — pasmam aqui todos os doutores — se não era tempo de fruto, para que o foi Cristo buscar? E se o não achou quando o não havia, por que castigou Cristo a árvore? Se a castigou, tinha ela obrigação de ter frutos; e se não era tempo, como tinha esta obrigação? Tinha esta obrigação — diz S. Crisóstomo[6] — porque, ainda que por ser primavera não devia frutos ao tempo, por Deus se querer servir dela devia-os à razão. E as dívidas da razão não hão de esperar pelos vagares do tempo. Para dar frutos ao mundo faça o tempo o que há de fazer o tempo: "Isabel, depois de cumprido o tempo" — mas para dar frutos a Deus, o que há de fazer o tempo faça-o a razão: "O menino deu saltos no seu ventre" (Lc 1,41). — Esta é uma das excelências que eu venero muito entre as grandes do Batista: ser um homem em quem fez a razão o que faz nos outros o tempo. Esperarem os anos pela razão, isso acontece a todos; mas adiantar-se a razão aos anos, fazer a razão o que havia de fazer o tempo, isso só se acha no Batista, se bem gloriosamente imitado hoje.

Oh! que gloriosamente equivocado temos hoje o ano: o abril mudado em setembro, e os frutos que havia de amadurecer o tempo, sazonados na razão! Quem podia fazer outono dos frutos, a primavera das flores, senão a esposa querida de Cristo: "Apareceram as flores na nossa terra, chegou o tempo da poda" (Ct 1,12)? — Assim obedecem os tempos onde assim domina a razão. Que já o mundo e a vida não saibam enganar! Que vejamos tantos desenganos da vida em tão poucos anos de vida! Que é isto? É que fez a razão o que havia de fazer o tempo. Seguirem-se aos anos os desenganos é fazer o tempo o que faz o tempo; mas anteciparem-se os desenganos aos anos, é fazer a razão o que o tempo havia de fazer. Queixava-se Marco Túlio que, sendo os homens racionais, pudesse mais com eles o discurso do tempo que o discurso da razão. Mas hoje vemos o discurso da razão mais poderoso que o discurso do tempo. Que não bastassem noventa anos para dar siso a Heli, e que bastem dezoito anos para fazer sisudo a Samuel (1Rs 3)? Oh! que grande vitória da razão contra a sem-razão do tempo! Uma velhice enganada é a maior sem-razão do tempo; uma mocidade desenganada é a maior vitória da razão. Que não corte os cabelos Sara, depois de pentear desenganos, e que os cabelos de Absalão na idade de ouro sintam os rigores do fogo (2Rs 14)! Que enxugue a Madalena as lágrimas dos pés de Cristo com os cabelos, mas que os não corte, e que haja outra Maria que ponha aos pés de Cristo os cabelos cortados com os olhos enxutos (Lc 7)! Que Jacó, na primavera dos anos, enterre a sua Raquel, é inconstância da vida (Gn 35); mas que Raquel, na primavera da vida, se sepulte a si mesma! Grande valor da razão. Dar a vida a Deus quando ele a tira, é dissimular a violência; entregar-lha quando ele a dá, é sacrificar a vontade. Quem dedica a Deus os últimos anos, faz Cristão o temor da morte; quem lhe consagra os primeiros, faz religioso o amor da vida.

As batalhas da razão com os anos é uma guerra em que resistem mais os poucos que os muitos. Deixarem-se vencer da razão os muitos anos, não é muito; mas deixarem-se vencer e convencer os poucos, grande poder da razão! E mais, se considerarmos a resistência favorecida do sítio. Poucos anos, e nas montanhas — como eram os do Batista — não é tanto que se não defendam à força da razão; mas poucos anos, e em palácio, convencidos e desenganados! Grão vitória! Ofereceu el-rei Davi a Bercelai um grande lugar no paço, e ele, que era já de oitenta anos, que responderia? "Oitenta anos tenho hoje: tal mudança não me faz conta" (2Rs 19,35s). Respondeu que assaz tinha aprendido em tantos anos a desenganar-se das cortes; que o deixasse o rei viver retirado consigo e tratar da sepultura; porém, que aceitava o lugar para um seu filho que tinha, de pouca idade: "Mas aqui está Camaã: vá ele mesmo contigo" (Ibid. 37). — Parece que se implica nesta ação o amor de pai, mas explica-se bem o engano do mundo. Desenganaram a Bercelai os muitos anos próprios, para não querer o paço para si, e enganaram-no os poucos anos alheios, para querer o paço para o filho. Não sei que tem o paço e os poucos anos que, ainda quando o conhecem os muitos, não se atrevem a o deixar os poucos. Teve conhecimento para o deixar um velho; não teve ânimo para o aconselhar a um moço. Sendo mais fácil de dar o conselho que o exemplo, deu o exemplo Bercelai, mas não se atreveu a dar o conselho. Antes, parece que se substituiu o pai nos anos do filho, para lograr na mocidade alheia o que na própria velhice não podia. E que não havendo valor na velhice, para deixarem totalmente o mundo ainda aqueles a quem o mundo deixa, que haja resolução na mocidade para meter o mundo debaixo dos pés quem o mundo trazia na cabeça! Oh! que bem se desafronta hoje a natureza humana! Lá dizia S. Paulo: "O mundo está crucificado em mim, e eu estou crucificado no mundo" (Gl 6,14). — Se o mundo estava crucificado em Paulo, tinha o mundo viradas as costas para Paulo; se Paulo estava crucificado no mundo, tinha Paulo viradas as costas para o mundo. E que dê eu as costas ao mundo quando o mundo me vira as costas, não é muito; mas que, quando o mundo me mostra bom rosto, dê eu de rosto ao mundo, esta é a valentia maior. Que quando o mundo se ri de vós, vós choreis por ele, ó fraqueza! Mas que quando o mundo se ri para vós, vós vos riais dele, ó valentia!

É tão grande valentia esta que, sendo própria das forças da razão, não fiou S. Paulo crédito dela, senão dos poderes do tempo. Fala S. Paulo de Moisés, e diz assim: "Moisés, depois de grande, disse que não era filho da filha de Faraó, escolhendo antes ser afligido com o povo de Deus etc." (Hb 11,24s). Moisés, depois que foi de maior idade, deixou o paço de el-rei Faraó, deixou a princesa, deixou quanto ali possuía e esperava, escolhendo o viver pobre e sem liberdade com o povo de Deus no cativeiro do Egito. O em que reparo aqui é no "depois de grande": que fez isto Moisés depois de ser de maior idade. E a que vem agora aqui a idade? S. Paulo tratava da resolução, e não dos anos de Moisés. Pois, se a resolução estava no ânimo, e não nos anos, por que diz que era de maior idade Moisés quando deixou o paço e se cativou por Deus? Direi: Moisés criara-se no paço de el-rei Faraó desde menino; era todo o mimo e favor da princesa do Egito, que o adotara por filho, e como tal era servido e venerado com autoridade e magnificência real. E deixar Moisés a grandeza e regalo do paço, deixar o amor de uma princesa, deixar a cercania de uma coroa, pareceu-lhe a S. Paulo, que não era façanha crível em poucos anos; por isso ajuntou a resolução com a idade, para que a idade desse crédito à resolução: "Moisés depois de grande". Como se dissera: Ninguém duvide esta galharda ação de Moisés, porque, quando a fez, era já de maior idade, bem cabia nos seus anos. — Ora seja embora a resolução de Moisés vitória do tempo, que a grande ação que nós celebramos hoje, com ser tão parecida em tudo o mais, não se pode gloriar dela o tempo, senão a razão. Obrou aqui a força da razão o que lá fez o poder do tempo: "Isabel, depois de cumprido o tempo".

§ III

"E ouviram os seus vizinhos e parentes que o Senhor engrandecera com ela a sua misericórdia" (Lc 1,58). — Tanto que nasceu S. João — diz o evangelista — soou logo pelo lugar que engrandecera Deus sua misericórdia com Santa Isabel: "Porque Deus engrandeceu a sua misericórdia". Notável dizer! Parece que não está boa a consequência do texto. O que soou pelo lugar havia de ser o que sucedeu em casa de Zacarias. Suceder uma coisa e soar outra, isso acontece nas cortes lisonjeiras e maliciosas, e não nas montanhas simples. O nosso Evangelho o diz: "Divulgavam-se todas estas palavras": que o que se divulgava era o mesmo que sucedia. — Pois, se o que sucedeu foi nascer o Batista: "Isabel deu à luz um filho" — como diz o evangelista que o que soou foi que engrandecera Deus sua misericórdia: "E ouviram que Deus engrandeceu a sua misericórdia"? — Grande louvor do Batista! Quando as vozes diziam, em casa de Zacarias, que nascera João, repetiam os ecos nas montanhas que Deus engrandecera sua misericórdia, porque quando João sai ao mundo, aumentam-se os atributos a Deus; quando João nasce, Deus cresce. Não é arrojamento, senão verdade muito chã. Disse-o o mesmo S. João, e mais falava em seus louvores com grande modéstia: "Importa que ele cresça e eu diminua" (Jo 3,30). — Aquele "ele" não se refere menos que ao Verbo humanado. Pois, como assim? Deus, ainda enquanto humano, não pode crescer; como logo diz S. João: "Importa que ele cresça"? — E dado que pudesse crescer, que dependência tinham os crescimentos de Deus das diminuições do Batista? Deus é grande, sem depender de ninguém. Como diz logo: "Importa crescer ele, e diminuir eu"? É possível crescer Deus? E é possível que o seu crescer dependa do Batista? Sim, porque ainda que Deus, por ser infinito, não pode crescer em si mesmo, por ser limitado o conhecimento humano pode crescer na nossa estimação. E na estimação dos homens, nem Deus podia crescer sem diminuir o Batista, nem o Batista podia diminuir sem Deus crescer. Ora, vede como. O conceito que os homens faziam de Deus antigamente era tal que quando o Batista apareceu no mundo assentaram que ele era Deus. Conforme esta resolução, lhe foram oferecer adorações ao deserto, onde o mesmo S. João os desenganou (Mt 11). E como o Batista e Deus, na opinião dos homens, eram iguais, tanto que por seu testemunho se desfez esta opinião, necessariamente cresceu Deus, e o Batista diminuiu. Diminuiu o Batista, porque ficou menor que Deus; cresceu Deus, porque ficou maior que o Batista. De sorte que, depois que o Batista veio ao mundo, ficou Deus para com os homens maior do que dantes era; porque dantes era como o Batista, depois começou a ser maior que ele. Donde se infere, em grande louvor deste grande santo, que a medida do Batista é ser menor que Deus, e a medida de Deus é ser maior que o Batista. Não tenho menos abonado fiador que Santo Agostinho: "Aquele que é mais que João não é apenas homem, é Deus"⁷. Sabeis quem é João? É menor que Deus. Sabeis quem é Deus? É maior que João. Com esta diferença, porém, que enquanto S. João o não disse, eram iguais; depois que o testemunhou, começou Deus a ser maior. Que muito logo que cresça Deus nos seus atributos, quando S. João nasce no mundo! "E ouviram que Deus engrandeceu a sua misericórdia".

Desta maneira cresceu Deus naquele tempo, e também eu hoje, se a consideração me não engana, o vejo muito crescido. Então cresceu nas minguantes de João; hoje cresce nas minguantes do mundo. Apareceu-lhe a Nabucodonosor aquela tão repetida e tão prodigiosa estátua, e viu o rei que, tocando-lhe uma pedra nos pés de barro, a estátua se diminuiu a poucas cinzas, e a pedra cresceu a grandeza de um monte: "Fez-se um grande monte, que encheu a terra" (Dn 2,35). — Para entender esta figura, que é enigmática, saibamos quem era a pedra e quem a estátua. Em sentido de Santo Ambrósio e Santo Agostinho, a estátua era o mundo, a pedra era Deus. Pois, se a pedra é Deus, como cresce a pedra? Deus pode crescer? E se a estátua é o mundo, como diminui a estátua? O mundo diminui-se? Tudo são efeitos da estimação dos homens. Segundo a estimação que fazemos de Deus e do mundo, ou cresce a estátua e diminui a pedra, ou cresce a pedra e diminui a estátua. Se pomos a Deus aos pés do mundo, cresce o mundo e diminui Deus; se pomos o mundo aos pés de Deus, cresce Deus e diminui o mundo. Deixar a Deus por amor dos nadas do mundo é fazer a Deus menor que nada; mas deixar o tudo do mundo por amor de Deus é fazer a Deus maior que tudo: "Chegar-se-á o homem ao profundo do coração, e Deus será exaltado" (Sl 63,7s). — Bendito seja ele, que de quantas vezes vemos a Deus tão pequeno e tão apoucado nas cortes dos reis, o vemos hoje tão grande e tão crescido! Tão crescido e tão acrescentado está hoje Deus em sua grandeza quantas são as grandezas do mundo que vemos a seus pés arrojadas. A estátua de Nabuco, na estatura representava grandezas, na matéria riquezas, na significação estados; e tudo isto, abrasado em fogo do coração, se rende hoje em cinzas aos pés de Cristo. Ninguém melhor sacrifica a Deus o mundo que quem lho oferece em estátua, porque o mundo em estátua é muito maior que em si mesmo. Para derrubar com uma pedra ao Golias, bastou a funda de Davi; para derrubar com outra pedra a estátua de Nabuco, foram necessários impulsos — posto que invisíveis — do braço de Deus. O Golias tinha de altura seis côvados; a estátua tinha sessenta, que nas grandezas mais pomposas do mundo sempre são maiores os gigantes que as estátuas. Nunca as máquinas vivas igualam a medida das sonhadas. Sonha a fantasia, promete a esperança, profetiza o desejo, representa a imaginação, e ainda que a soltura destes sonhos, o cumprimento destas promessas, o prazo destas profecias, a verdade destas representações nunca chegam, mais triunfa o amor divino quando pisa o fantástico que o verdadeiro, o esperado que o possuído. Deixar antes de possuir é usura de merecer, porque quem mais dá mais merece, e quem dá os bens na esperança, dá-os onde são maiores. A melhor parte dos bens desta vida é o esperar por eles: logo, mais faz quem se inabilita para os esperar que quem se priva de os possuir. Por isso Cristo chamou os príncipes dos apóstolos quando lançavam as redes, e não quando as recolhiam: "Lançando a rede ao mar" (Mt 4,18) — porque mais faz quem deixa as redes, lançadas que quem deixa os lanços recolhidos. As redes quando se lançam, levam em cada malha uma esperança; os lanços, quando se recolhem, trazem muita rede vazia.

Oh! quantas e quão bem fundadas as esperanças, oh! quantas e quão bem entendidas grandezas honram hoje em piedoso sacrifício os altares de Cristo! Dizia S. Paulo aos romanos que ninguém pode dar a Deus senão o que Deus lhe der primeiro (Rm 1). Mas eu vejo hoje um espírito tão engenhosamente liberal que, havendo recebido de Deus tanto, ainda lhe oferece mais do que Deus lhe deu. Não há dúvida que, dos bens temporais, mais liberal é o mundo em suas promessas que Deus em suas liberalidades. Não costuma Deus dar tanto quanto o mundo costuma prometer. Bem se segue, logo, que mais dá a Deus quem lhe dá as promessas do mundo que quem lhe torna as dádivas suas. Se dais a Deus o que Deus vos dá, dareis muito; mas se dais a Deus o que o mundo vos promete, dais muito mais. Oh! quão liberal está com Deus quem, dando-lhe as maiores grandezas, ainda busca artifícios de lhas dar acrescentadas! E que artifício pode haver para acrescentar os bens e grandezas do mundo? Eu o direi, que nos exemplos desta ação não se pode deixar de aprender muito. Os bens e grandezas do mundo falsamente se chamam bens, porque são males, e sem razão se chamam grandezas, porque são pouquidades. Pois, que remédio para fazer das pouquidades grandezas e dos males bens? O remédio é deixá-los, e deixá-los em esperanças, porque esses que o mundo chama grandes bens só são bens quando se deixam, só são grandes quando se esperam. A esperança lhes dá a grandeza, o desprezo lhes dá a bondade; desprezados são bens, esperados são grandes. E assim, mais dá quem despreza o que espera que quem dá o que possui. De umas e outras, de possuídas e de esperadas grandezas, são despojos as cinzas que hoje se rendem aos soberanos impulsos daquela pedra divina. Oh! como desaparece a estátua! Oh! como cresce o monte! De nossas diminuições aumenta Deus suas grandezas, de nossos desprezos suas majestades.

Lá viu S. João no Apocalipse aqueles vinte e quatro anciãos, que, tirando as coroas das cabeças, as lançavam aos pés do trono de Deus: "Lançando as suas coroas diante do trono" (Ap 4,10). — Tornou a olhar o evangelista e viu que Deus tinha muitas coroas na cabeça: "E na sua cabeça estavam postos muitos diademas" (Ap 19,12). — Pois, se as coroas se lançavam aos pés de Deus, como tinha Deus as coroas sobre a cabeça? Porque tanto cresce Deus em sua grandeza, quanto desprezam os homens por seu amor. As coroas na cabeça de Deus eram aumentos de sua grandeza, as coroas aos pés de Deus eram desprezos do amor dos homens; e com as mesmas coroas que arrojava o desprezo humano se autorizava a majestade divina, porque tanto cresce Deus nos aumentos de sua grandeza quantas são as grandezas que põe aos pés de Deus nosso amor. Diga-se logo que cresceu e se engrandeceu Deus hoje duplicadamente: uma vez medido com S. João, outra vez medido com o mundo. Ser anteposto ao mundo, e ser preferido a João, é crescer muito Deus em sua estimação e engrandecer-se muito em seus atributos: "Porque Deus engrandeceu a sua misericórdia".

"Vieram circuncidar o menino" (Lc 1,59). Suposto que o menino era S. João, parece que o não haviam de circuncidar. A circuncisão daquele tempo era o remédio do pecado original, como hoje o Batismo. Pois, se S.

João estava já livre do pecado original, se estava em graça de Deus e santificado nas entranhas de sua mãe, por que se sujeita ao rigor da circuncisão? Porque, ainda que a circuncisão não lhe tirava o pecado original, de que estava livre, acrescentava-lhe a graça da justificação, com que nascera santificado. E esta é nos servos de Deus a maior fineza da virtude: sujeitarem-se a tomar para aumento da graça os rigores que Deus deixou para remédio da culpa. A circuncisão nos outros homens era remédio da culpa, em S. João era só aumento da graça; e sujeitar-se S. João, para maior graça, nas isenções de inocente aos remédios de culpado: grande ação! Grande sacrifício! Fala Zacarias à letra do maior sacrifício da lei da graça, o Santíssimo Sacramento da Eucaristia, e diz assim: "Qual é o bem dele e qual é a sua formosura, senão o pão dos escolhidos e o vinho que gera virgens?" (Zc 9,17). Que coisa fez Deus boa, que coisa fez Deus formosa neste mundo, senão o pão dos escolhidos e o vinho dos castos? Que seja bom e boníssimo o sacrifício do corpo e sangue de Cristo sacramentado, não haverá quem o negue. Mas que diga o profeta que não há outro tão bom como ele: "Qual é o bem dele e qual é a sua formosura?". — Não sei como o havemos nós de conceder. E para que não vamos mais longe, o sacrifício do corpo e sangue de Cristo na cruz não é tão bom como o sacrifício do corpo e sangue de Cristo no Sacramento? É o mesmo substancialmente. Pois, por que diz Zacarias que o sacrifício do corpo e sangue de Cristo no Sacramento é melhor que todos? A razão da vantagem eu a darei. O sacrifício do corpo e sangue de Cristo na cruz foi sacrifício para remédio de pecado; o sacrifício do corpo e sangue de Cristo no Sacramento é sacrifício para aumento da graça. Ainda que em Cristo não havia pecados próprios, nem merecia graça para si, tinha, contudo, tomado por sua conta a satisfação de nossos pecados e os meios de nossa justificação. E que sacrifique tanto Cristo na Eucaristia para aumento da graça quanto sacrificou na cruz para remédio da culpa! Que empenhe corpo e sangue para aumentar merecimentos à inocência, como empenhou corpo e sangue para alcançar perdão ao pecado! É circunstância de sacrifício tão relevante esta, que da mesma identidade tira diferenças, e da mesma igualdade vantagens. "Qual é o bem dele e qual é a sua formosura?" — Tal foi o ato da circuncisão do Batista, comparada com a dos outros filhos de Adão. O corpo e sangue que os outros deram ao golpe da circuncisão para remédio da culpa, deu-o S. João — que a não tinha — só para aumento da graça; e que se sacrifique um inocente para crescer na graça, ao que está sujeito o pecador para remediar a culpa! Grande ação do Batista! Mas não foi sua só esta vez, nem sua somente.

Duas inocências temos hoje sujeitas aos remédios da culpa, ambas condenadas ao rigor, ambas ao hábito da penitência, que tais injustiças como estas sabe fazer o amor divino. Condena inocências como culpas, castiga merecimentos como delitos. Que façam grande penitência os grandes pecadores é muito justo, que a penitência é remédio do pecado. Mas que o Batista se desterre ao deserto, se condene ao cilício, se castigue com o jejum! Menino, em que pecou vossa inocência? Um corpo delicado condenado a tanta aspereza! Uma alma inocente castigada com tanto rigor! Se o Batista fora o maior pecador, que havia de fazer senão isto? Mas isto fez, porque havia de ser o maior santo. Não pode chegar a mais o mais fervoroso desejo da santidade que sujeitar-se aos remédios do pecado quem goza os privilégios da inocência. Encarece S. Paulo o amor de Cristo para com os homens, e diz desta maneira aos Coríntios: "Aquele que não havia conhecido pecado, Deus o fez pecado por nós" (2Cor 5,21). — Amou o Filho de Deus tanto aos homens que, não tendo conhecimento de pecado, se fez pecador por amor deles. — Estranha sentença! Cristo não era inocentíssimo, antes a mesma inocência? Por razão da união ao Verbo sua alma não era impecável? As mesmas palavras o dizem: "Aquele que não havia conhecido pecado". — Pois, como pode caber delito na inocência? Como pode ser que o impecável se fizesse pecador: "Por nós se fez pecado"? — Respondo. O impecável não se pode fazer pecador de culpas, mas pode se fazer pecador de penas. Não pode cometer pecado quanto à culpa, mas pode-se sujeitar à pena do pecado, como se o cometera. Isto é o que faz Cristo por amor de nós, e isto é o que muito encarece S. Paulo em seu amor: "Aquele que não havia conhecido pecado, por nós se fez pecado". — Não pode o amor chegar a maior extremo, não se pode adelgaçar a maior fineza que a fazer-se pecador nas penas quem é inocente nas culpas. Que o pecador de culpas se faça pecador de penas, busca na penitência o remédio de seu pecado; mas fazer-se pecador de penas o inocente de culpas é buscar na penitência o desafogo de seu amor. A penitência no pecador paga, no inocente obriga; naquele pelo que ofendeu, neste pelo que ama: vede quais agradarão mais a Deus, se as satisfações de ofendido, se as obrigações de amado?

Ó igualmente amado que amante Senhor! Consenti os termos da igualdade quanto entre divino e humano se permite, pois vemos hoje as finezas de vosso amor competidas, como as dívidas de nossa obrigação desempenhadas! Uma alma inocente de culpas, mas pecadora de penas; uma inocência em hábito penitente vos oferece hoje a terra. Esposo do céu, que estas são as cores de vosso pensamento, estas as galas de vosso amor, estas as púrpuras do vosso reino. — "As filhas de Babilônia vestem-se de púrpura e de linho" — dizia S. Bernardo em semelhante ação à Virgem Sofia — "e entretanto têm a consciência rota: brilham os colares, e os costumes estão imundos. Pelo contrário, vós por fora rota, por dentro resplandeceis formosa, não por aparências humanas mas divinas: dentro está o que agrada e dentro está a quem agrada."[8] — Nem a romancear me atrevo estas palavras, porque em tanta diferença de eleições, ou se há de topar com o agravo ou com a lisonja. — "Pelo contrário, vós" — só isto quero repetir — "por fora rota, por dentro resplandeceis formosa". — Pelo contrário vós, ó Esposa de Cristo — diz S. Bernardo — como dentro tendes a quem quereis agradar, por dentro trazeis as galas; por fora vestida de saial, por dentro de resplendores: "Por fora rota, por dentro resplandeceis formosa". — Verdadeiramente que, quando reparo nestas palavras, me parece que vejo já sinais do dia do Juízo. Um dos sinais do dia do Juízo será — como diz S. João no Apocalipse — vestir-se o sol de cilício: "E se tornou o sol negro como um saco de cilício" (Ap 6,12). — E se já vemos vestido de cilício o sol, se mortificadas suas luzes, se penitentes seus resplendores, debaixo da aspereza de tão grosseiros eclipses, que havemos de dizer? Que se acaba o mundo? Que é chegado o dia do Juízo? Com muita propriedade se pode dizer assim, porque melhor merece o nome de dia do Juízo aquele em que o mundo se deixa que aquele em que o mundo se acaba. Quanto mais que também se acaba o mundo para quem acaba com ele. Como cada um de nós tem o seu mundo, o universal acaba com todos, o particular acaba com cada um. E que muito que se vejam sinais do dia do Juízo em uma alma para quem hoje se acaba o mundo! Mas perguntara eu ao sol por que se veste de penitência? Por culpas? Não, que o fez inocente a natureza. Pois por quê? Para os olhos do mundo por luto, para os olhos de Deus por gala. Veste-se de penitência o sol, sendo inocente, porque não há sacrifício mais formoso aos olhos de Deus que uma inocência ilustre em hábito de penitência.

Aquelas peles de que Deus vestiu aos primeiros senhores do mundo estavam-lhe muito mal a Adão, mas estavam-lhe muito bem a Abel. A Adão estavam-lhe muito mal, porque eram hábito de pecado com penitência; a Abel estavam-lhe muito bem, porque eram hábito de penitência sem pecado; em Adão eram hábito de penitenciado, em Abel eram hábito de penitente. Esta grande diferença há entre a penitência dos pecadores e a penitência dos inocentes: que a penitência dos pecadores é remédio, a penitência dos inocentes é virtude. Não quero dizer que os atos de penitência no pecador e no inocente não sejam virtuosos sempre. Só digo que os pecadores tomam a virtude da penitência pelo que tem de remédio, os inocentes tomam o remédio da penitência pelo que tem de virtude. Donde se segue que a penitência honra os pecadores, os inocentes honram a penitência. A penitência honra os pecadores, porque lhes tira a afronta do pecado; os inocentes honram a penitência porque lhe tiram a mistura de remédio. Ó ditoso Batista, ó ditosa alma imitadora vossa: ambos em hábito de penitentes e ambos honradores da penitência! Ditosos vós, que fazeis troféus de vitória os instrumentos do desagravo, e gozais a prerrogativa de penitentes sem o desar de arrependidos! Em vós é virtude o que nos outros é remédio; em vós eleição o que nos outros necessidade. Só em vós não é remédio do pecado a penitência, sendo que só a vossa penitência poderá ser remédio do pecado. Porque ofensas não merecidas, quais são as de Deus, só se pagam com castigos não merecidos, quais são os dos inocentes. O merecimento ofendido só o pode satisfazer a inocência castigada. Oh! que grande sacrifício para Deus! Oh! que grande lisonja para o céu! Lá disse Cristo que faz maior festa o céu ao pecador penitente que ao justo sem penitência (Lc 15). Pois, se a inocência do justo agrada muito e a penitência do pecador agrada mais, quanto agradará aquele excelente estado, que abraça a perfeição de ambos e ajusta a penitência de pecador com a inocência de justo? Isto é o que fez o Batista hoje na circuncisão, sujeitando isenções de inocência a remédios de pecado: "Vieram circuncidar o menino".

§ V

"E o chamavam pelo nome de seu pai Zacarias" (Lc 1,59). — Feito o ato da circuncisão, tratou-se de dar o nome ao menino, e queriam os circunstantes que se lhe pusesse o nome de seu pai, e que se chamasse Zacarias. Ouviu isto Santa Isabel e disse: "Por nenhum caso", não se há de chamar assim. E por que razão? Por que não se há de chamar Zacarias o filho de Zacarias? Não era nome santo? Não era nome ilustre? Não era nome autorizado? Não era nome glorioso? Sim era, mas era nome de pai: "E o chamavam pelo nome de seu pai". — E o nome dos pais, quanto mais ilustre, quanto mais glorioso, tanto menos o há de tomar quem professa servir a Deus, como professava o Batista. No nome perpetua-se a memória dos pais, na religião professa-se o esquecimento deles;

"Esquece-te do teu povo e da casa de teu pai" (Sl 44,11). — E como o Batista havia de ser — como foi — primeiro fundador e exemplar de religiosos, não quis prudente Santa Isabel que tomasse o nome de Zacarias, porque não era justo que conservasse a memória dos pais no nome quem professava o esquecimento dos pais na vida. Quereis que se chame Zacarias, porque é nome de seu pai? Alegais contra vós. Antes, porque é nome de seu pai se não há de chamar assim: "E lhe queriam pôr o nome de seu pai, Zacarias. E sua mãe disse: Não" (Lc 1,59s). — Que grandemente imitado, se bem em parte excedido, vemos hoje este exemplo do grande Batista. S. Lucas, porque escrevia para a memória dos futuros, deteve-se neste lugar em contar a genealogia dos pais de S. João; eu, que falo aos olhos dos presentes, não me é necessário deter-me em tão sabido, como também me não fora possível, em tão grandioso assunto. Muito fez quem deixou o nome de Zacarias autorizado assim com uma tiara, mas muito mais faz quem deixa o gloriosíssimo nome de Gusmão — glorioso no céu e na terra — cujo real e esclarecido sangue se teceu sempre nas púrpuras de toda a Europa, e hoje com mais glória que em nenhum outro reino — posto que com igual majestade em tantos — o vemos felizmente coroado, e veremos em imortal descendência no nosso de Portugal. Este é o famosíssimo em todas as idades, o eminentíssimo em todas as pessoas, o assinaladíssimo em todas as empresas, o celebradíssimo em todas as histórias, nome de Gusmão, e este é o que hoje vemos deixado pelo humilde da cruz. Não sei se admire nesta eleição o virtuoso, se o discreto. Enfim a virtude e o entendimento, tudo me parece angélico.

Quando os anjos no sepulcro de Cristo perguntaram às Marias o que buscavam, usaram de diferentes termos — segundo diversos evangelistas. — O anjo de S. Mateus perguntou se buscavam a Jesus crucificado: "Vindes buscar a Jesus, que foi crucificado" (Mt 28,25). — O anjo de S. Marcos perguntou se buscavam a Jesus Nazareno crucificado: "Vós buscais a Jesus Nazareno, que foi crucificado" (Mc 16,6). — Pois, se o anjo de S. Marcos chamou a Cristo Jesus Nazareno crucificado, por que razão o anjo de S. Mateus lhe chamou Jesus crucificado somente, e não falou no Nazareno? O melhor comentador dos evangelistas, o doutíssimo Maldonado, notou advertidamente que o anjo de S. Mateus apareceu como anjo, e o anjo de S. Marcos apareceu como homem[9]. — É do texto. Porque S. Mateus diz assim: "Um anjo do Senhor desceu do céu, que falou às mulheres". (Mt 28,2.5) — E S. Marcos diz assim: "Entrando no sepulcro, viram um jovem assentado" (Mc 16,5). — E como o que falou às Marias em S. Marcos era homem, e em S. Mateus era anjo, por isso o de S. Marcos chamou a Cristo Jesus Nazareno crucificado, e o de S. Mateus chamou-lhe Jesus crucificado somente, e não falou no Nazareno. Ora, notai. Entre o Nazareno e o crucificado havia esta diferença em Cristo: que o Nazareno era nome dos pais, o crucificado era nome da cruz; e antepor o nome de Nazareno ao de crucificado, antepor o nome dos pais ao nome da cruz, isso fazem os anjos que são como homens, mas tomar o nome de crucificado, e calar o de Nazareno, tomar o nome da cruz e deixar o nome dos pais, isso fazem os anjos que são como anjos. O anjo de S. Marcos, que falou como homem da terra: "Viram um jovem assentado"— antepôs o nome dos pais ao nome da cruz: "Vós buscais a Jesus Nazareno, que foi crucificado". O anjo de S. Mateus, que falou como anjo do céu: "Um anjo do Senhor desceu do céu" — tomou o nome da cruz, e deixou o nome dos pais: "Vindes buscar a Jesus, que foi crucificado". Oh! discrição mais que humana! Oh! eleição verdadeiramente angélica! Sei eu que as Marias ouviram os anjos, mas nenhuma delas aprendeu a mudar o nome. Maria Madalena não se chamou da cruz, senão Madalena; Maria Cleofé não se chamou da cruz, senão Cleofé. Não souberam deixar o nome dos pais e tomar o da cruz aquelas Marias, porque estava este religioso primor guardado para outra, que na devoção havia de vencer as Marias e na discrição igualar os anjos.

Mas, assim como em casa de Zacarias se levantou questão sobre o nome do Batista, assim é bem que a tenhamos hoje aqui sobre este nome da cruz. Quem lá contradisse o nome de João foram as pessoas mais autorizadas que assistiam à celebridade da festa. "Que tinham vindo pela celebração", comenta o Cardeal Toledo[10]. — Quem aqui impugnará o nome da cruz será também a pessoa mais autorizada que assiste à celebridade da festa, que é, quem? Cristo Sacramentado. E assim como lá diziam que não se havia de chamar João, senão Zacarias, assim cá diz Cristo que não se havia de chamar da cruz, senão do Sacramento. Não é imaginação sem fundamento minha, é acomodação verdadeira, tirada, com toda a propriedade, do texto. O nome que lá queriam dar ao Batista era Zacarias. E Zacarias, que quer dizer? Quer dizer "a memória do Senhor". Isso mesmo é o Santíssimo Sacramento da Eucaristia. É a memória do Senhor, que ele nos deixou por prendas em sua ausência: "Todas as vezes que isto fizerdes, fazei-o em memória de mim". — Está fundado. Agora pergunto eu: e que razão tem Cristo Sacramentado para dizer que não quer que o nome seja da cruz, senão do Sacramento? A razão é muito forçosa, porque professar religião mais é sacramentar-se que crucificar-se. Todos os santos comumente chamam cruz ao estado religioso; mas com licença sua, eu digo que o estado religioso tem mais do sacramento que da cruz. A razão em que me fundo é esta. Porque na cruz morreu Cristo uma só vez, no Sacramento morre todos os dias. O sacrifício da cruz foi cruento, mas foi único; o sacrifício do altar é incruento, mas é cotidiano.

A maior fineza do amor é morrer: "Ninguém tem maior amor" (Jo 15,13). — Mas tem um grande desar esta fineza, que quem a faz não pode fazer outra. É a maior fineza, mas é a última. E como Cristo amava tão extremamente aos homens, e via que, morrendo na cruz, se acabava a matéria a suas finezas, que fez? Inventou milagrosamente no Sacramento um modo de morrer sem acabar, para, morrendo, poder dar a vida e, não acabando, poder repetir a morte. Esta é a vantagem que leva em Cristo o amor que nos mostrou no Sacramento ao amor que nos mostrou na cruz. Na cruz morreu uma vez, no Sacramento morre cada dia, na cruz deu a vida, no Sacramento perpetuou a morte. A esposa, como quem melhor as sabe avaliar, nos dirá a verdade desta fineza: "O amor [*dilectio*] é forte como a morte, o zelo do amor [*aemulatio*] é inflexível como o inferno" (Ct 8,6). — O amor, se é grande — que isso quer dizer *dilectio* — "é como a morte"; e se é maior que isso quer dizer *aemulatio* — "é como o inferno". Notável dizer! Por que razão compara Salomão o amor grande à morte, e o amor maior ao inferno? Eu o direi. Entre a morte e o inferno, há esta diferença: que a morte tira a vida, o inferno perpetua a morte. Por isso o amor grande se compara à morte, e o maior ao inferno, porque mais é perpetuar a morte que tirar a vida: tirar a vida é morrer uma vez, perpetuar a morte é estar morrendo sempre. Eis aqui a desigualdade do amor de Cristo na cruz e no Sacramento. Competiu o amor de Cristo no Sacramento e o amor de Cristo na cruz: o da cruz foi como o da morte, porque chegou a tirar a vida: "O amor é forte como a morte" — o do Sacramento foi como o inferno, porque passou a perpetuar a morte, "o zelo do amor é inflexível como o inferno". — E muito mais foi perpetuar a morte que tirar a vida, porque tirar a vida é morrer num instante, perpetuar a morte é morrer toda a vida.

Eis aqui a razão por que o estado religioso se parece mais com o Sacramento que com a cruz. Na cruz morre-se uma só vez, no Sacramento morre-se cada dia. Sei que disse Santo Agostinho que só os mártires pagam a Cristo a fineza que fez em se deixar no Sacramento, porque morrem por quem morre por eles: "O que acede à mesa do Príncipe deve preparar coisas semelhantes; os mártires isso fizeram"[11]. — Mas esta razão de Santo Agostinho — dê-nos licença o lume da igreja — impugna-se facilmente, porque muitas mortes não se pagam com uma só morte: Cristo no Sacramento morre todos os dias, os mártires morrem uma só vez: logo, não pagam os mártires a Cristo no Sacramento. Pois, que diremos a isto? Digo que os mártires pagam a Cristo na cruz, os religiosos pagam a Cristo no Sacramento. Os mártires pagam a Cristo na cruz, porque morrem uma vez por quem uma vez morreu por eles; os religiosos pagam a Cristo no Sacramento, porque morrem cada dia por quem morre por eles todos os dias. Há quem o diga? Não é menos religioso que o exemplar de todos, S. Paulo: "Cada dia morro" (1Cor 15,31). — De maneira que, assim como Cristo no Sacramento inventou um modo de morrer sem acabar para, morrendo, poder dar a vida e, não acabando, poder repetir a morte, assim os patriarcas das religiões — e melhor que todos o Seráfico em seu divino instituto — parecendo-lhe pouco amor não morrer e pouca morte morrer uma só vez, acharam este modo milagrosamente natural de viver morrendo, para na morte multiplicarem as entregas da vida, e na vida perpetuarem os sacrifícios da morte.

Grande lugar do proto-patriarca das religiões, S. Basílio. Fala o grande Basílio das celas das religiões mais estreitas, e diz que a cela de uma alma religiosa é êmula, "é competidora da sepultura de Cristo"[12]. — Pois, saibamos que qualidades tem uma cela para tão nobre competência. Em que presunções se funda esta emulação? Que se compare a cela a qualquer sepultura, justa semelhança porque, onde o hábito é uma mortalha, o leito um ataúde, as paredes tão estreitas e com tão pouca luz, como estas que vemos, muito há de sepultura. Sepultura sim, mas sepultura não outra, senão a de Cristo. Por que razão? Porque nas outras sepulturas mora só a morte; na sepultura de Cristo morou a morte e mais a vida juntas. Na sepultura de Cristo esteve a vida morta e a morte ressuscitada: e tais são as vossas celas, ó religiosos espíritos: "Ó cela competidora da sepultura de Cristo, que recebes mortos e os ressuscitas"! Ó cela verdadeiramente imitadora da sepultura de Cristo, pois está em ti a vida morta e a morte ressuscitada: a vida morta, porque não tem usos a vida; a morte ressuscitada, porque tem alentos a morte. — És uma suspensão gloriosa de morte e vida — se bem gloriosa com pena — onde, posta a alma nas raias do viver e morrer, participa indecisamente o mais rigoroso de ambas: insensível, como morta, para o gostoso da vida; sensitiva, como viva, para o penoso da morte. Em ti se vê multiplicado o milagre natural da fênix, sendo pátria e sepulcro cotidiano, onde se morre à vida e se nasce à morte, faltando cinzas, mas não faltando incêndios. Em ti — e com maior propriedade hoje — se vê verdadeira a metáfora dos horizontes, sendo oriente e ocaso juntamente, onde o sol, no mesmo instante morto e nascido, ressuscita a um hemisfério quando se sepulta a outro. Em ti, finalmente — com seres a melhor parte do paraíso — se vê sem fingimento a fábula do inferno, sendo cada religioso espírito um Tício em bem-aventurança de penas, que, não podendo morrer para morrer mais vezes, tem morta a vida e imortal a morte: "Renascendo continuamente, não morre para poder morrer mais vezes". Não é muito que ache eu comparações no inferno ao maior sacrifício, quando no inferno as buscou a alma santa ao maior Sacramento. De um e outro se pode dizer com grande semelhança: "O zelo do amor é inflexível como o inferno". — E como o sacrifício da religião, por ser morte perpetuada, se parece mais com o Sacramento que com a cruz, sendo o ofício dos nomes declarar a essência das coisas, parece que quem professa religião não se deve chamar da cruz, senão do Sacramento: "E lhe queriam pôr o nome de seu pai, Zacarias, isto é, memória do Senhor".

§ VI

Contudo, responde Santa Isabel: "Não". — E com muita razão. Por quê? Pela mesma que o persuade. Porque, se o nome do Sacramento diz tudo o que há no estado religioso, e o nome da cruz diz menos, pelo mesmo caso se deve tomar o nome da cruz, e não o do Sacramento. Na eleição dos nomes há uma grande diferença tomada dos fins por que se elegem: os nomes que se tomam por verdade dizem tudo, os que se tomam por vaidade dizem mais, os que se tomam por humildade dizem menos. E como a mesma humildade, que desprezou a grandeza dos nomes paternos, foi a que fez a eleição do nome religioso, por isso, com discreta impropriedade, escolheu o nome diminutivo da cruz, em que é mais o que se cala que o que se diz. Como respondo a Cristo Sacramentado, com o mesmo nome do Sacramento quero confirmar a resposta. O Sacramento do altar chama-se corpo e sangue de Cristo. Esse nome lhe deu o mesmo Senhor: "Este é o meu corpo; este é o cálice de meu sangue" (Lc 22,19). — Pergunto: E há no Sacramento mais alguma coisa? Há alma e há divindade. Pois, se no Sacramento não só está corpo e sangue, senão também alma e divindade, por que se não chama corpo e alma, sangue e divindade de Cristo, senão corpo e sangue somente? Porque este nome deu-o Cristo ao Sacramento na hora em que se quis mostrar mais humilde. A hora em que Cristo se mostrou mais humilde foi a mesma em que instituiu o Sacramento de seu corpo e sangue, dispondo aos apóstolos com a pureza do lavatório, e a si com a humildade de lhes lavar os pés. E como Cristo pôs o nome a este mistério com advertência de humildade, por isso declarou somente o menos que nele havia, que os nomes que compõem a humildade sempre falam mais do que dizem. O que diz é corpo e sangue, o que cala é alma e divindade. O mesmo passa no nosso caso, que, ainda que se não tomou o nome ao Sacramento, seguiu-se-lhe o exemplo. Deixa-se o nome do Sacramento porque diz mais, toma-se o nome da cruz porque diz menos, que se preza o verdadeiro amor do que é, e não do que significa. Baste-lhe à religião ser cruz "Por força das palavras", ainda que seja muito mais "Por concomitância".

Tão justo foi logo deixar-se o nome de Zacarias quanto à significação como quanto à realidade: "E disse a mãe: Não".

§ VII

Acabou-se-nos o tema, e se me não engano tenho ponderado todas as cláusulas dele, com alguma semelhança às obrigações deste dia. Mas também vejo que reparariam os mais curiosos em que passei em silêncio aquelas palavras: "Ouviram seus vizinhos e parentes, e se congratulavam com ela" (Lc 1,58). — Confesso que não falei nestas palavras, e também confesso que as deixei porque não achei nelas semelhança, senão muita diferença do nosso intento: "Seus vizinhos e parentes se congratulavam com ela". — Lá, no nascimento do Batista, diz o Evangelho que os parentes e os vizinhos estavam muito contentes e agradecidos; porém cá não é assim. Tão fora estão de poderem estar contentes os vizinhos e os parentes, que antes o parentesco e a vizinhança têm razão de estar queixosos. Tem razão o parentesco de estar queixoso, porque se vê a si deixado; tem razão a vizinhança de estar queixosa, porque vê os estranhos preferidos. Quando o sangue se vê deixado, por que não há de estar queixoso o parentesco? E quando as estrangeiras se veem preferidas às naturais, por que não há de estar queixosa a vizinhança? Não se diga logo aqui: "Seus vizinhos e parentes se congratulavam com ela". — Acudo a estas duas queixas e acabo.

Primeiramente digo que não tem razão o parentesco de estar queixoso, porque, quando as obrigações do sangue se deixam por amor de Deus, não é fazer ofensa, é fazer lisonja ao parentesco. Da parte de quem é deixado é sacrifício, mas da parte de quem deixa é lisonja. Tudo provo. Hospedou Marta a Cristo em sua casa, e tinha esta senhora uma irmã, a quem o texto chama sóror Maria: "Esta tinha uma irmã chamada Maria" (Lc 10,39) — a qual se retirou com Cristo e, assentada humilde a seus pés, o estava ouvindo e contemplando. Chegou Marta ao Senhor e disse-lhe: "E bem, Senhor, tanto vos descuidais de mim, que não vedes que minha irmã me deixou só?" (Lc 10,40). — Esta foi a história; duas são as minhas ponderações. Digo que Marta, na queixa que fez de Maria, ofereceu um grande sacrifício a Cristo, e Maria, na ocasião que deu à queixa, deu uma grande satisfação a Marta.

Dificulto assim. Cristo não foi o que chamou a Maria; Maria foi a que se assentou a seus pés sagrados. Pois, se a ocasião, justa ou injusta, da queixa a deu Maria e não Cristo, por que propõe Marta a sua queixa a Cristo, e não a Maria? Porque Marta nesta ação não pretendeu tanto dar queixas de Maria, quanto oferecer sacrifícios a Cristo. Como se dissera Marta: — Não cuideis, Senhor, que só Maria é a que faz as finezas, que eu também vos ofereço as minhas. Maria sacrifica sua devoção, eu sacrifico minha soledade: "Deixou-me só". — Ela oferece-vos o estar convosco, eu ofereço-vos o estar sem ela. De sorte que em uma ação havia ali dois sacrifícios: um de Maria, porque se fora para Cristo, outro de Marta, porque a deixara Maria. Mas destes dois sacrifícios, qual é maior: o de Maria ou o de Marta? Eu não me atrevo a dar sentença nesta causa. Só digo que, se neste lugar pregara S. Pedro Crisólogo, havia de dizer que o sacrifício de Marta era maior que o de Maria. Pergunta S. Pedro Crisólogo quem fez mais, se Abraão em sacrificar a Isac, se Isac em se oferecer ao sacrifício (Gn 22)[13]? Resolve que Abraão, e verdadeiramente tem a Escritura por sua parte.

Pois se Isac era a vítima, que havia de ficar morto, se Abraão era o sacerdote, que havia de ficar vivo, como era ou como podia ser que o sacrifício fosse maior em Abraão que em Isac? A razão é esta: porque Isac sacrificava a sua pessoa, Abraão sacrificava a sua soledade; Isac oferecia-se a ficar sem vida, Abraão oferecia-se a ficar sem Isac. E, segundo o muito que Abraão amava aquele filho, maior sacrifício fazia em o dar a ele que ele em se dar a si. Bem digo eu logo que foi grande sacrifício o que Marta ofereceu a Cristo entre suas queixas, pois lhe sacrificou não menos que a soledade de Maria: "Deixou-me só".

E que Maria, na mesma ocasião que deu à queixa, deu uma grande satisfação a Marta, não há dúvida. Por quê? Porque deixar Maria a Marta, não por amor de outrem, senão por estar com Cristo, foi dizer-lhe claramente que fazia tão grande estimação de sua companhia que só por Deus a pudera deixar, e só com Deus a podia suprir. Vendo os filhos de Israel que havia quarenta dias que faltava Moisés, por estar fechado com Deus, determinaram abalar do pé do monte, e ir-se. Foram-se ter com Arão, e disseram assim: "Arão, fazei-nos um deus que nos acompanhe, porque não sabemos que feito é deste homem Moisés" (Ex 32,1). — Linda consequência por certo! Dai cá um deus, porque falta Moisés. Moisés não era homem? Eles mesmos o diziam: "deste homem Moisés". — Pois, se Moisés era homem, por que pediam um deus em falta de Moisés? Porque há presenças que só por Deus se podem deixar, e há ausências que só com Deus se podem suprir. Como os hebreus amavam tanto ao seu Moisés, e se viam forçados a o deixar, faziam este discurso: já que se há de deixar Moisés, só por um Deus se há de deixar, e já que se há de suprir com outrem o seu lugar, só com um Deus se há de suprir. — Por isso pediam a Arão um Deus, e não outro substituto daquela ausência: "Fazei-nos um deus que nos acompanhe". — Esta satisfação deram os israelitas a Moisés quando o queriam deixar, e esta foi a satisfação que deu Maria a sua irmã quando a deixou. Deixou de estar com ela, mas por estar com Deus: "A qual, sentada aos pés do Senhor" (Lc 10,39). — Não tem logo razão o parentesco hoje de se mostrar sentido ou queixoso, senão contente e agradecido: "Seus vizinhos e parentes se congratulavam com ela".

"Ouviram os vizinhos." Também se não deve queixar a vizinhança de ver as estrangeiras preferidas às naturais. E por quê? Porque uma alma que por mais servir a Deus quis ajuntar a clausura com a peregrinação, necessariamente houve de deixar os naturais e buscar os estrangeiros. Uma das coisas que muito agradou sempre a Deus em seus servos foi a peregrinação. Por isso mandou a Abraão que saísse peregrino de sua pátria; por isso quis que peregrinasse Jacó em Mesopotâmia, José no Egito, e ao mesmo povo querido de Israel, porque o escolheu para si, o fez peregrinar inteiro tantas vezes e por tantos anos (Gn 12,29.39). E como Deus se agrada tanto dos peregrinos — que também o quis ser neste mundo — que faria uma alma desejosa de agradar muito a Deus, vendo-se obrigada à clausura pelo seu estado e inclinada à peregrinação pelo gosto divino? Peregrinação e clausura não podem estar juntas: pois que remédio? O remédio foi, entrando em religião, escolher um mosteiro de estrangeiras, para que viesse desta maneira a achar juntas a clausura e a peregrinação: a clausura no lugar, a peregrinação na companhia. Quem cuidaria que era possível estar juntamente em Portugal, e peregrinar em Flandres? Pois, isto é o que vemos hoje com nossos olhos.

Fala Davi da peregrinação dos filhos de Israel para Palestina, e diz assim: "Quando o povo saiu do Egito, ouviu a língua que não entendia" (Sl 80,6). — Particular modo de reparar! Se Davi ponderava a peregrinação dos israelitas, parece que havia de dizer que passaram climas incógnitos, que caminharam terras desconhecidas. Pois, por que não repara nas terras, senão nas línguas? Por que não diz que andaram por terras estranhas, senão que ouviram línguas estrangeiras? Porque julgou discretamente o profeta que a formalidade da peregrinação não consistia tanto na mudança dos lugares quanto na diferença das línguas. Não está o ser peregrino na estranheza das terras que se caminham, senão na estranheza da gente com que se trata: "Quando o povo saiu do Egito, ouviu a língua que não entendia". — Sair do Egito para onde se ouve outra língua, isso é peregrinar. E se é verdadeiro peregrinar o viver entre gente de língua estranha, bem digo eu que se viram aqui juntas milagrosamente a clausura e a peregrinação: a clausura no lugar, a peregrinação na companhia. Não deve logo de estar queixosa a vizinhança, posto que a queixa parecia justificada; antes, têm obrigação as religiosas portuguesas de se edificarem e alegrarem muito de verem — sobre um tão grande exemplo — um tão novo e particular espírito na profissão de seu estado, trocando as aparências do sentimento em motivos de parabéns: "Seus vizinhos se congratulavam com ela".

Temos acabado o sermão, e com ele as vitórias do impossível, que assim se chama. Dou-lhe este nome, não só por ser sermão do nascimento do Batista, com o qual provou o anjo que nada era impossível a Deus: "Porque a Deus nada é impossível" (Lc 1,37) — senão por ser sermão desta profissão soleníssima que celebramos, na qual, sem haver reparado, deixo provados seis impossíveis. No nascimento do Batista venceu-se um impossível, que foi ajuntar-se esterilidade com parto: "Isabel deu à luz um filho". — No ato desta profissão venceram-se seis impossíveis, que foram os que ordenadamente vimos em seis discursos. No primeiro, ajuntar-se a corte com o deserto. No segundo, a mocidade com o desengano. No terceiro, a grandeza com o desprezo. No quarto, a inocência com o castigo. No quinto, a vida com a morte. No sexto, a clausura com a peregrinação. E seis impossíveis vencidos na terra, que devem esperar, senão seis coroas ganhadas no céu? Dar-vos-á no céu, esposa seraníssima de Cristo, a corte com o deserto uma coroa de solitária entre o coro dos eremitas. A mocidade com o desengano, uma coroa de prudente entre o coro dos doutores. A grandeza com o desprezo, uma coroa de humildade entre o coro dos apóstolos. A inocência com o castigo, uma coroa de penitência entre o coro dos confessores. A vida com a morte, uma coroa de mortificada entre o coro dos mártires. A clausura com a peregrinação, uma coroa de peregrina entre o coro das virgens. Assim triunfa quem assim vence, assim alcança quem assim merece, assim goza quem assim trabalha, assim reina quem assim serve: nesta vida a Deus por graça, na outra vida com Deus por glória: "A mim e a vós, etc."[14]

FIM

NOTAS

* Esta *Quinta Parte* continua a série de sermões publicados nos primeiros quatro volumes. Os sermões dos volumes V e VI constituem a série *Rosa Mística*.

SERMÃO DA PRIMEIRA DOMINGA DO ADVENTO [p. 9-35]

1. Membrot: "... porque Membrot, filho de Chus e neto de Cham, deu nome de seu pai às terras orientais, onde habitou e povoou (cf. Gn 10,8ss). Os descendentes deste mesmo Membrot e deste mesmo Chus, como diz Éforo, referido por Estrabo, e os que depois passaram à África e a povoaram levaram consigo o nome que tinham herdado de seu pai e do avô, e assim como uns e outros na língua latina se chamam *Aethiopes*, e a sua terra *Ethiopia*, assim uns e outros na língua hebreia se chamam *Chuteos* e a sua terra *Chus*" (em A. Vieira, *História do futuro*, organização José Carlos Brandi Aleixo, Brasília, Editora Universidade de Brasília, 2005, p. 338).
2. Cícero (106 a.C.-43 a.C.), em *De Finibus Bonorum et Malorum Libri II*, XXXIV.
3. Tudo passa para a vida: Vieira percorre os acontecimentos, os personagens desse enorme teatro do mundo; todos passam porque tudo passa. — Floresceram as ciências e as artes, murcharam e secaram: assim passaram todos os autores mais celebrados. — Os homens inventaram os jogos a título de passatempo: passaram todos os outros jogos daqueles tempos.
4. Só as fábulas não passam: porque o que nunca foi não pode deixar de ser.
5. Ovídio (43 a.C.-18 d.C.), em *Heroides*, Epístola 1, 42.
6. Ovídio (43 a.C.-18 d.C.), em *Metamorphoses*, Liber II, 25,30.
7. Ovídio (43 a.C.-18 d.C.), em *Metamorphoses*, Liber XV, 179, 181.
8. Sêneca, o Velho (4 a.C.-65 d.C.), em *Epistolae Morales ad Lucilium XIV-XV*, Epístola XCI, 7.
9. Santo Agostinho (354-430), ML 37 em *Enarrationes in Psalmos*, In Psalmum CXXII, 6.
10. Ovídio (43 a.C.-18 d.C.), em *Metamorphoses*, Liber VIII, 139. Cf. Virgílio (70 a.C.-19 a.C.), em *Eneida*, Liber III, 72 (*terraeque urbesque recedunt*).
11. Santo Ambrósio (339-397), *In Psalmum* 1, vers. 1; citado por Cornélio A Lápide (1567-1637), em *Commentaria in Genesim*, cap. I.
12. Sócrates (470 a.C.-399 a.C.), em *Crátilo*, 402a de Platão (428 a.C.-347 a.C.): "Ninguém se banha duas vezes nas mesmas águas".
13. Filo [Filon] de Alexandria (25 a.C.-50 d.C.), em *De Opificio Mundi*.
14. Santo Agostinho (354-430), ML 36 em *Enarrationes in Psalmos*, In Psalmum XLI, 13.
15. Cf. Huberto Phalesio (†1638), monge beneditino da Abadia Affligemiensis. Autor, entre outras obras, de *Sacrorum Bibliorum vulgatae editionis concordantiae*.
16. Santo Ambrósio (339-397), bispo de Milão; Imperador Teodósio (347-395), imperador romano do Ocidente; Eudóxia (375-404), imperatriz do Oriente; e São João Crisóstomo (347-407), patriarca de Santa Sofia. MG 47-63. J. Crisóstomo censurava a luxúria e o fausto da corte de Constantinopla, onde reinava a imperatriz Eudóxia. Exilado, o Imperador Arcádio mandou-o para a extremidade oriental do Mar Negro. Crisóstomo faleceu durante a viagem, em 14 de setembro de 407.
17. Santo Agostinho (354-430), Sermo 58 in *Mathaeum* 6,9-13: *De Oratione Dominica* 8(9), Concupiscentiae resistendum.

SERMÃO DA SEGUNDA DOMINGA DO ADVENTO [p. 37-52]
1. Atribui-se a Quintiliano (30-95), em *Institutionum Oratoriarum Libri XII*, Liber V,11,41, a difusão desta gnoma anônima. Cf. Tosi RENZO, *Dicionário de sentenças latinas e gregas*, 1097, São Paulo, Martins Fontes, 2000.
2. São Cirilo de Jerusalém (315-386), doutor da Igreja, MG 33 em *Catecheses*.
3. Cornélio A Lápide (1567-1637). Sua obra mais citada é *Commentarii in Libros S. Scripturae*. Aqui: *In Evangelium Matthaei* 10,28.
4. Cornélio A Lápide (1567-1637), cf. nota 3; com São João Crisóstomo (347-407); Teofilato (†1118); Eutímio, o Moço (824-898).
5. São João Crisóstomo (347-407), MG 57-58 em *Commentarius in Sanctum Matthaeum Evangelistam* [referência do autor].

SERMÃO DA TERCEIRA DOMINGA DO ADVENTO [p. 53-69]
1. Carlos Magno (747-814), filho de Pepino, o Breve. Rei dos Francos e imperador do Ocidente; Pompeu Magno (106 a.C.-48 a.C.), general e político romano; Alexandre Magno (356-323 a.C.), imperador da Macedônia.
2. Martini traduz *vita comite* referindo-se a Abraão, e não ao anjo: "Vivendo tu, Abraão". Outros tradutores omitem a tradução dessas duas palavras.
3. Estrabão (63 a.C.-24 a.C.), historiador e geógrafo grego, em *Memórias históricas*, Livro 3. Embora não tenha visitado a península ibérica, consagra um capítulo à Lusitânia.
4. Ulisses em Ovídio (43 a.C.-18 d.C.), em *Metamorphoses*, Liber XIII, 140.

SERMÃO DA QUARTA DOMINGA DO ADVENTO [p. 71-88]
1. São João Crisóstomo (347-407) sobre o *Salmo 50,5* [referência do autor].
2. Ário (256-336), sacerdote de Alexandria condenado pelo Concílio de Niceia em 325; Maniqueu [Mani ou Manes] (séc. III), sacerdote de Ecbátana na Pérsia; Nestório (380-451), sírio, patriarca de Constantinopla, foi condenado no Concílio de Éfeso; Calvino (1509-1564), reformador franco-suíço.
3. São Paulino De Nola (353-431), ML 61 [referência do autor].
4. Santo Agostinho (354-430), expressão atribuída a ele.
5. São Baquiário (séc. III/IV), monge espanhol [referência do autor].

SERMÃO DA CONCEIÇÃO IMACULADA DA VIRGEM MARIA S. N. [p. 89-104]
1. Terêncio (185 a.C.-159 a.C.), dramaturgo e poeta. Africano, foi vendido como escravo ao Senador Terêncio Lucano, que o educou e o alforriou. Em *Eunuco*, Prólogo XLI.
2. Sêneca, o Velho (4 a.C.-65 d.C.), em *Epistolae Morales ad Lucilium XIV-XV*, Epístola LXIV, 9.
3. Cf. nota 2, Epístola LXIV, 7.
4. Santo Agostinho (354-430); Teodoreto de Ciro (séc. IV-V); Eusébio de Cesareia (263-337); Eusébio Emisseno (†359) [referência do autor].
5. Nicolau de Lira [Lirano] (1270-1349), franciscano e exegeta bíblico. Comenta assim este texto [referência do autor].
6. São Bernardino de Sena (1380-1444), em *Sermones pro festivitate SS. et Immaculatae V. Mariae*, Sermo 4 [referência do autor].
7. Santo Ambrósio (339-397), ML 15 em *Expositio Evangelii Secundum Lucam Libris X Comprehensa*, in caput I [referência do autor].
8. São Cirilo Jerosolimitano (315-386); Filo Carpácio (séc. V); Ruperto de Deutz (1075-1129) [referência do autor].
9. Hildeberto Turonense (†1134), arcebispo de Tours, discípulo de Berengário e poeta [referência do autor].
10. Santo Atanásio (295-373), MG 25 em *Sermo de Passione* [referência do autor].
11. Santo Ambrósio (339-397), ML 15 em *De Sacramentis Libri Sex*, cap. I [referência do autor]. Cf. Sancti Thomae de Aquino, *Catena Aurea in Quatuor Evangelia*, Expositio in Matthaeum, a cap. XXVI ad XXVIII, Lectio VIII.

12. São Cirilo de Alexandria (380-444), citado por Luigi Lipomano (1500-1559), cardeal e núncio em Lisboa, em *Comentários* [referência do autor].
13. Elias Cretense (séc. XI/XII) comenta o texto [referência do autor].
14. Plínio, o Velho (23-79), em *Historia naturalis*, in Myrrham [referência do autor].
15. Santo Agostinho (354-430), ML 40 em *Sermo de Assumptione Beatae Mariae Virginis*; e São Pedro Damião (1007-1072), ML 144 em *Sermo 45* [referência do autor].
16. Santo Tomás de Aquino (1225-1274), em *Suma teológica*, Parte I, questão 34, art. 1 ad. 2. São Paulo, Edições Loyola, 2001, vol. 1, p. 581.
17. Santo Eusébio de Emessa (300-358), em *Homilia de Nativitate Domini*.
18. Cornélio A Lápide (1567-1637) sobre este lugar [referência do autor].

SERMÃO DA DOMINGA DÉCIMA SEXTA *POST PENTECOSTEN* [p. 105-124]

1. Plínio, o Jovem (61-114), em *O panegírico de Trajano* [referência do autor].
2. Aristóteles (384-322), em *III Physicae*, lectio VI, n. 6, citado por Dionísio Cartusiano (1402-1471), em *Enarrationes Piae ac Eruditae, in Quinque Mosaicae Legis Libros* [referência do autor].
3. Cardeal Hugo de São Vitor (†1141), in *Annotatione Ejusdem Psalmi*, 36,7 [referência do autor].
4. Sêneca, o Velho (4 a.C.-65 d.C.), em *Epistolae Morales ad Lucilium XIV-XV*, Liber III, Epistola. 38.
5. Tertuliano (160-230), ML 1 em *Ad Uxorem Libri Duo*, Liber I, cap. III, 6, col. 1279.
6. São Bernardo de Claraval (1091-1153), ML 183 em *Sermones de Tempore*, Sermo II in Ascensione Domini.
7. Juan Maldonado (1533-1583), no *Comentário ao Evangelho de Mateus*.
8. Sêneca, o Velho (4 a.C.-65 d.C.), em *Epistolae Morales ad Lucilium XIV-XV*, Liber XIII, Epistola 97.
9. *Non plus ultra:* "Não mais além", a expressão teria sido escrita sobre as Colunas de Hércules [estreito de Gibraltar], para indicar que era impossível passar além delas. Tornou-se lema de Carlos V. Atualmente, indica o grau mais elevado, o apogeu, que pode ser atingido em determinado ponto (Renzo Tosi, *Dicionário de sentenças latinas e gregas*, São Paulo, Martins Fontes, 2000, p. 505).
10. São Sidônio Apolinário (432-482), bispo francês de Avernum (Clermont Ferrand), ML 58 em *Epistolae*, Liber II, Epistola 13 [referência do autor].
11. São João Crisóstomo (347-407), MG 57 em *Commentarius in Sanctum Matthaeum Evangelistam*, Homilia LXVI [referência do autor].
12. Santo Ambrósio (339-397), ML 14 [referência do autor].
13. Dionísio I, o Antigo, tirano de Siracusa (430 a.C.-367 a.C.); Aristipo de Cirene (435 a.C.-356 a.C.), filósofo grego e discípulo de Sócrates.
14. São Bernardo de Claraval (1091-1153), ML 184 em *Sermo de Passione Domini*.

SERMÃO DO SANTÍSSIMO SACRAMENTO [p. 125-149]

1. Santo André, Apóstolo, irmão de S. Pedro. Evangelizou os Sitas. Morreu na cidade de Petras, na Acaia, crucificado numa cruz em X (Jacopo de Varezze, *Legenda áurea*, São Paulo, Companhia das Letras, 2003, 8, p. 62s).
2. Obreia: massa fina de trigo, com a qual se faz a hóstia.
3. Amônio Sacas (175-242), citado por Juan Maldonado (1533-1583), em *Comentário ao Evangelho de João* [referência do autor].
4. Prudêncio, poeta cristão do séc. IV, no seu *Hino da Epifania*.
5. Cardeal Caetano, Thomas de Vio (1469-1534), dominicano, exegeta e teólogo [referência do autor].
6. Cardeal Hugo de Saint-Cher (†1263), dominicano. Biblista, ajudou na revisão da Vulgata.
7. São Jerônimo (347-420), ML 26 em *Breviarium in Psalmos* [referência do autor].
8. São Bernardo de Claraval (1091-1153). Cf. Guilherme de Saint-Thierry (1080-1149), ML 184 em *Liber de Natura et Dignitate Amoris*, cap. 13, n. 38.
9. Concílio de Trento, realizado de 1545 a 1563; foi o 19º concílio ecumênico.
10. São Cirilo de Alexandria (380-444), MG 73.74 em *Expositio Sive Commentarius in Joannis Evangelium*, Liber XII, cap. 19, v. 23.
11. São Gregório Nazianzeno (329-389), MG 37.38 em *Oratio XX* [referência do autor]; a São Martinho de Tours (316-397), bispo; a São Geminiano (342-396); a SãoTrontano (?); a Santo Antônio de Pádua (1195-1231); a São Francisco de Assis (1181-1226); a São Francisco Xavier (1506-1552) [referência do autor].

12. São Basílio (319-379), MG 31 [referência do autor]; Santo Enódio, bispo de Pavia (473-521), ML 63 em *De Vita Beatissimi Viri Epiphanii Episcopi Ticinensis Ecclesiae* (Pavia).
13. Santo Ambrósio (339-397), ML 15 em *Expositio Evangelii Secundum Lucam Libris X Comprehensa*, in Lucam, cap. XVII.
14. Santo Tomás de Aquino (1225-1274), em *Suma teológica*, Parte III, questão 22, art. 5, São Paulo, Edições Loyola, 2002, vol. VIII, p. 363.
15. São João Crisóstomo (347-407), MG 47-63, *Sibylla*, Liber VI, Carmina [referência do autor].
16. Santo Agostinho (354-430), ML 40 em *Sermo de Assumptione Beatae Mariae Virginis* [referência do autor].
17. São Jerônimo (347-420), ML 22s em *Epistola ad Auctum* [referência do autor].
18. Ruperto (1075-1129), ML 167 em *Liber VI in Genesim, cap. 32* [referência do autor].
19. Teofilato (†1118), MG 123,124 em *Enarratio in Evangelium Iohannis*.
20. Hipálage: "Figura pela qual se atribui a certas palavras de uma frase o que convém logicamente a outras da mesma frase claras ou subentendidas" (em *Dicionário Aurélio*, 1986). Tertuliano (160-230), Lactâncio (260-340), S. Tomás (1225-1274), Joaquim, Juan Maldonado (1533-1583).
21. Sêneca, o Velho (4 a.C.-65 d.C.), em *De Providentia*, VI, 3-5.
22. São Pedro Veronense ou Mártir (1205-1252), dominicano. O texto é de São Zenon (†372), bispo de Verona, de origem africana. ML 11 em *Tractatus IV, De Patientia*.
23. São João Crisóstomo (347-407), MG 47-63) em *Commentarius in Epistolas Sancti Pauli*, ICor 13,7 [referência do autor].
24. Aristóteles (384 a.C.-322 a.C.), em *III Physicae*.
25. Santo Hilário (c.315-367), ML 19 em *In Evangelium Matthaei Commentarius*, Mt 15,14.
26. São Paulino de Nola (353-431), ML 61 [referência do autor].
27. Santo Tomás de Aquino (1225-1274), *in 4 Distinctio X*, q. 1, art. 3, explicatus a Francisco Suarez (1548-1619) *in 3 Distinctionis 48*, Sectio 1 [referência do autor].
28. Sincategorematicamente: vocábulo que não tem significado por si mesmo e só o tem quando acompanhado de outros.
29. São Gregório Magno (540-604), ML 76 em *XL Homiliarum in Evangelia Libri Duo*, Liber II, Homilia 36.
30. Santo Tomás de Vilanova (1488-1555), agostiniano, professor em Salamanca e arcebispo de Valência. Dentre os escritos, destacam-se sermões e cartas.
31. Pérsio (34-62), sátiro etrusco, em *Liber Saturarum, Satura II*, vers. 62.

SERMÃO DE S. GONÇALO [p. 151-174]

1. São Gregório Nazianzeno (329-389), MG 37. Cf. *Poemata Theologica*, I Dogmatica, Parabolae Christi secundum Lucam, XXVI, col. 498.
2. *Te Deum Laudamus*: hino litúrgico católico atribuído a Santo Ambrósio e a Santo Agostinho.
3. Santo Agostinho (354-430), ML 38, Sermo 176, al. *De Verbis Domini* 10, cap. 2, 950; Santo Tomás de Aquino (1225-1274), em *Suma teológica*, Parte III, questão 69, art. 6 ad. 3, São Paulo, Edições Loyola, 2006, vol. 9, p. 180.
4. Ambrósios e Teodósios: em 390, uma revolta do povo contra o Imperador Teodósio I; o monarca mandou massacrar 7.000 homens. Em seguida, o bispo escreveu ao Imperador sobre a necessidade de fazer penitência pública para entrar de novo na igreja e participar do culto sagrado. Teodósio rendeu-se à intimação do bispo, cumpriu a penitência e foi absolvido por ocasião do Natal de 390. Crisóstomos e Arcádios: J. Crisóstomo censurava a luxúria e o fausto da corte de Constantinopla, onde reinava a Imperatriz Eudóxia. Exilado, o Imperador Arcádio mandou-o para a extremidade oriental do Mar Negro. Crisóstomo faleceu durante a viagem, em 14 de setembro de 407.
5. Sêneca, o Velho (4 a.C.-65 d.C.), em *Epistolae Morales ad Lucilium XIV-XV*, Liber IV, Epistola I (XXX).
6. Imortais amarantos: Lucius Junius Moderatus Columella (4-70), em *Series de Cultu Hortorum*, vers. 56 (175). Cf. Plínio (23-79) em *Naturalis Historia*, XXI, 8ss.
7. Santo Agostinho (354-430), ML 36 em *Epistola ad Paulinum et Herasiam*. Cf. Sancti Thomae de Aquinatis, *Catena aurea in quatuor Evangelia Expositio in Matthaeum a capite V ad caput IX*, cap. 7, Lectio IV.
8. Sêneca, o Velho (4 a.C.-65 d.C.), em *Epistolae Morales ad Lucilium XIV-XV*, Liber I, Epistola IV.

SERMÃO DA DOMINGA VIGÉSIMA SEGUNDA *POST PENTECOSTEN* [p. 175-191]
1. Audeanos: seita oriental antromórfica do século IV que afirmava estar na forma e estatura do corpo o ser o homem imagem de Deus.
2. São Basílio (319-379), MG 29. Cf. *Homilia in Hexaëmeron*; São João Crisóstomo (347-407), MG 57/58. Cf. *Homiliae in Genesim* [referência do autor].
3. Césares: título concedido, em Roma, aos onze primeiros imperadores romanos que sucederam a Caio Júlio César (101 a.C.-44 a.C.); Augustos: título dado a alguns imperadores; Trajano (53-117); Tibério (42 a.C.-37 d.C.); Calígula (12-41); Nero (37-68).
4. Plínio, o Velho (23-79), *Naturalis Historia*, Liber XXXV, cap. XV.
5. Cassiodoro (485-580), como Boécio, foi ministro e conselheiro dos reis godos, ML 70.

SERMÃO DE NOSSA SENHORA DA GRAÇA [p. 193-212]
1. Santo Agostinho (354-430), ML 37 em *Enarrationes in Psalmos*, in Psalmum LXXXIII, 16.
2. Gaspar Sanchez (1554-1628), autor de numerosos comentários escriturísticos, assim como Cornélio A Lapide (1567-1637) [referência do autor].
3. São Dionísio Areopagita (séc. V/VI), MG 3 em *De Caelesti Hierarchia*.
4. São Bernardo de Claraval (1091-1153), ML 183 em *Sermones in Cantica Canticorum*, Sermo LXVIII [referência do autor].
5. João Duns Escoto (1270-1308), teólogo irlandês franciscano.
6. São João Crisóstomo (347-407), patriarca de Constantinopla; Teofilato (†1118), arcebispo de Ochrida, na Bulgária; Ecumênio (séc. VI), filósofo e retórico, apelidado escolástico; Ruperto (1075-1129/30), abade do mosteiro beneditino de Deutz, perto de Colônia; Cassiano (360- 435), monge, autor de *Conferências*; Orígenes (185-253), diretor da escola catequética de Alexandrie e posteriormente da de Cesareia de Palestina, fundada por ele; S. Bernardo (1091-1153), abade do mosteiro cisterciense de Claraval.
7. São João Crisóstomo (347-407), MG 60. Cf. *Commentarius in Epistolam ad Romanos*, col. 395ss.
8. Santo Anselmo (1033-1109), ML 159 em *Liber De Similitudine*, cap. 190 [referência do autor].
9. Na Vulgata: "reservada no céu para vós", e não: "reservada no céu e em vós", como diz Vieira.
10. São João Crisóstomo (347-407), MG 57 em *Homiliae in Genesim*, XIII [referência do autor].
11. Cardeal Barônio (1538-1607), em *Annales Ecclesiastici*. Os anais eclesiásticos relatam, em 12 volumes, a história da Igreja do início até o ano de 1189.
12. São Pedro Damião (1007-1072), ML 144 em *Sermones Ordine Mense Servato, Augustus*, Sermo de Assumptione Virginis [referência do autor].
13. Epifânio (†430), bispo de Salamina [Chipre], ML 41 em *Oratio de Laudibus Virginis* [referência do autor].
14. São Boaventura (1221-1274), em *In Speculo*, cap. 5 [referência do autor].
15. Santo Anselmo (1033-1109), ML 159 em *De Excellentia Virginis Mariae*, cap. 3.
16. São João Damasceno (675-749), monge de S. Sabas; São Jerônimo (347-420), tradutor da Bíblia, do hebraico para o latim; Santo Efrém († 373), sírio, teólogo e poeta; São Bernardo (1091-1153), abade do mosteiro cisterciense de Claraval; Santo Inácio Mártir (séc. II), bispo de Antioquia, martirizado em Roma; São Pedro Veronense ou São Pedro Mártir (1205-1252), dominicano.
17. Francisco Suarez (1548-1619). Sua obra mais citada é *Disputationes Metaphysicae*. Aqui: In Parte III, tomi II, Disputatio XVIII, sectio IV [referência do autor].
18. André de Creta (660-740), arcebispo de Gortina (Creta), em *Sermo de Dormitione Virginis* [referência do autor].
19. São Bernardino de Sena (1380-1444), em *Sermo de Assumptione Virginis*, 4 [referência do autor].
20. Cardeal Hailgrino, em *Comentário ao Livro dos Cânticos* 8,5 [referência do autor].
21. Cf. nota 12.
22. Santo Anselmo (1033-1109), ML 158 em *Proslogium seu Alloquium de Dei Existentia*: se encontram as expressões: "Aliquid quo majus nihil cogitari potest" e "Aliquid quo majus cogitari nequit".

SERMÃO DE S. JOÃO EVANGELISTA [p. 213-226]
1. Cassiodoro (485-580), como Boécio, foi ministro e conselheiro dos reis godos. ML 69/70 em Epistola IX, libri VIII [referência do autor].
2. Atalarico (516-534), rei dos Ostrogodos, sucedeu ao avô Teodorico, o Grande; Tolonico, patrício romano.

3. D. Teodósio II, 7º Duque de Bragança (1568-1630), avô do Príncipe D. Teodósio (1634-1653), primogênito do Rei de Portugal D. João IV e da Rainha D. Luísa de Gusmão, herdeiro da coroa portuguesa e 1º Príncipe do Brasil, título especialmente criado em sua honra, enquanto herdeiro do trono, por carta do pai de 27 de outubro de 1645.
4. Santo Ambrósio (339-397), ML 14 em *Expositio Evangelii Secundum Lucam Libris X Comprehensa*, Liber X, 130, col. 1532.
5. Santo Hilário (c. 315-367) [referência do autor].
6. Quinto Cúrcio (séc. I), historiador, em *Historiae Alexandri Magni Macedonis*; Epaminondas (418 a.C.-362 a.C.), general e político grego; Alexandre Magno (356 a.C.-323 a.C.).

SERMÃO DA SEGUNDA DOMINGA DA QUARESMA [p. 227-246]

1. Santo Ambrósio (339-397), ML 14 em *Hexaemeron Libri sex*, Lib. III, cap. 11, 48, col. 188.
2. Severino Boécio (480-524), filósofo e político, foi condenado à morte por Teodorico, o Grande. Dentre suas obras, destaca-se *De Consolatione Philosophiae*, escrita na prisão. A expressão que o autor atribui a Boécio é de origem desconhecida.
3. Santo Agostinho (354-430), ML 36 em *Enarrationes in Psalmos*, in Psalmum LVII, 11, 9 (Sermo ad plebem).
4. Imperador Carlos V (1500-1558) abdica, em 1555, do trono da Espanha, da Itália e da Borgonha em favor do filho Felipe II [referência do autor].
5. Santo Agostinho (354-430) [referência do autor]. Cf. Santo Anselmo (1033-1109), ML 158 em *Proslogium seu Alloquium de Dei existentia*: se encontram as expressões: "*Beati quidquid volunt, erit, et quod nolunt, non erit*". Cf. também: Cf. Ignoti Auctoris, *De Beatitudine*, cap. 3.
6. Santo Ambrósio (339-397) [referência do autor].
7. São Boaventura (1221-1274), franciscano [referência do autor]. Cf. Hugo de São Caro (Saint-Cher) († 1263), dominicano, em *Corpus Thomisticum, Expositio Super Apocalypsim*, cap. XXII [authenticitate dubia a capite XXI ad caput XXII]: "O primeiro é saúde sem enfermidade; o segundo é sociedade sem defeito; o terceiro é ciência sem dúvida; o quarto é alegria sem tristeza; o quinto é paz sem perturbação; o sexto é segurança sem temor; o sétimo é a realização de todos os desejos; o oitavo é a realização da justiça divina; o nono é o louvor sem cessar; o décimo o descanso sem trabalho; o décimo primeiro a luz sem trevas; e o décimo segundo a visão de Deus sem mediação".
8. São João Crisóstomo (347-407) [referência do autor].
9. Santo Agostinho (354-430) [referência do autor]. Cf. Santo Tomás de Aquino em *Catena Aurea* 10525, sobre Lucas 15,25-32.
10. São Pascásio Radberto (790-860), ML 120, passim em *Expositio in Evangelium Mathaei*, Liber VIII, col. 31A-994C.
11. Santo Agostinho (354-430), ML 41 em *De Civitate Dei contra Paganos Libri XXII*, Liber XXII, cap. 30 [referência do autor].
12. São Lourenço Justiniano (1381-1455), primeiro patriarca de Veneza. Em *De Ligno Vitae*, cap. 7 [referência do autor].
13. Santo Agostinho (354-430), ML 41 em *De Civitate Dei contra Paganos Libri XXII*, Liber II, cap. 2 [referência do autor]; São Boaventura (1221-1274), em *De Sanctis Angelis*, 2 [referência do autor]; Santo Anselmo (1033-1109), ou seu secretário Eadmerus Cantuariensis (1064-1124), ML 159 em *Liber de Similitudine*, cap. 59 [referência do autor].
14. São Boaventura (1221-1274), em *In Soliloquiis* [referência do autor].
15. Diógenes (412 a.C.-323 a.C.), conhecido como o Cínico.
16. Epicuro (342 a.C.-271 a.C.). Cf. Marcus Valerius Marcial (38-102), em *Epigrammata* 12, 34, 10.

SERMÃO DE SANTA BÁRBARA [p. 247-265]

1. Juan Pineda (1558-1637), em *Commentariorum in Job Libri Tredecim*.
2. Ecúleos: instrumento de tortura; catastas: instrumento de tortura em forma de cruz de Santo André.
3. Sêneca, o Velho (4 a.C.-65 d.C.), em *Naturales Quaestiones*, Lib. 2, cap. 4 1[referência do autor].
4. Ovídio (43 a.C.-18 d.C.), em *Fasti*, Lib. VI, 291-294.
5. Ovídio (43 a.C.-18 d.C.), em *Metamorphoses*, Liber II, 848.

6. Sêneca, o Velho (4 a.C.-65 d.C.), em *Naturales Quaestiones*, Lib. 1, cap. 17.
7. Plínio, o Velho (23-79), em *Naturalis Historia*, Liber II, cap. IV [referência do autor].
8. Cf. nota 3.
9. Cf. nota 6.
10. Henrico Spondano (1568-1643), em *Annalium Baronii Epitomes*, anno Christi 1344 [referência do autor].
11. Virgílio (70 a.C.-19 a.C.), em *Eneida*, livro VI, vers. 590. Odorico MENDES, *Eneida brasileira*, Editora Unicamp, Campinas, 2008, p. 248, traduz: "Dos cornípedes néscio em érea ponte / Trovões fingia e o raio inimitável", v. 605s.
12. São João Crisóstomo, citado por Cornélio A Lápide (1567-1637), em *Commentaria in Ecclesiasticum*, 48,8.

SERMÃO DO SÁBADO ANTES DA DOMINGA DE RAMOS [p. 267-279]
1. Eutímio, o Moço (824-898), abade [referência do autor].
2. De Euríalo disse Nilo, Virgílio (70 a.C.-19 a.C.), em *Eneida*, livro IX, vers. 428/9. Odorico MENDES, *Eneida brasileira*, Editora Unicamp, Campinas, 2008, p. 364, traduz: "nada este pôde / nada empreendeu" (v. 419s).
3. Ruperto Tuitiense (1075-1129), abade do mosteiro beneditino de Deutz, perto de Colônia. ML 168/70 [referência do autor].
4. *Placuit* [aprouve]: cf. Cânon 16 do Concílio II de Braga, que se refere à sepultura dos suicidas.
5. São João Crisóstomo (347-407), sua liberdade de palavra e sua intransigência unem, em oposição a ele, o bispo e a imperadora Eudóxia. MG 57 [referência do autor].
6. São Pedro Crisólogo (406-450), bispo de Ravena. ML 52 em *Sermones* [referência do autor].
7. Santo Agostinho (354-430), ML 35 em *In Evangelium Johannis Tractatus CXXIV*, Tractatus LI, cap. XII, 4. Cf. Beda, Venerável (673-735), em *In Johannis Evangelium Expositio*, Pars II, cap. XII.
8. Cf. nota 5.
9. Cf. nota 5.
10. São Bernardo de Claraval (1091-1153), ML 182/185 em *Sermones in Cantica Canticorum*, LII-LXVIII.

SERMÃO DE S. JOÃO BATISTA [p. 281-299]
1. Orígenes (185-253), MG 13. Cf. *In Lucam Homiliae*, interprete S. Hieronymo [referência do autor].
2. Santo Agostinho (354-430) [referência do autor].
3. São Gregório I Magno (540-604), papa [referência do autor].
4. Sócrates, escolástico (380-450), em *História eclesiástica*, em sete livros. Compreende o período de 306 — abdicação de Diocleciano — a 439 — XVII Consulado de Teodósio II.
5. Cardeal Francisco Toledo (1532-1596), jesuíta. Publicou *Comentários exegéticos à Suma teológica*.
6. São João Crisóstomo (347-407), MG 57. Cf. *Expositio in Marci Evangelium*.
7. Santo Agostinho (354-430) [referência do autor].
8. São Bernardo de Claraval (1091-1153), ML 182/185 em *Epistolae CI-CC*, Epistola CXIII ad Sophiam Virginem, 3, col. 258a.
9. Juan Maldonado (1533-1583), no *Comentário ao Evangelho de Mateus e de Marcos* [referência do autor].
10. Cf. nota 5.
11. Santo Agostinho (354-430), ML 38 em *Sermones ad Populum*, Classis III, de Sanctis, Sermo CCCXXX-CCCXXXII. In Natali Martyrum, passim.
12. São Basílio (319-379), MG 31. Cf. *Constutiones asceticae ad eos qui simul aut solitarie vivunt*.
13. São Pedro Crisólogo (406-450), bispo de Ravena. ML 52 em *Sermones* [referência do autor].
14. "Que a mim e a vós o Senhor Deus Onipotente digne-se conceder, Ele que vive e reina pelos séculos dos séculos" — Oração do devocionário católico inspirado no rito da missa tridentina. Fórmula com a qual se terminavam os sermões.

CENSURAS

Na oficina de Miguel Deslandes, impressor de sua Majestade.
À custa de Antônio Leite Pereira, mercador de Livros.

MDCLXXXIX

Com todas as licenças necessárias e privilégio real.

Censura do M. R. P. M. Fr. Antônio de Santo Tomás,
Religioso da Seráfica Ordem de S. Francisco, Qualificador do Santo Ofício.

Eminentíssimo Senhor,

    Vi este livro, Quinta Parte dos Sermões do P. M. Antônio Vieira, da religiosíssima Companhia de Jesus, e pregador de Sua Majestade: é livro quinto em número, e no excelente, entre os do autor, pode ser primeiro, sendo que tudo seu, competindo só entre si, não parece ter segundo; e assim este, com os mais, em equilíbrio bem parece efeito do singular engenho do tal autor, pois nele, como nos outros, o espírito e estilo é o próprio, corrente, e o mais subido, douto, dócil, grave, elegante, e tão claro, ainda no que discorre como teólogo, que à gente de toda a sorte que o ler, se fará inteligível — segundo a capacidade de cada um — o seu discurso, graça sem igual de tão esclarecido pregador; e não é desigual à que, não só neste, mas em quase todos os seus escritos mostra a experiência que até no vulgar da Escritura Santa, sobre que conceitua, e prova como escriturário, se avantaja tanto que, em vulgaridades mais usuais dela, e mui repetidas a cada passo, inova raríssimos conceitos e admiráveis provas o seu juízo. E por isso parece ao de alguns, depois de lido em qualquer livro seu — como já pareceu ao de muitos, quando ouvido este grande pregador em o púlpito — que dirão o mesmo que ele diz; mas, sem que o venham a dizer nunca, todos o publicam sempre — publicidade que também merecerá a lição deste quinto livro — por único nesta vantagem. Esta vantagem, e as mais que respeitam todos neste autor à competência, o dão a respeitar por maior que toda a emulação: e assim parece deveras, pois, não só para com estranhos, mas para com portugueses, onde aquela é mais viva, vive geralmente aplaudido pelo sujeito na prédica mais extremado, e não passa o extremo a excesso neste geral aplauso — sendo o de naturais como impossível — porque primeiro eles com a voz de estranhos o reconhecem pregador em tudo peregrino, todo discreto, todo político, todo erudito, e eloquente todo, incomparável, enfim, no bem que instrui, persuade, rende e edifica quanto ao espírito, como se vê particularmente em os sermões vários que contém este livro, que todo nesta sua variedade, com o afeto do idioma português mais deleitável, está respirando doutrina santa, conforme em tudo a nossa santa fé e bons costumes. Pelo que será benefício comum, e mui do serviço de Deus, conceder a licença que se pede, para que se publique mediante a imprensa. Lisboa, Convento de S. Francisco da Cidade, em 30 de abril de 1688.

Fr. Antônio de Santo Tomás

Censura do M. R. P. M. Fr. Tomé da Conceição, da Sagrada Ordem do Carmo, Qualificador do Santo Ofício.

Eminentíssimo Senhor,

Vi esta Quinta Parte dos Sermões do P. Antônio Vieira, da sagrada Religião da Companhia de Jesus, e Pregador de Sua Majestade, e acabando de os ler com atenção, sem achar neles coisa alguma digna de reparo, admirando, não sei se o gênio ou arte deste insigne talento, só sei dizer que os seus Sermões são dignos de mais preciosa estampa que a da comum imprensa, e o mesmo juízo que já formei sobre outros seus, formo agora destes. Lisboa, em o Convento do Carmo, 30 de maio de 1688.

Fr. Tomé da Conceição

Censura do P. M. Manoel de Sousa, Prepósito da Congregação do Oratório de S. Filipe Neri.

Senhor,

Por mandado de Vossa Majestade vi estes sermões do P. Antônio Vieira, da sagrada Companhia de Jesus. O nome do seu autor, que trazem na primeira página, basta para o maior elogio desta obra. Que muito faça o nome do P. Antônio Vieira impresso o que Valério Máximo disse do nome de Demóstenes ouvido: *Cujus commemorato nomine maximae eloquentiae consummatio audientis animo oboritur* — e com tanta mais razão quanto é mais aplaudido em todo o mundo o P. Antônio Vieira por príncipe da eloquência sagrada do que o foi Demóstenes por príncipe da eloquência grega. E justamente é mais aplaudido, pois é entre todos os pregadores o que o sol entre todas as luzes. Santo Agostinho diz que o Sol é próprio símbolo do pregador evangélico, e deste o é propriíssimo, porque nele se veem todas as propriedades do sol, não só ao vivo, mas com excesso. Ao sol chamou o Eclesiástico instrumento ou vaso admirável do Todo-Poderoso, e obra digna do Altíssimo: *Vas admirabile, opus Excelsi*. Quem mais admirável que o P. Antônio Vieira nos seus sermões, admiráveis em tudo, como procedidos do seu entendimento, vaso de luzes verdadeiramente admirável: *vas admirabile* — e obra singular de Deus: *opus Excelsi*? — que parece o fez com especial providência, para que víssemos até donde pode chegar o entendimento humano ajudado do poder divino. Absorve o sol a luz de todos os astros: com a do P. Antônio Vieira parece que fica absorta a dos mais engenhos. A luz do sol faz manifestos os lugares mais tenebrosos: a inteligência do P. Antônio Vieira faz claros os lugares da Sagrada Escritura mais escuros. Penetra o sol a profundidade dos abismos, para neles formar o ouro e os diamantes: penetra o P. Antônio Vieira os corações humanos, abismos mais profundos, e com a eficácia da sua persuasão introduz neles o ouro puro da caridade e os diamantes das sólidas virtudes. Único é o sol, e o P. Antônio Vieira também é único: é o fênix do nosso século. Fabuloso é o Fênix, mas verdadeiro no que representa; o verdadeiro fênix — como em vários lugares prova o doutíssimo P. Cornélio a Lápide) é o sol, porque, para representar as qualidades deste Planeta inventaram os egípcios esta fábula, ao que — no sentir do mesmo Autor — aludiu o profeta Malaquias, introduzindo ao sol com penas ou com asas. É, pois, o sol fênix da esfera quarta, e o P. Antônio Vieira fênix da nossa esfera: fênix escrevendo, melhor que o sol voando; fênix só com a pena de seus escritos, melhor que o sol com as penas de seus raios. Desta sorte se vêm retratadas neste sol racional as propriedades do sol visível. Porém, não só as retrata ao vivo, mas com excesso, porque a luz do sol não se dilata mais que por um hemisfério, e a do P. Antônio Vieira por dois: estando no da América, também alumia ao da Europa; quando reside além da Linha, resplandece em Lisboa, e dela, por meio da imprensa, em todo o mundo. O sol, tanto que declina para o ocaso, modera os resplendores: o P. Antônio Vieira, tão declinado já pelos anos ao seu ocaso, reforça agora mais as luzes. Enfim, o sol já parou e já retrocedeu, e o P. Antônio Vieira nunca retrocedeu nem parou: nunca parou no zelo, nunca retrocedeu no estilo. Não há coisa nestes sermões que desdiga do real serviço de Vossa Majestade, e, se alguém sentisse o contrário, se lhe poderia dizer o que Pitágoras disse do sol: *Contra solem ne loquaris*: do sol não há que dizer — do P. Antônio Vieira não há que notar. O que eu quisera, Senhor, é, que todos os que lessem estes sermões se não satisfizessem só da sua luz, mas que também se deixassem penetrar do seu calor: a luz lhes infundiu seu autor pelo entendimento, o calor pelo espírito; a luz é plausível, mas o calor útil; muitos — como ordinariamente sucede no mundo — não fazem caso do útil, fazem todo o caso do plausível: embebem-se de todo no plausível do conceito, que os lisonjeia, e deixam o útil do espírito, que os desengana, e, depois de uma lição tão eficaz, como a destes sermões, ficam com os entendimentos admirados, mas com os corações tão frios, como antes, no amor de Deus. A santidade e virtude não consiste nas especulações do entendimento, mas nas determinações da vontade: se a vontade não tiver calor para bem obrar pouco importa a luz do entendimento, que para no entender; deve, pois, quem ler estes sermões atender mais ao calor do espírito, que se encerra na sua doutrina, do que à luz do entendimento, que se difunde na sua elegância. Seja a conclusão a do mesmo Eclesiástico, quando louva ao sol: "Grande é o Senhor que o criou, e ele apressa a sua carreira para lhe obedecer" (Eclo 43,5). Não há melhor modo para louvar ao sol que louvar a Deus, que o criou tão luminoso; assim também, à vista do sol deste felicíssimo engenho, o melhor louvor é louvar a Deus que o fez tão sábio. O sol faz o seu Caminho com a palavra de Deus: e o P. Antônio Vieira com a palavra de Deus faz o seu caminho: *In sermonibus ejus festinavit iter*. O sol, com a palavra de Deus, faz o seu caminho pelo zodíaco, que se divide por doze signos, e o P. Antônio Vieira, com a palavra de Deus, faz o caminho dos seus sermões, que divide por doze tomos, que são os doze signos deste sol. Deste número, que nos prometeu na Primeira Parte, é esta a Quinta: importa que apresse as mais, e que Vossa Majestade lho mande assim, para que, como sol, lhe não falte esta prerrogativa da diligência, e se diga então cabalmente dele o que do sol: *Et in sermonibus ejus festinavit iter*. Este é o meu parecer, se o pode dar nesta matéria quem como eu tem tão pouco de águia, pois só as águias podem examinar os raios do sol. Vossa Majestade mandará o que mais for de seu serviço. Lisboa, e Congregação do Oratório, 26 de junho de 1688.

Manoel de Sousa

LICENÇAS

DA RELIGIÃO

Eu, Alexandre de Gusmão, da Companhia de Jesus, provincial da Província do Brasil, por especial comissão que tenho de nosso M. R. P. Vigário Geral, Domingos Maria de Marinis, dou licença para que se possa imprimir este quinto tomo dos Sermões do Padre Antônio Vieira, da mesma Companhia, Pregador de Sua Majestade, o qual foi revisto e aprovado por religiosos doutos dela, por nós deputados para isso. E em testemunho da verdade, dei esta assinada com meu sinal, e selada com o selo de meu ofício. Dada na Bahia, em 12 de agosto de 1687.

ALEXANDRE DE GUSMÃO

DO SANTO OFÍCIO

Vistas as informações, podem-se imprimir os Sermões de que esta petição faz menção, autor o P. Antônio Vieira, da Companhia de Jesus, e depois de impressos tornarão para se conferir e dar licença que corram, e sem ela não correrão. Lisboa, o primeiro de junho de 1688.

JERÔNIMO SOARES. JOÃO DA COSTA PIMENTA. BENTO DE BEJA DE NORONHA. PEDRO DE ATAÍDE DE CASTRO. FR. VICENTE DE SANTO TOMÁS. ESTEVÃO DE BRITO FOIOS.

JOÃO DE AZEVEDO

DO ORDINÁRIO

Podem-se imprimir os Sermões de que a petição faz menção, e depois de impressos tornarão para se conferirem e se dar licença para correr, e sem ela não correrão. Lisboa, 30 de junho de 1688.

SERRÃO

DO PAÇO

Podem-se imprimir, vistas as licenças do Santo Ofício e do Ordinário, e depois de impressos tornarão à Mesa para se conferirem e taxarem, e sem isso não correrão. Lisboa, 28 de junho de 1688.

MELO P. LAMPREA. RIBEIRO

Concorda com seu original. Carmo de Lisboa, 18 de fevereiro de 1689.

Fr. Tomé da Conceição

Visto estar conforme com seu original, pode correr. Lisboa 18 de fevereiro de 1689.

Jerônimo Soares
João da Costa Pimenta
Bento de Beja de Noronha
Pedro de Ataíde de Castro
Fr. Vicente de Santo Tomás
Estêvão de Brito Foios

Pode correr. Lisboa, 19 de fevereiro de 1689.

Serrão

Taxam este Livro em doze tostões. Lisboa, 21 de fevereiro de 1689.

Roxas. Lamprea. Marchão. Ribeiro

Este livro foi composto nas famílias tipográficas
Liberty e *Minion*
e impresso em papel *Bíblia* 40g/m²

Edições Loyola

editoração impressão acabamento
rua 1822 nº 341
04216-000 são paulo sp
T 55 11 3385 8500
F 55 11 2063 4275
www.loyola.com.br